2019ANTIQUES AUCTION RECORDS

拍卖年鉴 珠宝翡翠

2018.1.1～2018.12.31

欣弘 主编

图书在版编目(CIP)数据

2019古董拍卖年鉴·翡翠珠宝/欣弘编. — 长沙:
湖南美术出版社, 2019.1
ISBN 978-7-5356-8554-4

Ⅰ. ①2… Ⅱ. ①欣… Ⅲ. ①历史文物-拍卖-价格-中国-2019-年鉴②翡翠-拍卖-价格-中国-2019-年鉴③宝石-拍卖-价格-中国-2019-年鉴 Ⅳ. ①F724.787-54

中国版本图书馆CIP数据核字(2018)第293845号

2019古董拍卖年鉴·珠宝翡翠

出 版 人:黄 啸
主 编:欣 弘
策 划:易兴宏、李志文
责任编辑:李 坚

湖南美术出版社出版发行(长沙市东二环一段622号)
湖南省新华书店经销
雅昌文化(集团)有限公司制版、印刷
(本书采用CTP工艺制版、印刷)
开本:787×1092 1/16 印张:18
版次:2019年1月第1版 印次:2019年1月第1次印刷
ISBN 978-7-5356-8554-4
定价:158.00元

目　　录

凡　例

1.《2019古董拍卖年鉴》分瓷器卷、玉器卷、杂项卷、珠宝翡翠卷、书画卷共五册，收录了纽约、伦敦、巴黎、日内瓦、香港、澳门、台北、北京、上海、广州、昆明、天津、重庆、成都、合肥、南京、西安、沈阳、济南等城市或地区的几十家拍卖公司几百个专场的2018年度拍卖成交记录与拍品图片。

2.本书内文条目原则上保留了原拍卖记录，按拍品号、品名、估价、成交价、尺寸、拍卖公司名称、拍卖日期等排序，部分原内容缺或不详的不注明，书画卷内文条目还有作者姓名、作品形式、创作年代等内容。

3.因境外拍卖公司宿地不同，本书拍品中有多种币种：RMB人民币，USD美元，EUR欧元，GBP英磅，HKD港币，TWD台币。但本书所有拍品成交价均按汇率转换成RMB(人民币)币种。

4.多人合作的作品，目录中仅列出一位主要作者的名字。

5.查看书中图片大图及拍品详情，请登陆微信小程序“拍卖典藏”进入《拍卖年鉴》栏目查询。

佩饰件

2620 “豆蔻年华”天然木那翡翠吊坠
估 价：RMB 1,600,000~2,000,000
成交价：RMB 2,185,000
西泠拍卖 2018-07-08

2413 “木那至尊”，极致珍罕缅甸天然满绿木那种翡翠佛瓜配钻石挂件
成交价：RMB 21,275,000
北京匡时 2018-06-16

2619 “万事如意”天然翡翠吊坠
估 价：RMB 1,600,000~2,000,000
成交价：RMB 2,127,500
西泠拍卖 2018-07-08

138 34.51克拉梨形天然海蓝宝石配彩色宝石及钻石美人鱼吊坠
估 价：HKD 78,000~128,000
成交价：RMB 76,003
天成国际 2018-06-03

1746 49.08卡拉莫卧儿祖母绿，17世纪
估 价：HKD 2,600,000~3,000,000
成交价：RMB 3,494,880
香港苏富比 2018-04-03

3163 翠玉豆荚形佩
估 价：HKD 800,000~1,200,000
成交价：RMB 2,224,880
长5cm 佳士得 2018-05-30

632 蛋白石和钻石吊坠
估 价：USD 10,000~15,000
成交价：RMB 149,296
纽约苏富比 2018-04-19

1656 翡翠配钻石 吊坠
估 价：HKD 280,000~380,000
成交价：RMB 675,800
香港苏富比 2018-10-03

53 珐琅、玉石、钻石吊坠/手表 卡地亚
估　价：USD 15,000~20,000
成交价：RMB 282,533
纽约佳士得 2018-04-17

1847 翡翠及钻石吊坠
估　价：HKD 1,500,000~2,500,000
成交价：RMB 1,522,500
佳士得 2018-05-29

1562 粉红色碧玺吊坠，清
估　价：HKD 60,000~100,000
成交价：RMB 141,575
香港苏富比 2018-04-03

26 古色古香的钻石和金刚石吊坠 大约1890
估　价：USD 20,000~30,000
成交价：RMB 235,444
纽约佳士得 2018-04-17

707 海蓝宝石和钻石吊坠
估　价： 3,000~5,000
成交价：RMB 20,430
40.0×29.2×18.9mm
纽约苏富比 2018-04-19

327 金镶托帕石吊坠
估　价：RMB 50,000
成交价：RMB 57,500
北京中贝 2018-01-14

1964 蓝宝石及钻石吊坠
估　价：HKD 4,000,000~6,000,000
成交价：RMB 3,978,800
佳士得 2018-05-29

110 蓝色托帕石配钻石吊坠，Wallace Chan
估　价：HKD 45,000~65,000
成交价：RMB 151,032
天成国际 2018-06-03

95 106.85克拉椭圆形天然无经处理蚌珠配沙弗莱石榴石及钻石青蛙王子吊坠
估 价：HKD 185,000~285,000
成交价：RMB 185,136
天成国际 2018-06-03

7583 缅甸天然翡翠“葫芦”配钻石吊坠
成交价：RMB 48,300
主石约为28.55×19.45mm
北京保利 2018-12-07

7522 缅甸天然满绿翡翠配钻石吊坠 （一对）
估 价：RMB 580,000~880,000
成交价：RMB 667,000
主石22.01×33.20mm；22.15×35.03mm
北京保利 2018-12-07

66 玛瑙、石榴石，珍珠和钻石“草地上的兔子”吊坠，米歇尔·德拉·瓦莱，2008年
估 价：CHF 10,000~15,000
成交价：RMB 63,520
长6.6cm 日内瓦佳士得 2018-05-16

3155 清 翠玉透雕鹦鹉从竹纹佩
估 价：HKD 300,000~500,000
成交价：RMB 385,700
高6.5cm 佳士得 2018-05-30

552 十八世纪 金累丝凤凰镶东珠嫔朝冠顶
估 价：USD 60,000~80,000
成交价：RMB 2,988,966
纽约苏富比 2018-03-21

4706 缅甸天然满绿翡翠配钻石吊坠
估 价：RMB 480,000~680,000
成交价：RMB 552,000
北京保利 2018-06-19

4703 缅甸天然满绿翡翠金钱豹配钻石吊坠
估 价：RMB 380,000~580,000
成交价：RMB 437,000
北京保利 2018-06-19

415 清中期 翡翠白菜螳螂坠
估 价：RMB 280,000
成交价：RMB 322,000
长4.3cm 浙江佳宝 2018-07-01

1224 滕远胜 一心向道 154.30克拉天然绿松石吊坠
估 价：RMB 38,000~80,000
成交价：RMB 43,700
保利厦门 2018-01-08

555 十八世纪 金累丝凤凰镶东珠嫔朝冠顶
估 价：USD 30,000~50,000
成交价：RMB 1,189,875
纽约苏富比 2018-03-21

791 台湾红珊瑚吊坠
估 价：RMB 90,000~180,000
成交价：RMB 103,500
上海匡时 2018-04-30

2616 天然蛋面翡翠吊坠
估　价：RMB 800,000~1,500,000
成交价：RMB 920,000
西泠拍卖 2018-07-08

4971 天然翡翠"貔貅"吊坠（一对）
估　价：RMB 100,000~150,000
成交价：RMB 115,000
中国嘉德 2018-11-22

1195 天然满绿翡翠配钻石钥匙吊坠
估　价：RMB 180,000~280,000
成交价：RMB 207,000
保利厦门 2018-01-08

1596 天然翡翠雕「观音」配钻石吊坠
估　价：HKD 320,000~450,000
成交价：RMB 384,275
香港苏富比 2018-04-03

1593 天然翡翠配钻石吊坠
估　价：HKD 90,000~120,000
成交价：RMB 151,688
香港苏富比 2018-04-03

2121 天然翡翠山水配钻石吊坠，赵平设计雕刻
估　价：RMB 1,800,000~2,200,000
成交价：RMB 2,300,000
华艺国际 2018-05-22

100 天然红翡翠树叶配翡翠及钻石吊坠
估　价：HKD 48,000~68,000
成交价：RMB 53,592
天成国际 2018-06-03

1274 天然满绿翡翠"吉祥如意"配钻石吊坠
估　价：RMB 80,000~150,000
成交价：RMB 115,000
保利厦门 2018-07-15

1723 天然翡翠雕"叶子" 配钻石吊坠
估　价：HKD 400,000~600,000
成交价：RMB 436,000
香港苏富比 2018-10-03

42 天然墨翠弥勒佛配红色碧玺吊坠
估　价：HKD 58,000~98,000
成交价：RMB 97,440
天成国际 2018-06-03

272 天然珍珠配钻石吊坠
估　价：CHF 25,000~45,000
成交价：RMB 1,336,663
长40cm 日内瓦苏富比 2018/11/15

2586 天然紫翡翠配钻石“福禄寿”吊坠
估　价：RMB 380,000~500,000
成交价：RMB 632,500
西泠拍卖 2018-07-08

2524 约19世纪 卡斯特拉尼考古与复兴主义“凹雕术”黄金吊坠
估　价：RMB 600,000~800,000
成交价：RMB 862,500
西泠拍卖 2018-07-08

76 托帕石配黄水晶及琉璃绘珐琅彩吊坠
估　价：USD 25,000~35,000
成交价：RMB 487,391
纽约苏富比 2018-04-18

203 新艺术珐琅和钻石吊坠 1900年
估　价：CHF 10,000~15,000
成交价：RMB 79,400
长7.0cm 日内瓦佳士得 2018-05-16

2404 珍贵缅甸天然玻璃种帝王绿翡翠佛公
估　价：RMB 600,000~1,200,000
成交价：RMB 1,035,000
北京匡时 2018-06-16

1760 钻石吊坠
估　价：HKD 600,000~1,000,000
成交价：RMB 586,525
香港苏富比 2018-04-03

47 珍罕天然翡翠“弥勒佛”配钻石吊坠
估　价：HKD 6,600,000~8,600,000
成交价：RMB 6,386,400
天成国际 2018-12-02

214 钻石，蓝宝石，珍珠和珐琅吊坠，Carlo Giuliano，19世纪末
估　价：GBP 9,000~14,000
成交价：RMB 177,961
伦敦苏富比 2018-03-20

2587 “变色龙”天然缅甸琉璃种翡翠牌
估　价：RMB 2,800,000~3,500,000
成交价：RMB 3,220,000
西泠拍卖 2018-07-08

2239 缅甸天然墨翠观音挂牌
估　价：RMB 25,000~45,000
成交价：RMB 40,250
北京匡时 2018-06-16

3025 翠玉松鼠葡萄纹牌
估　价：HKD 150,000~260,000
成交价：RMB 310,450
高4.5cm 佳士得 2018-11-28

2972 天然满绿翡翠无事牌配钻石吊坠
成交价：RMB 43,700
北京匡时 2018-06-15

1954 清 翡翠苍龙教子带钩
成交价：RMB 36,800
长9cm 华艺国际 2018-11-17

2153 天然翡翠平安无事配钻石吊坠
估　价：RMB 1,400,000~1,800,000
成交价：RMB 1,610,000
华艺国际 2018-05-22

101 天然翡翠树叶配钻石吊坠
估　价：HKD 120,000~180,000
成交价：RMB 116,928
天成国际 2018-06-03

2609 “光明女神”12.45克拉粉色钻石戒指 净度VS2
成交价：RMB 20,930,000
西泠拍卖 2018-07-08

2414 “粉色幻想”，珍贵璀璨11.75克拉雷迪恩形彩黄调粉色钻石及VS2净度钻石配钻石戒指
成交价：RMB 17,480,000
北京匡时 2018-06-16

1876 1.24克拉梨形巴西天然帕拉依巴戒指
估　价：HKD 300,000~500,000
成交价：RMB 332,625
佳士得 2018-11-27

360 “希望之火-The Ember Diamond” 极为珍罕1.26克拉天然彩红橘色钻石配钻石戒指
成交价：RMB 14,170,000
中国嘉德 2018-10-02

161 1.69克拉梨形天然彩粉红色SI2净度钻石配0.53及0.52克拉梨形F色内部无瑕钻石，粉红色钻石及钻石戒指
估　价：HKD 1,200,000~1,800,000
成交价：RMB 1,277,280
天成国际 2018-12-02

744 1.79克拉彩粉色水滴形钻石配钻石戒指
估　价：RMB 2,400,000~3,500,000
成交价：RMB 2,760,000
上海匡时 2018-04-30

2067 10.04克拉椭圆形缅甸天然鸽血红红宝石戒指
估　价：HKD 54,000,000~68,000,000
成交价：RMB 49,982,450
佳士得 2018-11-27

287 10.27克拉天然艳彩黄色钻石配钻石戒指
估　价：HKD 6,150,000~7,250,000
成交价：RMB 6,247,880
中国嘉德 2018-10-02

774 10.02克拉心形艳彩黄色钻石配钻石戒指
估　价：RMB 6,500,000~8,200,000
成交价：RMB 7,475,000
上海匡时 2018-04-30

2069 10.22克拉彩蓝色钻石配钻石戒指，净度VS2
估　价：HKD 38,800,000~48,000,000
成交价：RMB 36,275,560
保利香港 2018-04-01

417 10.750克拉哥伦比亚祖母绿和钻石戒指，大卫·莫里斯
估　价：CHF 350,000~450,000
成交价：RMB 2,747,253
日内瓦佳士得 2018-05-16

736 10.03克拉无瑕级圆钻戒指
估　价：RMB 3,500,000~4,100,000
成交价：RMB 4,025,000
上海匡时 2018-04-30

249 10.26克拉钻石戒指
估　价：USB 60,000~80,000
成交价：RMB 649,103
尺寸6 纽约苏富比 2018-10-17

1956 11.19克拉榄尖形淡粉红色SI1 Type IIa钻石戒指
估　价：HKD 4,800,000~6,500,000
成交价：RMB 5,197,820
佳士得 2018-11-27

18 11.22克拉浅黄色钻石和钻石戒指
估 价：CHF 50,000~70,000
成交价：RMB 714,603
大小6¾ 日内瓦佳士得 2018-05-16

761 11.38克拉无瑕级橄榄形浓彩黄色钻石戒指
估 价：RMB 3,900,000~4,800,000
成交价：RMB 4,370,000
上海匡时 2018-04-30

2063 14.72克拉八角形哥伦比亚天然祖母绿戒指
估 价：HKD 6,400,000~9,500,000
成交价：RMB 7,007,300
佳士得 2018-11-27

410 12.98克拉彩色钻石和钻石戒指
估 价：CHF 700,000~1,000,000
成交价：RMB 5,033,984
日内瓦佳士得 2018-05-16

4932 13.25克拉天然哥伦比亚木佐矿艳绿色祖母绿配钻石戒指
估 价：RMB 660,000~780,000
成交价：RMB 747,500
中国嘉德 2018-11-22

754 13.95克拉无瑕级雷迪恩形浓彩黄色钻石戒指，HRD特别推荐
估 价：RMB 3,500,000~4,300,000
成交价：RMB 3,852,500
上海匡时 2018-04-30

111 15.00克拉自然色，VS1净度彩色钻石戒指
估 价：USD 200,000~300,000
成交价：RMB 1,412,663
尺寸6 1/2 纽约佳士得 2018-04-17

752 16.09克拉D色钻石戒指，HARRY WINSTON设计，HRD特别推荐
成交价：RMB 13,800,000
上海匡时 2018-04-30

763 15.03克拉“皇家蓝”蓝宝石配钻石戒指，未经加热
估　价：RMB 1,820,000~2,850,000
成交价：RMB 2,047,000
上海匡时 2018-04-30

7505 16.28克拉塔糖形哥伦比亚祖母绿配钻石戒指
估　价：HKD 500,000
成交价：RMB 1,436,940
万昌斯 2018-11-29

207 18.506克拉缅甸蓝宝石戒指
估　价：CHF 20,000~30,000
成交价：RMB 516,102
大小8½ 日内瓦佳士得 2018-05-16

35 15.32克拉钻石和钻石戒指，格拉夫
估　价：CHF 180,000~250,000
成交价：RMB 1,905,609
日内瓦佳士得 2018-05-16

165 17.19克拉H色，VS1净度钻石戒指和永恒带
估　价：USD 350,000~550,000
成交价：RMB 4,297,633
戒指尺寸3 1/2 纽约佳士得 2018-04-17

551 2.00卡拉深彩蓝绿色钻石戒指
估　价：CHF 1,590,000~1,790,000
成交价：RMB 12,935,446
指环51 日内瓦苏富比 2018/11/15

2037 15.97克拉椭圆形缅甸天然紫色蓝宝石戒指
估　价：HKD 1,200,000~1,800,000
成交价：RMB 1,330,500
佳士得 2018-11-27

548 2.02卡拉浓彩蓝色钻石戒指
估　价：CHF 2,980,000~4,960,000
成交价：RMB 23,283,803
指环51 日内瓦苏富比 2018/11/15

209 2.81克拉自然色，VVS1净度蓝色钻石和钻石戒指
估　价：USD 1,000,000~1,500,000
成交价：RMB 13,640,041
指环6 纽约佳士得 2018-04-17

2063 2.78克拉艳彩黄绿色钻石配钻石戒指
估　价：HKD 1,680,000~2,200,000
成交价：RMB 1,718,316
保利香港 2018-04-01

414 20.49克拉彩色钻石戒指
估　价：CHF 3,800,000~4,500,000
成交价：RMB 34,856,765
大小6¼ 日内瓦佳士得 2018-05-16

2172 20.02克拉淡彩黄绿色钻石戒指
估　价：HKD 3,500,000~4,200,000
成交价：RMB 3,054,784
保利香港 2018-04-01

1953 2.81克拉枕形淡蓝色IF（极优打磨）钻石戒指
估　价：HKD 900,000~1,200,000
成交价：RMB 1,330,500
佳士得 2018-11-27

99 2.10克拉自然色，VS1净度（IIb型）蓝色钻石和1.98克拉D色，VS1净度钻石戒指
估　价：USD 2,500,000~3,500,000
成交价：RMB 21,927,661
纽约佳士得 2018-04-17

100 2.85克拉自然色，I1净度粉红色钻石及2.42克拉自然色，VS2净度蓝色钻石戒指，卡地亚
估　价：USD 3,000,000~5,000,000
成交价：RMB 28,331,731
纽约佳士得 2018-04-17

399 20世纪中期的月石戒指，苏珊娜·贝尔伯伦 20世纪50年代
估　价：CHF 9,500~14,000
成交价：RMB 174,681
尺寸5½ 日内瓦佳士得 2018-05-16

323 20.79克拉祖母绿和钻石戒指，穆萨依夫
估　价：CHF 200,000~300,000
成交价：RMB 2,975,926
大小5½ 日内瓦佳士得 2018-05-16

44 20世纪早期的祖母绿和钻石戒指
估　价：CHF 12,000~18,000
成交价：RMB 317,602
大小6¼ 日内瓦佳士得 2018-05-16

549 21.76卡拉蓝宝石配宝石「Plume de Paon」戒指，宝诗龙（Boucheron）
估　价：CHF 100,000~200,000
成交价：RMB 1,293,545
指环52 日内瓦苏富比 2018/11/15

576 21.19卡拉淡彩粉红色钻石戒指
估　价：CHF 4,470,000~6,450,000
成交价：RMB 51,132,610
指环51 1/2 日内瓦苏富比 2018/11/15

563 25.77卡拉钻石戒指，Pederzani
估　价：CHF 2,980,000~3,970,000
成交价：RMB 21,214,131
指环51 日内瓦苏富比 2018/11/15

320 21.83克拉钻石戒指
估　价：CHF 1,800,000~2,500,000
成交价：RMB 15,705,394
日内瓦佳士得 2018-05-16

2156 25.25克拉缅甸皇家蓝蓝宝石配钻石戒指，未经加热
估　价：HKD 2,200,000~3,200,000
成交价：RMB 2,004,702
保利香港 2018-04-01

211 22.76克拉D色，VVS1净度钻石戒指 JAR，巴黎
估　价：USD 2,500,000~3,500,000
成交价：RMB 17,407,141
纽约佳士得 2018-04-17

212 3.09克拉自然色，VS1净度蓝色钻石和钻石戒指
估　价：USD 2,000,000~3,000,000
成交价：RMB 33,746,938
纽约佳士得 2018-04-17

5 3.23克拉橙色，SI2净度钻石和钻石戒指
估　价：CHF 15,000~25,000
成交价：RMB 285,841
日内瓦佳士得 2018-05-16

4990 26.40克拉天然缅甸未经加热蓝宝石配蓝宝石戒指
估 价：RMB 880,000~1,080,000
成交价：RMB 920,000
中国嘉德 2018-11-22

2062 28.39克拉椭圆形缅甸天然蓝宝石戒指
估 价：HKD 8,000,000~12,000,000
成交价：RMB 7,539,500
佳士得 2018-11-27

138 3.47卡拉I1净度浓彩蓝色钻石戒指
估 价：USD 2,000,000~2,500,000
成交价：RMB 41,904,912
纽约苏富比 2018-04-18

209 3.60克拉钻石和钻石戒指
估 价：CHF 150,000~250,000
成交价：RMB 3,433,272
日内瓦佳士得 2018-05-16

216 3.73克拉红色尖晶石和钻石戒指 宝格丽
估 价：USD 10,000~15,000
成交价：RMB 156,779
戒指6 纽约苏富比 2018-04-18

2209 30.59克拉斯里兰卡“皇家蓝”蓝宝石配钻石戒指，未经加热
估 价：HKD 3,200,000~4,200,000
成交价：RMB 3,292,672
保利香港 2018-10-02

67 32.06克拉古垫形天然“缅甸”无经加热处理蓝宝石配钻石戒指
估 价：HKD 4,800,000~6,800,000
成交价：RMB 5,109,120
天成国际 2018-12-02

733 30.75克拉糖果形“皇家蓝”蓝宝石戒指，未经加热
估 价：RMB 3,800,000~5,000,000
成交价：RMB 4,370,000
上海匡时 2018-04-30

87 33.46克拉E色，VS1净度钻石戒指
估 价：USD 1,650,000~1,800,000
成交价：RMB 14,393,461
纽约佳士得 2018-04-17

26 4.01克拉梨形天然淡粉红棕色SI2净度钻石配粉红色钻石及钻石戒指/吊坠
估 价：HKD 780,000~980,000
成交价：RMB 872,808
天成国际 2018-12-02

2564 4.05克拉坦桑尼亚无烧亮丽红（VIBRANT）红宝石戒指吊坠两用
估 价：RMB 400,000~600,000
成交价：RMB 552,000
西泠拍卖 2018-07-08

168 4.09克拉D色，VS1净度钻石戒指 哈利温斯顿
估 价：USD 70,000~100,000
成交价：RMB 667,091
纽约佳士得 2018-04-17

7499 5.10克拉斯里兰卡未经加热矢车菊蓝蓝宝石配钻石戒指
估 价：HKD 42,000~42,000
成交价：RMB 63,864
万昌斯 2018-11-29

412 4.61克拉彩色钻石，祖母绿，珍珠母和钻石自由女神戒指，卡地亚
估 价：CHF 120,000~180,000
成交价：RMB 2,518,580
戒指6号 日内瓦佳士得 2018-05-16

5001 4.67克拉天然浓彩黄色内部无瑕净度钻石配钻石戒指
估 价：RMB 780,000~980,000
成交价：RMB 897,000
中国嘉德 2018-11-22

546 44.62卡拉蓝宝石配钻石戒指，M. Gérard
估 价：CHF 400,000~600,000
成交价：RMB 6,726,432
指环47 日内瓦苏富比 2018/11/15

393 46.81克拉马达加斯加蓝宝石和钻石戒指
估 价：CHF 400,000~500,000
成交价：RMB 3,280,823
大小6¾ 日内瓦佳士得 2018-05-16

2092 5.53克拉天然彩粉色钻石配钻石戒指，净度内部无暇
估 价：HKD 14,000,000~16,000,000
成交价：RMB 14,199,648
保利香港 2018-10-02

2056 5.71克拉枕形克什米尔天然蓝宝石戒指
估 价：HKD 1,600,000~2,400,000
成交价：RMB 2,856,140
佳士得 2018-11-27

2565 5.55克拉缅甸抹谷无烧鸽血红红宝石戒指
估 价：RMB 1,500,000~2,200,000
成交价：RMB 1,725,000
西泠拍卖 2018-07-08

2610 5.65克拉浓彩黄钻石戒指
估 价：RMB 1,500,000~2,000,000
成交价：RMB 2,070,000
西泠拍卖 2018-07-08

415 5.423克拉克什米尔蓝宝石和钻石戒指
估 价：CHF 120,000~180,000
成交价：RMB 3,128,375
戒指6号 日内瓦佳士得 2018-05-16

419 50.47克拉超级钻石戒指，哈里·温斯顿
估 价：CHF 5,000,000~7,000,000
成交价：RMB 41,288,195
日内瓦佳士得 2018-05-16

389 6.2克拉蓝宝石，钻石，祖母绿和玛瑙戒指，卡地亚
估 价：CHF 100,000~150,000
成交价：RMB 1,191,006
日内瓦佳士得 2018-05-16

568 69.99卡拉蓝宝石戒指，卡地亚
估 价：CHF 1,990,000~2,980,000
成交价：RMB 26,595,277
指环54 日内瓦苏富比 2018/11/15

768 6.46克拉缅甸“抹谷”红宝石配钻石戒指，未经加热
估 价：RMB 3,800,000~4,600,000
成交价：RMB 4,197,500
上海匡时 2018-04-30

384 6克拉缅甸蓝宝石和钻石戒指
估 价：CHF 65,000~85,000
成交价：RMB 635,203
大小5½ 日内瓦佳士得 2018-05-16

2020 7.06克拉缅甸“鸽血红”红宝石配钻石戒指，未经加热
估 价：HKD 9,500,000~12,000,000
成交价：RMB 9,775,120
保利香港 2018-10-02

2058 6.47克拉长方形克什米尔天然蓝宝石戒指
估 价：HKD 4,500,000~6,500,000
成交价：RMB 4,984,940
佳士得 2018-11-27

1973 7.05克拉榄尖形D/IF Type IIa钻石戒指
估 价：HKD 3,700,000~5,500,000
成交价：RMB 4,026,980
佳士得 2018-11-27

757 7.29克拉橄榄形钻石戒指，D色
估 价：RMB 2,900,000~3,500,000
成交价：RMB 3,277,500
上海匡时 2018-04-30

1938 7.48克拉长方形鲜彩黄色IF（极优打磨及比例）钻石戒指
估　价：HKD 6,000,000~8,000,000
成交价：RMB 5,942,900
佳士得 2018-11-27

529 8.16卡拉红宝石配钻石戒指，卡地亚
估　价：CHF 1,100,000~2,090,000
成交价：RMB 12,521,512
指环49 1/2 日内瓦苏富比 2018/11/15

4933 7.52克拉天然哥伦比亚祖母绿配小珍珠及钻石戒指
估　价：RMB 600,000~800,000
成交价：RMB 690,000
中国嘉德 2018-11-22

1992 8.27克拉长方形淡粉红色VS1 Type IIa钻石及6.78克拉八角形哥伦比亚祖母绿戒指
估　价：HKD 1,600,000~2,400,000
成交价：RMB 1,995,750
佳士得 2018-11-27

722 8.35克拉水滴形钻石戒指
估　价：RMB 1,550,000~1,880,000
成交价：RMB 1,713,500
上海匡时 2018-04-30

235 8.18克钻石戒指和夹克，大卫韦伯
估　价：USB 100,000~150,000
成交价：RMB 1,557,848
尺寸6¼ 纽约苏富比 2018-10-17

167 8.42克拉自然色，VVS1透明度粉红色钻石和钻石戒指
估　价：USD 4,000,000~6,000,000
成交价：RMB 31,627,944
尺寸6 纽约佳士得 2018-04-17

406 8.52克拉彩色钻石戒指
估　价：CHF 3,500,000~5,000,000
成交价：RMB 39,858,988
大小6¼ 日内瓦佳士得 2018-05-16

2036 9.22克拉枕形缅甸天然尖晶石戒指
估　价：HKD 900,000~1,200,000
成交价：RMB 997,875
佳士得 2018-11-27

2194 8.5克拉浓彩紫粉色配钻石戒指
成交价：RMB 63,795,520
保利香港 2018-10-02

2171 80.18克拉紫锂辉石配钻石戒指
估　价：HKD 240,000~350,000
成交价：RMB 246,950
保利香港 2018-10-02

222 Paraiba电气石1.09克拉和钻石戒指
估　价：USB 15,000~20,000
成交价：RMB 129,821
纽约苏富比 2018-10-17

365 8.66克拉天然缅甸抹谷未经加热鸽血红红宝石配钻石戒指
估　价：HKD 2,400,000~2,800,000
成交价：RMB 2,469,504
中国嘉德 2018-10-02

416 9.13克拉钻石戒指，哈里·温斯顿
估　价：CHF 100,000~150,000
成交价：RMB 1,826,209
日内瓦佳士得 2018-05-16

1875 巴西帕拉依巴戒指
估　价：HKD 280,000~380,000
成交价：RMB 465,675
佳士得 2018-11-27

1873 巴西帕拉依巴戒指
估 价：HKD 380,000~580,000
成交价：RMB 421,325
佳士得 2018-11-27

1639 彩橙粉红色钻石配钻石戒指
估 价：HKD 8,200,000~11,000,000
成交价：RMB 6,892,680
香港苏富比 2018-04-03

397 彩色的天然珍珠和钻石戒指（一对）
估 价：CHF 30,000~40,000
成交价：RMB 222,321
珍珠大约10.30 - 10.50mm
日内瓦佳士得 2018-05-16

1797 彩灰黄绿色钻石配钻石戒指
估 价：HKD 480,000~650,000
成交价：RMB 741,200
香港苏富比 2018-10-03

20 彩色珍珠和钻石戒指，卡地亚
估 价：CHF 5,000~7,000
成交价：RMB 103,220
大小7½ 日内瓦佳士得 2018-05-16

375 彩色钻石和钻石戒指
估 价：CHF 500,000~700,000
成交价：RMB 4,271,740
大小5½ 日内瓦佳士得 2018-05-16

356 彩色钻石戒指
估 价：CHF 1,000,000~1,500,000
成交价：RMB 16,086,516
大小6¼ 日内瓦佳士得 2018-05-16

119 彩紫灰色钻石5.64卡拉戒指
估 价：USD 250,000~350,000
成交价：RMB 1,808,062
戒指7 纽约苏富比 2018-04-18

2016 翠美至纯 缅甸天然翡翠蛋面配钻石戒指
估 价：HKD 3,500,000~5,500,000
成交价：RMB 3,627,556
保利香港 2018-04-01

1711 橙粉红色刚玉配钻石戒指
估 价：HKD 6,800,000~8,800,000
成交价：RMB 6,173,760
香港苏富比 2018-10-03

256 蛋白石，蓝宝石和Tsavorite石榴石戒指
估 价：USB 15,000~20,000
成交价：RMB 129,821
蛋白石2.9×2.6×0.82cm
纽约苏富比 2018-10-17

2114 蒂芙尼设计 2.20克拉帕拉伊巴碧玺配钻石戒指
估 价：HKD 920,000~1,200,000
成交价：RMB 878,250
保利香港 2018-04-01

2175 蒂芙尼设计 6.01克拉D色钻石配钻石戒指，净度内部无瑕
估　价：HKD 4,200,000~5,800,000
成交价：RMB 4,009,404
保利香港 2018-04-01

2008 格拉夫设计 6.40克拉天然彩黄色钻石配红宝石戒指
估　价：HKD 650,000~980,000
成交价：RMB 720,272
保利香港 2018-10-02

2112 梵克雅宝设计 7.46克拉缅甸红宝石配钻石戒指，未经加热
估　价：HKD 9,800,000~18,000,000
成交价：RMB 9,164,352
保利香港 2018-04-01

237 瑰丽29.53克拉梨形足色全美Type IIa类极优打磨钻石配钻石戒指
估　价：HKD 22,000,000~32,000,000
成交价：RMB 23,949,000
天成国际 2018-12-02

1923 红宝石及钻石“Panthère”戒指
估　价：HKD 380,000~580,000
成交价：RMB 609,813
佳士得 2018-11-27

226 橄榄石和钻石戒指
估　价：USB 12,000~15,000
成交价：RMB 112,511
尺寸6½ 纽约苏富比 2018-10-17

238 瑰丽8.06克拉古垫形天然“缅甸抹谷”无经加热处理“鸽血红”红宝石配1.30及1.27克拉阶梯式切割E色VVS2净度钻石及钻石戒指
估　价：HKD 13,800,000~16,800,000
成交价：RMB 14,475,840
天成国际 2018-12-02

5016 瑰丽罕有的21.37克拉天然彩艳黄色VS2净度钻石配钻石戒指
成交价：RMB 12,650,000
中国嘉德 2018-11-22

1967 红宝石及钻石戒指
估　价：HKD 2,500,000~3,500,000
成交价：RMB 2,419,760
佳士得 2018-05-29

1779 红宝石配钻石戒指
估　价：HKD 82,000,000~92,000,000
成交价：RMB 69,891,533
香港苏富比 2018-04-03

1533 红色碧玺配粉红色刚玉戒指
估　价：HKD 130,000~170,000
成交价：RMB 131,463
香港苏富比 2018-04-03

262 黄金，蓝宝石和钻石戒指，Marcus&Co 1910年
估　价：USD 4,000~6,000
成交价：RMB 31,356
戒指4 纽约苏富比 2018-04-18

261 黄金、粉红色蓝宝石和钻石戒指，Paul Emile Brandt 1905年
估　价：USD 5,000~7,000
成交价：RMB 101,906
纽约苏富比 2018-04-18

25 黄金钻石珐琅戒指
估　价：CHF 35,000~45,000
成交价：RMB 381,122
大小5½ 日内瓦佳士得 2018-05-16

721 极其精美和稀有的4.30克拉天然淡彩绿色钻石配钻石戒指
估　价：RMB 2,500,000~3,500,000
成交价：RMB 2,932,500
上海匡时 2018-04-30

531 火蛋白石和Spess
估　价：USD 4,000~6,000
成交价：RMB 33,002
戒指6 纽约苏富比 2018-04-19

355 极为珍罕与精美19.69克拉天然哥伦比亚未经处理祖母绿配钻石戒指
成交价：RMB 17,980,640
中国嘉德 2018-10-02

1677 尖晶石配钻石戒指
估　价：HKD 280,000~350,000
成交价：RMB 283,150
香港苏富比 2018-04-03

351 极好的蓝宝石和钻石戒指
估　价：CHF 800,000~1,200,000
成交价：RMB 13,037,542
日内瓦佳士得 2018-05-16

2 金，珐琅和橄榄石戒指，卡地亚
估　价：CHF 8,000~12,000
成交价：RMB 75,430
尺寸7½ 日内瓦佳士得 2018-05-16

322 金，珐琅和橄榄石戒指，卡地亚
估　价：CHF 8,000~12,000
成交价：RMB 75,430
大小9 日内瓦佳士得 2018-05-16

1660 金绿猫眼石配钻石戒指
估　价：HKD 80,000~120,000
成交价：RMB 92,650
香港苏富比 2018-10-03

2106 卡地亚设计 钻石配祖母绿短吻鳄造型戒指
估　价：HKD 300,000~500,000
成交价：RMB 295,932
保利香港 2018-04-01

1966 蓝宝石及钻石戒指
估　价：HKD 8,000,000~12,000,000
成交价：RMB 10,994,480
佳士得 2018-05-29

2059 卡地亚设计 钻石及蓝宝石“猎豹”戒指
估　价：HKD 480,000~880,000
成交价：RMB 596,797
保利香港 2018-10-02

305 蓝宝石和彩色蓝宝石戒指 JAR
估　价：CHF 45,000~55,000
成交价：RMB 1,151,305
尺寸6号 日内瓦佳士得 2018-05-16

1965 蓝宝石及钻石戒指
估　价：HKD 2,400,000~3,500,000
成交价：RMB 2,419,760
佳士得 2018-05-29

1691 蓝宝石戒指
估　价：HKD 700,000~1,100,000
成交价：RMB 859,563
香港苏富比 2018-04-03

1706 蓝宝石配钻石戒指
估　价：HKD 3,800,000~4,500,000
成交价：RMB 4,080,960
香港苏富比 2018-10-03

1587 蓝宝石配钻石戒指
估　价：HKD 2,000,000~2,500,000
成交价：RMB 1,921,375
香港苏富比 2018-04-03

1856 浓彩蓝色钻石戒指
估　价：HKD 21,000,000~28,000,000
成交价：RMB 21,032,640
香港苏富比 2018-10-03

4707 缅甸天然满绿翡翠蛋面配钻石吊坠/戒指
估　价：RMB 7,000,000~10,000,000
成交价：RMB 7,475,000
北京保利 2018-06-19

2215 缅甸天然翡翠蛋面配钻石戒指
估　价：HKD 350,000~550,000
成交价：RMB 411,584
保利香港 2018-10-02

1749 浓彩蓝色钻石配钻石戒指， 海瑞温斯顿 （ Harry Winston ）
估　价：HKD 4,000,000~6,000,000
成交价：RMB 5,127,360
香港苏富比 2018-10-03

4558 缅甸天然满绿翡翠蛋面配钻石戒指
估　价：RMB 1,800,000~2,600,000
成交价：RMB 2,300,000
北京保利 2018-06-19

1631 浓彩绿色钻石配钻石戒指
估 价：HKD 4,000,000~5,500,000
成交价：RMB 3,786,120
香港苏富比 2018-04-03

1751 浓彩紫粉红色钻石配钻石戒指
估 价：HKD 8,700,000~10,000,000
成交价：RMB 6,906,240
香港苏富比 2018-10-03

1622 帕拉依巴碧玺配钻石戒指，蒂芙尼（Tiffany & Co.），蒂芙尼（Tiffany & Co.）
估 价：HKD 800,000~1,200,000
成交价：RMB 1,112,375
香港苏富比 2018-04-03

67 青金石，珊瑚，绿松石和钻石戒指 蒂芙尼公司 大约1965年
估 价：USB 5,000~7,000
成交价：RMB 173,094
尺寸6½ 纽约苏富比 2018-10-17

1662 沙弗来石配红宝石及钻石戒指， Michele della Valle
估 价：HKD 150,000~200,000
成交价：RMB 163,500
香港苏富比 2018-10-03

230 坦桑石和蓝宝石戒指，Rebecca Koven
估 价：USB 7,000~9,000
成交价：RMB 60,583
纽约苏富比 2018-10-17

2622 天然翡翠蛋面挂坠
估 价：RMB 1,800,000~2,500,000
成交价：RMB 2,070,000
西泠拍卖 2018-07-08

2032 天然翡翠方牌戒指
估　价：HKD 1,800,000~2,800,000
成交价：RMB 2,217,500
佳士得 2018-11-27

1595 天然翡翠马鞍戒指
估　价：HKD 350,000~400,000
成交价：RMB 455,063
香港苏富比 2018-04-03

4682 同心同德 约5.0克拉缅甸抹谷鸽血红红宝石 及 约5.0克拉
D色IF净度内部无瑕净度钻石配钻石戒指 未经加热
成交价：RMB 21,620,000
北京保利 2018-06-19

2018 天然珊瑚配钻石戒指
估　价：RMB 80,000~100,000
成交价：RMB 92,000
华艺国际 2018-05-22

204 新艺术珍珠和珐琅戒指，勒内拉里克 约
1903年
估　价：CHF 5,000~6,000
成交价：RMB 87,340
尺寸5 日内瓦佳士得 2018-05-16

418 稀有的彩色钻石和钻石' TOI ET MOI' RING，卡地亚
估　价：CHF 2,500,000~3,500,000
成交价：RMB 33,070,256
日内瓦佳士得 2018-05-16

1664 星光蓝宝石 戒指
估　价：HKD 240,000~320,000
成交价：RMB 566,800
香港苏富比 2018-10-03

1936 星光蓝宝石及钻石戒指
估　价：HKD 50,000~80,000
成交价：RMB 152,250
佳士得 2018-05-29

219 星形蓝宝石和钻石戒指
估　价：USB 15,000~20,000
成交价：RMB 155,785
尺寸4½
纽约苏富比 2018-10-17

558 翡翠大蛋面套装
估　价：RMB 200,000~300,000
成交价：RMB 345,000
吊坠45×30×19mm；戒指29×26×15mm
北京荣宝 2018-05-18

559 翡翠男戒
估　价：RMB 200,000~300,000
成交价：RMB 322,000
15.5×11×5mm 北京荣宝 2018-05-18

1607 亚历山大变色石配钻石戒指
估　价：HKD 700,000~950,000
成交价：RMB 707,875
香港苏富比 2018-04-03

1715 艳彩橙黄色钻石配钻石戒指
估　价：HKD 2,200,000~2,800,000
成交价：RMB 2,616,000
香港苏富比 2018-10-03

1645 艳彩橙黄色钻石配钻石戒指
估 价：HKD 9,000,000~11,000,000
成交价：RMB 8,834,280
香港苏富比 2018-04-03

1892 艳彩蓝色钻石配钻石戒指
估 价：HKD 98,000,000~120,000,000
成交价：RMB 94,565,784
香港苏富比 2018-10-03

1643 艳彩黄色钻石戒指， 蒂法尼（Tiffany & Co.）， 20世纪初
估 价：HKD 2,550,000~3,500,000
成交价：RMB 2,224,750
香港苏富比 2018-04-03

1659 艳彩黄色钻石配钻石戒指
估 价：HKD 19,000,000~25,000,000
成交价：RMB 18,056,880
香港苏富比 2018-04-03

1782 艳彩紫粉红色钻石配钻石戒指
估 价：HKD 16,000,000~20,000,000
成交价：RMB 15,629,880
香港苏富比 2018-04-03

1618 艳彩黄色钻石配钻石戒指
估 价：HKD 5,200,000~6,000,000
成交价：RMB 5,533,560
香港苏富比 2018-04-03

1748 艳彩蓝绿色钻石配钻石戒指
估 价：HKD 5,600,000~7,200,000
成交价：RMB 5,545,920
香港苏富比 2018-10-03

8 养殖珍珠，彩色钻石和钻石戒指
估 价：CHF 1,000~1,500
成交价：RMB 23,820
尺寸6½ 日内瓦佳士得 2018-05-16

2085 有色钻石及钻石戒指
估 价：HKD 10,000,000~15,000,000
成交价：RMB 12,261,200
佳士得 2018-05-29

2133 玉露翠宝 缅甸天然帝王绿翡翠蛋面配钻石挂坠
成交价：RMB 24,820,120
保利香港 2018-04-01

2088 有色钻石及钻石戒指
估 价：HKD 5,500,000~8,000,000
成交价：RMB 5,440,400
佳士得 2018-05-29

4571 卓尔不凡 Adler设计 约11.1克拉淡彩粉色VS2净度钻石配钻石戒指
成交价：RMB 16,675,000
北京保利 2018-06-19

543 珍珠和钻石戒指，David Webb
估 价：USD 15,000~20,000
成交价：RMB 117,865
戒指3.5 纽约苏富比 2018-04-19

829 珍罕10.02克拉天然缅甸抹谷未经加热鸽血红红宝石配钻石戒指
成交价：RMB 19,634,430
中国嘉德 2018-04-02

194 珍珠，珐琅和钻石戒指，勒内拉里克
估 价：CHF 5,000~6,000
成交价：RMB 43,670
尺寸5½ 日内瓦佳士得 2018-05-16

834 珍罕总重量14.41克拉天然喀什米尔未经加热蓝宝石配钻石戒指
估 价：HKD 7,200,000~8,600,000
成交价：RMB 6,122,108
中国嘉德 2018-04-02

1888 祖母绿戒指
估　价：HKD 7,000,000~8,000,000
成交价：RMB 6,173,760
香港苏富比 2018-10-03

12 钻石”玛伦帕纳”戒指，卡地亚
估　价：CHF 5,000~7,000
成交价：RMB 23,820
日内瓦佳士得 2018-05-16

386 钻石，祖母绿和玛瑙戒指，卡地亚
估　价：CHF 50,000~70,000
成交价：RMB 476,402
大小8¾ 日内瓦佳士得 2018-05-16

2083 钻石戒指
估　价：HKD 6,000,000~8,000,000
成交价：RMB 6,414,800
佳士得 2018-05-29

1741 钻石配祖母绿及缟玛瑙“豹”戒指，‘Panthère’， 卡地亚
估　价：HKD 650,000~950,000
成交价：RMB 2,289,000
香港苏富比 2018-10-03

1891 钻石戒指
估　价：HKD 9,800,000~14,000,000
成交价：RMB 15,800,640
香港苏富比 2018-10-03

2061 1.01克拉淡彩粉紫色钻石及1.10克拉及淡彩绿色钻石配钻石耳环 （一对）
估　价：HKD 500,000~800,000
成交价：RMB 525,041
保利香港 2018-04-01

380 钻石戒指，梵克雅宝
估　价：CHF 1,000,000~1,500,000
成交价：RMB 11,513,054
日内瓦佳士得 2018-05-16

2614 1.04克拉浅粉色钻石耳环
估 价：RMB 300,000~400,000
成交价：RMB 437,000
西泠拍卖 2018-07-08

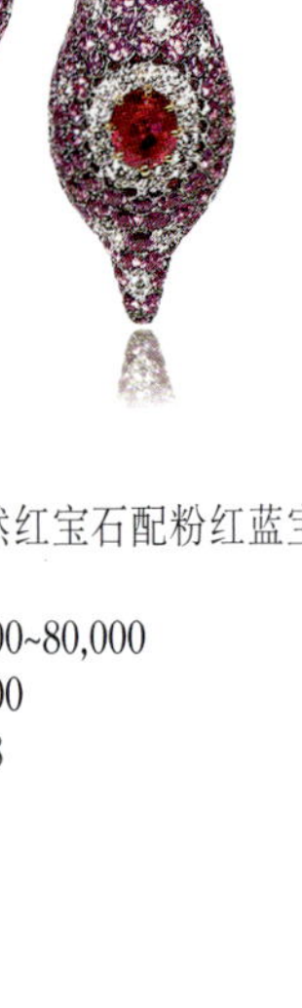

1165 1.38克拉 天然红宝石配粉红蓝宝石及钻石耳环 未经加热
估 价：RMB 60,000~80,000
成交价：RMB 69,000
保利厦门 2018-01-08

2021 1.08及1.06克拉D色钻石耳环一对，净度内部无暇
估 价：HKD 160,000~240,000
成交价：RMB 144,054
保利香港 2018-10-02

681 10.27克拉红色碧玺配钻石耳坠
估 价：RMB 35,000~80,000
成交价：RMB 46,000
上海匡时 2018-04-30

108 1.27克拉和1.22克拉，黄色、自然色，SI2和VS2的清晰度彩色钻石耳环（一对）
估 价：USD 20,000~30,000
成交价：RMB 235,444
纽约佳士得 2018-04-17

7592 1.36克拉马达加斯加:
指 及 总重2.03克拉马达加斯加红宝石配钻石耳环套装 未经加热
成交价：RMB 36,800
戒指主石6.84×5.59×3.95mm；耳环主石6.10×6.05×3.15mm；6.49×5.85×2.91mm
北京保利 2018-12-07

182 10.60及10.32 克拉古垫形天然哥伦比亚祖母绿配钻石耳环，Harry Winston （一对）
估　价：HKD 4,200,000~5,200,000
成交价：RMB 3,897,600
天成国际 2018-06-03

38 11.09及11.04卡拉钻石耳环一对
估　价：USD 325,000~425,000
成交价：RMB 3,339,413
纽约苏富比 2018-04-18

388 11.37克拉和11.19克拉蓝宝石，祖母绿和钻石耳环
估　价：CHF 250,000~350,000
成交价：RMB 3,661,945
日内瓦佳士得 2018-05-16

2181 0.86克拉黄钻配白钻耳坠
估　价：RMB 10,000~30,000
成交价：RMB 23,000
北京匡时 2018-06-16

376 钻石戒指,卡地亚
估　价：CHF 1,000,000~1,500,000
成交价：RMB 7,701,836
大小6½，日内瓦佳士得 2018-05-16

521 12.50克拉蓝宝石和钻石耳环（一对）和戒指
估　价： 15,000~20,000
成交价：RMB 204,300
戒指7 纽约苏富比 2018-04-19

96 12.32克拉，8.91克拉蓝宝石耳环
估 价：CHF 90,000~130,000
成交价：RMB 1,349,806
长3.0cm 日内瓦佳士得 2018-05-16

1964 15.10及14.86克拉梨形彩黄色IF-VS2钻石耳环
估 价：HKD 4,800,000~6,500,000
成交价：RMB 4,878,500
佳士得 2018-11-27

427 18.92及19.08卡拉祖母绿配钻石耳环一对，梵克雅宝（Van Cleef & Arpels）
估 价：CHF 300,000~400,000
成交价：RMB 2,414,617
日内瓦苏富比 2018/11/15

709 11.31克拉黄色钻石配钻石耳坠
估 价：RMB 890,000~1,200,000
成交价：RMB 989,000
上海匡时 2018-04-30

1946 2.03及2.03克拉长方形D/IF钻石耳环
估 价：HKD 550,000~750,000
成交价：RMB 643,075
佳士得 2018-11-27

2172 12.94及12.60克拉哥伦比亚祖母绿配钻石耳环
估 价：HKD 480,000~980,000
成交价：RMB 565,928
保利香港 2018-10-02

1113 13.99克拉 天然玻利维亚紫黄晶配彩色蓝宝石及钻石花朵耳环
估 价：RMB 15,000~30,000
成交价：RMB 17,250
保利厦门 2018-01-08

2133 2.02及2.01克拉 莫桑比克“鸽血红”红宝石外配钻石耳环，未经加热
估 价：HKD 680,000~880,000
成交价：RMB 740,851
保利香港 2018-10-02

217 2.10克拉和2.04克拉祖母绿和钻石耳环，卡地亚
估 价：CHF 15,000~20,000
成交价：RMB 206,441
长1.5cm 日内瓦佳士得 2018-05-16

15 2.04克拉、2.02克拉钻石耳环(一对)
估 价：USD 15,000~20,000
成交价：RMB 156,963
纽约佳士得 2018-04-17

173 2.50克拉H色，VS1和VS2净度钻石耳环（一对）
估 价：USD 30,000~50,000
成交价：RMB 313,925
纽约佳士得 2018-04-17

227 2.22及2.15克拉椭圆形天然缅甸抹谷无经加热处理红宝石配钻石耳环，Tiffany & Co. （一对）
估 价：HKD 500,000~750,000
成交价：RMB 487,200
天成国际 2018-06-03

709 2.30克拉粉红色蓝宝石和钻石耳饰（一对）
估 价：USD 15,000~20,000
成交价：RMB 125,723
纽约苏富比 2018-04-19

203 2.73克拉、2.72克拉自然色，VVS2和VVS1清晰度黄色钻石耳环（一对）
估 价：USD 150,000~250,000
成交价：RMB 1,137,978
纽约佳士得 2018-04-17

48 20世纪早期的3.0克拉和2.9克拉红宝石和钻石耳环
估 价：CHF 75,000~125,000
成交价：RMB 555,803
日内瓦佳士得 2018-05-16

44 2.73和2.53克拉分别为E和D颜色，VS2和SI1净度钻石耳夹（一对） 梵克雅宝
估 价：USD 50,000~70,000
成交价：RMB 549,369
纽约佳士得 2018-04-17

680 20.95克拉、21.10克拉海蓝宝石和钻石吊坠耳环（一对）
估 价：USD 8,000~12,000
成交价：RMB 133,581
纽约苏富比 2018-04-19

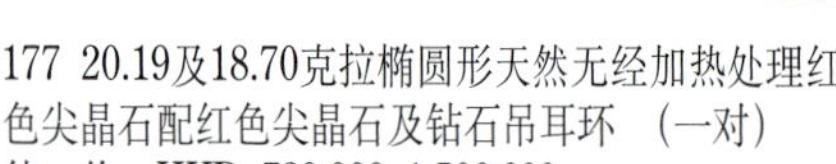

177 20.19及18.70克拉椭圆形天然无经加热处理红色尖晶石配红色尖晶石及钻石吊耳环 （一对）
估 价：HKD 780,000~1,500,000
成交价：RMB 760,032
天成国际 2018-06-03

239 20世纪中期天然珍珠和钻石耳环
估 价：CHF 6,000~8,000
成交价：RMB 119,101
日内瓦佳士得 2018-05-16

391 22.77克拉，21.42克拉蓝宝石和钻石耳环（一对） 宝格丽
估　价：CHF 1,500,000~2,000,000
成交价：RMB 11,513,054
长2.8cm 日内瓦佳士得 2018-05-16

1865 3.16及3.12克拉圆形E-F/VS1-VS2钻石耳环
估　价：HKD 950,000~1,500,000
成交价：RMB 1,053,313
佳士得 2018-11-27

1986 3.07及3.03克拉旧式切割D/IF钻石耳环
估　价：HKD 1,500,000~2,500,000
成交价：RMB 1,663,125
佳士得 2018-11-27

122 3.32克拉钻石耳环（一对）
估　价：CHF 80,000~100,000
成交价：RMB 595,503
长5.0cm 日内瓦佳士得 2018-05-16

95 3.77克拉和3.60克拉祖母绿耳环
估　价：CHF 50,000~70,000
成交价：RMB 635,203
长1.1cm 日内瓦佳士得 2018-05-16

2057 3.93及3.36克拉枕形及椭圆形克什米尔天然蓝宝石耳环
估　价：HKD 2,800,000~3,800,000
成交价：RMB 2,856,140
佳士得 2018-11-27

1966 3.28、2.31及2.12克拉缅甸天然鸽血红红宝石戒指及耳环
估　价：HKD 800,000~1,200,000
成交价：RMB 1,441,375
佳士得 2018-11-27

4855 4.78克拉及4.61克拉天然斯里兰卡蓝宝石配钻石吊耳环
估　价：RMB 480,000~680,000
成交价：RMB 552,000
中国嘉德 2018-11-22

153 4.00及3.25克拉梨形天然缅甸抹谷无经加热处理红宝石配钻石吊耳环，Harry Winston （一对）
估　价：HKD 1,800,000~2,500,000
成交价：RMB 1,753,920
天成国际 2018-06-03

717 4.23克拉缅甸“鸽血红”红宝石配钻石耳坠
估　价：RMB 260,000~360,000
成交价：RMB 299,000
上海匡时 2018-04-30

128 4.24克拉和3.47克拉彩色钻石和钻石耳环（一对）
估　价：USD 20,000~30,000
成交价：RMB 235,444
纽约佳士得 2018-04-17

409 4.54克拉、4.52克拉钻石耳环，哈里·温斯顿
估　价：CHF 200,000~300,000
成交价：RMB 2,366,131
日内瓦佳士得 2018-05-16

19 4.74及4.69卡拉缅甸红宝石配钻石耳环一对
估　价：USD 50,000~70,000
成交价：RMB 510,974
纽约苏富比 2018-04-18

402 9.09和9.03克拉钻石耳环
估 价：CHF 1,500,000~2,000,000
成交价：RMB 10,750,811
长3.5cm 日内瓦佳士得 2018-05-16

2168 5.04及5.14克拉钻石耳环 （一对）
估 价：HKD 1,680,000~2,200,000
成交价：RMB 1,527,392
保利香港 2018-04-01

2089 5.15及5.01克拉D色钻石耳环一对，净度内部无暇
估 价：HKD 4,000,000~6,000,000
成交价：RMB 4,115,840
保利香港 2018-10-02

547 5.07卡拉及5.25卡拉钻石吊耳环一对, de Grisogono
估 价：CHF 400,000~700,000
成交价：RMB 4,656,761
日内瓦苏富比 2018/11/15

2054 5.21及5.01克拉梨形彩粉红色IF-VS1钻石耳环
估 价：HKD 30,000,000~35,000,000
成交价：RMB 29,891,900
佳士得 2018-11-27

106 5.41克拉5.24克拉D色，VVS2净度钻石耳环（一对），BY HARRY WINSTON
估 价：USD 330,000~500,000
成交价：RMB 2,941,477
纽约佳士得 2018-04-17

130 5.27克拉钻石耳环
估 价：CHF 250,000~350,000
成交价：RMB 2,518,580
长4.8cm 日内瓦佳士得 2018-05-16

34 6.16克拉钻石耳钉
估 价：CHF 250,000~350,000
成交价：RMB 2,823,477
日内瓦佳士得 2018-05-16

2130 5.50克拉及4.88克拉天然蓝宝石配钻石耳环（一对）
估 价：RMB 320,000~400,000
成交价：RMB 368,000
华艺国际 2018-05-22

114 6.18克拉，重6.08克拉蓝宝石和钻石耳环（一对）
估 价：USD 15,000~20,000
成交价：RMB 141,266
纽约佳士得 2018-04-17

262 6.05克拉，6.03克拉钻石耳环（一对）
估 价：CHF 80,000~120,000
成交价：RMB 794,004
长7.2cm 日内瓦佳士得 2018-05-16

461 6.21及4.92卡拉祖母绿配钻石吊耳环一对
估 价：CHF 80,000~120,000
成交价：RMB 1,638,490
日内瓦苏富比 2018/11/15

17 6.89及6.21卡拉祖母绿配钻石耳环（一对）
估 价：USD 35,000~45,000
成交价：RMB 393,057
纽约苏富比 2018-04-18

374 7.44克拉蓝宝石及11.28克拉钻石耳钉，卡地亚
估 价：CHF 30,000~50,000
成交价：RMB 277,901
长2.8cm 日内瓦佳士得 2018-05-16

10 65.82卡拉、66.08卡拉璧玺配红宝石及刚玉耳环（一对），Hemmerle
估 价：USD 30,000~50,000
成交价：RMB 330,168
纽约苏富比 2018-04-18

270 8.00克拉和7.00克拉红宝石，彩色钻石和钻石耳夹（一对），奥斯卡海曼和兄弟
估 价：USD 10,000~15,000
成交价：RMB 225,023
纽约苏富比 2018-10-17

34 7.06克拉、6.85克拉钻石耳环(一对)
估 价：USD 40,000~60,000
成交价：RMB 565,065
纽约佳士得 2018-04-17

347 9.45及8.41克拉哥伦比亚天然未经处理木佐矿祖母绿配钻石吊耳环
估 价：HKD 2,800,000~3,400,000
成交价：RMB 2,881,088
中国嘉德 2018-10-02

2078 Meganese设计 缅甸天然翡翠珠配钻石耳环
估 价：HKD 120,000~200,000
成交价：RMB 124,101
保利香港 2018-04-01

2077 Meganese设计 缅甸天然红翡配钻石挂坠及耳环套装
估 价：HKD 180,000~280,000
成交价：RMB 143,193
保利香港 2018-04-01

2095 AKACHEN设计 钛金属兰花耳环
估 价：HKD 250,000~450,000
成交价：RMB 458,218
保利香港 2018-04-01

1945 D-F/IF-VS2钻石耳环
估 价：HKD 1,200,000~1,800,000
成交价：RMB 1,552,250
佳士得 2018-11-27

2071 巴西帕拉伊巴碧玺配钻石耳环
估 价：HKD 1,480,000~2,200,000
成交价：RMB 1,543,440
保利香港 2018-10-02

4646 白色南洋及黑色大溪地珍珠配钻石耳环 约15.4mm、15.2mm、9.6mm及9.4mm
估 价：RMB 18,000~28,000
成交价：RMB 20,700
北京保利 2018-06-19

4642 白色南洋珍珠配钻石吊坠及耳环套装 约13.3mm、12.6mm
成交价：RMB 20,700
北京保利 2018-06-19

7501 白色南洋珍珠配钻石耳环 约16.03mm
成交价：RMB 28,750
珍珠直径16.03mm；耳环长40.0mm 北京保利 2018-12-07

4 白色托帕石’拜占庭’吊坠 - 耳夹（一对），Verdura
估 价：USB 5,000~7,000
成交价：RMB 60,583
纽约苏富比 2018-10-17

2015 百代玲珑 缅甸天然翡翠福豆配钻石及彩色宝石挂坠及耳环套装
估 价：HKD 1,600,000~2,600,000
成交价：RMB 1,718,316
保利香港 2018-04-01

2099 宝格丽设计 红宝石配钻石耳环 （一对）
估 价：HKD 200,000~380,000
成交价：RMB 190,924
保利香港 2018-04-01

516 宝石耳饰，Marina B
估 价：USD 4,000~6,000
成交价：RMB 54,873
纽约苏富比 2018-04-19

206 宝石镶嵌和钻石“Mamma Pesce”耳夹（一对），宝格丽
估 价：USB 5,000~7,000
成交价：RMB 207,713
纽约苏富比 2018-10-17

256 彩色天然珍珠和钻石耳环（一对），天然珍珠耳钉（一对）
估 价：CHF 5,000~7,000
成交价：RMB 222,321
日内瓦佳士得 2018-05-16

737 碧玺，钻石和珍珠耳环（一对），米歇尔特拉华莱
估 价：USD 4,000~6,000
成交价：RMB 102,150
纽约苏富比 2018-04-19

43 彩色天然珍珠和钻石耳环
估 价：CHF 20,000~30,000
成交价：RMB 254,081
长3.4cm 日内瓦佳士得 2018-05-16

22 彩色锂辉石配粉红色刚玉及钻石吊耳环 （一对）
估 价：HKD 78,000~128,000
成交价：RMB 76,003
天成国际 2018-06-03

21 彩色珍珠和钻石耳环，卡地亚
估 价：CHF 6,000~8,000
成交价：RMB 174,681
长3.2cm 日内瓦佳士得 2018-05-16

338 彩色天然珍珠，天然珍珠和钻石耳环
估 价：CHF 100,000~150,000
成交价：RMB 794,004
长4.8cm 日内瓦佳士得 2018-05-16

413 彩色钻石，祖母绿，珍珠母，钻石自由女神耳环(一对)，卡地亚
估　价：CHF 60,000~80,000
成交价：RMB 952,805
长3.0cm 日内瓦佳士得 2018-05-16

265 彩色钻石和钻石“宇宙”耳环（一对），梵克雅宝
估　价：CHF 30,000~50,000
成交价：RMB 238,201
长2.6cm 日内瓦佳士得 2018-05-16

69 彩色钻石及钻石耳环（一对） 梵克雅宝
估　价：USD 30,000~50,000
成交价：RMB 235,444
纽约佳士得 2018-04-17

1844 彩色钻石配钻石吊耳环 （一对）
估　价：HKD 1,050,000~1,300,000
成交价：RMB 1,090,000
香港苏富比 2018-10-03

2106 丹霞映翠 缅甸天然“帝王玉”翡翠蛋面配“鸽血红”红宝石耳环 （一对）
估　价：HKD 8,000,000~12,000,000
成交价：RMB 6,173,760
保利香港 2018-10-02

634 翠绿宝石和钻石耳环（一对），蒂芙尼
估　价：USD 8,000~12,000
成交价：RMB 109,745
纽约苏富比 2018-04-19

93 蛋白石和钻石耳夹（一对），蒂芙尼公司 大约1930年
估 价：USB 15,000~20,000
成交价：RMB 519,283
纽约苏富比 2018-10-17

685 珐琅和钻石耳夹（一对），大卫韦伯
估 价：USD 6,000~8,000
成交价：RMB 78,577
纽约苏富比 2018-04-19

605 多色蓝宝石长链和一对多色蓝宝石和钻石耳饰
估 价：USD 30,000~50,000
成交价：RMB 235,169
180.34cm 纽约苏富比 2018-04-19

359 独特的祖母绿和钻石耳环
估 价：CHF 1,000,000~1,500,000
成交价：RMB 8,273,519
日内瓦佳士得 2018-05-16

1998 翡翠耳环
估 价：HKD 280,000~380,000
成交价：RMB 284,200
佳士得 2018-05-29

1990 翡翠及钻石耳坠
估 价：HKD 200,000~300,000
成交价：RMB 223,300
佳士得 2018-05-29

7560 非常珍贵 缅甸天然满绿翡翠配珍珠耳环
估　价：RMB 3,200,000~4,500,000
成交价：RMB 3,795,000
主石19.50×14.79×6.45mm；18.83×14.69×5.51mm 北京保利 2018-12-07

1986 翡翠及钻石首饰
估　价：HKD 250,000~350,000
成交价：RMB 203,000
佳士得 2018-05-29

92 粉红色黄玉和钻石耳夹（一对），J.E。-Caldwell&Co。
估　价：USB 10,000~15,000
成交价：RMB 164,440
纽约苏富比 2018-10-17

2037 翡翠及钻石耳坠
估　价：HKD 280,000~380,000
成交价：RMB 304,500
佳士得 2018-05-29

60 共58.95卡拉祖母绿配钻石耳环（一对）
估　价：USD 70,000~90,000
成交价：RMB 825,420
纽约苏富比 2018-04-18

70 各重4.08卡拉钻石耳环(一对)，蒂芙尼
估　价：USD 200,000~300,000
成交价：RMB 1,572,228
纽约苏富比 2018-04-18

2412 瑰丽 10.03克拉天然莫桑比克鸽血红红宝石戒指；8.21及8.12克拉天然莫桑比克鸽血红红宝石耳钉套装
成交价：RMB 8,912,500
北京匡时 2018-06-16

210 海蓝宝石和钻石吊坠耳环 （一对）
估　价：USD 12,000~15,000
成交价：RMB 148,940
纽约苏富比 2018-04-18

1666 海蓝宝配钻石吊耳环一对，‘Charlize’，卡地亚
估　价：HKD 950,000~1,400,000
成交价：RMB 1,264,063
香港苏富比 2018-04-03

2013 共重9.0克拉莫桑比克红宝石配钻石耳环
估　价：HKD 380,000~580,000
成交价：RMB 411,584
保利香港 2018-10-02

2031 海螺珍珠配钻石耳环 （一对）
估　价：HKD 580,000~880,000
成交价：RMB 715,965
保利香港 2018-04-01

2177 海瑞温斯顿设计 10.06及10.02克拉D色Type IIa钻石配钻石耳环
估　价：HKD 12,000,000~18,000,000
成交价：RMB 11,932,750
保利香港 2018-04-01

1927 红宝石“Mystery set”耳环
估　价：HKD 380,000~580,000
成交价：RMB 731,775
佳士得 2018-11-27

139 红宝石和钻石耳环（一对）
估　价：CHF 20,000~30,000
成交价：RMB 158,801
长2.0cm 日内瓦佳士得 2018-05-16

207 红宝石，钻石和珐琅耳环（一对） 宝格丽
估　价：USD 10,000~15,000
成交价：RMB 353,166
纽约佳士得 2018-04-17

264 红宝石和钻石耳环（一对）
估　价：CHF 10,000~15,000
成交价：RMB 103,220
长3.8cm 日内瓦佳士得 2018-05-16

103 红宝石和钻石耳环（一对），哈里温斯顿
估　价：USD 20,000~30,000
成交价：RMB 298,229
纽约佳士得 2018-04-17

81 红宝石和钻石耳环（一对） 梵克雅宝
估　价：USD 15,000~20,000
成交价：RMB 188,355
纽约佳士得 2018-04-17

278 红宝石和钻石耳环（一对）
估　价：CHF 20,000~30,000
成交价：RMB 142,921
长2.4cm 日内瓦佳士得 2018-05-16

132 红宝石和钻石耳环，梅斯特
估　价：CHF 5,000~8,000
成交价：RMB 119,101
长3.5cm 日内瓦佳士得 2018-05-16

4522 红宝石及蓝宝石配钻石吊坠及耳环套装
成交价：RMB 17,250
北京保利 2018-06-19

719 红宝石和钻石耳饰（一对），大卫韦伯
估　价：USD 8,000~12,000
成交价：RMB 66,790
纽约苏富比 2018-04-19

213 红宝石和钻石戒指和耳夹（一对），Tiffany & Co。
估　价：USB 8,000~12,000
成交价：RMB 69,238
戒指尺寸5¼ 纽约苏富比 2018-10-17

1958 红宝石及钻石耳环
估　价：HKD 1,800,000~2,800,000
成交价：RMB 1,827,000
佳士得 2018-05-29

1578 红宝石配蓝宝石配钻石戒指及耳环一对，卡地亚
估　价：HKD 380,000~500,000
成交价：RMB 384,275
香港苏富比 2018-04-03

1969 红宝石及钻石耳坠
估　价：HKD 2,800,000~3,800,000
成交价：RMB 2,809,520
佳士得 2018-05-29

2059 红宝石及钻石耳坠
估 价：HKD 12,800,000~18,000,000
成交价：RMB 11,774,000
佳士得 2018-05-29

1654 红宝石配钻石吊耳环 （一对）
估 价：HKD 5,000,000~8,000,000
成交价：RMB 4,854,000
香港苏富比 2018-04-03

1696 红宝石配钻石吊耳环 （一对）
估 价：HKD 800,000~1,200,000
成交价：RMB 809,000
香港苏富比 2018-04-03

4509 红珊瑚配钻石戒指及耳环套装
成交价：RMB 23,000
北京保利 2018-06-19

2041 红宝石配钻石葡萄造型耳环 （一对）
估 价：HKD 68,000~98,000
成交价：RMB 114,554
保利香港 2018-04-01

1626 红宝石配钻石吊耳环一对， 宝格丽（Bulgari）
估 价：HKD 2,200,000~2,800,000
成交价：RMB 2,224,750
香港苏富比 2018-04-03

523 红宝石配钻石耳环一对，卡地亚
估 价：CHF 100,000~150,000
成交价：RMB 1,552,254
日内瓦苏富比 2018/11/15

259 黄金和紫水晶珠宝吊坠耳环
估　价：USD 5,000~7,000
成交价：RMB 39,195
纽约苏富比 2018-04-18

21 黄金和钻石耳夹（一对），卡地亚，巴黎
估　价：USB 10,000~15,000
成交价：RMB 95,202
纽约苏富比 2018-10-17

601 花式生动黄色钻石和钻石耳饰（一对）
估　价：USD 35,000~47,500
成交价：RMB 298,592
纽约苏富比 2018-04-19

704 花式彩色钻石和钻石耳环（一对）
估　价：USD 20,000~30,000
成交价：RMB 172,869
纽约苏富比 2018-04-19

30 黄金和钻石Dentelle耳夹（一对），梵克雅宝
估　价：USB 10,000~15,000
成交价：RMB 129,821
纽约苏富比 2018-10-17

74 花式浓烈1.63克拉、1.47克拉黄色钻石和钻石耳环（一对），格拉夫
估　价：USB 18,000~22,000
成交价：RMB 190,404
纽约苏富比 2018-10-17

26 黄金和钻石耳夹（一对），
Van Cleef&Arpels，法国 大约在1960年
估　价：USB 1,500~2,000
成交价：RMB 51,928
纽约苏富比 2018-10-17

202 黄金和钻石耳夹，梵克雅宝，法国的一对
估 价：USB 3,000~5,000
成交价：RMB 86,547
纽约苏富比 2018-10-17

585 黄色蓝宝石每颗重约4.25克拉和钻石耳环（一对）
估 价：USD 8,000~12,000
成交价：RMB 125,723
纽约苏富比 2018-04-19

560 金，绿宝石和钻石耳夹（一对），David Webb
估 价：USD 5,000~7,000
成交价：RMB 43,217
纽约苏富比 2018-04-19

85 火蛋白石配钻石耳环一对，蒂法尼（Tiffany & Co.）
估 价：USD 10,000~15,000
成交价：RMB 393,057
蛋白石10.5×24.0mm 纽约苏富比 2018-04-18

642 黄色绿柱石，粉红碧玺和钻石耳夹（一对），宝格丽
估 价：USD 15,000~20,000
成交价：RMB 172,457
纽约苏富比 2018-04-19

7580 极其臻美 陈世英设计 Wallace Chan 纯美清泉 | 耳环
成交价：RMB 4,025,000
耳环长度约为6.15cm 北京保利 2018-12-07

1665 尖晶石配钻石吊耳环一对， BHAGAT
估　价：HKD 950,000~1,400,000
成交价：RMB 1,213,500
香港苏富比 2018-04-03

209 金和古钱币耳夹，宝格丽
估　价：USB 2,000~3,000
成交价：RMB 17,309
纽约苏富比 2018-10-17

66 金和珊瑚色耳夹（一对），Van Cleef&Arpels
估　价：USB 5,000~7,000
成交价：RMB 129,821
纽约苏富比 2018-10-17

14 金和钻石耳夹（一对），斯伦贝谢为Tiffany&Co。
估　价：USB 3,000~5,000
成交价：RMB 41,543
纽约苏富比 2018-10-17

145 金和钻石“桉树”耳环，梵克雅宝 约1966年
估　价：CHF 15,000~20,000
成交价：RMB 79,400
长2.6cm 日内瓦佳士得 2018-05-16

237 金和钻石耳夹（一对），Van Cleef&Arpels，法国
估　价：USB 6,000~8,000
成交价：RMB 121,166
纽约苏富比 2018-10-17

763 金和钻耳饰（一对），卡地亚，法国
估　价：USD 8,000~10,000
成交价：RMB 275,019
纽约苏富比 2018-04-19

16 金色和钻石耳夹（一对），Van Cleef&Arpels，法国
估 价：USB 2,000~3,000
成交价：RMB 86,547
纽约苏富比 2018-10-17

2057 卡地亚设计 “猎豹”戒指及耳环套装
估 价：HKD 80,000~150,000
成交价：RMB 82,317
保利香港 2018-10-02

82 蓝宝石，海蓝宝石和钻石吊坠耳环（一对）
估 价：USB 15,000~20,000
成交价：RMB 129,821
纽约苏富比 2018-10-17

71 金色和钻石’雪花’吊坠/耳夹(一对，Van Cleef&Arpels，法国
估 价：USB 60,000~80,000
成交价：RMB 605,830
纽约苏富比 2018-10-17

4508 金色南洋珍珠配钻石吊坠及耳环套装 约15.7mm、15.6mm、15.3mm
估 价：RMB 35,000~55,000
成交价：RMB 43,700
北京保利 2018-06-19

2033 兰竹腾芳 天然翡翠耳环
估 价：HKD 2,500,000~3,500,000
成交价：RMB 2,643,260
佳士得 2018-11-27

1663 祖母绿配钻石吊耳环一对
估　价：HKD 1,600,000~2,000,000
成交价：RMB 1,820,250
香港苏富比 2018-04-03

382 蓝宝石和钻石耳环，卡地亚
估　价：CHF 30,000~40,000
成交价：RMB 222,321
长3.6cm 日内瓦佳士得 2018-05-16

191 蓝宝石和钻石耳环，梅斯特
估　价：CHF 4,000~6,000
成交价：RMB 35,730
长2.7cm 日内瓦佳士得 2018-05-16

268 蓝宝石和钻石耳夹（一对），David Webb
估　价：USB 8,000~12,000
成交价：RMB 129,821
纽约苏富比 2018-10-17

186 蓝宝石和彩色钻石耳环
估　价：CHF 15,000~20,000
成交价：RMB 25,408
长2.9cm 日内瓦佳士得 2018-05-16

394 蓝宝石和钻石耳环（一对），哈利·温斯顿
估　价：CHF 30,000~50,000
成交价：RMB 436,702
长4.8cm 日内瓦佳士得 2018-05-16

332 蓝宝石和钻石耳环，卡地亚
估　价：CHF 50,000~70,000
成交价：RMB 1,389,507
长2.5cm 日内瓦佳士得 2018-05-16

1976 蓝宝石及钻石耳环
估　价：HKD 380,000~580,000
成交价：RMB 543,288
佳士得 2018-11-27

1570 蓝宝石配钻石吊耳环一对
估　价：HKD 35,000~46,000
成交价：RMB 91,013
香港苏富比 2018-04-03

1652 蓝宝石配钻石耳环一对， 梵克雅宝（Van Cleef & Arpels）， 1988年
估　价：HKD 800,000~1,100,000
成交价：RMB 910,125
香港苏富比 2018-04-03

59 六颗重约18.93克拉祖母绿与钻石耳环（一对） 梵克雅宝
估　价：USD 200,000~400,000
成交价：RMB 2,790,793
纽约佳士得 2018-04-17

224 绿宝石和钻石吊坠耳环(一对)
估　价：USD 50,000~70,000
成交价：RMB 470,337
纽约苏富比 2018-04-18

284 绿宝石和钻石耳夹（一对）
估　价：USB 25,000~35,000
成交价：RMB 389,462
纽约苏富比 2018-10-17

205 绿松石，水晶和钻石耳夹，大卫韦伯
估　价：USB 10,000~15,000
成交价：RMB 164,440
纽约苏富比 2018-10-17

573 绿松石耳夹（一对），大卫韦伯
估　价：USD 3,000~5,000
成交价：RMB 43,217
纽约苏富比 2018-04-19

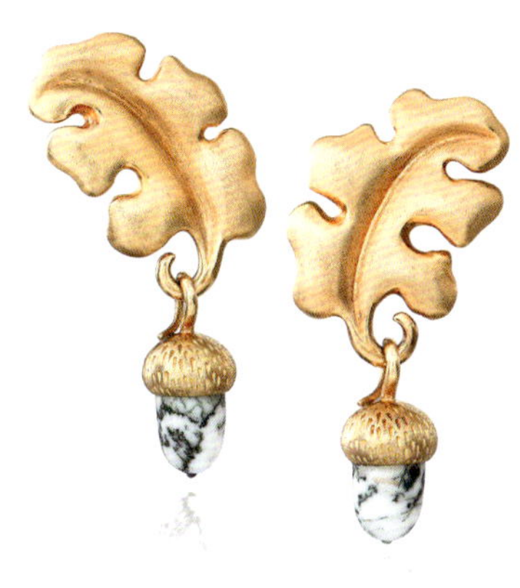

303 玛瑙耳环（一对） JAR
估　价：CHF 10,000~15,000
成交价：RMB 206,441
长7.0cm 日内瓦佳士得 2018-05-16

552 绿松石和钻石耳饰(一对)
估　价：USD 4,000~6,000
成交价：RMB 58,933
长3.75cm 纽约苏富比 2018-04-19

2103 玫瑰金珍珠贝母配钻石蝴蝶耳环 梵克雅宝 (Van Cleef & Arpels)
估　价：RMB 42,000~60,000
成交价：RMB 48,300
华艺国际 2018-11-17

233 绿松石和钻石耳夹（一对），梵克雅宝
估　价：USB 8,000~12,000
成交价：RMB 164,440
纽约苏富比 2018-10-17

4511 绿松石配钻石耳环
成交价：RMB 36,800
北京保利 2018-06-19

2011 缅甸天然翡翠蛋面配钻石耳环 （一对）
估　价：HKD 120,000~200,000
成交价：RMB 114,554
保利香港 2018-04-01

2039 缅甸天然翡翠配钻石耳环 （一对）
估　价：HKD 140,000~200,000
成交价：RMB 144,054
保利香港 2018-10-02

326 每颗约38.00克拉绿宝石和钻石吊坠/耳夹（一对）
估　价：USB 50,000~70,000
成交价：RMB 519,283
纽约苏富比 2018-10-17

2218 缅甸天然翡翠蛋面配钻石耳环 （一对）
估　价：HKD 1,800,000~2,800,000
成交价：RMB 2,469,504
保利香港 2018-10-02

2130 缅甸天然翡翠蛋面配钻石戒指及耳环套装
估　价：HKD 6,500,000~10,000,000
成交价：RMB 5,154,948
保利香港 2018-04-01

2073 缅甸天然翡翠配钻石耳环及发夹 （三件套）
估　价：HKD 100,000~200,000
成交价：RMB 26,729
保利香港 2018-04-01

2252 缅甸天然老坑帝王绿翡翠配钻石耳环、戒指套装
估　价：RMB 300,000~500,000
成交价：RMB 402,500
北京匡时 2018-06-16

2122 缅甸天然翡翠配钻石及红宝石耳环及戒指套装
估　价：HKD 60,000~90,000
成交价：RMB 33,412
保利香港 2018-04-01

2232 缅甸天然满绿翡翠蜘蛛配钻石耳环
估　价：RMB 20,000~40,000
成交价：RMB 32,200
北京匡时 2018-06-16

2044 缅甸天然翡翠珠配钻石挂坠及耳环套装
估　价：HKD 180,000~280,000
成交价：RMB 185,213
保利香港 2018-10-02

4554 缅甸天然满绿翡翠叶子配钻石及彩色宝石耳环
估　价：RMB 240,000~360,000
成交价：RMB 276,000
北京保利 2018-06-19

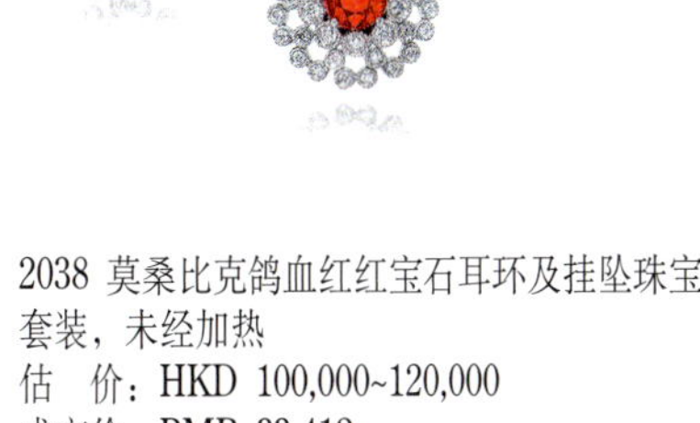

2038 莫桑比克鸽血红红宝石耳环及挂坠珠宝套装，未经加热
估　价：HKD 100,000~120,000
成交价：RMB 33,412
保利香港 2018-04-01

1761 浓彩黄色钻石耳环 （一对）
估　价：HKD 900,000~1,100,000
成交价：RMB 910,125
香港苏富比 2018-04-03

1724 浓彩黄色钻石配钻石吊耳环 （一对）
估　价：HKD 2,400,000~3,200,000
成交价：RMB 2,123,625
香港苏富比 2018-04-03

883 清 翡翠狮钮象耳游环瓶
成交价：RMB 13,800
高15.5cm 北京保利 2018-04-29

2006 帕拉依巴及钻石耳坠
估　价：HKD 12,800,000~18,000,000
成交价：RMB 17,620,400
佳士得 2018-05-29

1669 珊瑚配沙弗来石 及 钻石 耳环一对， Michele della Valle
估　价：HKD 80,000~110,000
成交价：RMB 130,800
香港苏富比 2018-10-03

41 珊瑚和宝石镶嵌耳环（一对），Ghiso 约在1925年
估　价：USB 7,000~9,000
成交价：RMB 64,910
纽约苏富比 2018-10-17

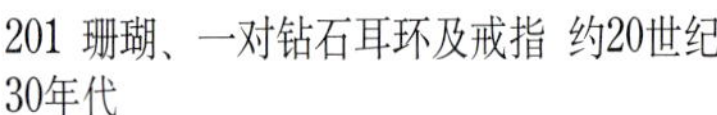

201 珊瑚、一对钻石耳环及戒指 约20世纪30年代
估　价：USD 6,000~8,000
成交价：RMB 54,873
纽约苏富比 2018-04-18

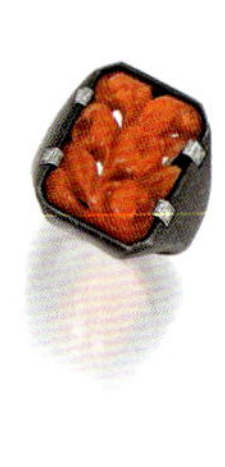

2005 石榴石及钻石耳坠
估 价：HKD 3,900,000~6,000,000
成交价：RMB 4,953,200
佳士得 2018-05-29

633 珊瑚和钻石耳饰（一对）
估 价：USD 5,000~7,000
成交价：RMB 39,288
纽约苏富比 2018-04-19

687 坦桑石，黑色蛋白石和钻石耳环（一对）
估 价：USD 7,000~9,000
成交价：RMB 51,075
纽约苏富比 2018-04-19

693 天青石，珊瑚和孔雀石耳夹（一对），梵克雅宝
估 价：USD 4,000~6,000
成交价：RMB 58,933
纽约苏富比 2018-04-19

1811 泰国红宝石耳环
估 价：HKD 80,000~120,000
成交价：RMB 53,220
佳士得 2018-11-27

2968 天然冰种翡翠蛋面配粉色蓝宝石戒指、耳环套装
成交价：RMB 18,400
北京匡时 2018-06-15

2061 天然“缅甸”未经热处理红宝石配钻石耳环 （一对）
估 价：RMB 400,000~600,000
成交价：RMB 517,500
华艺国际 2018-11-17

126 天然冰种翡翠配彩色刚玉及钻石戒指；及吊耳环套装
估 价：HKD 80,000~120,000
成交价：RMB 77,952
天成国际 2018-06-03

104 天然冰种翡翠配珐琅彩及钻石戒指；及吊耳环套装，Dawn
估 价：HKD 48,000~68,000
成交价：RMB 68,208
天成国际 2018-06-03

98 天然冰种翡翠配沙弗莱石榴石及钻石戒指；及耳环套装
估 价：HKD 100,000~200,000
成交价：RMB 97,440
天成国际 2018-06-03

1734 天然翡翠雕“双环”吊耳环 （一对）
估 价：HKD 3,200,000~4,200,000
成交价：RMB 3,453,120
香港苏富比 2018-10-03

2031 天然翡翠蛋面耳环
估 价：HKD 1,800,000~2,800,000
成交价：RMB 1,995,750
佳士得 2018-11-27

1601 天然翡翠雕「葫芦」 配钻石吊耳环 （一对）
估　价：HKD 900,000~1,200,000
成交价：RMB 960,688
香港苏富比 2018-04-03

2027 天然翡翠豆荚耳环
估　价：HKD 380,000~580,000
成交价：RMB 443,500
佳士得 2018-11-27

1903 天然翡翠蛋面耳环
估　价：HKD 380,000~580,000
成交价：RMB 421,325
佳士得 2018-11-27

1592 天然翡翠雕「双环」配钻石吊耳环 （一对）
估　价：HKD 240,000~320,000
成交价：RMB 353,938
香港苏富比 2018-04-03

755 天然翡翠配钻石耳环
估　价：HKD 80,000~120,000
成交价：RMB 76,370
中国嘉德 2018-04-02

1556 天然翡翠配钻石耳环及戒指套装
估　价：HKD 65,000~95,000
成交价：RMB 232,588
香港苏富比 2018-04-03

1753 天然翡翠配钻石耳环 （一对）
估　价：HKD 8,000,000~10,000,000
成交价：RMB 7,766,400
香港苏富比 2018-04-03

1558 天然翡翠配钻石戒指及吊耳环 （一对）
估　价：HKD 120,000~220,000
成交价：RMB 161,800
香港苏富比 2018-04-03

1897 天然翡翠双环耳环
估　价：HKD 300,000~500,000
成交价：RMB 609,813
佳士得 2018-11-27

1242 天然满绿翡翠“多子多福”配钻石耳环
估　价：RMB 50,000~88,000
成交价：RMB 57,500
保利厦门 2018-07-15

2119 天然翡翠配钻石戒指及耳钉（一套）
估　价：RMB 300,000~400,000
成交价：RMB 345,000
华艺国际 2018-05-22

1145 天然红宝石配钻石耳环 （二组）
估　价：RMB 10,000~18,000
成交价：RMB 11,500
保利厦门 2018-01-08

314 天然珍珠，蓝宝石和钻石耳夹（一对）
估　价：USB 7,000~9,000
成交价：RMB 173,094
纽约苏富比 2018-10-17

1980 天然珍珠耳环
估　价：HKD 6,500,000~9,500,000
成交价：RMB 7,007,300
佳士得 2018-11-27

90 天然珍珠，钻石和蓝宝石耳夹（一对）
估　价：USB 5,000~7,000
成交价：RMB 73,565
纽约苏富比 2018-10-17

235 天然珍珠和钻石耳环
估　价：CHF 40,000~60,000
成交价：RMB 595,503
12.55-12.60×18.40和11.40-11.45×19.35mm
日内瓦佳士得 2018-05-16

258 天然珍珠和钻石耳环（一对）
估　价：CHF 6,000~8,000
成交价：RMB 67,490
长3.5cm 日内瓦佳士得 2018-05-16

290 天然珍珠和钻石耳环（一对）
估　价：USB 30,000~40,000
成交价：RMB 242,332
纽约苏富比 2018-10-17

2023 天然珍珠及钻石耳环
估　价：HKD 800,000~1,200,000
成交价：RMB 690,200
佳士得 2018-05-29

77 天然珍珠配钻石耳环（一对）
估　价：USD 20,000~30,000
成交价：RMB 393,057
水滴形珍珠，20.7×12.2mm及
22.9×12.3mm 纽约苏富比 2018-04-18

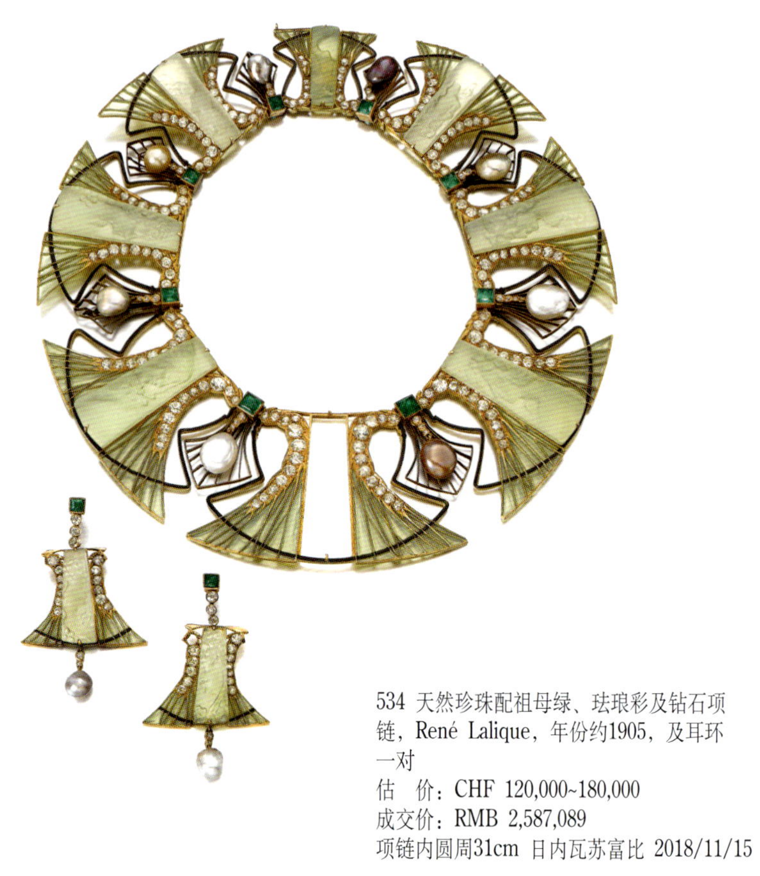

534 天然珍珠配祖母绿、珐琅彩及钻石项链，René Lalique，年份约1905，及耳环一对
估　价：CHF 120,000~180,000
成交价：RMB 2,587,089
项链内圆周31cm 日内瓦苏富比 2018/11/15

109 天然珍珠配钻石耳环一对
估　价：USD 45,000~65,000
成交价：RMB 550,280
珍珠11.9×8.1 及 12.8×9.0mm
纽约苏富比 2018-04-18

390 天然珍珠配钻石耳环一对
估　价：CHF 40,000~70,000
成交价：RMB 1,207,308
日内瓦苏富比 2018/11/15

1399 谢芸蔓 蓝宝钻石18K金耳饰
估　价：RMB 85,000~95,000
成交价：RMB 97,750
北京荣宝 2018-09-14

302 养殖珍珠，彩色钻石和钻石耳夹（一对），Sabbadini
估　价：GBP 2,200~4,200
成交价：RMB 61,174
伦敦苏富比 2018-03-20

74 养殖珍珠钻石耳环（一对） 宝格丽
估　价：USD 5,000~7,000
成交价：RMB 37,671
纽约佳士得 2018-04-17

47 养殖珍珠钻石耳环（一对） 梵克雅宝 1965年
估　价：USD 10,000~15,000
成交价：RMB 141,266
纽约佳士得 2018-04-17

140 养珠和钻石耳夹（一对），David Webb
估　价：USB 10,000~15,000
成交价：RMB 138,475
纽约苏富比 2018-10-17

2017 养殖珍珠及钻石耳坠
估　价：HKD 300,000~500,000
成交价：RMB 609,813
佳士得 2018-11-27

726 摇滚水晶和钻石“暮光之城”耳饰（一对），大卫韦伯
估　价：USD 9,000~12,000
成交价：RMB 86,434
纽约苏富比 2018-04-19

558 一对珐琅耳夹和珐琅和钻石戒指 David Webb
估 价：USD 5,000~7,000
成交价：RMB 66,790
戒指8 纽约苏富比 2018-04-19

234 一对红宝石和钻石耳夹，卡地亚，20世纪50年代
估 价：GBP 6,000~8,000
成交价：RMB 83,419
伦敦苏富比 2018-03-20

101 艺术钻石耳环（一对） 卡地亚 大约1930年
估 价：USD 15,000~20,000
成交价：RMB 313,925
纽约佳士得 2018-04-17

216 一对天然珍珠和钻石耳环，20世纪初
估 价：GBP 15,000~20,000
成交价：RMB 400,412
12.5×13.0×15.7mm和
13.3×11.6×16.0mm 伦敦苏富比 2018-03-20

199 一对珍珠母耳环，Angela Cummings和一对祖母绿和钻石耳夹
估 价：USB 3,000~5,000
成交价：RMB 27,695
纽约苏富比 2018-10-17

203 一对钻石耳环
估 价：GBP 4,000~6,000
成交价：RMB 44,490
伦敦苏富比 2018-03-20

1878 有色钻石耳坠
估 价：HKD 280,000~380,000
成交价：RMB 284,200
佳士得 2018-05-29

1899 有色钻石及钻石耳坠
估　价：HKD 2,650,000~3,500,000
成交价：RMB 2,712,080
佳士得 2018-05-29

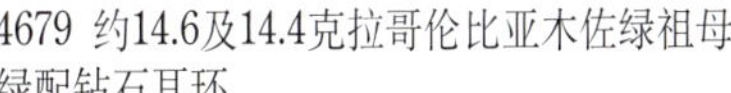

4679 约14.6及14.4克拉哥伦比亚木佐绿祖母绿配钻石耳环
估　价：RMB 1,900,000~2,600,000
成交价：RMB 2,415,000
北京保利 2018-06-19

4658 约2.7克拉缅甸红宝石配钻石戒指 及约2.8及2.6克拉缅甸红宝石配钻石耳环套装 未经加热
估　价：RMB 1,150,000~1,500,000
成交价：RMB 1,380,000
北京保利 2018-06-19

1891 有色钻石及钻石耳坠
估　价：HKD 800,000~1,200,000
成交价：RMB 812,000
佳士得 2018-05-29

131 珍珠和钻石耳环
估　价：CHF 10,000~15,000
成交价：RMB 39,700
长5.8cm 日内瓦佳士得 2018-05-16

8 月亮石配橙色石榴石及木材耳环一对，Hemmerle
估　价：USD 15,000~20,000
成交价：RMB 212,251
纽约苏富比 2018-04-18

1664 珍珠配白水晶及钻石吊耳环一对， 陈世英 （ Wallace Chan ）
估 价：HKD 480,000~650,000
成交价：RMB 485,400
香港苏富比 2018-04-03

52 重约3.65克拉和3.45克拉钻石吊坠 - 耳夹（一对） 大约1910年
估 价：USB 25,000~35,000
成交价：RMB 415,426
纽约苏富比 2018-10-17

702 紫水晶和钻石耳坠（一对）
估 价：USD 5,000~7,000
成交价：RMB 31,431
紫水晶25.9×11.5mm 纽约苏富比 2018-04-19

4613 紫罗兰设计 Violet Guo 总重约34.5克拉绿柱石耳环
成交价：RMB 11,500
北京保利 2018-06-19

65 紫水晶和钻石耳环，米歇尔特拉华莱 约2007年
估 价：CHF 10,000~15,000
成交价：RMB 190,561
长9.0cm 日内瓦佳士得 2018-05-16

101 紫水晶配绿松石及钻石耳环一对，monture C
估　价：CHF 12,000~18,000
成交价：RMB 120,731
日内瓦苏富比 2018/11/15

13 总重量5.69克拉椭圆形天然缅甸无经加热处理红宝石配红宝石及钻石吊耳环（一对）
估　价：HKD 138,000~238,000
成交价：RMB 146,160
天成国际 2018-06-03

690 总重量55.16克拉天然海蓝宝配养殖珍珠及钻石吊耳环
估　价：HKD 220,000~280,000
成交价：RMB 210,016
中国嘉德 2018-04-02

805 总重量约28.7克拉天然缅甸未经加热蓝宝石配钻石吊耳环
估　价：HKD 3,500,000~4,600,000
成交价：RMB 3,245,708
中国嘉德 2018-04-02

182 总重量约58.15克拉天然蛋白石配钻石吊耳环
估　价：HKD 220,000~280,000
成交价：RMB 216,082
中国嘉德 2018-10-02

201 总重量约63.15克拉祖母绿配总重量约20.74克拉蓝宝石及钻石吊耳环
估　价：HKD 420,000~580,000
成交价：RMB 432,163
中国嘉德 2018-10-02

4535 总重约23.0克拉矢车菊蓝蓝宝石配钻石戒指及耳环套装 未经加热
估　价：RMB 480,000~680,000
成交价：RMB 552,000
北京保利 2018-06-19

4520 总重约58.6克拉红宝石配钻石耳环
成交价：RMB 17,250
北京保利 2018-06-19

7508 总重约8.51克拉斯里兰卡“深皇家蓝”蓝宝石配钻石耳环
成交价：RMB 34,500
最大主石约为13.30×7.82mm；耳环长度约为4.82cm 北京保利 2018-12-07

269 祖母绿和钻石耳环（一对），梵克雅宝
估 价：CHF 15,000~20,000
成交价：RMB 158,801
长2.5cm 日内瓦佳士得 2018-05-16

2015 祖母绿、天然珍珠及钻石耳坠
估 价：HKD 6,500,000~9,500,000
成交价：RMB 6,414,800
佳士得 2018-05-29

228 祖母绿和钻石耳环，BUCCELLATI
估 价：CHF 8,000~12,000
成交价：RMB 103,220
长5.0cm 日内瓦佳士得 2018-05-16

220 祖母绿和钻石耳环，卡地亚
估 价：CHF 15,000~20,000
成交价：RMB 238,201
长3.5cm 日内瓦佳士得 2018-05-16

125 祖母绿和钻石耳环，梅斯特
估　价：CHF 7,000~10,000
成交价：RMB 87,340
日内瓦佳士得 2018-05-16

2049 祖母绿及钻石耳坠
估　价：HKD 800,000~1,200,000
成交价：RMB 812,000
佳士得 2018-05-29

1943 祖母绿及钻石耳环
估　价：HKD 800,000~1,200,000
成交价：RMB 964,250
佳士得 2018-05-29

272 祖母绿和钻石耳环和戒指套装
估　价：CHF 12,000~15,000
成交价：RMB 333,482
耳环6.0cm；环大小8¾
日内瓦佳士得 2018-05-16

136 祖母绿及钻石耳环
估　价：CHF 12,000~18,000
成交价：RMB 206,441
日内瓦佳士得 2018-05-16

211 祖母绿和钻石耳夹（一对），奥斯卡海曼和兄弟
估　价：USB 7,000~9,000
成交价：RMB 129,821
纽约苏富比 2018-10-17

180 祖母绿及钻石耳环
估　价：CHF 20,000~30,000
成交价：RMB 357,302
长4.3cm 日内瓦佳士得 2018-05-16

1849 祖母绿配钻石吊耳环一对， Carvin French
估　价：HKD 3,200,000~4,500,000
成交价：RMB 3,453,120
香港苏富比 2018-10-03

1941 祖母绿及钻石耳坠
估　价：HKD 1,200,000~1,800,000
成交价：RMB 1,218,000
佳士得 2018-05-29

669 祖母绿配钻石耳环
估　价：HKD 60,000~90,000
成交价：RMB 57,277
中国嘉德 2018-04-02

221 钻石“吉普赛”耳夹（一对），格拉夫
估　价：USB 25,000~35,000
成交价：RMB 276,951
纽约苏富比 2018-10-17

54 钻石“泰姬陵”耳环，卡地亚
估　价：CHF 10,000~15,000
成交价：RMB 174,681
长6.1cm 日内瓦佳士得 2018-05-16

254 祖母绿钻石耳环（一对）
估　价：CHF 15,000~20,000
成交价：RMB 198,501
长3.2cm 日内瓦佳士得 2018-05-16

1612 钻石吊耳环 （一对）
估　价：HKD 1,750,000~2,400,000
成交价：RMB 1,820,250
香港苏富比 2018-04-03

293 祖母绿钻石耳环（一对）
估　价：CHF 20,000~30,000
成交价：RMB 952,805
长2.5cm 日内瓦佳士得 2018-05-16

1620 钻石吊耳环 （一对）
估　价：HKD 620,000~800,000
成交价：RMB 647,200
香港苏富比 2018-04-03

1667 钻石吊耳环一对，「四季」，赵心绮 （ Cindy Chao ）
估　价：HKD 650,000~850,000
成交价：RMB 1,112,375
香港苏富比 2018-04-03

1516 钻石吊耳环一对，‘Chandelier Ronde’，卡地亚
估　价：HKD 480,000~650,000
成交价：RMB 485,400
香港苏富比 2018-04-03

1656 钻石吊耳环 （一对）
估　价：HKD 20,500,000~27,000,000
成交价：RMB 18,736,440
香港苏富比 2018-04-03

84 钻石吊坠/耳夹（一对）
估　价：USB 10,000~15,000
成交价：RMB 95,202
纽约苏富比 2018-10-17

229 钻石吊坠/耳夹（一对）
估　价：USB 15,000~20,000
成交价：RMB 190,404
纽约苏富比 2018-10-17

263 钻石吊坠/耳夹，法国宝诗龙
估 价：USB 5,000~7,000
成交价：RMB 56,256
纽约苏富比 2018-10-17

2055 钻石耳环
估 价：HKD 5,500,000~8,000,000
成交价：RMB 5,148,080
佳士得 2018-05-29

602 钻石吊坠耳环（一对）
估 价：USD 7,500~10,000
成交价：RMB 110,008
纽约苏富比 2018-04-19

2084 钻石耳环
估 价：HKD 7,200,000~10,000,000
成交价：RMB 7,096,880
佳士得 2018-05-29

337 钻石耳钉，卡地亚
估 价：CHF 400,000~600,000
成交价：RMB 2,747,253
日内瓦佳士得 2018-05-16

342 钻石吊坠耳夹(一对) “雪花”，梵克雅宝
估 价：GBP 40,000~60,000
成交价：RMB 556,127
伦敦苏富比 2018-03-20

1864 钻石耳环
估 价：HKD 120,000~180,000
成交价：RMB 263,900
佳士得 2018-05-29

1900 钻石耳环
估 价：HKD 2,400,000~3,500,000
成交价：RMB 2,614,640
佳士得 2018-05-29

367 钻石耳环
估　价：CHF 15,000~20,000
成交价：RMB 127,041
长4.5cm 日内瓦佳士得 2018-05-16

180 钻石耳环（一对）
估　价：USD 8,000~12,000
成交价：RMB 78,481
纽约佳士得 2018-04-17

297 钻石耳环（一对），RENE BOIVIN
估　价：CHF 8,000~12,000
成交价：RMB 87,340
长2.2cm 日内瓦佳士得 2018-05-16

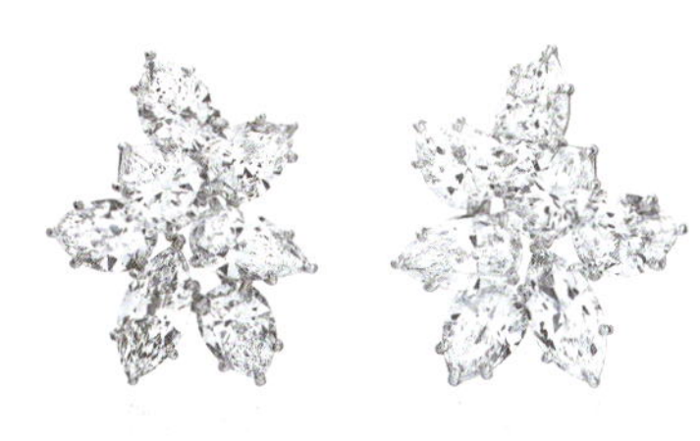

296 钻石耳环（一对），哈里·温斯顿
估　价：CHF 12,000~18,000
成交价：RMB 476,402
长2.6cm 日内瓦佳士得 2018-05-16

363 钻石耳环，RUBEL FRERES 1920年
估　价：CHF 7,000~10,000
成交价：RMB 142,921
长2.0cm 日内瓦佳士得 2018-05-16

74 钻石耳环一对，宝格丽（Bulgari）
估　价：USD 20,000~30,000
成交价：RMB 204,390
纽约苏富比 2018-04-18

324 钻石耳夹（一对）
估　价：USB 12,000~15,000
成交价：RMB 173,094
纽约苏富比 2018-10-17

1872 钻石耳坠
估 价：HKD 550,000~750,000
成交价：RMB 558,250
佳士得 2018-05-29

2080 钻石耳坠
估 价：HKD 4,800,000~6,500,000
成交价：RMB 4,758,320
佳士得 2018-05-29

756 钻石和玛瑙耳环（一对），Van Cleef& Arpels，法国
估 价：USD 15,000~20,000
成交价：RMB 220,015
纽约苏富比 2018-04-19

77 钻石蝴蝶耳环，格拉夫
估 价：USB 10,000~15,000
成交价：RMB 129,821
纽约苏富比 2018-10-17

321 钻石和珍珠耳夹/戒指，Chaumet，1970年代
估 价：GBP 8,000~12,000
成交价：RMB 122,348
伦敦苏富比 2018-03-20

2053 钻石及红宝石耳坠
估　价：HKD 9,800,000~15,000,000
成交价：RMB 9,630,320
佳士得 2018-05-29

2079 钻石及有色钻石耳坠
估　价：HKD 2,300,000~3,500,000
成交价：RMB 2,419,760
佳士得 2018-05-29

439 钻石耳环一对 海瑞温斯顿
估　价：CHF 60,000~80,000
成交价：RMB 1,897,199
日内瓦苏富比 2018/11/15

29 钻石珍珠耳环
估　价：CHF 10,000~15,000
成交价：RMB 127,041
长7.6cm 日内瓦佳士得 2018-05-16

7456 “水果锦囊”“蝴蝶结”胸针
估　价：HKD 50,000
成交价：RMB 79,830
万昌斯 2018-11-29

199 钻石戒指；及耳环套装
估　价：HKD 35,000~55,000
成交价：RMB 38,976
天成国际 2018-06-03

2599 1.02克拉艳淡粉紫色钻石胸针
估 价：RMB 300,000~400,000
成交价：RMB 437,000
西泠拍卖 2018-07-08

110 1.21克拉蓝宝石钻石蝴蝶结胸针 1900年
估 价：CHF 10,000~18,000
成交价：RMB 95,280
长7.5cm 日内瓦佳士得 2018-05-16

2038 13.88克拉 天然坦桑石配钻石“大象”胸针/吊坠
估 价：RMB 70,000~90,000
成交价：RMB 89,700
华艺国际 2018-11-17

293 15.68卡拉钻石配钻石别针
估 价：CHF 100,000~150,000
成交价：RMB 1,552,254
日内瓦苏富比 2018/11/15

307 19世纪末的蓝宝石和钻石三叶草胸针 19世纪90年代
估 价：CHF 15,000~20,000
成交价：RMB 301,721
长3.0cm 日内瓦佳士得 2018-05-16

106 19世纪晚期的埃及复活红宝石和钻石胸针 1890年
估 价：CHF 10,000~15,000
成交价：RMB 79,400
长10.0cm 日内瓦佳士得 2018-05-16

253 19世纪晚期的钻石胸针
估 价：CHF 15,000~20,000
成交价：RMB 198,501
长19.0cm 日内瓦佳士得 2018-05-16

2038 20.11克拉椭圆形缅甸天然尖晶石胸针
估 价：HKD 1,500,000~2,500,000
成交价：RMB 1,607,688
佳士得 2018-11-27

360 20世纪早期的钻石胸针 1920年
估　价：CHF 15,000~20,000
成交价：RMB 301,721
长10.0cm 日内瓦佳士得 2018-05-16

313 20世纪中期的祖母绿和钻石胸针，卡地亚 约1941年
估　价：CHF 80,000~120,000
成交价：RMB 794,004
长15.2cm 日内瓦佳士得 2018-05-16

237 20世纪中期的祖母绿和钻石胸针 20世纪50年代
估　价：CHF 30,000~50,000
成交价：RMB 285,841
长7.0cm 日内瓦佳士得 2018-05-16

368 20世纪中期的红宝石和钻石双夹胸针 20世纪50年代
估　价：CHF 18,000~25,000
成交价：RMB 142,921
长11.5cm 日内瓦佳士得 2018-05-16

398 20世纪中期的钻石胸针 20世纪50年代
估　价：CHF 18,000~24,000
成交价：RMB 142,921
长3.8cm 日内瓦佳士得 2018-05-16

210 3.22克拉的雌蕊红宝石与钻石“山茶花”胸针，香奈儿
估　价：USD 70,000~100,000
成交价：RMB 1,177,219
纽约佳士得 2018-04-17

198 213.75克拉古垫形粉红色蛋白石配彩色宝石及钻石鸳鸯胸针/吊坠；及33.83克拉椭圆形粉红色蛋白石配彩色刚玉及钻石戒指套装
估　价：HKD 100,000~180,000
成交价：RMB 97,440
天成国际 2018-06-03

101 3.28卡拉钻石别针
估　价：USD 50,000~70,000
成交价：RMB 550,280
纽约苏富比 2018-04-18

27 3.60克拉和3.50克拉钻石胸针
估　价：USD 15,000~20,000
成交价：RMB 219,748
纽约佳士得 2018-04-17

514 7.34卡拉红宝石配钻石别针，卡地亚
估　价：CHF 400,000~600,000
成交价：RMB 7,305,940
日内瓦苏富比 2018/11/15

533 46.86卡拉、10.09卡拉及9.93卡拉蓝宝石配钻石别针
估　价：CHF 500,000~800,000
成交价：RMB 22,869,868
日内瓦苏富比 2018/11/15

1089 9.05克拉 天然红宝石配红色尖晶石蜻蜓胸针
估　价：RMB 68,000~80,000
成交价：RMB 78,200
保利厦门 2018-01-08

2094 AKACHEN设计 钛金属蜻蜓造型胸针
估　价：HKD 380,000~580,000
成交价：RMB 572,772
保利香港 2018-04-01

1881 K金配红宝石及钻石别针一对，‘Ludo-Hexagone’，梵克雅宝（Van Cleef & Arpels），年份约1940
估　价：HKD 650,000~950,000
成交价：RMB 708,500
香港苏富比 2018-10-03

33 K金配黄色刚玉麦穗胸针，Tiffany & Co. Schlumberger
估　价：HKD 38,000~58,000
成交价：RMB 48,720
天成国际 2018-06-03

1093 宝诗龙 Boucheron 珐琅配钻石蜜蜂胸针 （一对）
估　价：RMB 80,000~120,000
成交价：RMB 92,000
保利厦门 2018-01-08

1880 K金配蓝宝石及钻石 别针一对，'Ludo-Hexagone'，梵克雅宝（Van Cleef & Arpels），年份约1940
估　价：HKD 480,000~650,000
成交价：RMB 523,200
香港苏富比 2018-10-03

735 宝诗龙设计 "花朵"钻石胸针
估　价：HKD 98,000~220,000
成交价：RMB 104,666
保利澳门 2018-11-29

754 MICHAEL YOUSSOUFIAN设计 海螺珠，黑马脑及钻石"火烈鸟"胸针
估　价：HKD 78,000~120,000
成交价：RMB 94,199
保利澳门 2018-11-29

235 K金葡萄胸针，Gianmaria Buccellati
估　价：HKD 30,000~50,000
成交价：RMB 38,976
天成国际 2018-06-03

2132 Wallace Chan 设计 黑曜石及钻石胸针及戒指套装
估　价：HKD 68,000~98,000
成交价：RMB 113,186
保利香港 2018-10-02

1661 宝石配养殖珍珠 及 钻石 别针
估 价：HKD 320,000~450,000
成交价：RMB 381,500
香港苏富比 2018-10-03

1774 宝石配珐琅彩“鹦鹉”别针，Schlumberger 蒂芙尼（Schlumberger for Tiffany & Co.）
估 价：HKD 160,000~240,000
成交价：RMB 218,000
香港苏富比 2018-10-03

1814 贝母“Araiso U”胸针
估 价：HKD 120,000~180,000
成交价：RMB 144,138
佳士得 2018-11-27

1815 贝母“Papillon”胸针
估 价：HKD 40,000~60,000
成交价：RMB 44,350
佳士得 2018-11-27

69 彩色蓝宝石和钻石“仙客来”胸针，米歇尔特拉华莱
估 价：CHF 15,000~20,000
成交价：RMB 119,101
长11.5cm 日内瓦佳士得 2018-05-16

300 彩色钻石，钻石和祖母绿“狮子沙发”肩胸针，勒内·波瓦因 1960年
估 价：CHF 150,000~250,000
成交价：RMB 2,899,702
长9.5cm 日内瓦佳士得 2018-05-16

396 彩色天然珍珠，天然珍珠和钻石胸针
估 价：CHF 60,000~80,000
成交价：RMB 460,522
珍珠直径约10.70至11.15mm
日内瓦佳士得 2018-05-16

533 彩色钻石和橙色蓝宝石胸针，Michele della Valle
估 价：USD 2,000~3,000
成交价：RMB 58,933
纽约苏富比 2018-04-19

778 点翠及红宝胸针
估 价：HKD 180,000~320,000
成交价：RMB 209,332
保利澳门 2018-11-29

716 多宝石，珐琅，漆器和绿松石夹子胸针，蒂芙尼
估 价：USD 12,000~15,000
成交价：RMB 102,150
纽约苏富比 2018-04-19

2096 蒂芙尼设计 钻石配红宝石龙造型胸针
估 价：HKD 78,000~128,000
成交价：RMB 105,008
保利香港 2018-04-01

95 蛋白石和钻石胸针，J.E。Caldwell& Co。 大约1920年
估 价：USB 15,000~20,000
成交价：RMB 432,736
纽约苏富比 2018-10-17

1 多宝石与钻石胸针、耳环（一对）首饰 梵克雅宝
估 价：USD 20,000~30,000
成交价：RMB 298,229
纽约佳士得 2018-04-17

279 翡翠和蓝宝石胸针、耳夹（一对），Buccellati
估 价：GBP 2,200~3,200
成交价：RMB 61,174
伦敦苏富比 2018-03-20

636 粉红碧玺、坦桑石和钻石“烟花”彭丹胸针，蒂芙尼
估 价：USD 12,000~15,000
成交价：RMB 133,262
19.0 × 15.2 × 9.0mm
纽约苏富比 2018-04-19

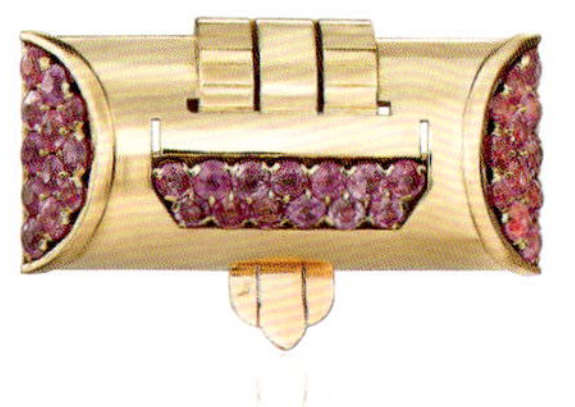

157 复古彩色蓝宝石和黄金夹胸针，梵克雅宝 1940年
估 价：CHF 8,000~10,000
成交价：RMB 79,400
长4.7cm 日内瓦佳士得 2018-05-16

161 复古翡翠和钻石胸针，卡地亚 1940年
估 价：CHF 4,000~6,000
成交价：RMB 51,610
长4.8cm 日内瓦佳士得 2018-05-16

159 复古玛瑙，红宝石，蓝宝石和钻石翠鸟胸针，卡地亚 20世纪50年代
估 价：CHF 10,000~15,000
成交价：RMB 87,340
长3.2cm 日内瓦佳士得 2018-05-16

171 复古海蓝宝石和钻石胸针和耳环，TRABERT & HOEFFER - MAUBOUSSIN 1940年
估 价：CHF 15,000~20,000
成交价：RMB 127,041
胸针8.1cm，耳环4.7cm 日内瓦佳士得 2018-05-16

259 复古钻石胸针（一对），卡地亚 约1940年
估 价：CHF 10,000~15,000
成交价：RMB 134,981
长4.0cm 日内瓦佳士得 2018-05-16

364 复古钻石胸针，RENE BOIVIN 1940年
估　价：CHF 10,000~15,000
成交价：RMB 134,981
长4.5cm 日内瓦佳士得 2018-05-16

50 古董天然珍珠钻石胸针
估　价：USD 15,000~20,000
成交价：RMB 188,355
珍珠约10.48mm、10.97mm
纽约佳士得 2018-04-17

28 古色古香的蓝宝石钻石吊坠，胸针 大约1890
估　价：USD 12,000~18,000
成交价：RMB 1,334,181
纽约佳士得 2018-04-17

93 古色古香的天然珍珠和钻石胸针
估　价：USD 10,000~15,000
成交价：RMB 78,481
纽约佳士得 2018-04-17

47 橄榄石，钻石和种子珍珠吊坠 - 胸针，马库斯&Co。大约1900年
估　价：USB 7,000~9,000
成交价：RMB 60,583
纽约苏富比 2018-10-17

94 古董钻石胸花花卉胸针 大约1885年
估　价：USD 12,000~18,000
成交价：RMB 94,178
纽约佳士得 2018-04-17

2020 海蓝宝石配红宝石及钻石胸针（一对）
估　价：HKD 85,000~150,000
成交价：RMB 21,002
保利香港 2018-04-01

2113 海瑞·温斯顿设计 钻石胸针/挂坠，约1955年
估　价：HKD 82,000~160,000
成交价：RMB 84,375
保利香港 2018-10-02

62 黑欧泊，红宝石，蓝宝石和钻石'鱼翠鸟的胸针 卡地亚
估　价：USD 10,000~15,000
成交价：RMB 298,229
纽约佳士得 2018-04-17

95 红宝石，蓝宝石，钻石和黄金胸针，梵克雅宝纽约 1965年
估　价：USD 20,000~30,000
成交价：RMB 376,710
纽约佳士得 2018-04-17

288 黑玛瑙，祖母绿、红宝石和钻石夹子胸针 梵克雅宝 20世纪50年代
估　价：GBP 3,000~4,000
成交价：RMB 35,592
伦敦苏富比 2018-03-20

276 红宝石，祖母绿和钻石花胸针/吊坠
估　价：CHF 8,000~12,000
成交价：RMB 67,490
长3.5cm 日内瓦佳士得 2018-05-16

125 红宝石，钻石和珐琅胸针，奥斯卡·海曼和兄弟
估　价：USB 10,000~15,000
成交价：RMB 190,404
纽约苏富比 2018-10-17

284 红宝石和合成红宝石胸针
估　价：GBP 3,500~4,500
成交价：RMB 50,051
伦敦苏富比 2018-03-20

301 红宝石和钻石耳夹、胸针 Sabbadini
估　价：GBP 2,600~3,600
成交价：RMB 50,051
伦敦苏富比 2018-03-20

301 红宝石和紫水晶胸针，勒内・波瓦因 20世纪50年代
估　价：CHF 80,000~120,000
成交价：RMB 794,004
长12.0cm 日内瓦佳士得 2018-05-16

279 红宝石和钻石海星胸针，哈利・温斯顿
估　价：CHF 8,000~12,000
成交价：RMB 269,961
长7.5cm 日内瓦佳士得 2018-05-16

48 红宝石和钻石花朵胸针 梵克雅宝 大约1940年
估　价：USD 40,000~60,000
成交价：RMB 1,020,256
纽约佳士得 2018-04-17

41 红宝石和钻石别针胸针（一对） 卡地亚
估　价：USD 20,000~30,000
成交价：RMB 486,584
纽约佳士得 2018-04-17

650 红宝石和钻石夹子（一对）
估　价：USD 15,000~20,000
成交价：RMB 110,008
纽约苏富比 2018-04-19

333 红宝石和钻石夹子胸针 20世纪20年代
估 价：GBP 6,000~8,000
成交价：RMB 100,103
伦敦苏富比 2018-03-20

528 红宝石和钻石胸针 1910年
估 价：USD 8,000~12,000
成交价：RMB 62,861
纽约苏富比 2018-04-19

306 红宝石和钻石胸针 20世纪30年代
估 价：CHF 7,000~10,000
成交价：RMB 71,460
长3.2cm 日内瓦佳士得 2018-05-16

274 红宝石和钻石胸针，’Honey Comb He
估 价：GBP 12,000~18,000
成交价：RMB 611,740
伦敦苏富比 2018-03-20

211 红宝石和钻石胸针，大约1890年
估 价：GBP 6,000~8,000
成交价：RMB 105,664
伦敦苏富比 2018-03-20

35 红宝石配钻石吊坠别针，Verdura
估 价：USD 40,000~60,000
成交价：RMB 330,168
纽约苏富比 2018-04-18

540 红宝石和钻石胸针和戒指
估 价：USD 10,000~15,000
成交价：RMB 47,146
戒指7 纽约苏富比 2018-04-19

35 红宝石配钻石蝴蝶结胸针/吊坠
估　价：HKD 35,000~55,000
成交价：RMB 63,336
天成国际 2018-06-03

236 红宝石与钻石夹式胸针，Trabert&Hoeffer莫布森
估　价：USB 6,000~8,000
成交价：RMB 43,274
纽约苏富比 2018-10-17

4506 红珊瑚配缅甸天然翡翠及钻石胸针
成交价：RMB 11,500
北京保利 2018-06-19

27 黄金，红宝石和钻石夹子胸针和一对耳夹，蒂芙尼公司
估　价：USB 5,000~7,000
成交价：RMB 34,619
纽约苏富比 2018-10-17

568 黄金，珐琅，钻石和绿宝石夹子胸针，David Webb
估　价：USD 6,000~8,000
成交价：RMB 102,150
纽约苏富比 2018-04-19

91 黄金和钻石CHERUB胸针（一对）
估　价：USD 10,000~15,000
成交价：RMB 62,785
纽约佳士得 2018-04-17

190 黄金、钻石和蓝宝石夹式胸针（两件），Van Cleef&Arpels，法国
估　价：USB 12,000~15,000
成交价：RMB 103,857
纽约苏富比 2018-10-17

276 黄金和Heliodor“雷”夹式胸针，Verdura
估　价：USB 8,000~12,000
成交价：RMB 69,238
纽约苏富比 2018-10-17

18 黄金和钻石夹式胸针，梵克雅宝
估　价：USB 4,000~6,000
成交价：RMB 103,857
纽约苏富比 2018-10-17

303 黄色蓝宝石和钻石胸针、耳夹（一对），Sabbadini
估　价：GBP 2,600~3,600
成交价：RMB 77,858
伦敦苏富比 2018-03-20

18 黄金镶钻石配彩色钻石双扣别针，勒内·博伊文（RenéBoivin）
估　价：USD 25,000~35,000
成交价：RMB 290,862
纽约苏富比 2018-04-18

577 黄金和钻石夹子胸针，法国 约1950年
估　价：USD 4,000~6,000
成交价：RMB 18,858
纽约苏富比 2018-04-19

11 黄金镶宝石配钻石别针
估　价：USD 15,000~20,000
成交价：RMB 157,223
纽约苏富比 2018-04-18

176 黄水晶和钻石夹子胸针，卡地亚 大约1935年
估　价：USB 5,000~7,000
成交价：RMB 73,565
纽约苏富比 2018-10-17

267 尖晶石，石榴石，钻石和糊蝴蝶胸针
估 价：CHF 7,000~10,000
成交价：RMB 55,580
长7.5cm 日内瓦佳士得 2018-05-16

109 金，蓝宝石和钻石胸针，蒂芙尼公司
估 价：USB 4,000~6,000
成交价：RMB 19,040
纽约苏富比 2018-10-17

105 金，蓝宝石和钻石胸针，圣彼得堡 大约1890年
估 价：USB 3,500~4,500
成交价：RMB 43,274
纽约苏富比 2018-10-17

503 金、钻石、宝石镶嵌吊坠胸针
估 价： 3,000~5,000
成交价：RMB 14,930
纽约苏富比 2018-04-19

195 金和钻石胸针、耳夹（一对），宝格丽
估 价：USB 10,000~15,000
成交价：RMB 103,857
纽约苏富比 2018-10-17

142 金，祖母绿和珍珠猫头鹰胸针，宝格丽 20世纪70年代
估 价：CHF 8,000~12,000
成交价：RMB 39,700
长3.8cm 日内瓦佳士得 2018-05-16

1549 祖母绿， 红宝石配珍珠母及钻石「蜻蜓」别针
估 价：HKD 260,000~400,000
成交价：RMB 262,925
香港苏富比 2018-04-03

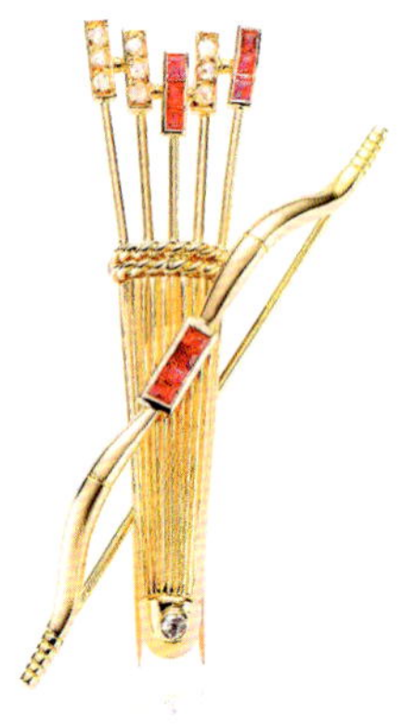

2003 卡地亚设计 红宝石及钻石“弓箭”胸针
估 价：HKD 24,000~55,000
成交价：RMB 28,811
保利香港 2018-10-02

120 蓝宝石，钻石和养殖珍珠胸针 特拉华莱
估 价：USD 8,000~12,000
成交价：RMB 172,659
纽约佳士得 2018-04-17

146 蓝宝石，钻石和黄金 ‘针迹’戒指 蒂芙尼，斯伦贝谢
估 价：USD 12,000~18,000
成交价：RMB 86,329
纽约佳士得 2018-04-17

1970 蓝宝石、红宝石、祖母绿、黑玛瑙及钻石胸针
估 价：HKD 320,000~500,000

成交价：RMB 376,975
佳士得 2018-11-27

1930 蓝宝石“Mystery set”胸针
估 价：HKD 2,500,000~3,500,000
成交价：RMB 2,749,700
佳士得 2018-11-27

373 蓝宝石“费尔韦尔”胸针，勒内·波瓦因
估 价：CHF 30,000~40,000
成交价：RMB 754,304
日内瓦佳士得 2018-05-16

187 蓝宝石彩色钻石别针
估 价：CHF 3,000~5,000
成交价：RMB 3,970
长2.5cm 日内瓦佳士得 2018-05-16

372 蓝宝石和红宝石胸针，雷内·波依文
估 价：CHF 20,000~30,000
成交价：RMB 301,721
长6.0cm 日内瓦佳士得 2018-05-16

38 蓝宝石和钻石“GAUGUIN”花朵胸针 梵克雅宝
估 价：USD 20,000~30,000
成交价：RMB 196,203
纽约佳士得 2018-04-17

1678 蓝宝石配祖母绿及钻石别针， 卡地亚
估 价：HKD 950,000~1,400,000
成交价：RMB 1,526,000
香港苏富比 2018-10-03

213 蓝宝石和钻石胸针，大约1880年
估 价：GBP 1,800~2,200
成交价：RMB 26,694
伦敦苏富比 2018-03-20

231 蓝宝石钻石胸针，卡地亚 20世纪20年代
估 价：CHF 8,000~12,000
成交价：RMB 95,280
长5.0cm 日内瓦佳士得 2018-05-16

1573 蓝宝石配钻石别针， 1950年代
估 价：HKD 160,000~240,000
成交价：RMB 303,375
香港苏富比 2018-04-03

1823 蓝宝石及钻石胸针
估 价：HKD 50,000~80,000
成交价：RMB 65,975
佳士得 2018-05-29

1653 蓝宝石配钻石别针， 梵克雅宝(Van Cleef & Arpels)， 1986年
估 价：HKD 1,600,000~2,200,000
成交价：RMB 1,516,875
香港苏富比 2018-04-03

2126 刘江霞设计 祖母绿，红宝及钻石“蜻蜓”胸针
估　价：HKD 60,000~80,000
成交价：RMB 97,751
保利香港 2018-10-02

2091 龙梓嘉设计 贝母、祖母绿、蓝宝石、及钻石甲骨文龙碟胸针
估　价：HKD 150,000~250,000
成交价：RMB 171,832
保利香港 2018-04-01

1680 绿松石配钻石别针，'Rose de Noël'，梵克雅宝（Van Cleef & Arpels）
估　价：HKD 200,000~280,000
成交价：RMB 262,925
香港苏富比 2018-04-03

1803 绿松石胸针/吊坠
估　价：HKD 30,000~50,000
成交价：RMB 44,350
佳士得 2018-11-27

104 绿松石、碧玺、钻石和珊瑚胸针，唐老鸭，蒂芙尼 20世纪70年代
估　价：CHF 30,000~50,000
成交价：RMB 277,901
长6.0cm 日内瓦佳士得 2018-05-16

45 美丽年代钻石蝴蝶结胸针 1900年
估　价：CHF 5,000~7,000
成交价：RMB 75,430
长9.5cm 日内瓦佳士得 2018-05-16

2003 缅甸天然翡翠配红宝石，黄色刚玉及钻石胸针
估 价：HKD 30,000~50,000
成交价：RMB 23,866
保利香港 2018-04-01

1222 钱钟书 绿孔雀肩针（腰带饰两用款）
估 价：RMB 160,000~250,000
成交价：RMB 184,000
保利厦门 2018-01-08

21 木和18k金别针 梵克雅宝
估 价：USD 2,000~3,000
成交价：RMB 29,823
纽约佳士得 2018-04-17

344 青金石，钻石，玛瑙和翡翠胸针 20世纪20年代
估 价：CHF 5,000~7,000
成交价：RMB 43,670
长6.8cm 日内瓦佳士得 2018-05-16

22 牛仔鸭和小鸡胸针，卡地亚 大约1950年
估 价：USD 8,000~12,000
成交价：RMB 219,748
纽约佳士得 2018-04-17

136 珊瑚，钻石和珐琅别针，卡地亚，法国 约20世纪40年代
估 价：USB 12,000~15,000
成交价：RMB 129,821
纽约苏富比 2018-10-17

103 珊瑚，珐琅和钻石“Coccinelle”夹子胸针，卡地亚，巴黎
估　价：USB 15,000~20,000
成交价：RMB 155,785
纽约苏富比 2018-10-17

759 珊瑚，珐琅和钻石“Coccinelle”胸针，卡地亚，巴黎
估　价：USD 15,000~20,000
成交价：RMB 133,581
纽约苏富比 2018-04-19

1802 珊瑚、钻石、绿玉髓及祖母绿胸针
估　价：HKD 50,000~80,000
成交价：RMB 88,700
佳士得 2018-11-27

24 珊瑚配钻石绘珐琅彩别针，卡地亚
估　价：USD 12,000~15,000
成交价：RMB 94,334
纽约苏富比 2018-04-18

1763 石榴石配珐琅彩别针， 维多利亚时代
估　价：HKD 100,000~150,000
成交价：RMB 103,550
香港苏富比 2018-10-03

32 石头水晶，钻石和红宝石“青蛙”吊坠/胸针，大卫·韦伯
估　价：CHF 6,000~9,000
成交价：RMB 53,992
长5.7cm 日内瓦佳士得 2018-05-16

2128 宋慧设计 和田玉及珍珠“居盈”胸针/挂坠
估　价：HKD 80,000~120,000
成交价：RMB 82,317
保利香港 2018-10-02

2067 天然 未经加热处理“缅甸”红宝石镶钻石胸针
估　价：RMB 400,000~600,000
成交价：RMB 483,000
华艺国际 2018-11-17

2286 天然阿卡红珊瑚女人造型胸针
估　价：RMB 30,000~50,000
成交价：RMB 40,250
北京匡时 2018-06-16

2057 天然翡翠螭龙配钻石胸针
估　价：RMB 80,000~120,000
成交价：RMB 172,500
华艺国际 2018-05-22

97 天然翡翠配彩色宝石及钻石蝴蝶胸针/吊坠
估　价：HKD 68,000~98,000
成交价：RMB 89,645
天成国际 2018-06-03

2016 天然翡翠胸针
估　价：HKD 350,000~550,000
成交价：RMB 388,063
佳士得 2018-11-27

45 天然珍珠，养珠和钻石胸针 大约在1910年
估　价：USB 3,000~5,000
成交价：RMB 34,619
水滴形天然珍珠1.76×0.9.5×0.84cm
纽约苏富比 2018-10-17

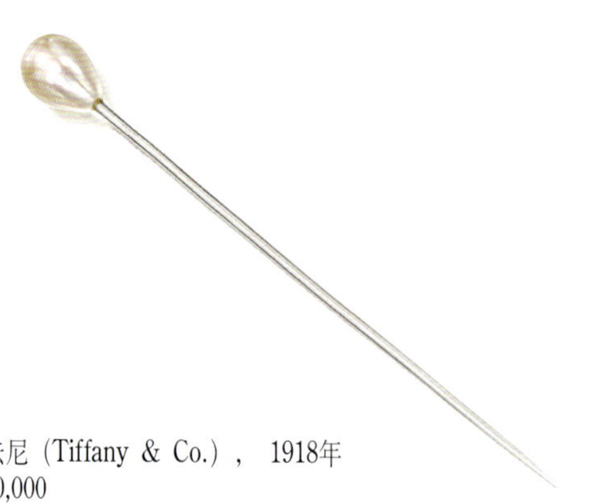

1742 天然珍珠别针， 蒂法尼（Tiffany & Co.）， 1918年
估　价：HKD 180,000~240,000
成交价：RMB 182,025
香港苏富比 2018-04-03

2089 魏德敏设计 蝴蝶精灵钻石及黑钻石胸针
估　价：HKD 80,000~160,000
成交价：RMB 76,370
保利香港 2018-04-01

236 天然珍珠和钻石JABOT别针
估　价：CHF 6,000~8,000
成交价：RMB 47,640
珍珠约7.65mm和7.32mm，别针4.3cm
日内瓦佳士得 2018-05-16

659 天然珍珠和钻石胸针
估　价：USD 5,000~7,000
成交价：RMB 74,648
珍珠25.0×12.8 mm
纽约苏富比 2018-04-19

75 天然珍珠配钻石别针一对
估　价：USD 100,000~150,000
成交价：RMB 1,493,617
约13.2mm及14.0×113.8mm
纽约苏富比 2018-04-18

7455 透窗珐琅挂坠胸针
估　价：HKD 30,000~30,000
成交价：RMB 69,186
万昌斯 2018-11-29

288 现代 镶钻珊瑚胸针挂件两用
估　价：RMB 80,000
成交价：RMB 172,500
重24.5g 浙江佳宝 2018-07-01

201 新艺术珐琅胸针，勒内・拉里克 1900年
估　价：CHF 15,000~18,000
成交价：RMB 119,101
长4.7cm 日内瓦佳士得 2018-05-16

97 星光蓝宝石和钻石胸针，J.E.考德威尔公司 大约在1930年
估 价：USB 10,000~15,000
成交价：RMB 952,018
纽约苏富比 2018-10-17

51 隐密式镶嵌蓝宝石配钻石别针及耳环一对，梵克雅宝
估 价：USD 100,000~150,000
成交价：RMB 1,139,865
纽约苏富比 2018-04-18

559 一对钻石耳夹和胸针
估 价：USD 4,000~6,000
成交价：RMB 37,717
纽约苏富比 2018-04-19

336 一对钻石夹胸针，20世纪30年代
估 价：GBP 4,000~5,000
成交价：RMB 42,266
伦敦苏富比 2018-03-20

157 一个多吊坠，胸针，奥斯卡·海曼&BROTHERS
估 价：USD 12,000~18,000
成交价：RMB 117,722
纽约佳士得 2018-04-17

239 有色宝石和钻石胸针，斯伦贝谢(蒂芙尼公司)，大约2002
估 价：GBP 6,000~8,000
成交价：RMB 72,297
伦敦苏富比 2018-03-20

70 有色钻石和钻石“ANNEAU MAGIQUE”胸针 梵克雅宝 大约1930年
估　价：USD 35,000~55,000
成交价：RMB 251,140
纽约佳士得 2018-04-17

163 有色钻石和钻石胸针
估　价：USD 20,000~30,000
成交价：RMB 156,963
高5.08cm 纽约佳士得 2018-04-17

1877 有色钻石及钻石胸针
估　价：HKD 30,000~50,000
成交价：RMB 22,330
佳士得 2018-05-29

1884 有色钻石及钻石胸针
估　价：HKD 200,000~300,000
成交价：RMB 324,800
佳士得 2018-05-29

2089 有色钻石及钻石胸针/吊坠
估　价：HKD 2,000,000~3,000,000
成交价：RMB 1,573,250
佳士得 2018-05-29

225 玉髓，珊瑚“救生圈”夹，卡地亚，20世纪50年代
估　价：GBP 4,000~6,000
成交价：RMB 77,858
伦敦苏富比 2018-03-20

1025 张雪莉 重生 珐琅胸针（配耳环）
估　价：RMB 40,000~80,000
成交价：RMB 207,000
保利厦门 2018-07-15

1886 珍珠别针， Suzanne Belperron for René Boivin
估　价：HKD 560,000~800,000
成交价：RMB 610,400
香港苏富比 2018-10-03

1531 珍珠母配钻石别针/吊坠一对，‘Rose de Noël’，梵克雅宝（Van Cleef & Arpels）
估　价：HKD 200,000~280,000
成交价：RMB 323,600
香港苏富比 2018-04-03

348 玉髓，养殖珍珠和钻石胸针，Suzanne Belperron，大约1939年
估　价：GBP 4,000~6,000
成交价：RMB 244,696
伦敦苏富比 2018-03-20

4530 珍珠及石榴石配钻石小鸟胸针（一对）
成交价：RMB 13,800
北京保利 2018-06-19

1220 郑敏聪 Jeff Cheng 古都巡礼—旦 96.55克拉 天然水晶猫眼配彩色宝石及钻石胸针（可作吊坠）
估 价：RMB 118,000~180,000
成交价：RMB 135,700
保利厦门 2018-01-08

1201 郑志影 Mr.Dragon胸针
估 价：RMB 20,000~50,000
成交价：RMB 23,000
保利厦门 2018-01-08

185 珍珠钻石胸针
估 价：CHF 5,000~8,000
成交价：RMB 11,116
日内瓦佳士得 2018-05-16

255 装饰艺术祖母绿钻石胸针，卡地亚 约1925年
估 价：CHF 25,000~35,000
成交价：RMB 381,122
长3.4cm 日内瓦佳士得 2018-05-16

143 紫水晶，珊瑚，玛瑙和钻石胸针，宝格丽 20世纪70年代
估 价：CHF 6,000~8,000
成交价：RMB 47,640
长6.5cm 日内瓦佳士得 2018-05-16

1668 紫水晶配粉红色刚玉 别针， 梵克雅宝（Van Cleef & Arpels）
估 价：HKD 200,000~320,000
成交价：RMB 218,000
香港苏富比 2018-10-03

51 种子珍珠和钻石夹子 卡地亚 大约1935年
估 价：USD 5,000~7,000
成交价：RMB 109,874
纽约佳士得 2018-04-17

701 紫水晶，钻石和红宝石胸针，蒂芙尼
估 价：USD 15,000~20,000
成交价：RMB 172,869
纽约苏富比 2018-04-19

1636 祖母绿配钻石 别针 / 吊坠
估 价：HKD 400,000~650,000
成交价：RMB 1,090,000
香港苏富比 2018-10-03

263 祖母绿，红宝石，蓝宝石和钻石双夹胸针 20世纪20年代
估 价：CHF 20,000~30,000
成交价：RMB 198,501
日内瓦佳士得 2018-05-16

86 祖母绿，蓝宝石和红宝石的盾形胸针 大约1930年
估 价：USB 8,000~12,000
成交价：RMB 112,511
纽约苏富比 2018-10-17

302 祖母绿和海蓝宝石胸针，RENE BOIVIN
估 价：CHF 70,000~100,000
成交价：RMB 952,805
长11.9cm 日内瓦佳士得 2018-05-16

243 祖母绿和钻石胸针
估 价：CHF 20,000~30,000
成交价：RMB 381,122
长6.0cm 日内瓦佳士得 2018-05-16

294 祖母绿和钻石胸针
估　价：CHF 8,000~12,000
成交价：RMB 516,102
长4.5cm 日内瓦佳士得 2018-05-16

198 祖母绿和钻石胸针和戒指
估　价：USB 8,000~12,000
成交价：RMB 77,892
纽约苏富比 2018-10-17

1851 祖母绿及钻石胸针
估　价：HKD 150,000~250,000
成交价：RMB 152,250
佳士得 2018-05-29

207 祖母绿配彩色宝石及钻石春暖花开胸针，Nisan
估　价：HKD 88,000~120,000
成交价：RMB 87,696
天成国际 2018-06-03

86 祖母绿配钻石别针，卡地亚
估　价：USD 20,000~30,000
成交价：RMB 330,168
纽约苏富比 2018-04-18

270 祖母绿钻石胸针，梵克雅宝
估　价：CHF 20,000~30,000
成交价：RMB 222,321
长8.0cm 日内瓦佳士得 2018-05-16

518 祖母绿配钻石别针
估 价：CHF 120,000~180,000
成交价：RMB 1,552,254
日内瓦苏富比 2018/11/15

311 钻石，白金别针 20世纪30年代
估 价：CHF 5,000~7,000
成交价：RMB 35,730
长5.6cm 日内瓦佳士得 2018-05-16

676 钻石，海螺珍珠和珐琅胸针
估 价：USD 3,000~5,000
成交价：RMB 102,150
纽约苏富比 2018-04-19

559 祖母绿配蓝宝石及钻石别针，卡地亚
估 价：CHF 150,000~250,000
成交价：RMB 3,580,531
日内瓦苏富比 2018/11/15

23 钻石，黄金和铂金胸针，宝格丽
估 价：USD 6,000~8,000
成交价：RMB 58,861
纽约佳士得 2018-04-17

1819 钻石、石榴石及水晶胸针
估 价：HKD 80,000~120,000
成交价：RMB 88,700
佳士得 2018-11-27

186 钻石、珍珠母和漆面“尼格罗”蝴蝶胸针，梵克雅宝
估　价：USD 20,000~30,000
成交价：RMB 117,722
纽约佳士得 2018-04-17

1942 钻石“Panthère”胸针（一对）
估　价：HKD 400,000~600,000
成交价：RMB 609,813
佳士得 2018-11-27

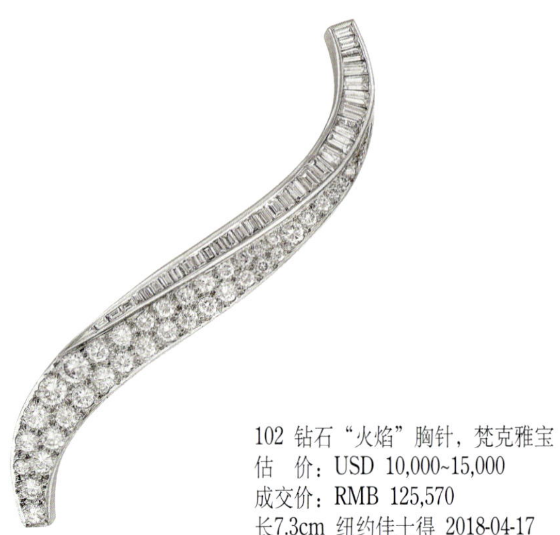

102 钻石“火焰”胸针，梵克雅宝
估　价：USD 10,000~15,000
成交价：RMB 125,570
长7.3cm 纽约佳士得 2018-04-17

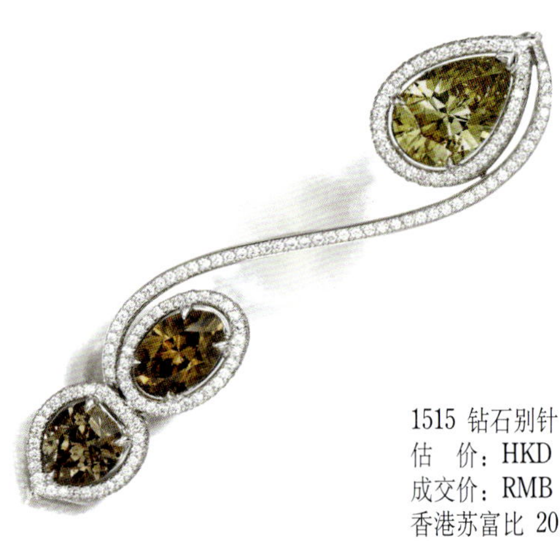

1515 钻石别针
估　价：HKD 100,000~140,000
成交价：RMB 101,125
香港苏富比 2018-04-03

23 钻石别针（胸针），法国
估　价：USB 10,000~15,000
成交价：RMB 103,857
纽约苏富比 2018-10-17

1683 钻石别针
估　价：HKD 280,000~400,000
成交价：RMB 707,875
香港苏富比 2018-04-03

1523 钻石别针及耳环套装， 梵克雅宝（Van Cleef & Arpels）
估 价：HKD 350,000~500,000
成交价：RMB 353,938
香港苏富比 2018-04-03

137 钻石和彩色钻石花胸针
估 价：CHF 12,000~18,000
成交价：RMB 31,760
长6.2cm 日内瓦佳士得 2018-05-16

267 钻石吊坠/胸针 19世纪
估 价：USD 8,000~10,000
成交价：RMB 141,101
纽约苏富比 2018-04-18

138 钻石花束胸针，梵克雅宝
估 价：USD 25,000~35,000
成交价：RMB 196,203
长6.67cm 纽约佳士得 2018-04-17

89 钻石和Onyx UNICORN胸针，BY爱丝普蕾（Asprey）&CO。
估 价：USD 10,000~15,000
成交价：RMB 86,329
纽约佳士得 2018-04-17

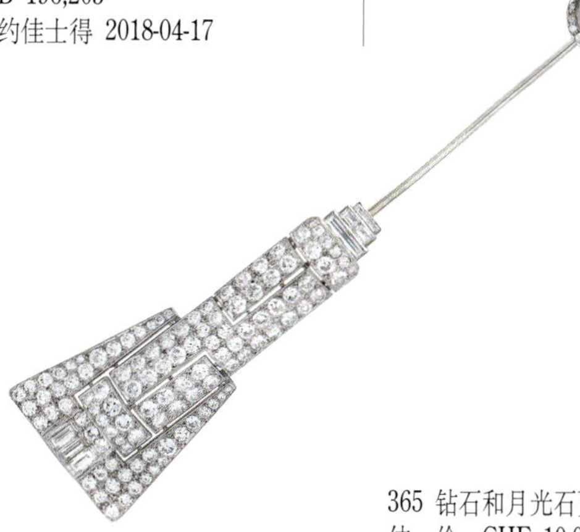

365 钻石和月光石贾伯特别针
估 价：CHF 10,000~15,000
成交价：RMB 103,220
日内瓦佳士得 2018-05-16

240 钻石花胸针
估　价：CHF 6,000~8,000
成交价：RMB 95,280
长3.8cm 日内瓦佳士得 2018-05-16

355 钻石夹子胸针(一对)，卡地亚，20世纪30年代
估　价：GBP 50,000~70,000
成交价：RMB 556,127
伦敦苏富比 2018-03-20

217 钻石双夹式胸针，法国
估　价：USB 6,000~8,000
成交价：RMB 86,547
纽约苏富比 2018-10-17

1806 钻石及贝母胸针
估　价：HKD 150,000~250,000
成交价：RMB 253,750
佳士得 2018-05-29

1543 钻石配沙弗来石别针， Michele della Valle
估　价：HKD 320,000~400,000
成交价：RMB 485,400
香港苏富比 2018-04-03

234 钻石双夹式胸针，梵克雅宝
估　价：USB 10,000~15,000
成交价：RMB 242,332
纽约苏富比 2018-10-17

1805 钻石及木胸针
估　价：HKD 60,000~80,000
成交价：RMB 96,425
佳士得 2018-05-29

226 钻石双夹式胸针，卡地亚，伦敦1930年
估　价：USD 20,000~30,000
成交价：RMB 148,940
纽约苏富比 2018-04-18

170 钻石双夹胸针，梵克雅宝 20世纪40年代
估　价：CHF 12,000~20,000
成交价：RMB 357,302
长6.0cm 日内瓦佳士得 2018-05-16

369 钻石双夹胸针，雷蒙德·坦普尔 1936年
估　价：CHF 20,000~30,000
成交价：RMB 317,602
长4.5cm 日内瓦佳士得 2018-05-16

524 钻石双夹子胸针
估　价：USD 8,000~12,000
成交价：RMB 62,861
纽约苏富比 2018-04-19

361 钻石双夹胸针，布切伦
估　价：CHF 15,000~20,000
成交价：RMB 317,602
日内瓦佳士得 2018-05-16

1852 钻石胸针
估　价：HKD 450,000~650,000
成交价：RMB 720,688
佳士得 2018-11-27

1925 钻石胸针
估　价：HKD 200,000~300,000
成交价：RMB 376,975
佳士得 2018-11-27

1844 钻石胸针
估　价：HKD 240,000~350,000
成交价：RMB 288,275
佳士得 2018-11-27

202 钻石胸针
估　价：GBP 4,000~6,000
成交价：RMB 333,676
伦敦苏富比 2018-03-20

535 钻石胸针
估　价：USD 10,000~15,000
成交价：RMB 117,865
纽约苏富比 2018-04-19

139 钻石胸针
估　价：USB 3,000~5,000
成交价：RMB 47,601
纽约苏富比 2018-10-17

144 钻石胸针
估　价：USB 8,000~10,000
成交价：RMB 103,857
纽约苏富比 2018-10-17

362 钻石胸针 20世纪30年代
估　价：CHF 10,000~15,000
成交价：RMB 103,220
长5.0cm 日内瓦佳士得 2018-05-16

322 钻石胸针(一对)），Chaumet，20世纪70年代
估　价：GBP 6,000~9,000
成交价：RMB 66,735
伦敦苏富比 2018-03-20

313 钻石胸针，Capogrossi，Masenza
估　价：GBP 6,000~8,000
成交价：RMB 222,451
伦敦苏富比 2018-03-20

243 钻石胸针，梵克雅宝 约1950年
估　价：USB 40,000~60,000
成交价：RMB 476,009
纽约苏富比 2018-10-17

761 钻石胸针，卡地亚，法国
估　价：USD 15,000~20,000
成交价：RMB 172,869
纽约苏富比 2018-04-19

2052 钻石胸针/吊坠
估　价：RMB 400,000~600,000
成交价：RMB 517,500
华艺国际 2018-05-22

105 钻石胸针CLUSTER, BY HARRY WINSTON
估　价：USD 70,000~100,000
成交价：RMB 612,154
尺寸1 3/8 纽约佳士得 2018-04-17

185 1.13至1.07克拉九颗钻石手链
估　价：USD 30,000~50,000
成交价：RMB 431,647
长15.88cm 纽约佳士得 2018-04-17

4724 11颗总重约14.9克拉哥伦比亚祖母绿配钻石手链 未经注油
估　价：RMB 1,000,000~1,500,000
成交价：RMB 1,092,500
北京保利 2018-06-19

2065 14.88、8.57、8.19、8.04、5.77、3.15及3.06克拉六角形及八角形哥伦比亚天然祖母绿手链
估　价：HKD 22,000,000~30,000,000
成交价：RMB 22,441,100
佳士得 2018-11-27

2510 “明珠繁星”18K白金镶黑珍珠配彩钻手链
估 价：RMB 80,000~100,000
成交价：RMB 92,000
西泠拍卖 2018-07-08

2058 18K金手链，朱迪思·雷伯
估 价：RMB 45,000~60,000
成交价：RMB 57,500
华艺国际 2018-11-17

2024 18K金镶彩色宝石配钻石手链 宝格丽
成交价：RMB 51,750
华艺国际 2018-11-17

12 18k金和钻石手链 梵克雅宝
估 价：USD 30,000~40,000
成交价：RMB 313,925
长19.5cm 纽约佳士得 2018-04-17

1375 18K金镶彩钻手链
估 价：RMB 500,000~650,000
成交价：RMB 575,000
北京荣宝 2018-09-14

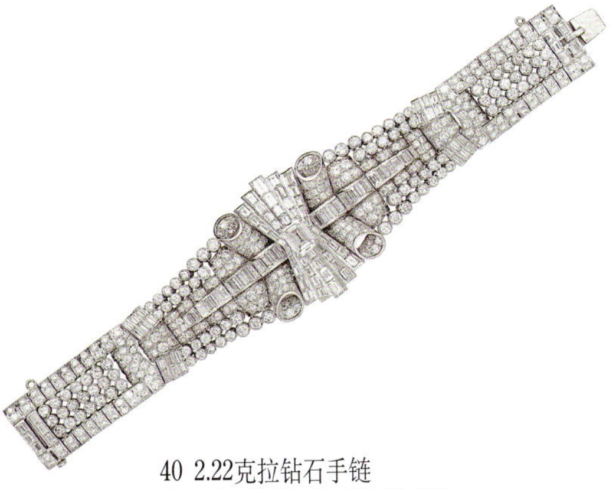

40 2.22克拉钻石手链
估　价：USD 20,000~30,000
成交价：RMB 196,203
长17.46cm 纽约佳士得 2018-04-17

1951 3.52至1.02克拉D-F/IF-SI1钻石手链
估　价：HKD 3,000,000~5,000,000
成交价：RMB 3,069,020
佳士得 2018-11-27

1995 2.51至1.22克拉八角形哥伦比亚祖母绿手链
估　价：HKD 1,300,000~1,800,000
成交价：RMB 1,441,375
佳士得 2018-11-27

1963 6.00、5.30、5.01、5.00及5.00克拉长方形钻石手链
估　价：HKD 1,380,000~1,800,000
成交价：RMB 1,774,000
佳士得 2018-11-27

49 20世纪早期的红宝石和钻石手链
估　价：CHF 150,000~250,000
成交价：RMB 1,151,305
长18.0cm 日内瓦佳士得 2018-05-16

1783 宝石配钻石手链， 梵克雅宝（Van Cleef & Arpels）， 1925年
估 价：HKD 6,600,000~8,500,000
成交价：RMB 7,572,240
香港苏富比 2018-04-03

2019 彩色宝石配钻石及珍珠首饰套装
估 价：HKD 60,000~120,000
成交价：RMB 36,276
保利香港 2018-04-01

1857 宝石手炼
估 价：HKD 50,000~80,000
成交价：RMB 50,750
佳士得 2018-05-29

93 彩色钻石手链
估 价：USD 75,000~100,000
成交价：RMB 707,503
长18.42cm 纽约苏富比 2018-04-18

58 彩色钻石手链，格拉夫
估 价：CHF 30,000~50,000
成交价：RMB 333,482
长17.5cm 日内瓦佳士得 2018-05-16

378 彩钻手链
估　价：CHF 200,000~400,000
成交价：RMB 2,242,144
长16cm 日内瓦苏富比 2018/11/15

572 珐琅，钻石和红宝石手链，David Webb
估　价：USD 20,000~30,000
成交价：RMB 203,813
长15cm 纽约苏富比 2018-04-19

210 法国黄金，钻石，蓝宝石和绿宝石手链
估　价：USB 8,000~12,000
成交价：RMB 103,857
长14.61cm 纽约苏富比 2018-10-17

5 珐琅，红宝石和钻石手链，大卫韦伯
估　价：USB 20,000~30,000
成交价：RMB 190,404
纽约苏富比 2018-10-17

1194 粉红碧玺及翠玉串珠
估　价：USD 6,000~8,000
成交价：RMB 162,498
纽约佳士得 2018-09-13

166 复古柠檬黄，钻石和黄金手链，卡地亚 1940年
估　价：CHF 12,000~18,000
成交价：RMB 95,280
长18.2cm 日内瓦佳士得 2018-05-16

744 黑色珐琅和钻石手链
估　价：USD 6,000~8,000
成交价：RMB 58,933
长17.15cm 纽约苏富比 2018-04-19

2 复古的海蓝宝石，合成红宝石和钻石手链、胸针 大约1945年
估　价：USD 15,000~20,000
成交价：RMB 117,722
手链15.24cm 纽约佳士得 2018-04-17

154 复古红宝石和钻石手链和耳环，BOUCHERON 约1940年
估　价：CHF 10,000~15,000
成交价：RMB 95,280
手镯20.0cm 日内瓦佳士得 2018-05-16

202 黑色钢，珊瑚和钻石手链，Marsh＆Co 约20世纪30年代
估　价：USD 10,000~15,000
成交价：RMB 188,135
长15.24cm 纽约苏富比 2018-04-18

96 红宝石和钻石手链，J.E。Caldwell＆Co。大约在1925年。
估　价：USB 7,000~9,000
成交价：RMB 112,511
长19cm 纽约苏富比 2018-10-17

178 红宝石，蓝宝石和钻石手链 约1935年
估　价：USD 20,000~30,000
成交价：RMB 188,355
长18.42cm 纽约佳士得 2018-04-17

327 红宝石和钻石珠宝手链、戒指、胸针套装
估　价：USB 10,000~15,000
成交价：RMB 95,202
手镯长16.51cm 纽约苏富比 2018-10-17

45 红宝石和钻石手链 大约1925年
估　价：USD 20,000~30,000
成交价：RMB 784,813
纽约佳士得 2018-04-17

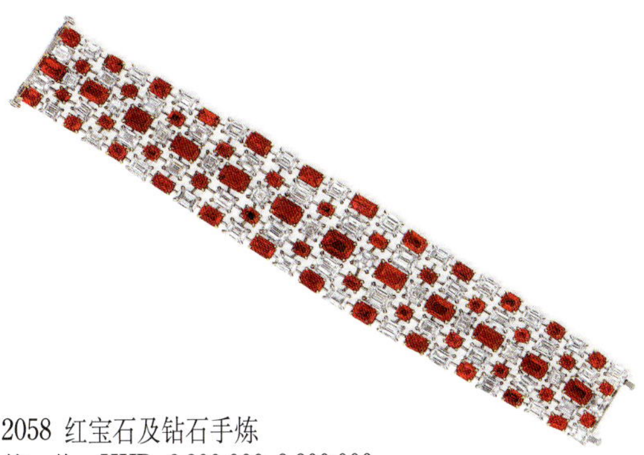

2058 红宝石及钻石手炼
估　价：HKD 6,800,000~8,800,000
成交价：RMB 6,902,000
佳士得 2018-05-29

1615 红宝石配钻石手链
估　价：HKD 4,600,000~6,000,000
成交价：RMB 4,077,360
香港苏富比 2018-04-03

1745 红宝石配钻石手链， Carl Ernst Wiesbaden， 年份约1940
估　价：HKD 5,300,000~7,000,000
成交价：RMB 5,048,160
香港苏富比 2018-04-03

1768 红宝石配钻石手链， Mouawad
估　价：HKD 1,400,000~1,800,000
成交价：RMB 1,719,125
香港苏富比 2018-04-03

274 虎眼和钻石手链，Aletto Brothers
估　价：USB 25,000~35,000
成交价：RMB 207,713
长21.59cm 纽约苏富比 2018-10-17

279 黄金，珐琅和宝石手链，大卫韦伯
估　价：USB 15,000~20,000
成交价：RMB 147,130
纽约苏富比 2018-10-17

271 黄金，绿宝石和珍珠手链
估　价：USD 3,000~5,000
成交价：RMB 18,813
内圆周15.88cm 纽约苏富比 2018-04-18

265 黄金，绿宝石和珍珠手链，Wièse 1890年
估　价：USD 30,000~50,000
成交价：RMB 219,491
长20.32cm 纽约苏富比 2018-04-18

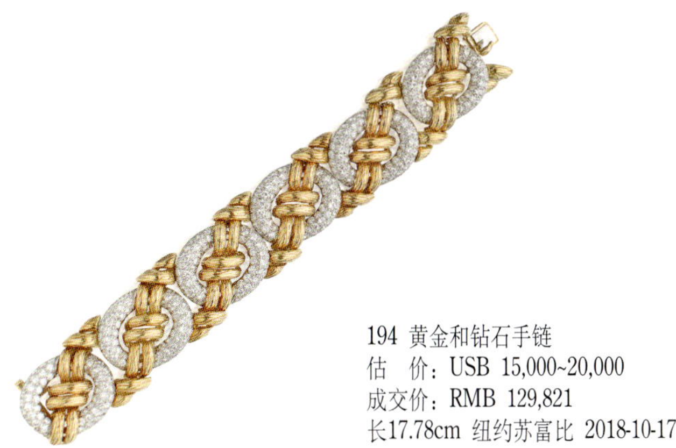

194 黄金和钻石手链
估　价：USB 15,000~20,000
成交价：RMB 129,821
长17.78cm 纽约苏富比 2018-10-17

24 黄金和钻石手链 - 手表，蒂芙尼公司 大约1950年
估　价：USB 6,000~8,000
成交价：RMB 51,928
纽约苏富比 2018-10-17

32 黄金和钻石手链，卡地亚，巴黎 大约在1960年
估　价：USB 6,000~8,000
成交价：RMB 112,511
纽约苏富比 2018-10-17

758 金，黄水晶，红宝石和钻石手链
估　价：USD 7,000~9,000
成交价：RMB 86,229
黄水晶44.1×33.0×21.7mm，长16.51cm 纽约苏富比 2018-04-19

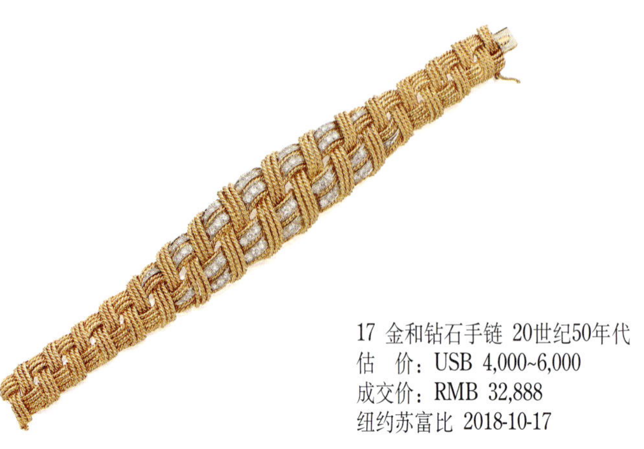

17 金和钻石手链 20世纪50年代
估　价：USB 4,000~6,000
成交价：RMB 32,888
纽约苏富比 2018-10-17

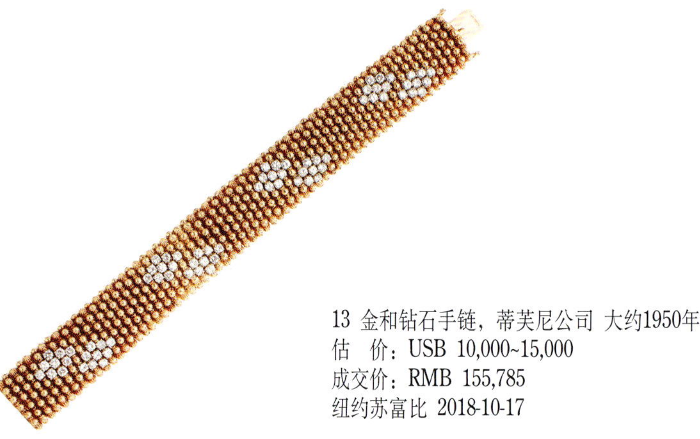

13 金和钻石手链，蒂芙尼公司 大约1950年
估　价：USB 10,000~15,000
成交价：RMB 155,785
纽约苏富比 2018-10-17

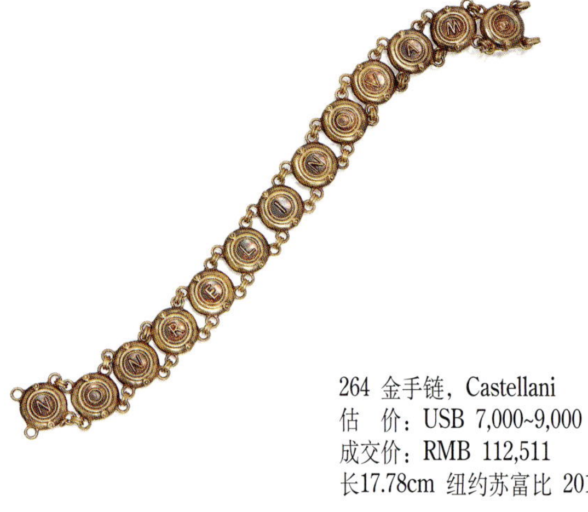

264 金手链，Castellani
估　价：USB 7,000~9,000
成交价：RMB 112,511
长17.78cm 纽约苏富比 2018-10-17

3 金手链，蒂芙尼公司
估　价：USB 5,000~7,000
成交价：RMB 86,547
纽约苏富比 2018-10-17

1726 祖母绿配钻石手链， Pederzani
估　价：HKD 2,000,000~2,400,000
成交价：RMB 2,912,400
香港苏富比 2018-04-03

25 孔雀石配钻石手链，Aletto Brothers
估　价：USD 25,000~35,000
成交价：RMB 196,529
长21.59cm 纽约苏富比 2018-04-18

55 蓝宝石和钻石手链
估　价：USD 10,000~15,000
成交价：RMB 149,114
长17.78cm 纽约佳士得 2018-04-17

345 蓝宝石，红宝石，绿宝石，珐琅，月石，钻石手链 20世纪30年代
估　价：CHF 10,000~15,000
成交价：RMB 71,460
长17.5cm 日内瓦佳士得 2018-05-16

223 蓝宝石，祖母绿和钻石手链
估　价：USD 8,000~10,000
成交价：RMB 109,745
长17.78cm 纽约苏富比 2018-04-18

713 蓝宝石和钻石手链，卡地亚，巴黎
估　价：USD 10,000~15,000
成交价：RMB 86,434
长21.59cm 纽约苏富比 2018-04-19

72 蓝宝石和钻石手链，迈斯特
估　价：CHF 12,000~17,000
成交价：RMB 150,861
长18.5cm 日内瓦佳士得 2018-05-16

1527 蓝宝石配钻石手链， 宝格丽（Bulgari）， 1950年代
估　价：HKD 220,000~300,000
成交价：RMB 202,250
香港苏富比 2018-04-03

186 两枚金，宝石镶嵌和钻石手链，法国
估　价：USB 12,000~15,000
成交价：RMB 86,547
长18.42cm 纽约苏富比 2018-10-17

237 蓝宝石及钻石手链，宝诗龙，1940
估　价：GBP 5,000~7,000
成交价：RMB 55,613
伦敦苏富比 2018-03-20

68 绿松石和搪瓷手链，Tiffany公司
估　价：USB 10,000~15,000
成交价：RMB 138,475
长17.78cm 纽约苏富比 2018-10-17

553 绿松石和钻石手链 Aletto Brothers
估　价：USD 15,000~20,000
成交价：RMB 94,292
长19cm 纽约苏富比 2018-04-19

4592 缅甸天然冰种满绿翡翠蛋面及蓝宝石配钻石手链
估　价：RMB 800,000~1,500,000
成交价：RMB 862,500
北京保利 2018-06-19

1668 青金石配钻石手链， 宝格丽（Bulgari）
估　价：HKD 85,000~110,000
成交价：RMB 85,956
香港苏富比 2018-04-03

1759 绿松石配紫水晶及钻石戒指，'Les Délices de Goa'；及 K金手链，'Draperie'， 卡地亚
估　价：HKD 95,000~140,000
成交价：RMB 136,250
香港苏富比 2018-10-03

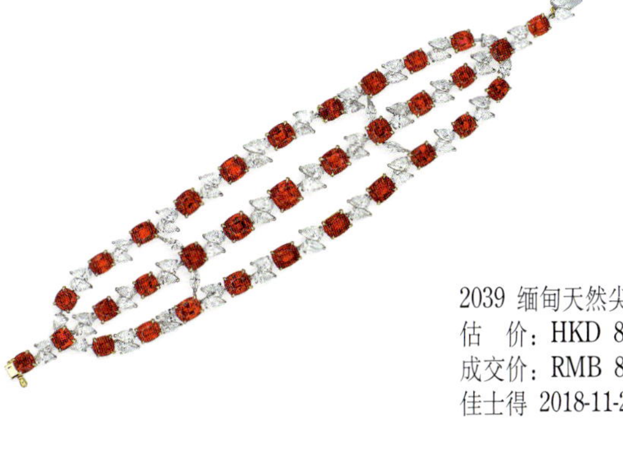

2039 缅甸天然尖晶石手链
估　价：HKD 800,000~1,200,000
成交价：RMB 887,000
佳士得 2018-11-27

2105 缅甸天然翡翠蛋面配红宝石及钻石手链
估　价：HKD 4,000,000~6,000,000
成交价：RMB 3,910,048
保利香港 2018-10-02

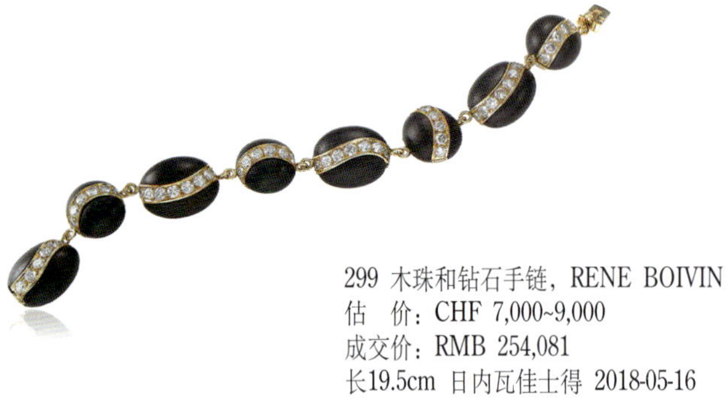

299 木珠和钻石手链，RENE BOIVIN
估　价：CHF 7,000~9,000
成交价：RMB 254,081
长19.5cm 日内瓦佳士得 2018-05-16

2106 天然翡翠配钻石 手链
估　价：RMB 300,000~400,000
成交价：RMB 368,000
华艺国际 2018-11-17

534 七颗烟熏石英手链，Tony Duquette
估　价：USD 7,500~10,000
成交价：RMB 58,933
长22cm 纽约苏富比 2018-04-19

277 四个镶着宝石的手链
估　价：CHF 25,000~35,000
成交价：RMB 190,561
日内瓦佳士得 2018-05-16

1894 天然翡翠方牌和服扣
估　价：HKD 50,000~80,000
成交价：RMB 77,613
佳士得 2018-11-27

1600 天然翡翠配钻石手链
估　价：HKD 550,000~800,000
成交价：RMB 606,750
香港苏富比 2018-04-03

161 星形红宝石，星形蓝宝石和猫眼金绿宝石及钻石手链、耳环（一对）
估　价：USD 15,000~20,000
成交价：RMB 74,557
手链长17.78cm 纽约佳士得 2018-04-17

18 养殖珍珠，珐琅钻石手链、耳夹（一对），由大卫·韦伯 大约1965年
估　价：USD 20,000~30,000
成交价：RMB 329,621
纽约佳士得 2018-04-17

2083 细若凝脂 缅甸满色天然翡翠珠手链
估　价：HKD 1,600,000~2,200,000
成交价：RMB 1,527,392
保利香港 2018-04-01

660 养珠，4.61克拉红宝石和钻石手链
估　价：USD 15,000~20,000
成交价：RMB 149,296
长20.96cm 纽约苏富比 2018-04-19

2092 有色钻石、钻石及珍珠手炼
估　价：HKD 16,000,000~25,000,000
成交价：RMB 28,338,800
佳士得 2018-05-29

566 养珠和钻石手链
估　价：USD 10,000~15,000
成交价：RMB 78,577
长22cm 纽约苏富比 2018-04-19

228 硬石，珐琅和钻石手链，20世纪30年代
估　价：GBP 10,000~15,000
成交价：RMB 155,716
伦敦苏富比 2018-03-20

657 镶嵌宝石，合成红宝石和钻石吊饰手链 约1930年
估　价：USD 15,000~20,000
成交价：RMB 109,745
长18.1cm 纽约苏富比 2018-04-19

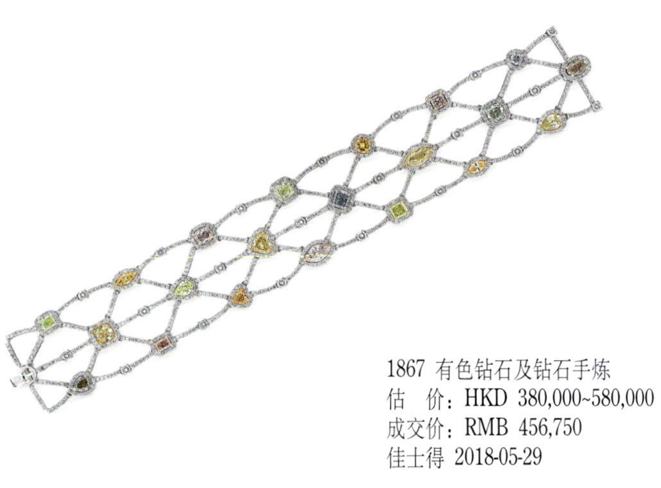

1867 有色钻石及钻石手炼
估　价：HKD 380,000~580,000
成交价：RMB 456,750
佳士得 2018-05-29

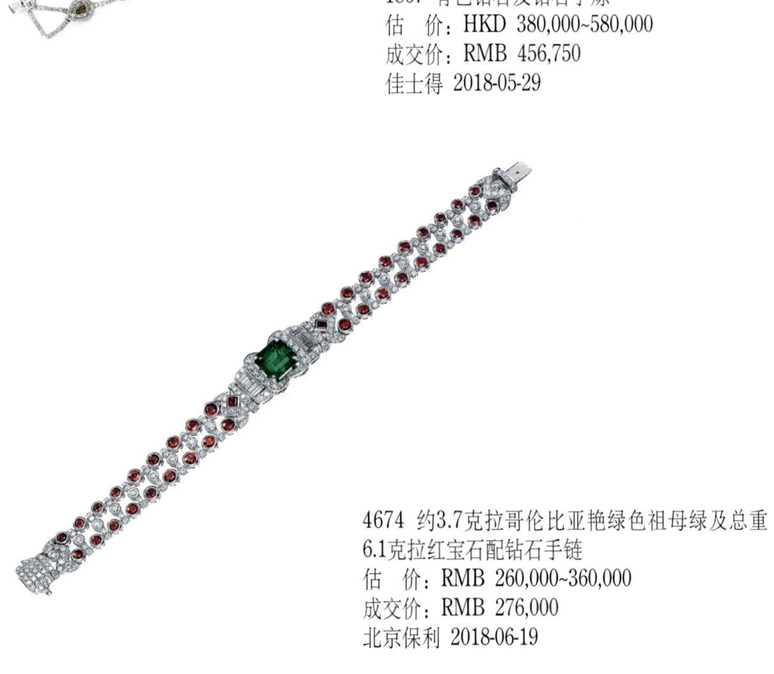

4674 约3.7克拉哥伦比亚艳绿色祖母绿及总重6.1克拉红宝石配钻石手链
估　价：RMB 260,000~360,000
成交价：RMB 276,000
北京保利 2018-06-19

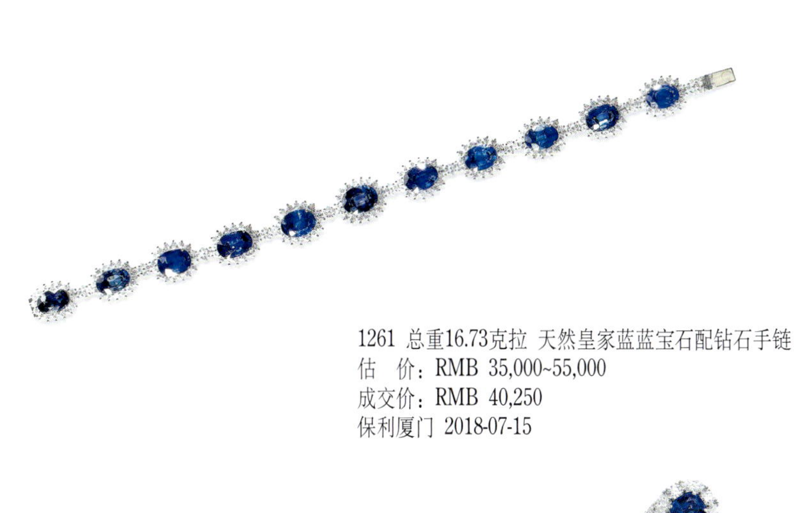

1261 总重16.73克拉 天然皇家蓝蓝宝石配钻石手链
估　价：RMB 35,000~55,000
成交价：RMB 40,250
保利厦门 2018-07-15

245 总重量23.86克拉椭圆形及古垫形天然无经加热处理蓝宝石配钻石手链，Harry Winston
估　价：HKD 1,200,000~1,800,000
成交价：RMB 1,169,280
天成国际 2018-06-03

7513 总重约13.95克拉哥伦比亚“木佐绿”祖母绿配钻石手链 未经注油
估　价：RMB 1,300,000~1,600,000
成交价：RMB 1,495,000
最大主石10.70×6.34×4.68mm；手链长17.20cm 北京保利 2018-12-07

7548 总重约4.10克拉彩黄色钻石配钻石手链
成交价：RMB 92,000
手链长20.00cm 北京保利 2018-12-07

7504 祖母绿、红宝石、蓝宝石配钻石“水果锦囊”手链及耳环套装
估　价：HKD 250,000~250,000
成交价：RMB 745,080
万昌斯 2018-11-29

202 祖母绿和钻石手链
估　价：USD 100,000~150,000
成交价：RMB 1,805,069
长18.42cm 纽约佳士得 2018-04-17

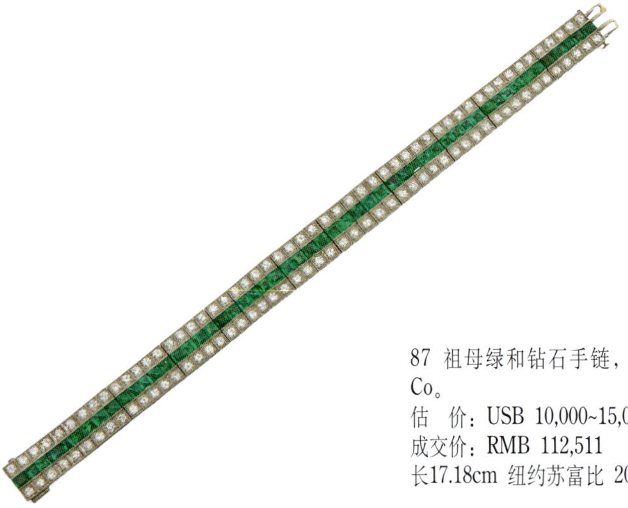

87 祖母绿和钻石手链，J.E。Caldwell& Co。
估　价：USB 10,000~15,000
成交价：RMB 112,511
长17.18cm 纽约苏富比 2018-10-17

184 祖母绿和钻石手链，Oscar Heyman& Brothers
估　价：USB 3,000~5,000
成交价：RMB 77,892
长17.78cm 纽约苏富比 2018-10-17

273 祖母绿和钻石手链 20世纪20年代
估　价：CHF 10,000~15,000
成交价：RMB 79,400
长17.5cm 日内瓦佳士得 2018-05-16

31 祖母绿配钻石手链，David Webb
估　价：USD 25,000~35,000
成交价：RMB 235,834
长17.78cm 纽约苏富比 2018-04-18

214 钻石和蓝宝石手链，蒂芙尼公司
估　价：USB 30,000~50,000
成交价：RMB 259,641
18.42cm 纽约苏富比 2018-10-17

2384 钻石蓝宝石装饰艺术风格手链
估　价：RMB 300,000~400,000
成交价：RMB 402,500
北京匡时 2018-06-16

123 钻石配祖母绿、红宝石及珍珠绘珐琅彩手链，Lacloche兄弟，法国
估　价：USD 250,000~350,000
成交价：RMB 1,965,285
珍珠9.8×9.6mm，长18.42cm 纽约苏富比 2018-04-18

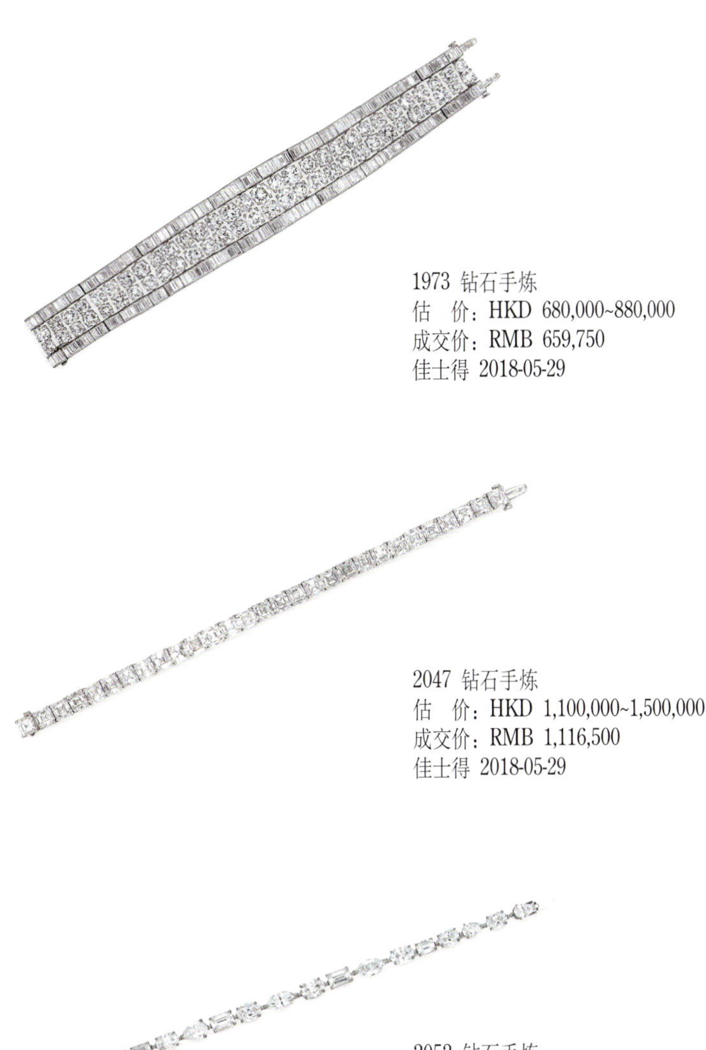

1973 钻石手炼
估　价：HKD 680,000~880,000
成交价：RMB 659,750
佳士得 2018-05-29

2047 钻石手炼
估　价：HKD 1,100,000~1,500,000
成交价：RMB 1,116,500
佳士得 2018-05-29

2052 钻石手炼
估　价：HKD 800,000~1,200,000
成交价：RMB 1,116,500
佳士得 2018-05-29

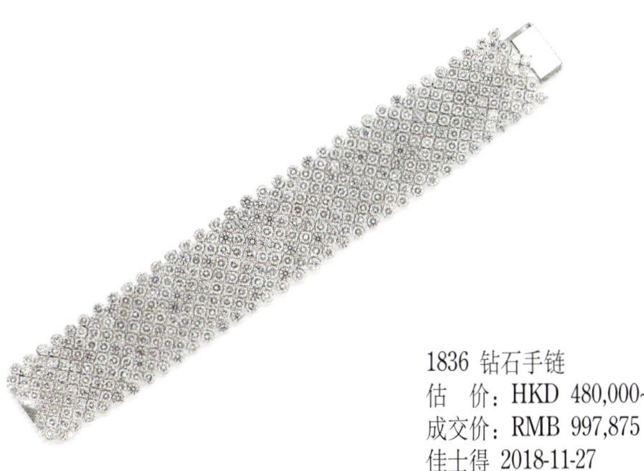

1836 钻石手链
估　价：HKD 480,000~650,000
成交价：RMB 997,875
佳士得 2018-11-27

1775 钻石手链
估 价：HKD 4,600,000~6,000,000
成交价：RMB 4,562,760
香港苏富比 2018-04-03

30 钻石手链
估 价：CHF 60,000~90,000
成交价：RMB 436,702
长18.0cm 日内瓦佳士得 2018-05-16

137 钻石手链
估 价：USD 1,000,000~1,500,000
成交价：RMB 8,773,033
18cm 纽约苏富比 2018-04-18

538 钻石手链
估 价：USD 12,000~15,000
成交价：RMB 125,723
长19cm 纽约苏富比 2018-04-19

286 钻石手链
估 价：CHF 20,000~30,000
成交价：RMB 301,721
长15.5cm 日内瓦佳士得 2018-05-16

588 钻石手链
估 价：USD 12,000~15,000
成交价：RMB 117,584
长16.51cm 纽约苏富比 2018-04-19

651 钻石手链
估　价：USD 6,000~8,000
成交价：RMB 94,292
长19.05cm 纽约苏富比 2018-04-19

200 钻石手链 约1915年
估　价：USD 20,000~30,000
成交价：RMB 204,051
长18.1cm 纽约佳士得 2018-04-17

37 钻石手链 法国制造 大约1925年
估　价：USD 60,000~80,000
成交价：RMB 447,343
长17.15cm 纽约佳士得 2018-04-17

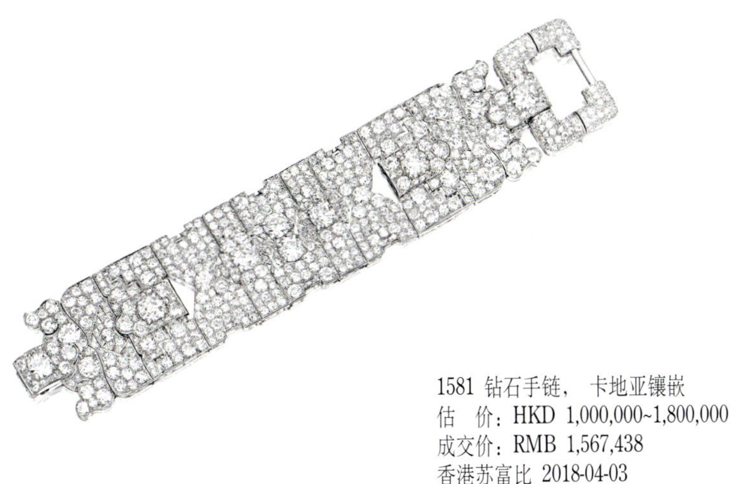

1581 钻石手链， 卡地亚镶嵌
估　价：HKD 1,000,000~1,800,000
成交价：RMB 1,567,438
香港苏富比 2018-04-03

48 钻石手链
估　价：USB 18,000~22,000
成交价：RMB 190,404
长17.15cm 纽约苏富比 2018-10-17

1605 钻石手链， 海瑞温斯顿 （ Harry Winston ）
估　价：HKD 480,000~700,000
成交价：RMB 485,400
香港苏富比 2018-04-03

143 钻石手链，蒂芙尼公司 约20世纪30年代
估 价：USB 30,000~50,000
成交价：RMB 389,462
长17.78cm 纽约苏富比 2018-10-17

216 钻石手链，卡地亚 约20世纪30年代
估 价：USB 20,000~30,000
成交价：RMB 190,404
纽约苏富比 2018-10-17

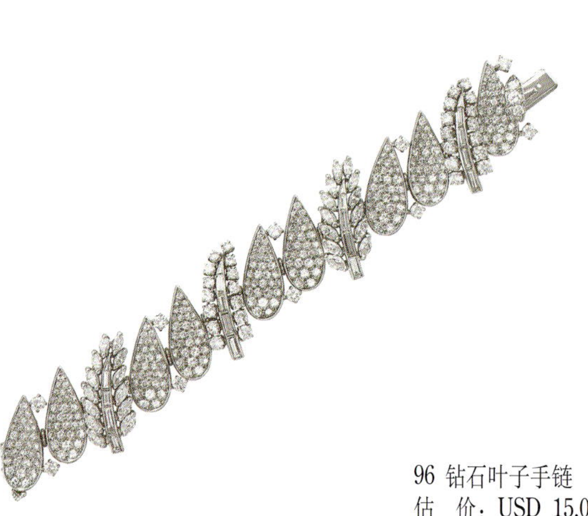

96 钻石叶子手链
估 价：USD 15,000~20,000
成交价：RMB 78,481
纽约佳士得 2018-04-17

314 钻石手链，20世纪50年代
估 价：GBP 6,500~8,500
成交价：RMB 94,542
伦敦苏富比 2018-03-20

90 钻石手链，由M.GÉRARD
估 价：USD 35,000~55,000
成交价：RMB 313,925
长19.05cm 纽约佳士得 2018-04-17

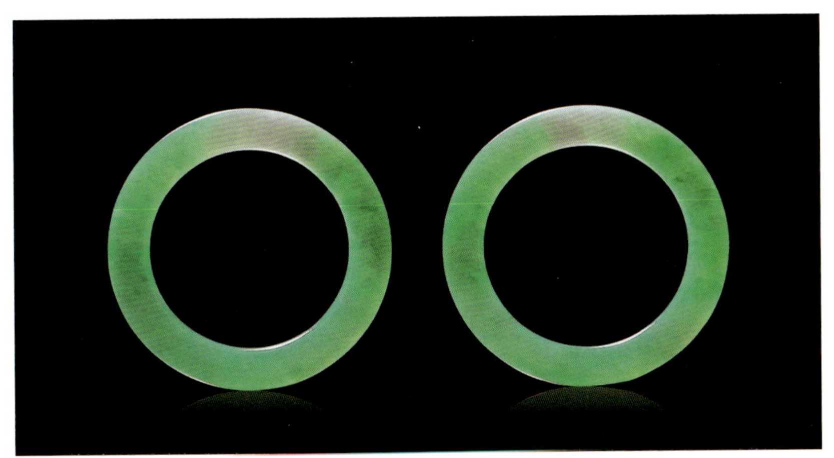

2539 “春带彩”天然冰种翡翠手镯 （一对）
估 价：RMB 2,800,000~3,800,000
成交价：RMB 3,220,000
西泠拍卖 2018-07-08

2594 “满园春色”冰种翡翠镯 （一对）
估 价：RMB 8,000,000~10,000,000
成交价：RMB 14,375,000
西泠拍卖 2018-07-08

441 钻石手链，卡地亚
估 价：CHF 40,000~60,000
成交价：RMB 1,509,135
长17.5cm 日内瓦苏富比 2018/11/15

139 18k金钻石手镯，卡地亚
估 价：USD 10,000~15,000
成交价：RMB 86,329
纽约佳士得 2018-04-17

75 18K金、红宝石和钻石手镯
估 价：USD 15,000~20,000
成交价：RMB 172,659
纽约佳士得 2018-04-17

78 18K金及钻石手镯 卡地亚
估 价：USD 25,000~35,000
成交价：RMB 204,051
纽约佳士得 2018-04-17

107 19世纪晚期的钻石手镯
估　价：CHF 5,000~7,000
成交价：RMB 47,640
内周长17.0cm 日内瓦佳士得 2018-05-16

1805 K金配黄水晶别针， 卡地亚
估　价：HKD 160,000~200,000
成交价：RMB 196,200
香港苏富比 2018-10-03

842 爱马仕珐琅CLIC-CLAC H手镯 （一组三件）
成交价：RMB 13,800
上海匡时 2018-04-30

155 巴洛克式的养殖珍珠，钻石和黄金手镯，大卫·韦伯
估　价：USD 12,000~18,000
成交价：RMB 133,418
纽约佳士得 2018-04-17

134 白色托帕石，黑玉与金“五石”袖口手镯（一对） Verdura
估　价：USD 30,000~50,000
成交价：RMB 313,925
纽约佳士得 2018-04-17

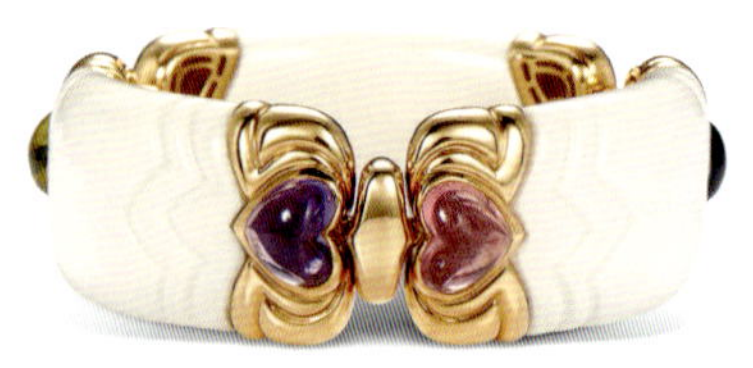

2189 宝格丽 BVLGARI，天然碧玺陶瓷手镯
估　价：RMB 25,000~30,000
成交价：RMB 32,200
北京匡时 2018-06-16

2060 宝格丽设计 “Serpenti”钻石手镯
估　价：HKD 1,280,000~2,200,000
成交价：RMB 1,337,648
保利香港 2018-10-02

411 彩色钻石，祖母绿，珍珠母，钻石自由女神手镯，卡地亚
估　价：CHF 200,000~300,000
成交价：RMB 5,110,208
内周长16.0cm 日内瓦佳士得 2018-05-16

192 彩色钻石和钻石手镯
估 价：CHF 20,000~30,000
成交价：RMB 87,340
长18.0cm 日内瓦佳士得 2018-05-16

4708 翠绿欲滴 缅甸天然满色翡翠手镯
成交价：RMB 7,475,000
北京保利 2018-06-19

783 翠玉玲珑 缅甸天然翡翠手镯
成交价：RMB 10,466,600
保利澳门 2018-11-29

2529 戴维韦伯（DAVID WEBB）约1950年制18K金手镯
估 价：RMB 40,000~60,000
成交价：RMB 63,250
西泠拍卖 2018-07-08

1197 蔡安和 “翩翩起舞” 天然彩色宝石配钻石 掐丝手镯
估 价：RMB 60,000~90,000
成交价：RMB 69,000
约6.4×11cm 保利厦门 2018-01-08

1828 翠玉雕双龙衔珠镯
估 价：USD 15,000~25,000
成交价：RMB 555,275
纽约苏富比 2018-03-24

2191 翠色天赐 缅甸天然满色翡翠手镯
估 价：HKD 20,000,000~30,000,000
成交价：RMB 17,183,160
保利香港 2018-04-01

270 镀金金属和宝石套袖口手镯
估 价：USD 4,000~6,000
成交价：RMB 31,356
内圆周15.24cm 纽约苏富比 2018-04-18

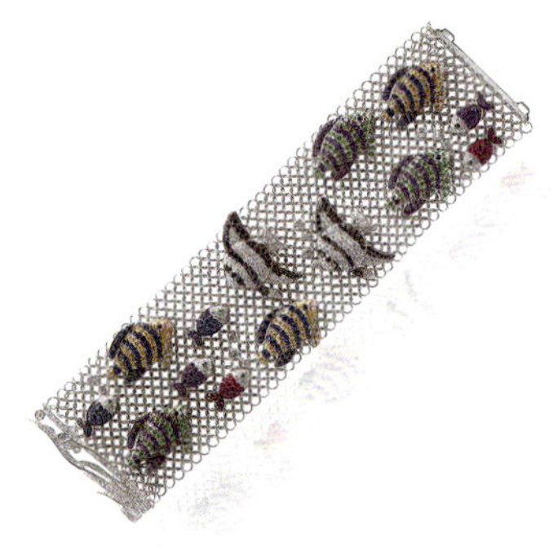

64 多宝石鱼手镯，MICHELE DELLA VALLE
估 价：CHF 7,000~9,000
成交价：RMB 71,460
长17.5cm 日内瓦佳士得 2018-05-16

200 珐琅，天然珍珠和钻石手镯，19世纪60年代
估 价：GBP 2,500~5,000
成交价：RMB 46,715
内圆165mm 伦敦苏富比 2018-03-20

133 粉碧玺和钻石手镯
估 价：CHF 15,000~20,000
成交价：RMB 142,921
长17.8cm 日内瓦佳士得 2018-05-16

152 复古红宝石手镯，卡地亚 约1940年
估 价：CHF 10,000~15,000
成交价：RMB 206,441
长16.2cm 日内瓦佳士得 2018-05-16

173 复古金手镯，BOUCHERON
估 价：CHF 12,000~15,000
成交价：RMB 33,348
长18.0cm，重53克 日内瓦佳士得 2018-05-16

167 复古的蓝宝石、红宝石和钻石手镯（一对），梵克雅宝 大约1950年
估 价：CHF 20,000~30,000
成交价：RMB 571,683
长19.0cm、长18.0cm 日内瓦佳士得 2018-05-16

20 复古蓝宝石和黄金“CADENAS”手镯表 梵克雅宝 约1940年
估 价：USD 4,000~6,000
成交价：RMB 51,013
纽约佳士得 2018-04-17

174 复古蓝宝石和钻石手镯 大约1937年
估 价：CHF 80,000~120,000
成交价：RMB 674,903
内周长17.4cm 日内瓦佳士得 2018-05-16

377 共约45克拉蓝宝石和钻石手镯，梵克雅宝 约1939年
估 价：CHF 800,000~1,200,000
成交价：RMB 8,464,080
日内瓦佳士得 2018-05-16

24 古董珍珠和钻石手镯 19世纪末
估 价：USD 3,000~5,000
成交价：RMB 23,544
直径6.03cm 纽约佳士得 2018-04-17

172 复古钻石手镯 20世纪50年代
估 价：CHF 10,000~15,000
成交价：RMB 158,801
内周长15.0cm 日内瓦佳士得 2018-05-16

378 红宝石，合成红宝石和钻石手镯，梵克雅宝 约1939年
估 价：CHF 700,000~1,200,000
成交价：RMB 8,464,080
内周长19.4cm 日内瓦佳士得 2018-05-16

550 海蓝宝石和钻石手镯和耳饰，Seaman Schepps
估 价：USD 8,000~12,000
成交价：RMB 172,869
长18cm 纽约苏富比 2018-04-19

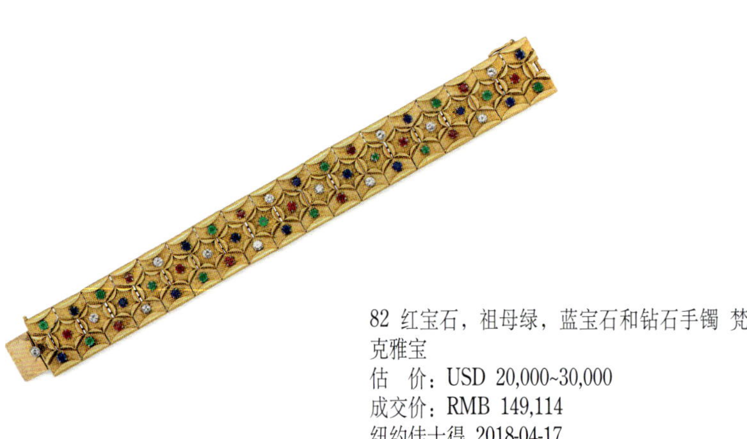

82 红宝石，祖母绿，蓝宝石和钻石手镯 梵克雅宝
估 价：USD 20,000~30,000
成交价：RMB 149,114
纽约佳士得 2018-04-17

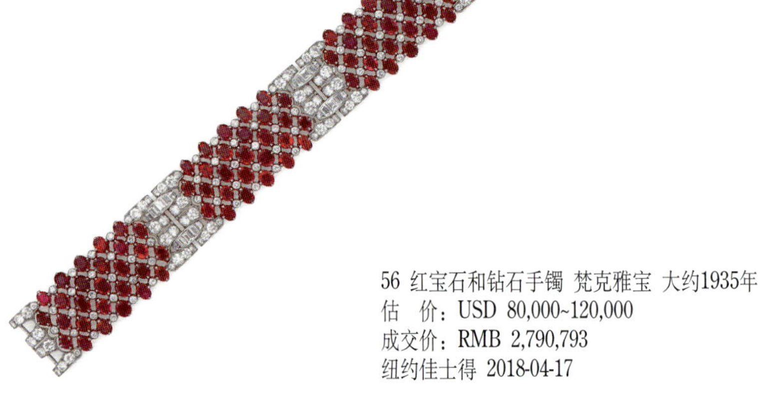

56 红宝石和钻石手镯 梵克雅宝 大约1935年
估 价：USD 80,000~120,000
成交价：RMB 2,790,793
纽约佳士得 2018-04-17

582 红宝石和钻石珠宝手镯、戒指、耳夹（一对）套装
估 价：USD 10,000~15,000
成交价：RMB 86,434
手镯长13.34cm 纽约苏富比 2018-04-19

1766 红宝石配钻石及珐琅彩手镯及戒指， David Webb
估 价：HKD 320,000~450,000
成交价：RMB 392,400
香港苏富比 2018-10-03

1883 红宝石配钻石手镯， 梵克雅宝(Van Cleef & Arpels)
估　价：HKD 1,600,000~2,400,000
成交价：RMB 1,853,000
香港苏富比 2018-10-03

129 黄金，珐琅和钻石’雅诗兰黛Leopard Paw手镯，大卫韦伯
估　价：USB 10,000~15,000
成交价：RMB 147,130
内圆周15.24cm 纽约苏富比 2018-10-17

131 黄金，绿宝石和钻石’雅诗兰黛双狮’手镯，大卫韦伯
估　价：USB 15,000~20,000
成交价：RMB 164,440
内圆周15.88cm 纽约苏富比 2018-10-17

196 黄金，白金，钻石和珐琅手镯 大卫韦伯
估　价：USB 12,000~15,000
成交价：RMB 155,785
纽约苏富比 2018-10-17

527 黄金，红宝石和钻石手镯，Buccellati
估　价：USD 10,000~15,000
成交价：RMB 133,581
17cm 纽约苏富比 2018-04-19

502 黄金和珐琅手镯，斯伦贝谢 & Tiffany &Co
估　价：USD 10,000~15,000
成交价：RMB 110,008
内周长16.51cm 纽约苏富比 2018-04-19

208 黄金和绿宝石手镯，大卫韦伯
估 价：USB 10,000~15,000
成交价：RMB 173,094
纽约苏富比 2018-10-17

69 黄金和珊瑚手镯，Seaman Schepps
估 价：USB 15,000~20,000
成交价：RMB 121,166
内圆周15.24cm 纽约苏富比 2018-10-17

700 黄金和钻石“双新月”手镯，维杜拉
估 价：USD 15,000~20,000
成交价：RMB 314,307
19cm 纽约苏富比 2018-04-19

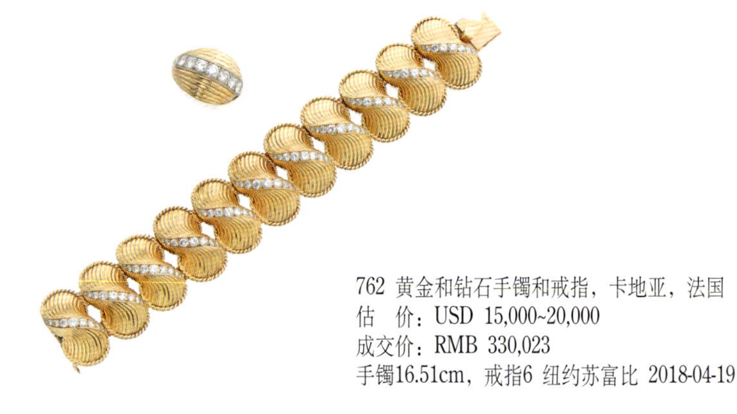

762 黄金和钻石手镯和戒指，卡地亚，法国
估 价：USD 15,000~20,000
成交价：RMB 330,023
手镯16.51cm，戒指6 纽约苏富比 2018-04-19

570 黄金和钻石手镯，大卫韦伯
估 价：USD 15,000~20,000
成交价：RMB 188,584
纽约苏富比 2018-04-19

513 黄金和钻石手镯，Buccellati
估 价：USD 15,000~20,000
成交价：RMB 125,423
16.5cm 纽约苏富比 2018-04-19

23 黄金绘珐琅彩配钻石手镯，David Webb
估 价：USD 10,000~15,000
成交价：RMB 157,223
总重46dwts，内圆周15.88cm 纽约苏富比 2018-04-18

5 黄金镶红宝石配钻石手镯，Buccellati
估　价：USD 35,000~55,000
成交价：RMB 353,751
总重量约54dwts 纽约苏富比 2018-04-18

189 金和珐琅“Croisillon”手镯和一对耳夹，斯伦贝谢为Tiffany＆Co。
估　价：USB 12,000~15,000
成交价：RMB 138,475
内圆周16.51cm 纽约苏富比 2018-10-17

106 黄金镶海水蓝宝配红宝石及钻石手镯，卡地亚
估　价：USD 15,000~20,000
成交价：RMB 141,501
17cm 纽约苏富比 2018-04-18

508 黄金手镯，戒指和耳夹(一对)套件，Ilias Lalaounis，希腊
估　价：USD 8,000~10,000
成交价：RMB 62,861
手镯内圆周16.51cm 纽约苏富比 2018-04-19

106 金，宝石镶嵌和钻石手镯
估　价：USB 8,000~12,000
成交价：RMB 147,130
内圆周16.51cm 纽约苏富比 2018-10-17

21 黄金镶祖母绿配钻石手镯，David Webb
估　价：USD 15,000~20,000
成交价：RMB 204,390
总重87dwts，内圆周15.88cm 纽约苏富比 2018-04-18

512 金，水晶和钻石“暮光之城”手镯 大卫·韦伯
估　价：USD 12,000~15,000
成交价：RMB 94,067
长20.3cm 纽约苏富比 2018-04-19

623 金色，钻石，绿宝石和红宝石袖口手镯，Buccellati
估　价：USD 25,000~35,000
成交价：RMB 251,446
内部圆周17.78cm 纽约苏富比 2018-04-19

4622 卡地亚设计
估　价：RMB 30,000~60,000
成交价：RMB 34,500
北京保利 2018-06-19

385 蓝宝石和钻石手镯，卡地亚
估　价：CHF 55,000~85,000
成交价：RMB 635,203
内周长17.0cm 日内瓦佳士得 2018-05-16

343 蓝宝石钻石手镯，卡地亚 约1935年
估　价：CHF 22,000~30,000
成交价：RMB 174,681
长19.2cm 日内瓦佳士得 2018-05-16

61 蓝宝石和钻石手镯和耳环，梵克雅宝
估　价：CHF 150,000~250,000
成交价：RMB 1,191,006
日内瓦佳士得 2018-05-16

371 蓝宝石金手镯，卡地亚
估　价：CHF 70,000~90,000
成交价：RMB 1,349,806
日内瓦佳士得 2018-05-16

125 老坑糯冰种帝王绿满色翡翠手镯
估　价：NTD 20,000,000~40,000,000
成交价：RMB 4,566,600
直径9.7cm 台北艺流 2018-06-30

144 绿宝石，红宝石和钻石手镯，梵克雅宝 1960年
估　价：CHF 10,000~15,000
成交价：RMB 134,981
长20.8cm 日内瓦佳士得 2018-05-16

248 绿松石和玛瑙手镯 20世纪30年代
估　价：CHF 12,000~18,000
成交价：RMB 95,280
长17.0cm 日内瓦佳士得 2018-05-16

132 绿色paillonné珐琅铰链手镯 斯伦贝谢，法国制造
估　价：USD 10,000~15,000
成交价：RMB 109,874
直径5.4cm 纽约佳士得 2018-04-17

506 绿松石配缟玛瑙及钻石手镯，宝格丽(Bulgari)
估　价：CHF 60,000~90,000
成交价：RMB 905,481
内圆周17cm 日内瓦苏富比 2018/11/15

681 满绿翡翠手镯
估　价：SGD 1,280,000
成交价：RMB 10,445,600
英国大公 2018-05-28

2262 缅甸天然冰种翡翠手镯
估　价：RMB 70,000~90,000
成交价：RMB 138,000
北京匡时 2018-06-16

4699 缅甸天然冰种翡翠手镯
估　价：RMB 80,000~100,000
成交价：RMB 97,750
北京保利 2018-06-19

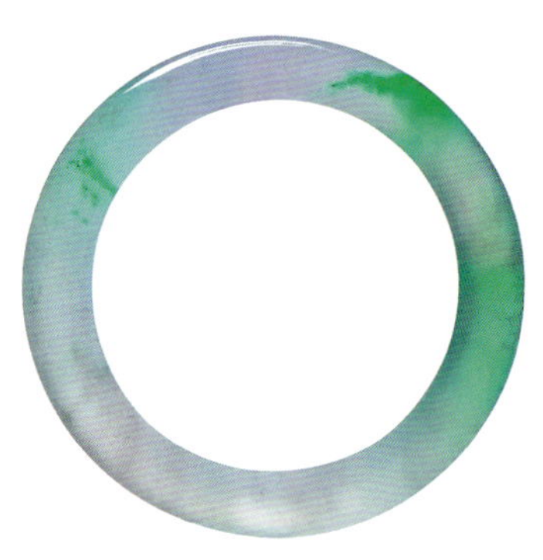

2149 缅甸天然翡翠手镯
估　价：HKD 1,800,000~2,800,000
成交价：RMB 2,057,920
保利香港 2018-10-02

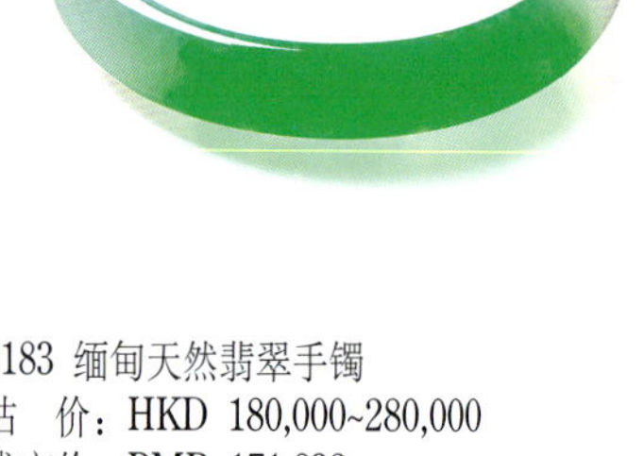

2183 缅甸天然翡翠手镯
估　价：HKD 180,000~280,000
成交价：RMB 171,832
保利香港 2018-04-01

775 缅甸天然满绿翡翠对镯
估　价：RMB 400,000~800,000
成交价：RMB 460,000
上海匡时 2018-04-30

4702 缅甸天然紫罗兰翡翠手镯 （一对）
估　价：RMB 160,000~260,000
成交价：RMB 195,500
北京保利 2018-06-19

1038 清代 镂空古钱纹金手镯 （一对）
估　价：RMB 50,000
成交价：RMB 57,500
直径7cm；100.3g 古天一 2018-12-08

258 清翡翠手镯
估　价：HKD 58,016,800~75,298,400
成交价：RMB 50,303,400
中能国拍 2018-05-17

2154 缅甸天然紫罗兰翡翠手镯
估　价：HKD 3,800,000~5,800,000
成交价：RMB 4,115,840
保利香港 2018-10-02

625 三款金色，钻石和红宝石“Atlas”手镯，Tiffany&Co
估　价：USD 12,000~15,000
成交价：RMB 157,154
纽约苏富比 2018-04-19

71 沙弗莱石榴石，蓝宝石，钻石和红宝石“SCAMPI”手镯，AGGRAVI
估　价：CHF 10,000~15,000
成交价：RMB 158,801
内周长17.5cm 日内瓦佳士得 2018-05-16

19 搪瓷，红宝石和钻石首饰青蛙手镯、胸针、耳夹（一对） 由大卫·韦伯
估　价：USD 20,000~30,000
成交价：RMB 235,444
纽约佳士得 2018-04-17

618 天青石，玛瑙和钻石手镯，戒指和耳夹（一对）套装，阿列托兄弟
估　价：USD 15,000~20,000
成交价：RMB 117,584
20cm 纽约苏富比 2018-04-19

64 天然翡翠手镯
估　价：HKD 700,000~900,000
成交价：RMB 682,080
天成国际 2018-06-03

1642 天然翡翠手镯
估　价：HKD 5,000,000~6,500,000
成交价：RMB 4,465,680
香港苏富比 2018-04-03

6509 天然翡翠手镯
估　价：HKD 100,000
成交价：RMB 292,320
外直径7.4cm 万昌斯 2018-05-30

7 文化珍珠，钻石，红宝石，玉石和珐琅手镯，大卫韦伯
估 价：USB 10,000~15,000
成交价：RMB 138,475
长17.78cm 纽约苏富比 2018-10-17

33 养殖珍珠，彩色养殖珍珠，珐琅，钻石和红宝石手镯，大卫·韦伯
估 价：CHF 14,000~20,000
成交价：RMB 111,161
长15.5cm 日内瓦佳士得 2018-05-16

214 养珠和钻石手镯
估 价：USD 10,000~15,000
成交价：RMB 172,457
内周长16.51cm 纽约苏富比 2018-04-18

598 一组三色金和钻石手镯
估 价：USD 12,000~15,000
成交价：RMB 94,292
内周长长20.32cm 纽约苏富比 2018-04-19

169 无色水晶和钻石手镯，大卫·韦伯
估 价：USD 15,000~20,000
成交价：RMB 117,722
直径5.72cm 纽约佳士得 2018-04-17

113 一个多宝石与钻石手镯，卡地亚
估 价：USD 10,000~15,000
成交价：RMB 141,266
长18.42cm 纽约佳士得 2018-04-17

197 珍罕天然翡翠手镯
成交价：RMB 45,796,800
天成国际 2018-06-03

49 珍珠和钻石手镯（一对） 卡地亚
估　价：USD 30,000~50,000
成交价：RMB 745,572
手镯长17.78cm、长19.05cm 纽约佳士得 2018-04-17

247 珍珠和钻石手镯
估　价：CHF 4,000~6,000
成交价：RMB 31,760
内周长18.8cm 日内瓦佳士得 2018-05-16

244 装饰艺术钻石手镯 1930年
估　价：CHF 30,000~50,000
成交价：RMB 277,901
长18.7cm 日内瓦佳士得 2018-05-16

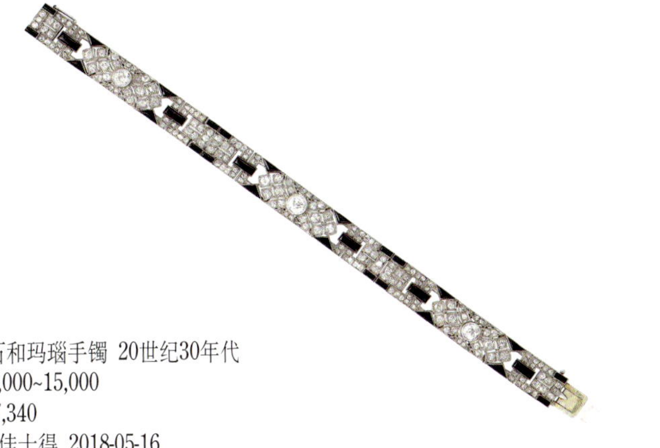

232 装饰艺术钻石和玛瑙手镯 20世纪30年代
估　价：CHF 10,000~15,000
成交价：RMB 87,340
长18.7cm 日内瓦佳士得 2018-05-16

282 镯子
估　价：GBP 2,200~3,200
成交价：RMB 42,266
内圆周190mm 伦敦苏富比 2018-03-20

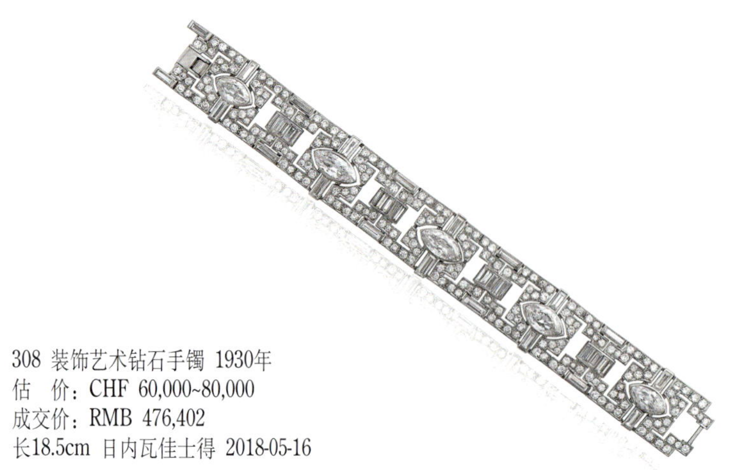
308 装饰艺术钻石手镯 1930年
估 价：CHF 60,000~80,000
成交价：RMB 476,402
长18.5cm 日内瓦佳士得 2018-05-16

261 祖母绿，红宝石，蓝宝石和钻石手镯 1920年
估 价：CHF 20,000~30,000
成交价：RMB 238,201
长16.1cm 日内瓦佳士得 2018-05-16

312 祖母绿和钻石手镯 1930年
估 价：CHF 120,000~160,000
成交价：RMB 1,508,607
长18.0cm 日内瓦佳士得 2018-05-16

590 祖母绿，蓝宝石和钻石手镯和别针，法国
估 价：USD 15,000~20,000
成交价：RMB 314,307
长17.78cm 纽约苏富比 2018-04-19

1685 紫水晶配钻石手镯， Michele della Valle
估 价：HKD 120,000~160,000
成交价：RMB 121,350
香港苏富比 2018-04-03

89 祖母绿和钻石手镯，MEISTER
估　价：CHF 60,000~80,000
成交价：RMB 436,702
日内瓦佳士得 2018-05-16

181 祖母绿及钻石手镯
估　价：CHF 8,000~12,000
成交价：RMB 79,400
长17.0cm 日内瓦佳士得 2018-05-16

291 祖母绿钻石手镯
估　价：CHF 8,000~12,000
成交价：RMB 222,321
长16.9cm 日内瓦佳士得 2018-05-16

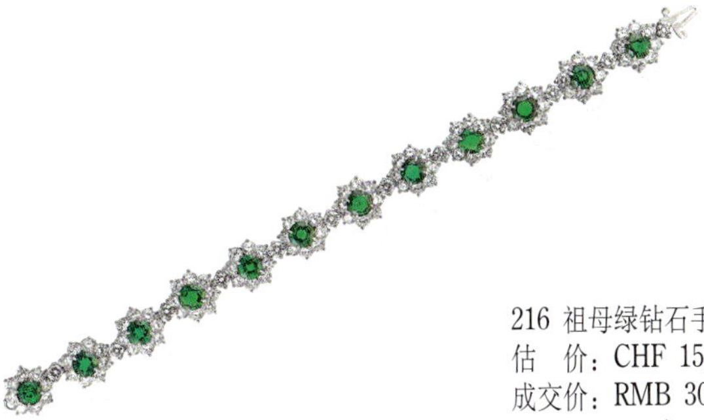

216 祖母绿钻石手镯，卡地亚
估　价：CHF 15,000~20,000
成交价：RMB 301,721
长17.5cm 日内瓦佳士得 2018-05-16

108 祖母绿和钻石手镯，马里奥·布克拉提 20世纪30年代
估　价：CHF 20,000~30,000
成交价：RMB 158,801
长18.0cm 日内瓦佳士得 2018-05-16

17 钻石，红宝石和搪瓷手镯、戒指 由大卫·韦伯
估　价：USD 25,000~35,000
成交价：RMB 211,899
纽约佳士得 2018-04-17

57 钻石，祖母绿和缟玛瑙手镯，卡地亚
估　价：CHF 38,000~58,000
成交价：RMB 277,901
内周长17.0cm 日内瓦佳士得 2018-05-16

1920 钻石、祖母绿及黑玛瑙“Panthère”手镯
估　价：HKD 380,000~580,000
成交价：RMB 421,325
佳士得 2018-11-27

1833 钻石“Panthère”手镯、耳环及戒指套装
估　价：HKD 800,000~1,200,000
成交价：RMB 942,438
佳士得 2018-11-27

754 钻石和珐琅手镯，蒂芙尼，法国
估　价：USD 30,000~50,000
成交价：RMB 298,592
内周长16.51cm 纽约苏富比 2018-04-19

1832 钻石“Panthère”手镯及耳环
估　价：HKD 480,000~650,000
成交价：RMB 1,774,000
佳士得 2018-11-27

3490 钻石及18K玫瑰金钻石凯莉手镯
估　价：HKD 60,000~80,000
成交价：RMB 133,050
直径15cm 佳士得 2018-11-28

13 钻石“美伦帕纳”手镯，卡地亚
估　价：CHF 20,000~30,000
成交价：RMB 222,321
长19.4cm 日内瓦佳士得 2018-05-16

1720 钻石手镯
估　价：HKD 480,000~700,000
成交价：RMB 485,400
香港苏富比 2018-04-03

370 钻石手镯
估　价：CHF 10,000~15,000
成交价：RMB 79,400
内周长15.5cm 日内瓦佳士得 2018-05-16

317 钻石手镯
估　价：GBP 35,000~45,000
成交价：RMB 444,902
内圆周约170mm 伦敦苏富比 2018-03-20

643 钻石手镯
估　价：USD 20,000~30,000
成交价：RMB 156,779
内圆周15.24cm 纽约苏富比 2018-04-19

46 钻石手镯
估　价：USB 20,000~30,000
成交价：RMB 173,094
内周长15.88cm 纽约苏富比 2018-10-17

252 钻石手镯 约1911年
估　价：CHF 30,000~50,000
成交价：RMB 381,122
长18.5cm 日内瓦佳士得 2018-05-16

379 钻石手镯 约1939年
估　价：CHF 200,000~300,000
成交价：RMB 4,271,740
日内瓦佳士得 2018-05-16

688 钻石手镯 ，Alan Rocca
估　价：USD 20,000~30,000
成交价：RMB 471,461
长16.51cm 纽约苏富比 2018-04-19

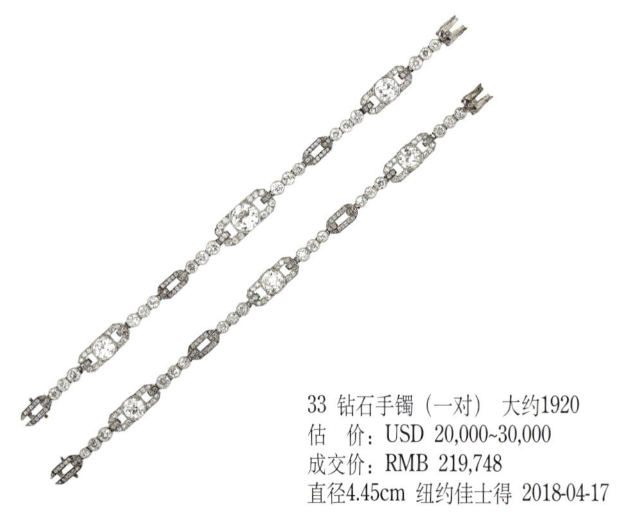

33 钻石手镯（一对） 大约1920
估　价：USD 20,000~30,000
成交价：RMB 219,748
直径4.45cm 纽约佳士得 2018-04-17

298 钻石手镯，RENE BOIVIN
估　价：CHF 15,000~20,000
成交价：RMB 333,482
内周长16.0cm 日内瓦佳士得 2018-05-16

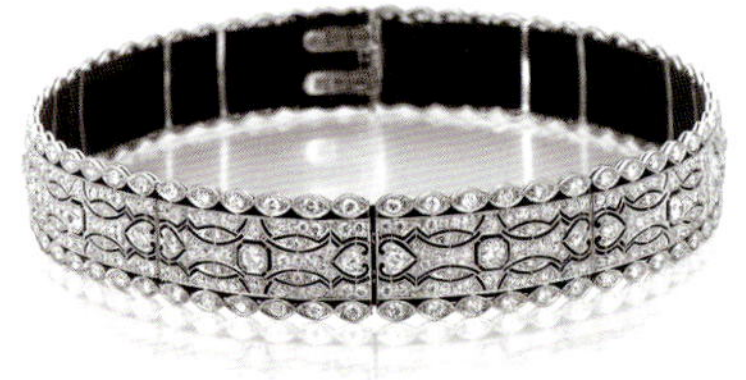

100 钻石项圈 约1915年
估　价：USD 40,000~60,000
成交价：RMB 298,723
园内周33.02cm 纽约苏富比 2018-04-18

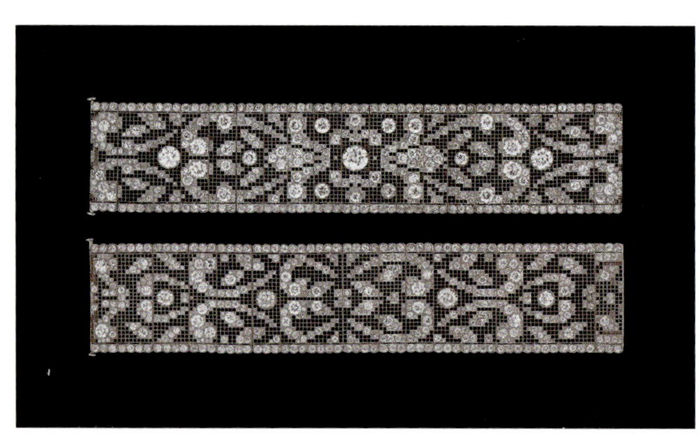

314 钻石手镯（一对） 1910年
估　价：CHF 150,000~250,000
成交价：RMB 3,585,721
长16.9cm，长16.7cm 日内瓦佳士得 2018-05-16

576 金，养珠和钻石首饰套件 Tiffany&Co
估　价：USD 10,000~15,000
成交价：RMB 251,446
长41cm 纽约苏富比 2018-04-19

2621 “富贵连绵”天然高冰老坑绿翡翠配钻石颈链
估　价：RMB 8,000,000~10,000,000
成交价：RMB 13,915,000
西泠拍卖 2018-07-08

2518 “永恒的爱”50.78克拉天然无烧坦桑石配钻石项链
估　价：RMB 100,000~200,000
成交价：RMB 195,500
西泠拍卖 2018-07-08

2596 “绿光”42.58克拉祖母绿可替换天然电气石项链
估　价：RMB 2,800,000~3,800,000
成交价：RMB 3,220,000
西泠拍卖 2018-07-08

2415 “一千零一夜”，极致震撼中东贵族收藏总重约111克拉天然哥伦比亚祖母绿配约100克拉钻石项链、手链、戒指、耳环套装
成交价：RMB 12,776,500
北京匡时 2018-06-16

2503 “雨露”金镶高冰正阳绿翡翠套链
估　价：RMB 350,000~450,000
成交价：RMB 437,000
西泠拍卖 2018-07-08

2504 “紫气东来”天然紫翡珠配钻石颈链
估　价：RMB 250,000~350,000
成交价：RMB 368,000
西泠拍卖 2018-07-08

2068 10.56至3.02克拉枕形克什米尔天然蓝宝石项链
估　价：HKD 95,000,000~120,000,000
成交价：RMB 103,368,763
佳士得 2018-11-27

2410 10.06克拉 FY 彩黄色VVS1净度钻石配钻石项链
估　价：RMB 1,000,000~1,300,000
成交价：RMB 1,380,000
北京匡时 2018-06-16

2045 10.98克拉心形D/IF Type IIa（极优打磨及比例）钻石吊坠项链
估　价：HKD 8,200,000~12,000,000
成交价：RMB 8,071,700
佳士得 2018-11-27

545 127.35卡拉宝石配钻石长项链，宝格丽（Bulgari）
估　价：CHF 300,000~500,000
成交价：RMB 7,140,366
长86cm 日内瓦苏富比 2018/11/15

753 15.42克拉钻石项链，HRD特别推荐
估　价：RMB 4,200,000~5,200,000
成交价：RMB 4,657,500
上海匡时 2018-04-30

166 14.77克拉蓝宝石、紫水晶、天然珍珠、钻石吊坠/胸针、颈链 JAR制成
估　价：USD 200,000~400,000
成交价：RMB 2,715,451
纽约佳士得 2018-04-17

831 144.00克拉天然哥伦比亚祖母绿配钻石项链/手炼， 梵克雅宝
估　价：HKD 7,000,000~9,000,000
成交价：RMB 5,703,450
中国嘉德 2018-04-02

88 18K黄金和钻石项链 H. STERN
估　价：USD 10,000~15,000
成交价：RMB 149,114
长35.56cm 纽约佳士得 2018-04-17

2615 18K白金镶嵌翡翠配黑珍珠钻石红宝石项链
估　价：RMB 800,000~900,000
成交价：RMB 977,500
西泠拍卖 2018-07-08

4819 18K黄金配钻石项链，蒂芙尼Schlumberger系列
估　价：RMB 88,000~128,000
成交价：RMB 101,200
中国嘉德 2018-11-22

5 18K金，金币和钻石项链 宝格丽
估　价：USD 15,000~20,000
成交价：RMB 133,418
长38.1cm 纽约佳士得 2018-04-17

154 18K金、钻石项链，大卫·韦伯
估　价：USD 10,000~15,000
成交价：RMB 62,785
长41.28cm 纽约佳士得 2018-04-17

140 18k金和钻石项链 卡地亚
估　价：USD 15,000~25,000
成交价：RMB 141,266
纽约佳士得 2018-04-17

97 18K金和钻石项链 斯特雷，巴黎
估　价：USD 10,000~15,000
成交价：RMB 188,355
纽约佳士得 2018-04-17

153 18k金及祖母绿项链、耳环、戒指套装
估　价：USD 12,000~18,000
成交价：RMB 58,861
纽约佳士得 2018-04-17

2019 18K金镶沙弗莱石“豹”手链、项链 卡地亚 （一套）
估 价：RMB 65,000~80,000
成交价：RMB 78,200
华艺国际 2018-11-17

2007 18K三色金镶钻石长项链 卡地亚
成交价：RMB 20,700
华艺国际 2018-11-17

197 19世纪末紫水晶，珍珠和珐琅吊坠项链，勒内拉里克
估 价：CHF 100,000~120,000
成交价：RMB 794,004
吊坠9.6cm，项链39.5cm 日内瓦佳士得 2018-05-16

1308 18K金镶珊瑚项链
估 价：RMB 20,000~30,000
成交价：RMB 23,000
北京荣宝 2018-09-14

309 19世纪末78克拉缅甸红宝石和钻石项链
估 价：CHF 150,000~250,000
成交价：RMB 1,667,408
长38.0cm 日内瓦佳士得 2018-05-16

315 19世纪晚期十三颗祖母绿和钻石项链，蒂芙尼 1880年
估 价：CHF 700,000~1,200,000
成交价：RMB 9,988,567
长39.0cm 日内瓦佳士得 2018-05-16

76 2.06克拉椭圆形天然无经加热处理皇家蓝蓝宝石配钻石吊坠项链
估 价：HKD 58,000~88,000
成交价：RMB 53,592
天成国际 2018-06-03

366 20世纪早期的钻石项链/皇冠，卡地亚 20世纪30年代
估 价：CHF 40,000~50,000
成交价：RMB 595,503
长32.5cm 日内瓦佳士得 2018-05-16

1961 24.04克拉梨形彩黄色VS2钻石吊坠项链
估 价：HKD 4,000,000~6,000,000
成交价：RMB 9,136,100
佳士得 2018-11-27

1169 29.30克拉 天然托帕石配彩色钻石海星吊坠项链
估 价：RMB 30,000~60,000
成交价：RMB 34,500
保利厦门 2018-01-08

152 29颗黄色养殖珍珠项链、耳环（一对）
估 价：USD 15,000~20,000
成交价：RMB 78,481
长44.45cm 纽约佳士得 2018-04-17

184 3.20克拉F色，VVS1净度钻石吊坠项链
估 价：USD 45,000~65,000
成交价：RMB 588,609
长40.64cm 纽约佳士得 2018-04-17

2316 30.86克拉天然哥伦比亚祖母绿配钻石项链
估　价：RMB 800,000~1,000,000
成交价：RMB 977,500
北京匡时 2018-06-16

1858 31.70克拉圆形S-T/SI1钻石吊坠项链
估　价：HKD 1,450,000~2,000,000
成交价：RMB 1,663,125
佳士得 2018-11-27

1999 32.17克拉椭圆形斯里兰卡天然蓝宝石项链
估　价：HKD 2,000,000~3,000,000
成交价：RMB 2,217,500
佳士得 2018-11-27

4600 36颗总重约30.7克拉彩色蓝宝石配钻石项链及耳环套装 未经加热
成交价：RMB 57,500
北京保利 2018-06-19

1884 396.89克拉缅甸天然蓝宝石项链
估　价：HKD 4,000,000~8,000,000
成交价：RMB 3,814,100
佳士得 2018-11-27

7 39颗养殖珍珠，钻石，蓝宝石和碧玺项链、耳环（一对） 宝格丽
估　价：USD 10,000~15,000
成交价：RMB 78,481
项链长43.18cm 纽约佳士得 2018-04-17

151 4.10克拉深棕橙色钻石和9.64克拉棕橙色钻石均为自然色，SI1净度及钻石项链，卡地亚
估　价：USD 200,000~300,000
成交价：RMB 1,530,384
长41.28cm 纽约佳士得 2018-04-17

550 40.88卡拉蓝宝石配钻石「Plume de Paon」项链，宝诗龙（Boucheron）
估　价：CHF 300,000~500,000
成交价：RMB 2,587,089
日内瓦苏富比 2018/11/15

66 5.36克拉D色内部完美无瑕钻石吊坠项链
估　价：USD 150,000~200,000
成交价：RMB 1,412,663
纽约佳士得 2018-04-17

749 52.68克拉全水滴形浓彩黄色钻石配钻石项链
估　价：RMB 5,200,000~6,800,000
成交价：RMB 5,865,000
上海匡时 2018-04-30

72 58.00克拉及28.51克拉蓝宝石和4.13克拉钻石和钻石项链 卡地亚
估　价：USD 1,000,000~1,500,000
成交价：RMB 7,235,971
纽约佳士得 2018-04-17

25 58.23克拉水滴形天然海蓝宝石配彩色刚玉及钻石吊坠项链，Anna Hu
估　价：HKD 65,000~85,000
成交价：RMB 63,336
天成国际 2018-06-03

234 59颗天然珍珠、2颗人工珍珠、钻石项链
估 价：CHF 8,000~12,000
成交价：RMB 190,561
长39.5cm 日内瓦佳士得 2018-05-16

57 7颗刻度矩形重24.32克拉((最大颗重约11.86克拉)祖母绿和钻石项链 梵克雅宝
估 价：USD 950,000~1,250,000
成交价：RMB 9,872,941
长44.77cm 纽约佳士得 2018-04-17

50 6.34克拉F色VS2清晰度钻石项链
估 价：CHF 100,000~150,000
成交价：RMB 1,191,006
日内瓦佳士得 2018-05-16

212 Verdura金和钻石’帆船’项链
估 价：USB 8,000~12,000
成交价：RMB 346,188
长36.83cm 纽约苏富比 2018-10-17

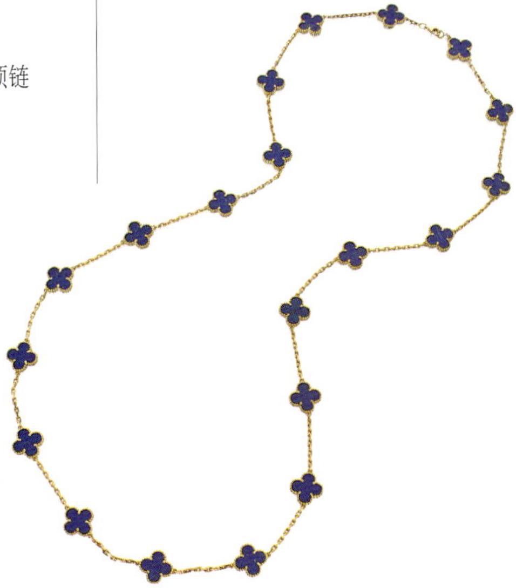

715 阿尔罕布拉项链 梵克雅宝 法国
估 价：USD 8,000~12,000
成交价：RMB 203,813
长85.09cm 纽约苏富比 2018-04-19

1520 K金配钻石项链，‘Maillon Panthere’， 卡地亚
估 价：HKD 260,000~350,000
成交价：RMB 262,925
香港苏富比 2018-04-03

1086 宝格丽 Bulgari DIVAS' DREAM 系列 白贝母扇形吊坠项链
成交价：RMB 29,900
保利厦门 2018-01-08

1536 宝石配钻石项链
估　价：HKD 280,000~350,000
成交价：RMB 303,375
香港苏富比 2018-04-03

1679 宝石配钻石项链，梵克雅宝（Van Cleef & Arpels）
估　价：HKD 80,000~120,000
成交价：RMB 85,956
香港苏富比 2018-04-03

1826 宝石吊坠项链/胸针
估　价：HKD 240,000~350,000
成交价：RMB 243,600
佳士得 2018-05-29

1807 宝石项链
估　价：HKD 80,000~120,000
成交价：RMB 131,950
佳士得 2018-05-29

1529 宝石项链，‘Allegra’ 及 宝石项链，宝格丽（Bulgari）
估　价：HKD 55,000~80,000
成交价：RMB 80,900
香港苏富比 2018-04-03

107 埃及复兴绿松石和珐琅项链 大约1900年。
估　价：USB 10,000~15,000
成交价：RMB 147,130
长39.37cm 纽约苏富比 2018-10-17

1786 碧玺配钻石及珍珠项链，宝格丽（Bulgari）
估　价：HKD 160,000~240,000
成交价：RMB 185,300
香港苏富比 2018-10-03

2134 碧玉生辉 缅甸天然翡翠珠配钻石颈链
成交价：RMB 36,275,560
保利香港 2018-04-01

355 宝石配钻石首饰套装，宝格丽（Bulgari）
估　价：CHF 80,000~120,000
成交价：RMB 1,293,545
手链长19cm；项链长42cm 日内瓦苏富比 2018/11/15

316 宝石配钻石首饰套装，梵克雅宝（Van Cleef & Arpels）
估 价：CHF 30,000~60,000
成交价：RMB 905,481
项链长43cm 日内瓦苏富比 2018/11/15

19 彩色珍珠和钻石项链，卡地亚
估 价：CHF 20,000~30,000
成交价：RMB 238,201
长45.1cm 日内瓦佳士得 2018-05-16

310 彩色钻石和钻石项链、耳环（一对）
估 价：GBP 6,000~8,000
成交价：RMB 66,735
项链长约440mm 伦敦苏富比 2018-03-20

2221 纯美超凡 缅甸天然翡翠“福豆”配钻石挂坠项链及耳环套装
估 价：HKD 2,800,000~3,800,000
成交价：RMB 3,086,880
保利香港 2018-10-02

2018 翠意淋漓 珍罕卓绝 缅甸天然翡翠珠配钻石颈链
估 价：HKD 12,000,000~18,000,000
成交价：RMB 11,264,516
保利香港 2018-04-01

172 单链养殖珍珠和钻石项链
估 价：USD 20,000~30,000
成交价：RMB 78,481
项链长86.36cm 纽约佳士得 2018-04-17

15 蛋白石配祖母绿及钻石项链，
Fei Liu Fine Jewellery
估　价：HKD 48,000~68,000
成交价：RMB 46,771
天成国际 2018-06-03

518 多宝石钻石项链和耳饰（一对），宝格丽
估　价：USD 6,000~8,000
成交价：RMB 66,790
长42cm 纽约苏富比 2018-04-19

710 多彩色蓝宝石，祖母绿和钻石项链和耳夹（一对），宝格丽
估　价：USD 25,000~35,000
成交价：RMB 353,596
长39.37cm 纽约苏富比 2018-04-19

77 电气石，黄水晶，橄榄石，紫水晶，堇青石、海蓝宝石、养殖珍珠和钻石“ALLEGRA”项链 宝格丽
估　价：USD 15,000~20,000
成交价：RMB 251,140
纽约佳士得 2018-04-17

182 珐琅和钻石项链，LEGNAZZI
估　价：CHF 10,000~15,000
成交价：RMB 67,490
长38.0cm 日内瓦佳士得 2018-05-16

192 珐琅和钻石项链，大卫韦伯
估　价：USB 8,000~12,000
成交价：RMB 82,220
长37.47cm 纽约苏富比 2018-10-17

2113 梵克雅宝设计 28.28克拉哥伦比亚祖母绿配钻石项链，未经注油
估 价：HKD 12,000,000~15,000,000
成交价：RMB 10,978,130
保利香港 2018-04-01

7613 非常罕有及贵重 总重61.03克拉缅甸“鸽血红”红宝石配钻石项链 及 总重11.29克拉缅甸“鸽血红”红宝石配钻石耳环套装 未经加热
成交价：RMB 15,180,000
主石约为7.13×6.06mm-11.65×9.46mm；项链长度约为44.30cm 北京保利 2018-12-07

92 翡翠，红宝石和钻石项链、耳环（一对） 梵克雅宝
估 价：USD 30,000~50,000
成交价：RMB 1,177,219
纽约佳士得 2018-04-17

231 瑰丽总重量150.58克拉椭圆形及古垫形天然缅甸蒙苏及抹谷无经加热处理红宝石配钻石项链，Harry Winston
估 价：HKD 23,000,000~33,000,000
成交价：RMB 22,411,200
天成国际 2018-06-03

457 红宝石，粉红色蓝宝石和钻石项链，哈里温斯顿
估 价：CHF 300,000~500,000
成交价：RMB 2,457,735
日内瓦苏富比 2018/11/15

2164 梵克雅宝设计 共重约44.89克拉斯里兰卡蓝宝石配钻石项链/手链，未经加热
估 价：HKD 2,500,000~3,500,000
成交价：RMB 3,086,880
保利香港 2018-10-02

561 翡翠紫罗兰项链
估 价：RMB 700,000~800,000
成交价：RMB 920,000
大珠18mm；小珠16mm 北京荣宝 2018-05-18

232 翡翠，玛瑙和钻石珠链
估 价：GBP 8,000~12,000
成交价：RMB 289,186
伦敦苏富比 2018-03-20

1997 翡翠吊坠项链
估 价：HKD 400,000~600,000
成交价：RMB 385,700
佳士得 2018-05-29

1926 翡翠及碧玺吊坠项链
估 价：HKD 400,000~600,000
成交价：RMB 456,750
佳士得 2018-05-29

2030 翡翠及钻石套装
估 价：HKD 120,000~180,000
成交价：RMB 182,700
佳士得 2018-05-29

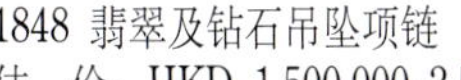

1848 翡翠及钻石吊坠项链
估 价：HKD 1,500,000~2,500,000
成交价：RMB 1,522,500
佳士得 2018-05-29

1993 翡翠及钻石吊坠项链
估 价：HKD 80,000~120,000
成交价：RMB 111,650
佳士得 2018-05-29

1999 翡翠及钻石吊坠项链
估　价：HKD 5,500,000~8,500,000
成交价：RMB 3,978,800
佳士得 2018-05-29

128 翡翠钻石项链，梵克雅宝
估　价：CHF 40,000~60,000
成交价：RMB 595,503
长45.9cm 日内瓦佳士得 2018-05-16

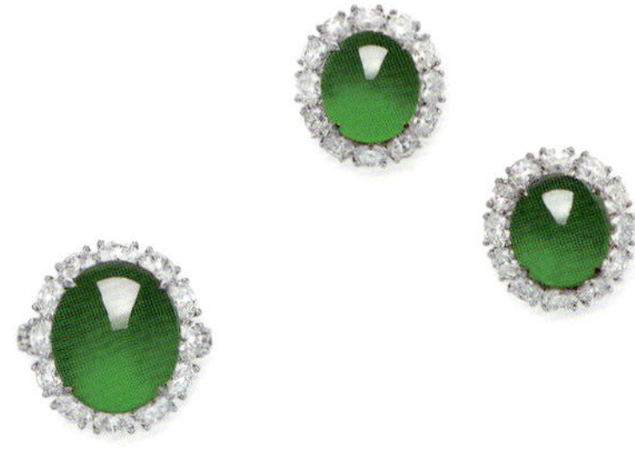

2065 翡翠及钻石套装
估　价：HKD 2,500,000~3,500,000
成交价：RMB 2,322,320
佳士得 2018-05-29

2075 翡翠及钻石项链
估　价：HKD 30,000,000~50,000,000
成交价：RMB 27,364,400
佳士得 2018-05-29

7586 非常珍稀及贵重 缅甸天然满绿翡翠珠链
成交价：RMB 32,200,000
翡翠直径约为10.07-11.65mm；项链长度约为57.30cm 北京保利 2018-12-07

3567 公元前8-7世纪 双立狮男孩镶3粒红宝石金项链
估 价：HKD 10,000,000~15,000,000
成交价：RMB 12,410,060
长62cm；重232g 保利香港 2018-04-02

3566 公元前8-7世纪 双龙头缨金项链
估 价：HKD 7,500,000~9,500,000
成交价：RMB 7,636,960
长73cm；重161g 保利香港 2018-04-02

3564 公元前10-6世纪 金珠项链
估 价：HKD 1,500,000~2,000,000
成交价：RMB 1,622,854
长35.5cm；重114g 保利香港 2018-04-02

168 复古的红宝石，蓝宝石和钻石“小玩意”项链，梵克雅宝 1940年
估 价：CHF 25,000~35,000
成交价：RMB 254,081
长37.0cm 日内瓦佳士得 2018-05-16

269 橄榄石，金和钻石Torsade项链和耳夹（一对），Asprey
估 价：USB 8,000~12,000
成交价：RMB 73,565
纽约苏富比 2018-10-17

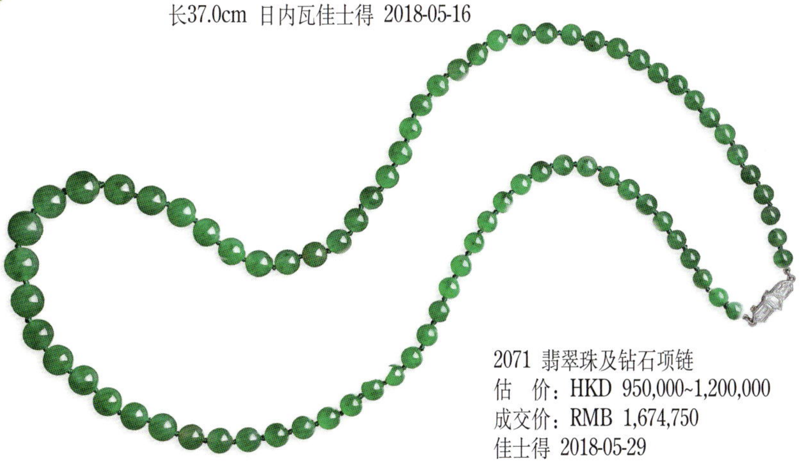

2071 翡翠珠及钻石项链
估 价：HKD 950,000~1,200,000
成交价：RMB 1,674,750
佳士得 2018-05-29

3565 公元前8-7世纪 双狮头镶大玛瑙圆珠金项链
估 价：HKD 4,000,000~6,000,000
成交价：RMB 4,582,176
长63cm；重163g 保利香港 2018-04-02

2122 共重51.98克拉钻石项链
估 价：HKD 350,000~620,000
成交价：RMB 360,136
保利香港 2018-10-02

32 古色古香的黄金和珠宝镶嵌LORGNETTE吊坠项链 大约1890年
估 价：USD 8,000~12,000
成交价：RMB 62,785
项链长135.89cm 纽约佳士得 2018-04-17

331 共约70克拉蓝宝石钻石项链，卡地亚
估 价：CHF 70,000~100,000
成交价：RMB 952,805
长43.2cm 日内瓦佳士得 2018-05-16

2203 共重约39.35克拉缅甸红宝石项链，未经加热
估 价：HKD 1,680,000~2,800,000
成交价：RMB 1,749,232
保利香港 2018-10-02

31 古董钻石和珐琅项链 大约1865年
估 价：USD 10,000~15,000
成交价：RMB 94,178
纽约佳士得 2018-04-17

2123 共重约67.0克拉钻石项链
估 价：HKD 1,500,000~2,500,000
成交价：RMB 1,543,440
保利香港 2018-10-02

183 瑰丽30.97克拉古垫形天然哥伦比亚穆索祖母绿配钻石吊坠项链，Harry Winston
估 价：HKD 11,000,000~15,000,000
成交价：RMB 10,426,080
天成国际 2018-06-03

4944 瑰丽重约90.90克拉天然斯里兰卡蓝宝石配钻石项链
估 价：RMB 2,000,000~2,600,000
成交价：RMB 2,300,000
中国嘉德 2018-11-22

3000 瑰丽天然满绿翡翠蛋面配钻石项链、耳环、手链套装
成交价：RMB 747,500
北京匡时 2018-06-15

610 红宝石和钻石项链、耳饰（一对）
估 价：USD 30,000~50,000
成交价：RMB 377,169
纽约苏富比 2018-04-19

67 红宝石，蓝宝石和钻石“国旗”项链和耳环，米歇尔特拉华莱 2009年
估 价：CHF 15,000~20,000
成交价：RMB 134,981
项链长40.5cm 日内瓦佳士得 2018-05-16

79 红宝石，蓝宝石和钻石项链，Angela Cummings
估 价：USB 8,000~12,000
成交价：RMB 69,238
纽约苏富比 2018-10-17

299 黑色玛瑙和钻石项链/手链组合，Van Cleef&Arpels，1970年代
估 价：GBP 20,000~30,000
成交价：RMB 266,941
总长约750mm 伦敦苏富比 2018-03-20

127 黑、白双层项链
估 价：RMB 168,000~190,000
成交价：RMB 218,500
大芬艺海 2018-05-13

1812 红宝石“Mystery set”胸针/吊坠项链
估 价：HKD 240,000~350,000
成交价：RMB 421,325
佳士得 2018-11-27

27 红宝石和钻石项链，戒指和耳环套装
估 价：CHF 12,000~20,000
成交价：RMB 95,280
项链39.7cm 日内瓦佳士得 2018-05-16

1854 红宝石及钻石项链
估 价：HKD 100,000~150,000
成交价：RMB 172,550
佳士得 2018-05-29

4510 黑色大溪地珍珠项链 约16.5-13.1mm
估 价：RMB 38,000~58,000
成交价：RMB 43,700
北京保利 2018-06-19

581 红宝石和钻石项链和耳饰（一对），
Gucci
估 价：USD 20,000~30,000
成交价：RMB 172,869
项链长63.5cm 纽约苏富比 2018-04-19

1954 红宝石及钻石项链
估 价：HKD 1,600,000~2,500,000
成交价：RMB 1,522,500
佳士得 2018-05-29

225 黄金“玫瑰花瓣”项链，安吉拉·卡明斯为蒂芙尼公司
估　价：USB 7,000~9,000
成交价：RMB 190,404
长45.72cm 纽约苏富比 2018-10-17

2061 红宝石及钻石项链
估　价：HKD 18,000,000~28,000,000
成交价：RMB 13,722,800
佳士得 2018-05-29

509 黄金和宝石镶嵌首饰套件，Ilias Lalaounis，希腊
估　价：USD 6,000~8,000
成交价：RMB 102,150
颈圈38.1cm 纽约苏富比 2018-04-19

98 红宝石钻石项链
估　价：USD 100,000~150,000
成交价：RMB 1,805,069
纽约佳士得 2018-04-17

1827 红宝石项链
估　价：HKD 500,000~800,000
成交价：RMB 665,250
佳士得 2018-11-27

141 琥珀色和金项链，梵克雅宝
估　价：USD 15,000~20,000
成交价：RMB 117,722
纽约佳士得 2018-04-17

264 黄金，绿宝石和珍珠项链，法国 1890年
估　价：USD 20,000~30,000
成交价：RMB 297,880
项链长50.8cm 纽约苏富比 2018-04-18

263 黄金、种子珍珠及硬石胸针和项链（19世纪末）
估　价：USD 4,000~6,000
成交价：RMB 50,953
项链长38.1cm 纽约苏富比 2018-04-18

1 黄金，宝石镶嵌和钻石项链，大卫韦伯
估　价：USB 6,000~8,000
成交价：RMB 103,857
35.6cm 纽约苏富比 2018-10-17

266 黄金，蓝宝石和珍珠吊坠项链，法国 1890年
估　价：USD 10,000~15,000
成交价：RMB 78,390
长64.14cm 纽约苏富比 2018-04-18

1341 红珊瑚珍珠项链
估 价：RMB 40,000~50,000
成交价：RMB 57,500
北京荣宝 2018-09-14

133 黄金，月光石，玉石，黄色蓝宝石和钻石吊坠项链，亨利杜纳
估 价：USB 10,000~15,000
成交价：RMB 138,475
纽约苏富比 2018-10-17

207 黄金，玛瑙，黑玉项链、手镯、耳夹（一对） Angela Cummings
估 价：USB 15,000~25,000
成交价：RMB 207,713
纽约苏富比 2018-10-17

102 黄金、钻石和石英项链，梅斯特
估 价：CHF 10,000~15,000
成交价：RMB 127,041
日内瓦佳士得 2018-05-16

146 黄金“阿罕布拉”项链，梵克雅宝，法国 大约1970年
估 价：USB 6,000~8,000
成交价：RMB 164,440
长35.56cm 纽约苏富比 2018-10-17

530 黄金“原子”项链和耳夹（一对），玛丽娜
估　价：USD 5,000~7,000
成交价：RMB 86,229
长39.37cm 纽约苏富比 2018-04-19

65 黄金和多色蓝宝石项链，Angela Cummings
估　价：USB 8,000~12,000
成交价：RMB 69,238
长41.92cm 纽约苏富比 2018-10-17

188 黄金TORC项链和手镯套，马里奥BUCCELLATI
估　价：CHF 6,000~8,000
成交价：RMB 87,340
项链38.5cm，手镯内圆周15.5cm 日内瓦佳士得 2018-05-16

148 黄金和珊瑚“阿罕布拉”项链，梵克雅宝，法国 大约1975年
估　价：USB 15,000~20,000
成交价：RMB 476,009
纽约苏富比 2018-10-17

134 75颗钻石项链
估　价：CHF 50,000~70,000
成交价：RMB 992,505
长39.0cm 日内瓦佳士得 2018-05-16

268 黄金和珐琅项链
估　价：USD 1,500~2,000
成交价：RMB 27,436
长43.18cm 纽约苏富比 2018-04-18

375 彩黄色配淡彩黄色钻石首饰套装
估　价：CHF 180,000~280,000
成交价：RMB 5,070,695
长42cm 日内瓦苏富比 2018/11/15

34 黄金和钻石项链和手镯，Boucheron，法国
估　价：USB 30,000~50,000
成交价：RMB 328,879
内圆周35.56cm 纽约苏富比 2018-10-17

61 黄金和珊瑚色项链和钻石耳夹（一对），梵克雅宝
估　价：USB 30,000~50,000
成交价：RMB 276,951
长60.96cm 纽约苏富比 2018-10-17

62 黄金和钻石项链
估　价：USB 10,000~15,000
成交价：RMB 95,202
长37.47cm 纽约苏富比 2018-10-17

12 黄金和钻石项链，Lacloche-Frères，法国 大约1950年
估　价：USB 15,000~20,000
成交价：RMB 138,475
长35.6cm 纽约苏富比 2018-10-17

35 黄金和珊瑚珠宝项链、戒指、手镯套件，Henry Dunay
估　价：USB 8,000~12,000
成交价：RMB 86,547
纽约苏富比 2018-10-17

712 金，3.25克拉蓝宝石和钻石项链，卡地亚，巴黎
估　价：USD 12,000~15,000
成交价：RMB 117,865
长40.64cm 纽约苏富比 2018-04-19

26 黄金钻石项链，皮亚杰 大约1994年
估　价：CHF 8,000~10,000
成交价：RMB 47,640
长40.7cm 日内瓦佳士得 2018-05-16

23 黄金钻石项链，迈斯特
估　价：CHF 7,000~10,000
成交价：RMB 67,490
长42.0cm 日内瓦佳士得 2018-05-16

1708 海螺珠配珍珠及钻石项链
估　价：HKD 2,600,000~3,500,000
成交价：RMB 2,825,280
香港苏富比 2018-10-03

7561 极其珍贵 缅甸天然满绿翡翠蛋面配钻石项链
估　价：RMB 4,800,000~6,000,000
成交价：RMB 5,520,000
主石24.05×17.85×9.96mm；项链长41.30cm 北京保利 2018-12-07

311 金，多色蓝宝石和钻石项链，宝格丽
估　价：USB 25,000~35,000
成交价：RMB 276,951
纽约苏富比 2018-10-17

11 黄金钻石项链，卡地亚
估　价：CHF 40,000~60,000
成交价：RMB 222,321
日内瓦佳士得 2018-05-16

275 金，红宝石，绿宝石和钻石短项链
估　价：USB 8,000~12,000
成交价：RMB 77,892
纽约苏富比 2018-10-17

203 金，绿松石和养珠项链，梵克雅宝
估　价：USB 15,000~20,000
成交价：RMB 173,094
长69.85cm 纽约苏富比 2018-10-17

720 金、钻石项链及耳夹（一对），卡地亚 约1996年
估　价：USD 10,000~15,000
成交价：RMB 78,390
39cm 纽约苏富比 2018-04-19

627 金和古钱币项链，宝格丽
估　价：USD 20,000~30,000
成交价：RMB 220,015
长86.36cm 纽约苏富比 2018-04-19

556 金，玛瑙和钻石项链，宝格丽
估　价：USD 3,000~5,000
成交价：RMB 47,146
长39cm 纽约苏富比 2018-04-19

514 金和孔雀石项链
估 价：USD 5,000~7,000
成交价：RMB 47,146
44cm 纽约苏富比 2018-04-19

9 金项链和手链，蒂芙尼公司 大约1950年
估 价：USB 5,000~7,000
成交价：RMB 47,601
项链长39.4c，手镯长17.78cm 纽约苏富比 2018-10-17

15 金和钻石项链，Van Cleef&Arpels，法国
估 价：USB 7,000~9,000
成交价：RMB 147,130
纽约苏富比 2018-10-17

197 金和钻石项链和手镯，卡地亚，法国
估 价：USB 10,000~15,000
成交价：RMB 103,857
长17.78cm 纽约苏富比 2018-10-17

2550 金镶蛋面翡翠配钻石项链
估 价：RMB 600,000~900,000
成交价：RMB 690,000
西泠拍卖 2018-07-08

70 黄金项链、手镯、耳夹套件，Henry Dunay
估 价：USB 8,000~12,000
成交价：RMB 112,511
项链长40.64cm 纽约苏富比 2018-10-17

578 金珠宝项链、耳环、戒指套装，法国卡地亚
估　价：USD 8,000~12,000
成交价：RMB 78,390
纽约苏富比 2018-04-19

2575 金镶天然澳洲白珍珠配钻石颈链
估　价：RMB 250,000~380,000
成交价：RMB 287,500
西泠拍卖 2018-07-08

22 金项链，卡地亚，法国 大约在1960年
估　价：USB 5,000~7,000
成交价：RMB 64,910
长40.64cm 纽约苏富比 2018-10-17

173 金项链，安吉拉卡明斯
估　价：USB 4,000~6,000
成交价：RMB 38,946
内圆周35.56cm 纽约苏富比 2018-10-17

7502 金色南洋珍珠项链 约15.20-12.00mm
估　价：RMB 45,000~65,000
成交价：RMB 51,750
珍珠直径12.00-15.20mm；项链长49.30cm 北京保利 2018-12-07

31 金色和钻石项链，卡地亚，巴黎
估　价：USB 8,000~12,000
成交价：RMB 129,821
长38.1cm 纽约苏富比 2018-10-17

282 金和玛瑙项链，Aldo Cipullo
估　价：USB 28,000~32,000
成交价：RMB 302,915
69.85cm 纽约苏富比 2018-10-17

684 金钻石“星爆”项链，大卫·尤尔曼
估　价：USD 5,000~7,000
成交价：RMB 110,008
长41.91cm 纽约苏富比 2018-04-19

107 精致的钻石项链，BY保罗·弗拉托 大约1940年
估　价：USD 200,000~300,000
成交价：RMB 3,092,161
纽约佳士得 2018-04-17

2058 卡地亚设计 黄金项链及耳环套装
估　价：HKD 80,000~150,000
成交价：RMB 72,027
保利香港 2018-10-02

1630 孔雀石项链，‘Alhambra’，梵克雅宝（Van Cleef & Arpels）
估 价：HKD 100,000~150,000
成交价：RMB 174,400
香港苏富比 2018-10-03

2104 卡地亚设计 彩色刚玉配钻石项链
估 价：HKD 280,000~480,000
成交价：RMB 305,478
保利香港 2018-04-01

25 黄金和钻石项链，梵克雅宝 大约1945年
估 价：USB 5,000~7,000
成交价：RMB 95,202
纽约苏富比 2018-10-17

84 蓝宝石，红宝石和钻石项链 宝格丽
估 价：USD 180,000~250,000
成交价：RMB 1,334,181
纽约佳士得 2018-04-17

28 黄金和钻石项链，Van Cleef&Arpels，法国
估 价：USD 18,000~22,000
成交价：RMB 233,677
纽约苏富比 2018-10-17

2540 67颗天然冰钟翡翠珠链
估 价：RMB 1,000,000~1,500,000
成交价：RMB 1,150,000
西泠拍卖 2018-07-08

265 考古复兴金和彩色玻璃珠项链 大约1880年
估 价：USB 20,000~30,000
成交价：RMB 276,951
长41.91cm 纽约苏富比 2018-10-17

121 蓝宝石和钻石套房，穆阿瓦德
估 价：CHF 120,000~180,000
成交价：RMB 1,230,706
项链39.5cm 日内瓦佳士得 2018-05-16

511 黄金珍珠项链、耳坠（一对），David Webb
估 价：USD 10000~15,000
成交价：RMB 102,150
长39cm 纽约苏富比 2018-04-19

118 蓝宝石，彩色蓝宝石和钻石项链、吊坠、耳环（一对）
估 价：USD 150,000~250,000
成交价：RMB 1,805,069
纽约佳士得 2018-04-17

1847 钻石“Agrafe”项链、手链及耳环套装
估 价：HKD 200,000~300,000
成交价：RMB 288,275
佳士得 2018-11-27

734 蓝宝石，养珠，钻石和珐琅项链，David Webb
估 价：USD 10,000~15,000
成交价：RMB 78,390
长46.36cm 纽约苏富比 2018-04-19

193 蓝宝石，祖母绿和钻石项链、吊坠胸针、耳环首饰套装，大卫·韦伯
估 价：USD 200,000~300,000
成交价：RMB 1,569,625
项链长41.91cm 纽约佳士得 2018-04-17

392 钻石项链
估 价：CHF 100,000~150,000
成交价：RMB 794,004
长40.1cm 日内瓦佳士得 2018-05-16

158 蓝宝石，红宝石、钻石和18k金颈链、耳环、戒指套装
估 价：USD 20,000~30,000
成交价：RMB 141,266
纽约佳士得 2018-04-17

1865 钻石项链
估 价：HKD 150,000~250,000
成交价：RMB 223,300
佳士得 2018-05-29

155 蓝宝石和钻石项链 卡地亚 大约1930年
估 价：USB 30,000~50,000
成交价：RMB 432,736
长53.34cm 纽约苏富比 2018-10-17

1824 蓝宝石及钻石项链
估 价：HKD 980,000~1,500,000
成交价：RMB 994,700
佳士得 2018-05-29

770 卡地亚设计彩色宝石配钻石项链
估 价：HKD 2,600,000~3,800,000
成交价：RMB 2,616,650
保利澳门 2018-11-29

1721 蓝宝石配钻石套装， Mouawad
估　价：HKD 400,000~650,000
成交价：RMB 1,112,375
香港苏富比 2018-04-03

2058 钻石项链
估　价：RMB 1,200,000~1,800,000
成交价：RMB 1,437,500
华艺国际 2018-05-22

208 蓝宝石和钻石项链，耳环和戒指
估　价：CHF 60,000~80,000
成交价：RMB 714,603
项链44cm，耳环8.2cm，戒指尺寸7 日内瓦佳士得 2018-05-16

80 蓝宝石钻石项链，梅斯特
估　价：CHF 130,000~180,000
成交价：RMB 1,111,605
日内瓦佳士得 2018-05-16

1844 钻石项链
估　价：HKD 280,000~380,000
成交价：RMB 304,500
佳士得 2018-05-29

83 蓝宝石和钻石项链
估　价：USB 100,000~150,000
成交价：RMB 1,125,113
长38.1cm 纽约苏富比 2018-10-17

190 蓝宝石钻石项链、手镯、耳环套装
估　价：CHF 15,000~20,000
成交价：RMB 206,441
项链43.4cm，手镯17.9cm，耳环4.1cm 日内瓦佳士得 2018-05-16

200 蓝孔雀石绿松石和珠宝镶嵌“权力的护符”项链，托尼·达凯特
估　价：USB 25,000~35,000
成交价：RMB 207,713
纽约苏富比 2018-10-17

229 蓝宝石钻石珠项链，卡地亚 1930年
估　价：CHF 30,000~40,000
成交价：RMB 238,201
长42.0cm 日内瓦佳士得 2018-05-16

526 蓝宝石和钻石项链，哈里·温斯顿
估　价：CHF 250,000~350,000
成交价：RMB 4,242,826
长40.5cm 日内瓦苏富比 2018/11/15

530 梨形钻石项链，海瑞温斯顿（Harry Winston）
估　价：CHF 450,000~750,000
成交价：RMB 4,822,334
长40.5cm 日内瓦苏富比 2018/11/15

2104 玲珑雅逸 缅甸天然翡翠珠配红宝石及钻石项链
估 价：HKD 2,400,000~3,600,000
成交价：RMB 2,675,296
保利香港 2018-10-02

723 玛瑙和石英项链,奥尔多Cipullo
估 价：USD 25,000~35,000
成交价：RMB 487,176
长50.8cm 纽约苏富比 2018-04-19

694 六股坦桑石，海蓝宝石和钻石项链
估 价：USD 8,000~12,000
成交价：RMB 55,004
长50.8cm 纽约苏富比 2018-04-19

539 绿松石，红宝石，养珠和钻石项链，Michele della Valle
估 价：USD 10,000~15,000
成交价：RMB 62,861
长63cm 纽约苏富比 2018-04-19

356 绿松石配钻石首饰套装，尚美（Chaumet）
估 价：CHF 50,000~70,000
成交价：RMB 1,552,254
项链内圆周43cm 日内瓦苏富比 2018/11/15

4684 缅甸天然满绿翡翠配钻石项链及耳环套装
成交价：RMB 25,300
北京保利 2018-06-19

2123 缅甸天然翡翠配钻石繁花似锦项链
估 价：HKD 80,000~120,000
成交价：RMB 45,822
保利香港 2018-04-01

2624 刘斐设计 “泉”金镶翡翠钻石项链
估 价：RMB 280,000~350,000
成交价：RMB 368,000
西泠拍卖 2018-07-08

75 浓彩2.18克拉黄钻石吊坠，项链，格拉夫
估 价：USB 15,000~20,000
成交价：RMB 207,713
长41.91cm 纽约苏富比 2018-10-17

1212 孙倩 Sun chin 以梦为马天然戈壁玉配钻石吊坠项链
估　价：RMB 60,000~100,000
成交价：RMB 69,000
保利厦门 2018-01-08

149 母珠钻石“阿罕布拉”项链，梵克雅宝
估　价：USB 20,000~30,000
成交价：RMB 225,023
内圆周38.1cm 纽约苏富比 2018-10-17

286 气管连接项链，’Tubogas’，宝格丽
估　价：GBP 8,500~10,500
成交价：RMB 111,225
内圆周约335mm 伦敦苏富比 2018-03-20

7554 缅甸天然冰种翡翠珠链 约12.30mm
估　价：RMB 35,000~65,000
成交价：RMB 40,250
翡翠珠径12.30mm；项链长60.0cm 北京保利 2018-12-07

2107 缅甸天然翡翠蛋面配红宝石及钻石挂坠项链
估　价：HKD 20,000,000~30,000,000
成交价：RMB 16,463,360
保利香港 2018-10-02

2260 缅甸天然阳绿翡翠配钻石项链、耳环套装
估　价：RMB 500,000~700,000
成交价：RMB 632,500
北京匡时 2018-06-16

2974 南洋金珠配钻石花朵项链
成交价：RMB 16,100
北京匡时 2018-06-15

199 玫瑰石榴石项链耳夹手链套装，19世纪上半叶及以后
估 价：GBP 3,000~4,000
成交价：RMB 127,909
长度约430mm，手链长172mm 伦敦苏富比 2018-03-20

1831 珊瑚吊坠项链
估 价：HKD 25,000~40,000
成交价：RMB 77,613
佳士得 2018-11-27

2222 缅甸天然翡翠蛋面配钻石项链、耳环及戒指套装
估 价：HKD 10,000,000~15,000,000
成交价：RMB 10,495,392
保利香港 2018-10-02

1868 八角形赞比亚祖母绿套装
估 价：HKD 400,000~600,000
成交价：RMB 465,675
佳士得 2018-11-27

262 猫眼金绿宝石和钻石首饰套装，Oscar Heyman & Brothers
估 价：USB 7,500~10,000
成交价：RMB 121,166
纽约苏富比 2018-10-17

207 珊瑚和钻石项链
估　价：USD 8,000~10,000
成交价：RMB 101,906
总长248.92cm 纽约苏富比 2018-04-18

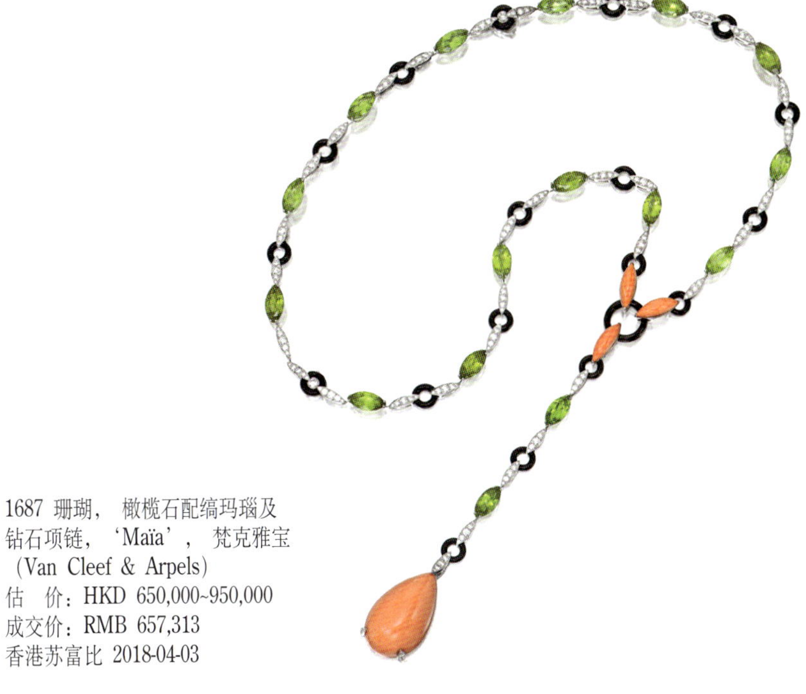

1687 珊瑚，橄榄石配缟玛瑙及钻石项链，'Maïa'，梵克雅宝(Van Cleef & Arpels)
估　价：HKD 650,000~950,000
成交价：RMB 657,313
香港苏富比 2018-04-03

135 珊瑚珠和钻石项链
估　价：USD 15,000~20,000
成交价：RMB 329,621
长80.65cm 纽约佳士得 2018-04-17

1211 孙倩 Sun chin 戏浪天然翡翠吊坠项链(可双面配戴)
估　价：RMB 180,000~300,000
成交价：RMB 207,000
保利厦门 2018-01-08

2124 上善若水 12.33克拉D色Type IIa钻石挂坠项链，净度内部无暇
估　价：HKD 7,500,000~9,800,000
成交价：RMB 7,717,200
保利香港 2018-10-02

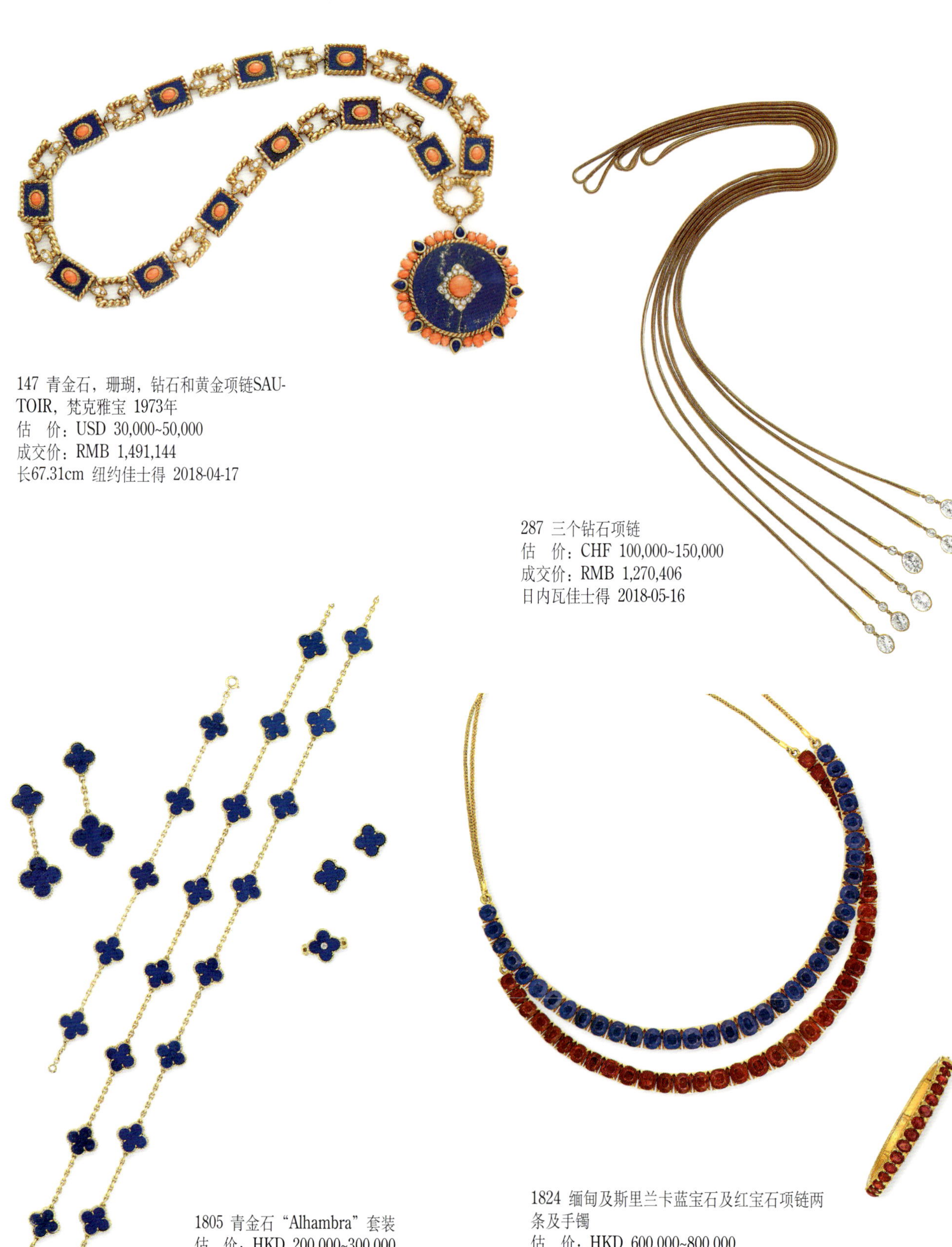

147 青金石，珊瑚，钻石和黄金项链SAUTOIR，梵克雅宝 1973年
估　价：USD 30,000~50,000
成交价：RMB 1,491,144
长67.31cm 纽约佳士得 2018-04-17

287 三个钻石项链
估　价：CHF 100,000~150,000
成交价：RMB 1,270,406
日内瓦佳士得 2018-05-16

1805 青金石“Alhambra”套装
估　价：HKD 200,000~300,000
成交价：RMB 532,200
佳士得 2018-11-27

1824 缅甸及斯里兰卡蓝宝石及红宝石项链两条及手镯
估　价：HKD 600,000~800,000
成交价：RMB 776,125
佳士得 2018-11-27

2064 天然翡翠蛋面配钻石项链
估　价：RMB 280,00~350,000
成交价：RMB 322,000
华艺国际 2018-05-22

1239 天然冰种翡翠“蛋面”配钻石及白色蓝宝石吊坠项链
估　价：RMB 130,000~180,000
成交价：RMB 126,500
保利厦门 2018-07-15

2026 天然翡翠蛋面吊坠项链
估　价：HKD 1,000,000~1,500,000
成交价：RMB 1,385,938
佳士得 2018-11-27

1908 天然翡翠蛋面项链
估　价：HKD 3,500,000~5,500,000
成交价：RMB 3,814,100
佳士得 2018-11-27

2623 天然帝王绿水滴形翡翠配钻石项链
估　价：RMB 1,000,000~1,200,000
成交价：RMB 1,150,000
西泠拍卖 2018-07-08

695 天然玻璃种翡翠项链及手链套装
估　价：RMB 190,000~220,000
成交价：RMB 253,000
上海匡时 2018-04-30

1901 天然翡翠蛋面项链
估　价：HKD 280,000~380,000
成交价：RMB 277,188
佳士得 2018-11-27

2028 天然翡翠吊坠项链
估　价：HKD 600,000~800,000
成交价：RMB 665,250
佳士得 2018-11-27

1982 天然翡翠及钻石套装
估　价：HKD 200,000~300,000
成交价：RMB 426,300
佳士得 2018-05-29

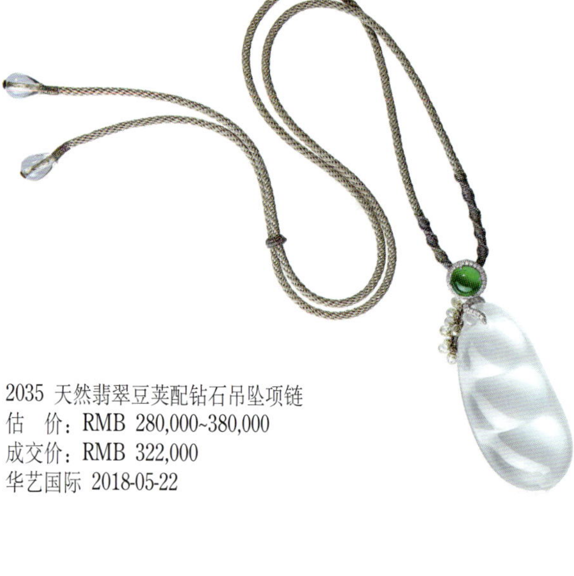

2035 天然翡翠豆荚配钻石吊坠项链
估　价：RMB 280,000~380,000
成交价：RMB 322,000
华艺国际 2018-05-22

2093 天然翡翠配钻石吊坠项链
估　价：RMB 100,000~150,000
成交价：RMB 126,500
华艺国际 2018-05-22

143 天然翡翠配钻石项链
估　价：HKD 5,800,000~8,800,000
成交价：RMB 5,651,520
天成国际 2018-06-03

2066 天然翡翠配钻石项链
估　价：RMB 600,000~800,000
成交价：RMB 690,000
华艺国际 2018-05-22

1555 天然翡翠珠配钻石项链
估　价：HKD 400,000~600,000
成交价：RMB 404,500
香港苏富比 2018-04-03

2018 天然翡翠项链
估　价：HKD 450,000~650,000
成交价：RMB 709,600
佳士得 2018-11-27

147 天然翡翠配钻石吊坠项链
估　价：HKD 120,000~180,000
成交价：RMB 116,928
天成国际 2018-06-03

762 天然翡翠配钻石项链
估　价：HKD 1,700,000~2,500,000
成交价：RMB 1,909,240
中国嘉德 2018-04-02

1905 天然翡翠珠项链及耳环套装
估　价：HKD 320,000~480,000
成交价：RMB 354,800
佳士得 2018-11-27

1829 钻石“Bambou”项链、手镯、戒指及耳环套装
估　价：HKD 120,000~180,000
成交价：RMB 243,925
佳士得 2018-11-27

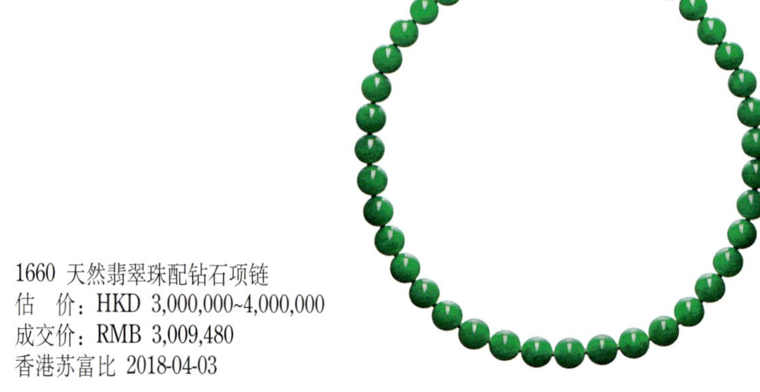

1660 天然翡翠珠配钻石项链
估　价：HKD 3,000,000~4,000,000
成交价：RMB 3,009,480
香港苏富比 2018-04-03

1751 天然翡翠珠配钻石项链
估　价：HKD 1,500,000~2,000,000
成交价：RMB 1,516,875
香港苏富比 2018-04-03

2035 天然翡翠珠项链
估　价：HKD 8,000,000~12,000,000
成交价：RMB 19,780,100
佳士得 2018-11-27

2140 天然海缧珠配钻石项链
估　价：HKD 7,400,000~12,000,000
成交价：RMB 7,614,304
保利香港 2018-10-02

1861 天然海螺珍珠吊坠项链
估　价：HKD 120,000~180,000
成交价：RMB 66,525
佳士得 2018-11-27

1287 天然满绿翡翠“蛋面”配钻石项链、耳环及戒指套装
估　价：RMB 8,000,000~16,000,000
成交价：RMB 10,465,000
保利厦门 2018-07-15

2379 天然蓝宝石及沙弗莱古典黄金项链
估　价：RMB 50,000~80,000
成交价：RMB 74,750
北京匡时 2018-06-16

5 天然墨翠佛头念珠
估　价：HKD 20,000~35,000
成交价：RMB 11,693
天成国际 2018-06-03

1189 天然满绿翡翠大业有成配钻石吊坠项链
估　价：RMB 38,000~50,000
成交价：RMB 43,700
保利厦门 2018-01-08

719 天然南洋珍珠双链项链
估　价：RMB 116,000~200,000
成交价：RMB 138,000
上海匡时 2018-04-30

2028 天然珍珠、海螺珍珠、珍珠及钻石项链
估　价：HKD 2,400,000~3,500,000
成交价：RMB 2,224,880
佳士得 2018-05-29

207 天然珍珠和钻石项链，19世纪末
估　价：GBP 10,000~15,000
成交价：RMB 111,225
长约375mm 伦敦苏富比 2018-03-20

653 天然珍珠和钻石吊坠项链
估　价：USD 18,000~22,000
成交价：RMB 188,584
珍珠17.6×9.8mm，项链43cm 纽约苏富比 2018-04-19

2029 天然珍珠及钻石项链
估　价：HKD 4,000,000~6,000,000
成交价：RMB 12,748,400
佳士得 2018-05-29

1285 天然满绿翡翠配钻石珠链
估　价：RMB 1,800,000~2,800,000
成交价：RMB 2,415,000
保利厦门 2018-07-15

112 天然珍珠和人工珍珠项链
估　价：CHF 80,000~120,000
成交价：RMB 873,404
长45.0cm 日内瓦佳士得 2018-05-16

756 天然珍珠配钻石项链
估　价：HKD 650,000~1,000,000
成交价：RMB 784,995
保利澳门 2018-11-29

358 祖母绿配钻石项链, Alexandre Reza
估　价：CHF 150,000~250,000
成交价：RMB 1,293,545
长41cm 日内瓦苏富比 2018/11/15

205 新艺术玻璃和珐琅项链，勒内拉里克 约1906年
估　价：CHF 180,000~220,000
成交价：RMB 1,191,006
长41.4cm 日内瓦佳士得 2018-05-16

319 天然珍珠、人工珍珠、红宝石和钻石项链
估　价：CHF 250,000~350,000
成交价：RMB 3,966,843
长44.5cm 日内瓦佳士得 2018-05-16

137 钻石吊坠项链
估　价：USB 12,000~15,000
成交价：RMB 155,785
内周长40.64cm 纽约苏富比 2018-10-17

4594 无与伦比 39颗缅甸天然满绿翡翠珠链 14.0-12.0mm
成交价：RMB 9,200,000
北京保利 2018-06-19

1699 星光蓝宝石， 红宝石配祖母绿及钻石项链
估　价：HKD 700,000~950,000
成交价：RMB 758,438
香港苏富比 2018-04-03

2197 天然祖母绿配钻石项链
估　价：RMB 80,000~120,000
成交价：RMB 126,500
北京匡时 2018-06-16

1701 亚历山大变色石配钻石项链
估　价：HKD 700,000~900,000
成交价：RMB 763,000
香港苏富比 2018-10-03

14 养殖珍珠和钻石项链
估　价：USD 15,000~20,000
成交价：RMB 43,165
长84.62cm 纽约佳士得 2018-04-17

1810 养殖珍珠及钻石套装
估　价：HKD 150,000~250,000
成交价：RMB 162,400
佳士得 2018-05-29

529 养珠和钻石项链
估　价：USD 6,000~8,000
成交价：RMB 70,719
长36cm 纽约苏富比 2018-04-19

667 养珠和钻石项链
估　价：USD 10,000~15,000
成交价：RMB 141,101
长44.45cm 纽约苏富比 2018-04-19

305 养殖珍珠项链
估　价：GBP 3,000~5,000
成交价：RMB 44,490
长约490mm 伦敦苏富比 2018-03-20

1812 有色钻石、钻石及红宝石「Happy Diamonds」吊坠项链
估　价：HKD 80,000~120,000
成交价：RMB 96,425
佳士得 2018-05-29

162 养珠和钻石项链
估　价：USB 8,000~12,000
成交价：RMB 56,256
长50.8cm 纽约苏富比 2018-10-17

209 一对蓝宝石和钻石耳环以及养珠，蓝宝石和钻石项链
估　价：GBP 6,000~8,000
成交价：RMB 111,225
项链长约395mm 伦敦苏富比 2018-03-20

309 养珠和钻石项链
估　价：USB 6,000~8,000
成交价：RMB 64,910
长35.56cm 纽约苏富比 2018-10-17

141 月光石和钻石项链，Michele della Valle
估　价：USB 5,000~7,000
成交价：RMB 73,565
长60.96cm 纽约苏富比 2018-10-17

2093 约8.01克拉梨形鲜彩蓝色IF（极优打磨）钻石吊坠项链
估　价：HKD 145,000,000~195,000,000
成交价：RMB 129,798,200
佳士得 2018-05-29

1835 养殖珍珠项链及耳环套装
估　价：HKD 180,000~280,000
成交价：RMB 310,450
佳士得 2018-11-27

1024 张雪莉 “永生花—芳华”珐琅配珍珠、蓝宝石及钻石吊坠项链
估 价：RMB 250,000~500,000
成交价：RMB 1,380,000
保利厦门 2018-07-15

133 珍罕天然翡翠“观音”配钻石吊坠项链
估 价：HKD 12,000,000~15,000,000
成交价：RMB 12,772,800
天成国际 2018-12-02

824 珍罕天然翡翠配红宝石项链
估 价：HKD 6,500,000~8,000,000
成交价：RMB 5,982,555
中国嘉德 2018-04-02

184 珍罕天然翡翠配钻石项链
估 价：HKD 10,000,000~15,000,000
成交价：RMB 11,176,200
天成国际 2018-12-02

2157 珍罕非凡 缅皇御宝71.31克拉缅甸蓝宝石配钻石项链，未经加热
估 价：HKD 16,000,000~20,000,000
成交价：RMB 13,364,680
保利香港 2018-04-01

1229 张采澄 嬉游沉香吊坠项链
估　价：RMB 27,000~38,000
成交价：RMB 34,500
保利厦门 2018-01-08

2020 珍珠配钻石项链
估　价：RMB 300,000~400,000
成交价：RMB 345,000
华艺国际 2018-05-22

226 主石8.53卡拉祖母绿配钻石项链
估　价：CHF 80,000~120,000
成交价：RMB 1,638,490
长40cm 日内瓦苏富比 2018/11/15

740 正阳绿翡翠蛋面配钻石项链
估　价：RMB 540,000~700,000
成交价：RMB 621,000
上海匡时 2018-04-30

116 珍珠母，红宝石和钻石项链，穆阿瓦德
估　价：CHF 8,000~12,000
成交价：RMB 55,580
长35.0cm 日内瓦佳士得 2018-05-16

2108 紫气东来 缅甸天然紫罗兰翡翠珠配祖母绿项链
成交价：RMB 18,521,280
保利香港 2018-10-02

1804 紫水晶及绿松石“Les Delices de Goa”项链及戒指套装
估　价：HKD 30,000~50,000
成交价：RMB 49,894
佳士得 2018-11-27

70 紫水晶，绿松石和钻石项链、戒指，卡地亚
估　价：CHF 20,000~40,000
成交价：RMB 206,441
项链长54.5cm 日内瓦佳士得 2018-05-16

266 珍珠母“魔法阿罕布拉”长链，梵克雅宝
估　价：CHF 10,000~15,000
成交价：RMB 174,681
长124.0cm 日内瓦佳士得 2018-05-16

442 紫水晶配绿松石及钻石项链，卡地亚
估　价：CHF 20,000~30,000
成交价：RMB 1,121,072
日内瓦苏富比 2018/11/15

134 祖母绿配钻石项链，蒂芙尼（Tiffany & Co.）
估 价：USD 700,000~900,000
成交价：RMB 5,377,020
36cm 纽约苏富比 2018-04-18

1901 钻石项链
估 价：HKD 2,800,000~3,800,000
成交价：RMB 2,809,520
佳士得 2018-05-29

332 祖母绿和钻石项链
估 价：GBP 38,000~48,000
成交价：RMB 556,127
长约405mm 伦敦苏富比 2018-03-20

257 祖母绿，钻石，白金，黄金项链
估 价：CHF 30,000~50,000
成交价：RMB 794,004
项链54.0cm 日内瓦佳士得 2018-05-16

1820 祖母绿及钻石吊坠项链
估 价：HKD 180,000~280,000
成交价：RMB 263,900
佳士得 2018-05-29

1754 祖母绿配钻石项链， 梵克雅宝， 梵克雅宝（Van Cleef & Arpels）
估 价：HKD 2,000,000~3,500,000
成交价：RMB 2,825,280
香港苏富比 2018-10-03

1756 祖母绿配钻石项链及吊耳环套装， 宝格丽（Bulgari）， 年份1960
估 价：HKD 4,000,000~6,500,000
成交价：RMB 3,243,840
香港苏富比 2018-10-03

195 祖母绿钻石吊坠，项链
估 价：USD 12,000~18,000
成交价：RMB 133,418
项链长41.91cm 纽约佳士得 2018-04-17

215 祖母绿钻石项链，卡地亚
估 价：CHF 40,000~60,000
成交价：RMB 754,304
长41.0cm 日内瓦佳士得 2018-05-16

532 祖母绿配钻石首饰套装 约1850年
估 价：CHF 260,000~390,000
成交价：RMB 2,752,663
项链长43cm 日内瓦苏富比 2018/11/15

1861 钻石、黑玛瑙及珍珠眼镜
估 价：HKD 80,000~120,000
成交价：RMB 76,125
佳士得 2018-05-29

541 祖母绿配钻石首饰套装，Tabbah
估 价：CHF 330,000~500,000
成交价：RMB 2,835,450
项链内周长31.5cm
日内瓦苏富比 2018/11/15

217 钻石和红宝石首饰套件
估　价：USD 8,000~12,000
成交价：RMB 125,423
项链36.83cm 纽约苏富比 2018-04-18

1828 钻石“Bambou”项链、手镯及耳环套装
估　价：HKD 65,000~95,000
成交价：RMB 99,788
佳士得 2018-11-27

221 钻石和红宝石项链
估　价：USD 5,000~7,000
成交价：RMB 70,551
长39.37cm 纽约苏富比 2018-04-18

218 钻石吊坠项链和钻石耳夹，Aaron Basha
估　价：USB 15,000~20,000
成交价：RMB 147,130
项链长44.45cm 纽约苏富比 2018-10-17

4 钻石黄金项链、手镯-戒指、耳环（一对）套装 卡地亚
估　价：CHF 60,000~80,000
成交价：RMB 333,482
项链长42.0cm 日内瓦佳士得 2018-05-16

131 钻石和黄金项链、手镯、耳环（一对）套装，宝格丽
估　价：USD 15,000~20,000
成交价：RMB 109,874
长42.55cm 纽约佳士得 2018-04-17

1873 钻石戒指及项链
估　价：HKD 150,000~250,000
成交价：RMB 284,200
佳士得 2018-05-29

16 钻石和养殖珍珠项链 哈里温斯顿
估　价：USD 12,000~18,000
成交价：RMB 117,722
长40.64cm 纽约佳士得 2018-04-17

327 钻石和彩色钻石项链，卡地亚
估　价：CHF 300,000~500,000
成交价：RMB 1,905,609
长37.0cm 日内瓦佳士得 2018-05-16

733 总重量19.80克拉天然哥伦比亚未经处理木佐矿祖母绿配钻石项链；及吊耳环套装
估　价：HKD 2,300,000~3,000,000
成交价：RMB 2,176,534
中国嘉德 2018-04-02

144 钻石，黄金和铂金项链，斯伦贝谢 大约1955年
估　价：USD 25,000~35,000
成交价：RMB 196,203
长34.29cm 纽约佳士得 2018-04-17

109 钻石颈链，卡地亚 1900年
估 价：CHF 30,000~50,000
成交价：RMB 277,901
长31.8cm 日内瓦佳士得 2018-05-16

1712 钻石配祖母绿及缟玛瑙项链，‘Maillon Panthère’，卡地亚
估 价：HKD 480,000~800,000
成交价：RMB 606,750
香港苏富比 2018-04-03

1628 钻石配宝石项链，Dior（迪奥）
估 价：HKD 950,000~1,800,000
成交价：RMB 1,516,875
香港苏富比 2018-04-03

2 钻石配蓝宝石及祖母绿项链，法国
估 价：USD 20,000~30,000
成交价：RMB 157,223
内圆周38.1cm 纽约苏富比 2018-04-18

82 钻石首饰套装，宝格丽（Bulgari）
估 价：USD 30,000~50,000
成交价：RMB 471,668
手链长可调，16.51-20.32cm 纽约苏富比 2018-04-18

1802 钻石套装
估 价：HKD 60,000~80,000
成交价：RMB 60,900
佳士得 2018-05-29

346 钻石项链，弗格尔兄弟 20世纪30年代
估 价：CHF 30,000~35,000
成交价：RMB 238,201
长40.0cm 日内瓦佳士得 2018-05-16

212 钻石项链，20世纪初
估 价：GBP 4,500~6,500
成交价：RMB 77,858
项链长约355mm 伦敦苏富比 2018-03-20

1504 钻石项链，‘Trika’，宝格丽（Bulgari）
估 价：HKD 120,000~200,000
成交价：RMB 131,463
香港苏富比 2018-04-03

1804 钻石套装
估 价：HKD 80,000~120,000
成交价：RMB 121,800
佳士得 2018-05-29

1874 钻石套装
估 价：HKD 1,000,000~1,500,000
成交价：RMB 2,322,320
佳士得 2018-05-29

1896 钻石套装
估 价：HKD 1,500,000~2,500,000
成交价：RMB 1,522,500
佳士得 2018-05-29

1719 钻石套装， Mouawad
估 价：HKD 800,000~1,200,000
成交价：RMB 1,516,875
香港苏富比 2018-04-03

747 钻石项链
估 价：RMB 520,000~750,000
成交价：RMB 609,500
上海匡时 2018-04-30

1850 钻石项链
估 价：HKD 200,000~300,000
成交价：RMB 243,925
佳士得 2018-11-27

7511 总重约50.22克拉莫桑比克“鸽血红”红宝石配钻石项链 未经加热
估 价：RMB 320,000~520,000
成交价：RMB 368,000
最大主石10.21×6.02×3.07mm；项链长48.00cm 北京保利 2018-12-07

1944 钻石项链
估 价：HKD 680,000~880,000
成交价：RMB 690,200
佳士得 2018-05-29

203 总重量55.59克拉天然赞比亚祖母绿配钻石项链，耳环及戒指首饰套装
估 价：HKD 920,000~1,150,000
成交价：RMB 926,064
中国嘉德 2018-10-02

178 钻石项链
估　价：USB 30,000~50,000
成交价：RMB 302,915
长36.2cm 纽约苏富比 2018-10-17

287 钻石项链
估　价：USB 25,000~35,000
成交价：RMB 173,094
长35.56cm 纽约苏富比 2018-10-17

209 钻石项链－手镯组合，Chaumet，法国 1930年
估　价：USD 80,000~120,000
成交价：RMB 705,506
长38.74cm 纽约苏富比 2018-04-18

1744 钻石项链， 20世纪初
估　价：HKD 650,000~850,000
成交价：RMB 657,313
香港苏富比 2018-04-03

1743 钻石项链， Black Starr & Frost
估　价：HKD 1,600,000~2,000,000
成交价：RMB 1,516,875
香港苏富比 2018-04-03

1755 钻石项链， David Morris
估　价：HKD 4,800,000~6,500,000
成交价：RMB 4,813,440
香港苏富比 2018-10-03

292 钻石项链，Cašmir，萧邦
估　价：GBP 4,000~6,000
成交价：RMB 61,174
伦敦苏富比 2018-03-20

124 钻石项链、耳环首饰，宝格丽
估　价：USD 40,000~60,000
成交价：RMB 667,091
纽约佳士得 2018-04-17

170 钻石项链，安吉拉CUMMINGS 1984年
估　价：USD 25,000~35,000
成交价：RMB 196,203
长38.1cm 纽约佳士得 2018-04-17

1780 钻石项链/手链，'Zip'， 梵克雅宝(Van Cleef & Arpels)
估　价：HKD 1,200,000~2,000,000
成交价：RMB 2,224,750
香港苏富比 2018-04-03

247 钻石项链/手链组合
估　价：USB 20,000~30,000
成交价：RMB 432,736
长35.4cm 纽约苏富比 2018-10-17

76 钻石与蓝宝石项链、手链、耳环（一对） 蒂芙尼公司
估　价：USB 15,000~20,000
成交价：RMB 216,368
项链长39.37cm 纽约苏富比 2018-10-17

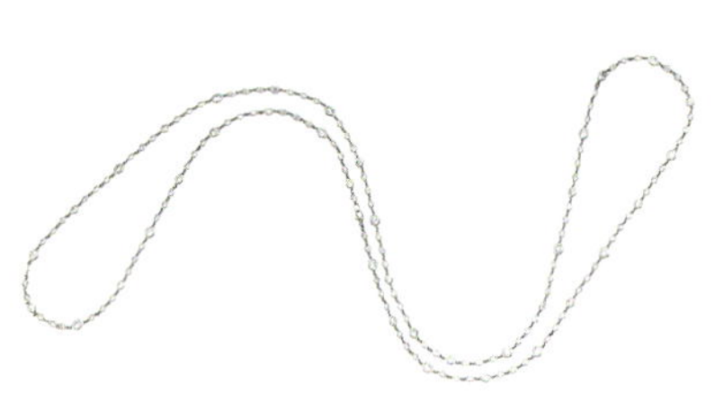

125 钻石长链项链
估　价：USD 15,000~20,000
成交价：RMB 204,051
长133.38cm 纽约佳士得 2018-04-17

554 钻石项链，卡地亚
估　价：CHF 390,000~650,000
成交价：RMB 4,822,334
长54cm 日内瓦苏富比 2018/11/15

147 "ETRUSQUE"金色袖口，梵克雅宝
估　价：CHF 20,000~30,000
成交价：RMB 333,482
日内瓦佳士得 2018-05-16

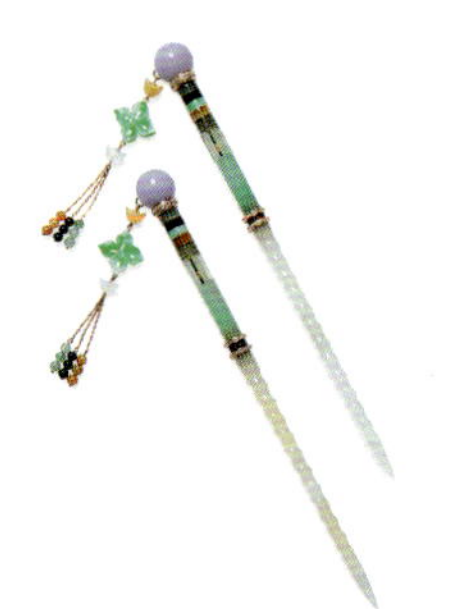

4683 缅甸天然翡翠配钻石发簪 （一对）
成交价：RMB 34,500
北京保利 2018-06-19

515 钻石皇冠
估　价：CHF 70,000~90,000
成交价：RMB 1,552,254
内圆周约26cm 日内瓦苏富比 2018/11/15

206 钻石，珐琅和珍珠母袖扣
成交价：RMB 3,970
日内瓦佳士得 2018-05-16

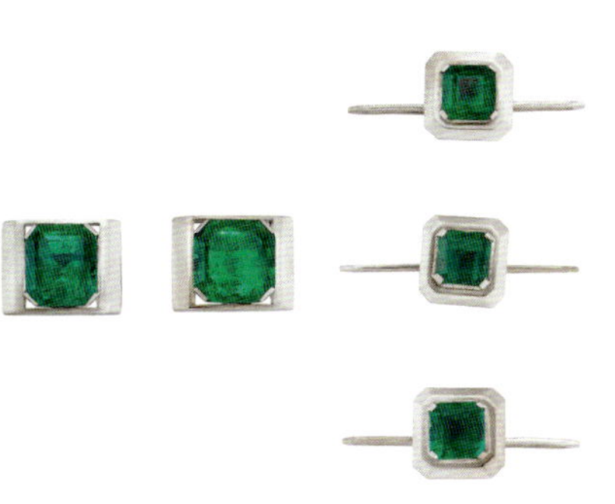

80 5.20和4.44克拉祖母绿袖扣（一对）及三个衬衫铆钉连衣裙套装
估 价：USD 20,000~30,000
成交价：RMB 141,266
纽约佳士得 2018-04-17

2408 百达翡丽，18k白金镶长方形钻石Nautilus系列袖扣
估 价：HKD 88,000~130,000
成交价：RMB 111,650
佳士得 2018-05-27

595 金“阿特拉斯”袖扣，蒂芙尼
估 价：USD 4,000~6,000
成交价：RMB 47,034
内部圆周16.51cm 纽约苏富比 2018-04-19

254 金和宝石套袖口手镯，Hemmerle
估 价：USB 15,000~20,000
成交价：RMB 164,440
纽约苏富比 2018-10-17

11 金和宝石袖扣（一对），宝诗龙
估 价：USB 1,500~2,000
成交价：RMB 12,982
纽约苏富比 2018-10-17

223 蓝宝石袖扣（一对），梵克雅宝
估 价：GBP 2,000~3,000
成交价：RMB 33,368
伦敦苏富比 2018-03-20

1809 猫眼石袖扣
估 价：HKD 120,000~180,000
成交价：RMB 121,800
佳士得 2018-05-29

224 一对红宝石袖扣，卡地亚，大约1929年
估 价：GBP 3,000~4,000
成交价：RMB 61,174
伦敦苏富比 2018-03-20

218 一对袖扣，宝格丽
估 价：GBP 2,000~3,000
成交价：RMB 50,051
伦敦苏富比 2018-03-20

176 蓝宝石一对袖扣及四个衬衫铆钉连接，卡地亚
估 价：USD 10,000~15,000
成交价：RMB 149,114
纽约佳士得 2018-04-17

2618 帝王绿翡翠配钻石套组
估 价：RMB 1,500,000~2,200,000
成交价：RMB 2,185,000
西泠拍卖 2018-07-08

2048 明代 金掐丝花卉观音头饰
估 价：RMB 60,000~80,000
成交价：RMB 69,000
古天一 2018-12-08

219 一对摇滚水晶袖扣，RenéBoivin，1950年代
估 价：GBP 2,000~3,000
成交价：RMB 22,245
伦敦苏富比 2018-03-20

1816 黄金围巾
估 价：HKD 40,000~60,000
成交价：RMB 42,133
佳士得 2018-11-27

4016 金嵌宝凤钗 （一对）
估 价：RMB 3,000,000
成交价：RMB 4,620,000
新加坡伯明翰 2018-05-20

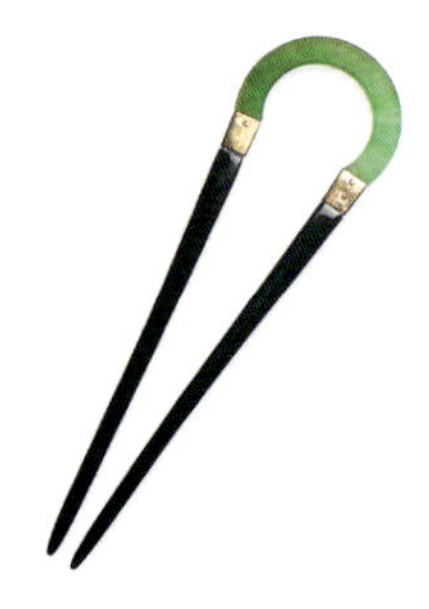

1992 翡翠及玳瑁发簪
估 价：HKD 50,000~80,000
成交价：RMB 26,390
佳士得 2018-05-29

2593 天然翡翠佛手把件
估 价：RMB 250,000~380,000
成交价：RMB 402,500
西泠拍卖 2018-07-08

53 祖母绿，红宝石和钻石项链
估 价：CHF 15,000~25,000
成交价：RMB 254,081
长49.5cm 日内瓦佳士得 2018-05-16

陈设件

2536 “山色”天然三彩翡翠摆件
估 价：RMB 800,000~1,200,000
成交价：RMB 920,000
西泠拍卖 2018-07-08

2024 JEWEllERY THEATRE 设计 银制动物造型摆件 （一套）
估 价：HKD 80,000~160,000
成交价：RMB 14,319
保利香港 2018-04-01

2072 翡翠摆件
估 价：HKD 2,800,000~3,800,000
成交价：RMB 2,809,520
佳士得 2018-05-29

2588 “祥瑞飞天”天然翡翠摆件
估 价：RMB 2,500,000~3,500,000
成交价：RMB 3,680,000
西泠拍卖 2018-07-08

1200 翠玉雕仙女立像
估 价：USD 6,000~8,000
成交价：RMB 42,763
高34cm 纽约佳士得 2018-09-13

1980 翡翠摆件
估 价：HKD 80,000~120,000
成交价：RMB 152,250
佳士得 2018-05-29

2541 “一花一世界”天然冰种翡翠摆件
估 价：RMB 100,000~150,000
成交价：RMB 115,000
西泠拍卖 2018-07-08

1827 宝石「Astro Boy」摆件
估 价：HKD 400,000~600,000
成交价：RMB 1,421,000
佳士得 2018-05-29

7506 缅甸天然翡翠“宝鸭穿莲”摆件
估 价：HKD 80,000~80,000
成交价：RMB 329,964
万昌斯 2018-11-29

1528 二十世纪 翠玉雕麻姑献寿摆件
估 价：USD 2,000~3,000
成交价：RMB 17,105
纽约苏富比 2018-09-15

1905 翡翠摆件
估 价：HKD 80,000~120,000
成交价：RMB 172,550
佳士得 2018-05-29

3337 清 翠玉雕童子策马摆件
估 价：HKD 180,000~220,000
成交价：RMB 381,500
10.3cm 香港苏富比 2018-10-03

5420 二十世纪 翡翠、白玉、碧玉仕女像（四件）
估 价：RMB 60,000~90,000
成交价：RMB 126,500
尺寸不一 中国嘉德 2018-05-19

1906 翡翠摆件
估 价：HKD 120,000~180,000
成交价：RMB 162,400
佳士得 2018-05-29

2534 清 翡翠贝螺（一组八枚）
估 价：RMB 500,000~600,000
成交价：RMB 632,500
西泠拍卖 2018-07-08

2168 法贝热FABERGE， 珐琅 彩蛋马车
成交价：RMB 11,500
北京匡时 2018-06-16

1979 翡翠摆件
估 价：HKD 80,000~120,000
成交价：RMB 96,425
佳士得 2018-05-29

1251 清 翡翠雕观音立像
估 价：RMB 5,000,000~6,000,000
成交价：RMB 6,555,000
高34cm 西泠拍卖 2018-07-07

2884 清 翡翠观音像
成交价：RMB 207,000
高22cm 北京匡时 2018-06-15

5165 清中期 翡翠双凤摆件
估　价：RMB 120,000~150,000
成交价：RMB 138,000
高24.7cm 中贸圣佳 2018-11-25

2007 天然翡翠摆件“家肥屋润”
估　价：HKD 120,000~180,000
成交价：RMB 243,925
佳士得 2018-11-27

4974 天然紫色翡翠“印章”摆件
估　价：RMB 98,000~128,000
成交价：RMB 112,700
中国嘉德 2018-11-22

5107 清乾隆 翡翠太狮少师摆件
估　价：RMB 180,000~200,000
成交价：RMB 218,500
长5.8cm；高3cm 中贸圣佳 2018-11-25

914 拯救与逍遥
估　价：HKD 6,800,000~12,000,000
成交价：RMB 6,996,928
左翅60×36×2cm；右翅60×36×2cm 保利香港 2018-10-01

7732 自然金（金牛）
估　价：RMB 180,000~280,000
成交价：RMB 253,000
约6×9.9×2.3cm；336克 北京保利 2018-12-09

1200 吕政男 菩提深根天然墨玉配翡翠摆件
估　价：RMB 38,000~60,000
成交价：RMB 43,700
保利厦门 2018-01-08

生活器皿

1860 宝石首饰盒
估 价：HKD 80,000~120,000
成交价：RMB 71,050
佳士得 2018-05-29

248 翡翠饕餮纹出戟方瓶
估 价：HKD 204,910,400~272,802,400
成交价：RMB 181,603,800
中能国拍 2018-05-17

886 清 翡翠雕花卉盖瓶
估 价：RMB 10,000~20,000
成交价：RMB 11,500
高16cm 北京保利 2018-04-29

1114 清 翡翠天鸡尊
估 价：RMB 50,000~80,000
成交价：RMB 80,500
高21cm 华艺国际 2018-03-30

884 清 翠雕狮钮瓶 （一对）
成交价：RMB 16,100
高15.5cm 北京保利 2018-04-29

5106 清 翡翠仿古小瓶
成交价：RMB 25,300
高9.2cm 中贸圣佳 2018-11-25

227 20世纪早期的珐琅香水瓶 1900年
估 价：CHF 15,000~20,000
成交价：RMB 119,101
高9.0cm，重68克 日内瓦佳士得 2018-05-16

727 清 翡翠「喜上眉梢」盖瓶
估 价：NTD 800,000~1,200,000
成交价：RMB 217,260
18.5cm 罗芙奥 2018-06-02

559 清 翡翠雕双龙耳兽面纹炉
估 价：RMB 60,000~100,000
成交价：RMB 69,000
宽16cm 北京保利 2018-01-21

1871 清中期 翡翠兽面纹赏瓶 （一对）
估　价：RMB 80,000~120,000
成交价：RMB 109,250
高17.6cm；高17.7cm 西泠拍卖 2018-07-07

1713 晚清 山水人物翡翠香盒 （一对）
估　价：RMB 150,000~250,000
成交价：RMB 172,500
直径6.5cm 上海匡时 2018-04-30

262 嵌翡翠粉盒
估　价：RMB 300,000~500,000
成交价：RMB 517,500
高10cm；口径8cm 未来四方 2018-01-20

2668 清 翡翠狮钮双龙耳活环三足盖炉
估　价：RMB 6,600,000~8,000,000
成交价：RMB 7,590,000
高16cm；宽16.8cm 中国嘉德 2018-06-18

1874 清 翡翠盖碗 （一对）
估　价：RMB 250,000~300,000
成交价：RMB 322,000
直径7.5cm×2 西泠拍卖 2018-07-07

1532 清末/二十世纪 翠玉雕兽耳四足盖炉
估　价：USD 2,000~3,000
成交价：RMB 42,763
纽约苏富比 2018-09-15

2106 清 翡翠双耳活环带盖香炉
估　价：RMB 280,000~350,000
成交价：RMB 322,000
中贸圣佳 2018-11-24

2860 清乾隆 翡翠盖碗
估　价：RMB 1,000,000~1,500,000
成交价：RMB 1,495,000
直径11.5cm；高8cm 北京荣宝 2018-12-03

1533 清末 翠玉雕团寿纹盖盒
估　价：USD 2,000~3,000
成交价：RMB 29,934
纽约苏富比 2018-09-15

1523 清十九世纪 翡翠雕瓜形盖盒
估 价：USD 3,000~5,000
成交价：RMB 34,210
纽约苏富比 2018-09-15

1531 清末 翡翠痕都斯坦式雕花耳活环长方碗
估 价：USD 2,000~3,000
成交价：RMB 111,183
纽约苏富比 2018-09-15

3110 翠玉金顶圆粉盒
估 价：RMB 1,090,000
成交价：RMB 1,320,000
高8×10cm 新加坡伯明翰 2018-05-20

41 金花珐琅烟盒
估 价：CHF 4,000~6,000
成交价：RMB 103,220
9.4×6.2×2.1cm 日内瓦佳士得 2018-05-16

5047 清乾隆 翡翠铺首耳炉
估 价：RMB 50,000~60,000
成交价：RMB 57,500
直径12.5cm；高5.5cm 北京匡时 2018-06-15

1625 民国 翡翠盖碗 （一对）
估 价：RMB 160,000~200,000
成交价：RMB 184,000
朵云轩 2018-06-25

文房用品

2885 清 翡翠笔筒
成交价：RMB 690,000
直径9cm；高10.5cm 北京匡时 2018-06-15

203 珐琅，树脂和钻石手袋，卡地亚，巴黎 编号为2390 1925年
估 价：USD 30,000~50,000
成交价：RMB 250,847
14.6cm × 17.15cm 纽约苏富比 2018-04-18

1821 蓝宝石及钻石手袋
估 价：HKD 400,000~600,000
成交价：RMB 406,000
佳士得 2018-05-29

其他物品

10 18k金和钻石“Melone酒店”罗纹晚装包 宝格丽
估 价：USD 15,000~20,000
成交价：RMB 196,203
纽约佳士得 2018-04-17

2101 卡地亚设计 银镀金腰带
估 价：HKD 78,000~120,000
成交价：RMB 76,370
保利香港 2018-04-01

110 钻石和养珠晚礼包
估 价：USB 10,000~15,000
成交价：RMB 121,166
纽约苏富比 2018-10-17

213 “坦克美国人”手表，卡地亚
成交价：RMB 23,820
表壳宽2.6cm 日内瓦佳士得 2018-05-16

163 复古蓝宝石，钻石和金腕表，通用 1940年
估 价：CHF 11,500~13,500
成交价：RMB 87,340
长17.3cm 日内瓦佳士得 2018-05-16

179 两个金色晚装包，一个是乔迈特的
估 价：CHF 10,000~15,000
成交价：RMB 174,681
15.0×9.0×3.5cm和15.5×10.0×5.0cm
日内瓦佳士得 2018-05-16

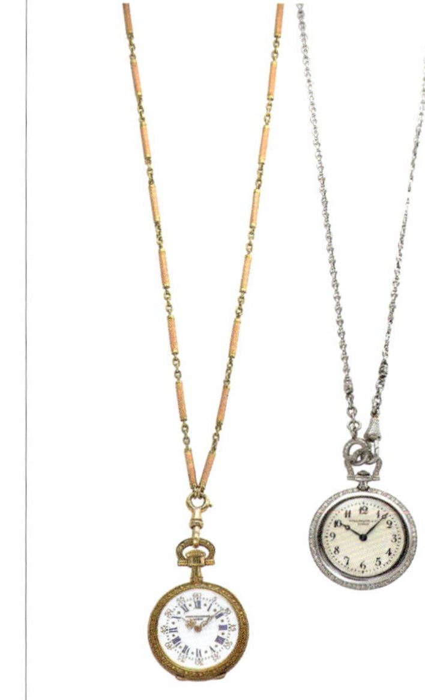

226 20世纪早期的珐琅和钻石吊坠手表，百达翡丽
估 价：CHF 10,000~15,000
成交价：RMB 79,400
日内瓦佳士得 2018-05-16

251 装饰艺术搪瓷，水晶和钻石钟，卡地亚 20世纪20年代
估 价：CHF 35,000~50,000
成交价：RMB 674,903
8.5×1.5cm 日内瓦佳士得 2018-05-16

626 粉红金，陶瓷和钻石’Serpenti Spiga’手表，宝格丽
估 价：USD 20,000~30,000
成交价：RMB 188,584
纽约苏富比 2018-04-19

249 复古钻石“卡登纳斯”手表，梵克雅宝 20世纪40年代
估 价：CHF 5,000~7,000
成交价：RMB 63,520
表壳宽1.2cm， 日内瓦佳士得 2018-05-16

111 20世纪早期的搪瓷，蓝宝石和玛瑙台式时钟，卡地亚
估 价：CHF 25,000~30,000
成交价：RMB 381,122
10.5×7.6×7.0cm 日内瓦佳士得 2018-05-16

42 绿松石，玛瑙，珐琅和钻石翻领手表 20世纪30年代
估 价：CHF 6,000~8,000
成交价：RMB 134,981
长12.5cm 日内瓦佳士得 2018-05-16

9 黄金和蓝宝石'PASHA'腕表，卡地亚
估 价：CHF 4,000~8,000
成交价：RMB 59,550
日内瓦佳士得 2018-05-16

53 白金与钻石“艾娃”项链、腕表、耳夹，宝诗龙
估 价：USB 15,000~20,000
成交价：RMB 147,130
纽约苏富比 2018-10-17

215 天然珍珠和钻石头饰，19世纪末
估 价：GBP 16,000~22,000
成交价：RMB 222,451
最大尺寸约11.1×9.5×8.9mm
伦敦苏富比 2018-03-20

596 金钻石腕表，卡地亚
估 价：USD 10,000~15,000
成交价：RMB 204,300
纽约苏富比 2018-04-19

611 宝石套装和钻石手表，哈默曼兄弟和加拉德
估 价：USD 10,000~15,000
成交价：RMB 125,723
长17.15cm 纽约苏富比 2018-04-19

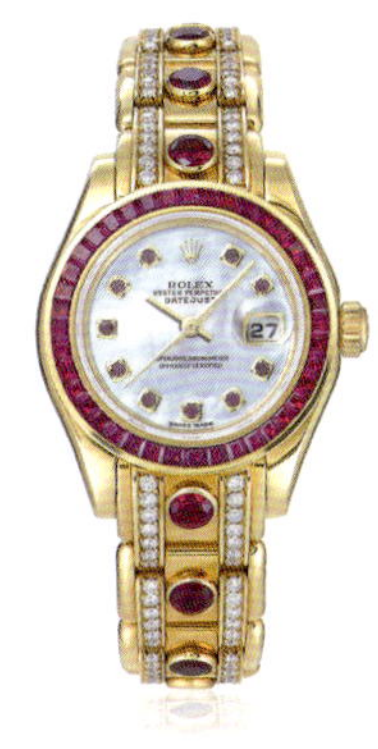

3 珍珠母，红宝石和钻石“DATEJUST”手表，劳力士
估 价：CHF 25,000~35,000
成交价：RMB 254,081
日内瓦佳士得 2018-05-16

178 两个“REVERSO”腕表，卡地亚
估 价：CHF 7,000~10,000
成交价：RMB 87,340
日内瓦佳士得 2018-05-16

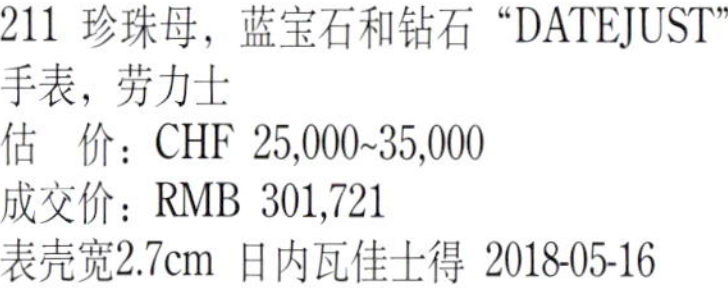
211 珍珠母，蓝宝石和钻石“DATEJUST”手表，劳力士
估　价：CHF 25,000~35,000
成交价：RMB 301,721
表壳宽2.7cm 日内瓦佳士得 2018-05-16

224 珍珠母，蓝宝石和钻石手表，蒂芙尼
估　价：CHF 4,000~6,000
成交价：RMB 51,610
表壳宽2.5cm 日内瓦佳士得 2018-05-16

218 珍珠母和钻石“PRIMERO”手表，真利时
估　价：CHF 25,000~35,000
成交价：RMB 238,201
表壳宽度4.0cm，内圆周16.5cm 日内瓦佳士得 2018-05-16

354 珍珠母和钻石“大师大备忘录”手表，积家勒古特
估　价：CHF 20,000~30,000
成交价：RMB 381,122
表壳宽度4.4cm 日内瓦佳士得 2018-05-16

212 珍珠母和钻石“那不勒斯勒内”腕表 宝玑
估　价：CHF 20,000~30,000
成交价：RMB 714,603
表壳宽度3.0cm，手镯18.5cm 日内瓦佳士得 2018-05-16

221 珍珠母钻石手表，蒂芙尼
估　价：CHF 5,000~7,000
成交价：RMB 150,861
表壳宽2.5cm，内周长17cm 日内瓦佳士得 2018-05-16

355 钻石，红宝石，蓝宝石和祖母绿“BAIGNOIRE”腕表，卡地亚
估 价：CHF 25,000~35,000
成交价：RMB 460,522
日内瓦佳士得 2018-05-16

14 钻石“DATEJUST”手表，劳力士手表
估 价：CHF 20,000~30,000
成交价：RMB 222,321
内圆周长16.0cm 日内瓦佳士得 2018-05-16

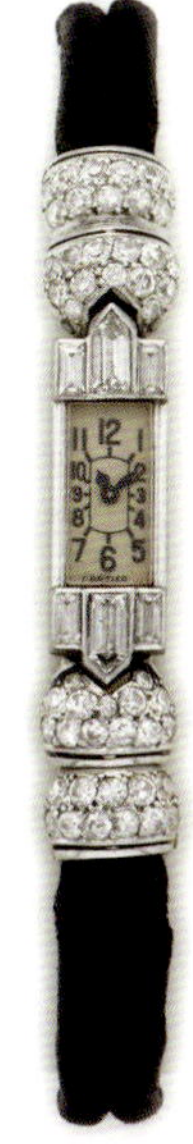

52 钻石和珐琅腕表 卡地亚 约1925年
估 价：USD 6,000~8,000
成交价：RMB 86,329
纽约佳士得 2018-04-17

7 钻石腕表，卡地亚
估 价：CHF 10,000~15,000
成交价：RMB 95,280
表壳宽2.2cm 日内瓦佳士得 2018-05-16

330 钻石腕表，卡地亚
估 价：CHF 10,000~15,000
成交价：RMB 150,861
表壳宽度1.8cm，内周长16.0cm 日内瓦佳士得 2018-05-16

328 钻石五时区腕表，雅各布布
估 价：CHF 55,000~75,000
成交价：RMB 1,429,207
日内瓦佳士得 2018-05-16

原 石

77 10.24克拉蓝宝石（裸石）
估　价：CHF 60,000~90,000
成交价：RMB 1,032,205
日内瓦佳士得 2018-05-16

2047 14.30克拉圆形D/FL Type IIa（极优切割、打磨及比例）钻石
估　价：HKD 12,800,000~18,000,000
成交价：RMB 13,713,020
佳士得 2018-11-27

7706 海蓝宝
估　价：RMB 60,000~100,000
成交价：RMB 63,250
约11×2.8×3.2cm 北京保利 2018-12-09

2193 10.48克拉D色钻石，净度无暇
估　价：HKD 9,880,000~13,200,000
成交价：RMB 11,318,560
保利香港 2018-10-02

2571 15.04克拉斯里兰卡无烧“皇家蓝”蓝宝石裸石
估　价：RMB 600,000~900,000
成交价：RMB 690,000
西泠拍卖 2018-07-08

86 梨形祖母绿14.88克拉和14.70克拉 哥伦比亚，中等石油
估　价：CHF 120,000~150,000
成交价：RMB 1,588,008
日内瓦佳士得 2018-05-16

205 12.19克拉D色，内部无瑕透明钻石
估　价：USD 1,200,000~1,800,000
成交价：RMB 9,119,521
纽约佳士得 2018-04-17

90 22.46克拉、20.53克拉、16.10克拉和10.21克拉猫眼石
估　价：CHF 80,000~120,000
成交价：RMB 635,203
日内瓦佳士得 2018-05-16

135 祖母绿
估　价：USD 400,000~600,000
成交价：RMB 6,886,359
纽约苏富比 2018-04-18

100 29.41克拉变石 中度变色
估 价：CHF 120,000~180,000
成交价：RMB 1,588,008
日内瓦佳士得 2018-05-16

2595 30.91和30.27克拉微油祖母绿裸石（一对）
估 价：RMB 600,000~800,000
成交价：RMB 690,000
西泠拍卖 2018-07-08

88 5.10克拉、4.72克拉、4.10克拉、3.99克拉和2.91克拉哥伦比亚祖母绿
估 价：CHF 100,000~150,000
成交价：RMB 2,594,804
日内瓦佳士得 2018-05-16

7551 5克拉D色内部无瑕钻石
估 价：RMB 1,700,000~2,000,000
成交价：RMB 1,955,000
主石约为15.39×9.61×6.05mm 北京保利 2018-12-07

91 6.14克拉和6.04克拉梨形祖母绿 哥伦比亚，中等石油
估 价：CHF 30,000~50,000
成交价：RMB 254,081
日内瓦佳士得 2018-05-16

2142 8.01卡拉 圆形 足色全美无瑕 钻石
估 价：RMB 6,000,000~8,000,000
成交价：RMB 7,475,000
华艺国际 2018-11-17

3628 海蓝宝石&钠长石
成交价：RMB 17,250
约3.5×1.9×1.7cm 北京保利 2018-06-18

7739 方解石
估 价：RMB 30,000~60,000
成交价：RMB 34,500
约21×14.5×14cm 北京保利 2018-12-09

3630 粉红碧玺
成交价：RMB 34,500
约4.6×1.9×1.6cm 北京保利 2018-06-18

7723 摩根石
估　价：RMB 68,000~120,000
成交价：RMB 78,200
约6.2×6.7×4.3cm 北京保利 2018-12-09

7725 萤石&方解石&水晶
估　价：RMB 90,000~150,000
成交价：RMB 103,500
约16×10.5×7.2cm 北京保利 2018-12-09

3627 海蓝宝石&云母
成交价：RMB 11,500
约13×15×11cm 北京保利 2018-06-18

7726 萤石
成交价：RMB 28,750
约6.2×14.7×8.3cm 北京保利 2018-12-09

7724 坦桑萤石&水晶
估　价：RMB 30,000~60,000
成交价：RMB 34,500
约11×18.4×5.7cm 北京保利 2018-12-09

2959 约1.00克拉F色钻石裸石一颗
成交价：RMB 14,950
北京匡时 2018-06-15

1655 钻石 （一对）
估　价：HKD 7,000,000~9,000,000
成交价：RMB 6,892,680
香港苏富比 2018-04-03

2018珠宝翡翠拍卖成交汇总

(成交价RMB：5000元以上)

拍品名称	物品尺寸	成交价RMB	拍卖公司	拍卖日期
佩饰件				
"豆蔻年华"天然木那翡翠吊坠		2,185,000	西泠拍卖	2018-07-08
"木那至尊"，极致珍罕缅甸天然满绿木那种翡翠佛瓜配钻石挂件		21,275,000	北京匡时	2018-06-16
"万事如意"天然翡翠吊坠		2,127,500	西泠拍卖	2018-07-08
"小飞象"18K金镶翡翠配钻石红宝石吊坠		6900	西泠拍卖	2018-07-08
1.22克拉古垫形天然缅甸无经加热处理红宝石配钻石吊坠		21,437	天成国际	2018-06-03
106.85克拉椭圆形天然无经处理蚌珠配沙弗莱石榴石及钻石青蛙王子吊坠		185,136	天成国际	2018-06-03
11.19克拉海蓝宝石配祖母绿、钻石吊坠		8050	北京匡时	2018-06-16
15.2克拉 天然红碧玺 配 钻石 吊坠		103,500	华艺国际	2018-11-17
18K金翡翠满绿吊坠	33×11×3mm	253000	新加坡伯明翰	2018-05-20
18K金翡翠珊瑚如意吊坠	高5cm	5750	北京中贝	2018-06-24
18K金镶蓝宝石吊坠		5750	北京荣宝	2018-09-14
18K金镶玉吊坠		8050	未来四方	2018-01-20
18K金镶钻AK级辣椒红珊瑚蛇形挂件	长12cm	28,750	印千山	2018-01-12
18K金镶钻AK级辣椒红珊瑚蛇形挂件	长12cm	28750	印千山	2018-01-12
18K金镶钻蓝宝石吊坠		11,500	中国嘉德	2018-09-18
18K金镶钻祖母绿吊坠、戒指三用款	长1.2cm；主石长0.6cm	11,500	中国嘉德	2018-01-14
18K矢车菊蓝宝石花式吊坠		11,880	上海联合	2018-11-25
2.02克拉钻石吊坠	高5.08cm	117,722	纽约佳士得	2018-04-17
2.65克拉 红宝石配钻石 吊坠		9200	北京匡时	2018-05-21
20世纪 翡翠观音佩	长6cm	62,100	北京保利	2018-12-09
34.51克拉梨形天然海蓝宝石配彩色宝石及钻石美人鱼吊坠		76,003	天成国际	2018-06-03
49.08卡拉莫卧儿祖母绿，17世纪		3,494,880	香港苏富比	2018-04-03
9.66克拉天然哥伦比亚祖母绿配钻石吊坠，年份约1910		82,317	中国嘉德	2018-10-02
97.32克拉双色碧玺"弥勒佛"配翡翠吊坠		42,576	天成国际	2018-12-02
BVLGARI宝格丽古钱币		32,480	上海联合	2018-11-25
K金核桃吊坠，Van Cleef & Arpels		29,232	天成国际	2018-06-03
K金配天然蓝色托帕石，绿松石及钻石吊坠一对，Wallace Chan		44,705	天成国际	2018-12-02
白珍珠吊坠		36,800	大芬艺海	2018-05-13
白珍珠吊坠		36800	大芬艺海	2018-05-13
斑彩石吊坠		5520	广东万丰	2018-01-07
碧玺及钻石吊坠		30,450	佳士得	2018-05-29
碧玺手串挂件（一个）		4424420	劳伦斯国际	2018-10-11
冰种帝王绿翡翠观音挂件	长6.5cm	6386400	圣约翰	2018-11-25
冰种翡翠观音挂件	重22.6g	119664	荣盛国际	2018-02-06
冰种翡翠貔貅挂件	重35g	534820	劳伦斯国际	2018-10-11
冰种翡翠飘花平安扣	重7.3g	378936	荣盛国际	2018-02-06
冰种龙纹翡翠挂件（一件）	重量34g	357784	美国联邦国际	2018-06-13
冰种满绿翡翠挂件（一件）	总重115g	5152090	美国联邦国际	2018-06-13
玻璃种满绿挂件	重13g	4188240	荣盛国际	2018-02-06
葱心绿天然翡翠佛公		57,500	西泠拍卖	2018-07-08
翠雕双福纹挂件	重量25g	2679600	劳伦斯国际	2018-05-24
翠玉豆荚形佩	长5cm	2,224,880	佳士得	2018-05-30
大树翡翠冰种弥勒佛挂件		24,640	上海联合	2018-11-25
蛋白石和钻石吊坠		149,296	纽约苏富比	2018-04-19
豆青冰种翡翠平安扣（一件）	重量9g	1717363	美国联邦国际	2018-06-13
珐琅、玉石、钻石吊坠/手表 卡地亚		282,533	纽约佳士得	2018-04-17
方形钻石古典吊坠		14,950	北京匡时	2018-06-16
翡翠 配 钻石 吊坠		675,800	香港苏富比	2018-10-03
翡翠保瓶观音挂件		112,000	上海联合	2018-11-25
翡翠冰种佛挂件	长4.7cm	9200	北京保利	2018-07-27
翡翠螭龙挂件（一件）	重量33.3g	429341	美国联邦国际	2018-06-13
翡翠蛋面挂件		492,800	上海联合	2018-07-01
翡翠帝王绿吊坠（K金）	高3.9cm	18,400	广东崇正	2018-01-21
翡翠帝王绿豆形吊坠（黄金、K金）	高2.3cm	13,800	广东崇正	2018-01-21
翡翠雕福寿双全吊坠	35.4×19.5×12.5mm；重量16g	7592200	劳伦斯国际	2018-05-24
翡翠雕合家欢挂件	重量16.3克	660,000	中正拍卖	2018-09-28
翡翠雕年年有余珮	长5.2cm；宽4cm	6900	西泠拍卖	2018-07-07
翡翠吊坠		385,700	佳士得	2018-05-29
翡翠吊坠（一件）	重量5.85g	71557	美国联邦国际	2018-06-13
翡翠镀金豆荚挂件	重5.9g	1073820	劳伦斯国际	2018-07-14
翡翠佛公钻石吊坠		621,000	上海匡时	2018-04-30
翡翠福豆挂件		47,040	上海联合	2018-07-01
翡翠福瓜挂件		58,240	上海联合	2018-07-01
翡翠福寿平安锁（一对）	长4.5cm	10,350	中国嘉德	2018-01-14
翡翠高冰种观音挂件	重量23.76g	647663	恒大四季	2018-05-29
翡翠高冰种弥勒佛挂件	重14g	1211452	圣淘沙国际	2018-08-12
翡翠挂件		11,500	北京瀚古	2018-01-28
翡翠挂件		46200	人人有宝	2018-03-28
翡翠挂件		24200	人人有宝	2018-03-28
翡翠挂件		35200	人人有宝	2018-03-28
翡翠挂件		68200	人人有宝	2018-03-28
翡翠挂件		330000	人人有宝	2018-03-28
翡翠挂件		79200	人人有宝	2018-03-28
翡翠挂件		90200	人人有宝	2018-03-28
翡翠挂件		79200	人人有宝	2018-03-28
翡翠挂件		66000	人人有宝	2018-03-28
翡翠挂件		275000	人人有宝	2018-03-28
翡翠挂件		275000	人人有宝	2018-03-28
翡翠挂件		165000	人人有宝	2018-03-28
翡翠挂件		308000	人人有宝	2018-03-28
翡翠挂件		550000	人人有宝	2018-03-28
翡翠挂件		935000	人人有宝	2018-03-28
翡翠挂件	4×1.4×0.5cm	2,395,800	中正拍卖	2018-01-26
翡翠挂件		201,600	上海联合	2018-11-25
翡翠关公吊坠	重量22.4克	297,000	中正拍卖	2018-09-28
翡翠关公挂件	长7.8cm	17,250	睿嘉四季	2018-09-09
翡翠关公挂件	长7.8cm	17250	睿嘉四季	2018-09-09
翡翠观音		1540000	人人有宝	2018-03-28
翡翠观音		57,500	北京荣宝	2018-09-14
翡翠观音	高6.2cm	18,400	广东万丰	2018-01-07
翡翠观音	高6.2cm	18400	广东万丰	2018-01-07
翡翠荷花珮（一对）	尺寸不一	11,500	太平洋	2018-06-09
翡翠葫芦挂件		67,200	上海联合	2018-07-01
翡翠葫芦挂件		61,600	上海联合	2018-11-25
翡翠葫芦配钻石吊坠		28,750	上海匡时	2018-04-30
翡翠葫芦形佩	长6cm	121,800	佳士得	2018-05-30
翡翠琥珀珮件（七件组）	尺寸不一	22,833	台北艺流	2018-06-30
翡翠琥珀珮件（七件组）	尺寸不一	22833	台北艺流	2018-06-30
翡翠花式挂件		42,560	上海联合	2018-07-01
翡翠花式挂件		134,400	上海联合	2018-11-25
翡翠花式挂件		56,000	上海联合	2018-11-25
翡翠及宝石吊坠		162,400	佳士得	2018-05-29
翡翠及钻石吊坠		1,522,500	佳士得	2018-05-29
翡翠及钻石吊坠		162,400	佳士得	2018-05-29
翡翠及钻石吊坠		162,400	佳士得	2018-05-29
翡翠及钻石吊坠（一对）		40,600	佳士得	2018-05-29
翡翠蕉叶童子挂件	重量41.7g	958950	美国联邦国际	2018-03-29
翡翠金丝种平安扣吊坠		27,600	上海匡时	2018-04-30
翡翠连中三元吊坠（K金）	高1.1cm	6900	广东崇正	2018-01-21
翡翠灵猴献寿纹佩	长5cm	192,850	佳士得	2018-05-30
翡翠龙凤挂件		47,040	上海联合	2018-07-01
翡翠龙凤纹珮（一对）	长6.2cm×2	5750	睿嘉四季	2018-09-09
翡翠绿叶挂件		392,000	上海联合	2018-11-25
翡翠满绿吊坠		5750	北京中贝	2018-01-14
翡翠满绿吊坠		6900	北京中贝	2018-01-14
翡翠满绿花开富贵吊坠		9200	北京中贝	2018-01-14
翡翠满绿如意挂件		5750	北京中贝	2018-01-14
翡翠弥勒吊坠	长3cm	6900	北京保利	2018-10-28
翡翠弥勒佛吊坠	重5.85g	1,153,594	国大鼎盛	2018-01-31
翡翠弥勒佛吊坠	重5.85g	1153594	国大鼎盛	2018-01-31
翡翠弥勒佛吊坠（K金）	高3.3cm	9200	广东崇正	2018-01-21
翡翠弥勒佛吊坠（K金）	高3.3cm	16,100	广东崇正	2018-01-21
翡翠弥勒佛挂件	重23g	4019400	劳伦斯国际	2018-05-24
翡翠弥勒佛挂件	重量24克	2,750,000	中正拍卖	2018-09-28
翡翠配饰三件组	尺寸不一cm	5676	新光国际	2018-06-16
翡翠飘绿福禄吊坠		5750	北京中贝	2018-01-14
翡翠如意佩	重量15g	893200	劳伦斯国际	2018-05-24

＊查看图片请参照凡例4方法

2018珠宝翡翠拍卖成交汇总

(成交价RMB：5000元以上)

拍品名称	物品尺寸	成交价RMB	拍卖公司	拍卖日期
翡翠如意佩件	重138g	2007390	伦勃朗	2018-08-18
翡翠如意配钻石吊坠		9200	上海匡时	2018-04-30
翡翠事业有成吊坠	高2.8cm	20,700	广东崇正	2018-01-21
翡翠事业有成配钻石吊坠		28,750	上海匡时	2018-04-30
翡翠首饰		15,225	佳士得	2018-05-29
翡翠双色挂件		6160	上海联合	2018-07-01
翡翠镶K金雕瑞兽挂件	高5.8cm	28,750	广东万丰	2018-01-07
翡翠镶K金雕瑞兽挂件	高5.8cm	28750	广东万丰	2018-01-07
翡翠镶金如意挂件	重7.4g	966438	劳伦斯国际	2018-07-14
翡翠小金蝉		7392	上海联合	2018-07-01
翡翠叶形吊坠（K金）	高2.6cm	13,800	广东崇正	2018-01-21
翡翠鹦鹉挂件	重55g	804359	圣淘沙国际	2018-11-23
翡翠正阳绿翎管	长8.2cm	1828200	香港皇室贵族	2018-01-15
翡翠紫罗兰葫芦形挂件	重10g	9200	璟祥拍卖	2018-01-07
粉红色碧玺吊坠，清		141,575	香港苏富比	2018-04-03
浮雕福禄寿翡翠挂件	高9.3cm；宽7.5cm；重量140g	784800	爱艺拍	2018-09-27
公元前8-7世纪 波斯文字桶形金吊坠	长6.5cm	286,386	保利香港	2018-04-02
古色古香的钻石和金刚石吊坠 大约1890		235,444	纽约佳士得	2018-04-17
海蓝宝「双欢」吊坠，清		48,540	香港苏富比	2018-04-03
海蓝宝石和钻石吊坠	40.0×29.2×18.9毫米	20,430	纽约苏富比	2018-04-19
贺贝 和田玉吊坠---“芳香锁语”		8050	北京荣宝	2018-09-14
黑珍珠吊坠		32,200	大芬艺海	2018-05-13
黑珍珠吊坠		32200	大芬艺海	2018-05-13
红宝石吊坠（一件）	重量17.8g	2616000	爱艺拍	2018-09-27
红绿观音翡翠吊坠	长7.6cm；宽4.2cm；重量53g	345312	维瀚玛	2018-09-24
红色碧玺吊坠，19世纪		65,731	香港苏富比	2018-04-03
红色碧玺吊坠，晚清		111,238	香港苏富比	2018-04-03
红色碧玺配玉石吊坠，清		109,000	香港苏富比	2018-10-03
黄翡翠如意挂件	高2.5cm；长4.1cm	5750	广东崇正	2018-01-21
金虎雕刻“千手观音”墨翠吊坠		207,000	西泠拍卖	2018-07-08
金镶翡翠配钻石佛公吊坠		368,000	西泠拍卖	2018-07-08
金镶托帕石吊坠		57,500	北京中贝	2018-01-14
金镶托帕石吊坠		57500	北京中贝	2018-01-14
金镶托帕石吊坠		23,000	北京中贝	2018-01-14
金镶托帕石吊坠		23000	北京中贝	2018-01-14
蓝宝石及钻石吊坠		3,978,800	佳士得	2018-05-29
蓝色托帕石配钻石吊坠，Wallace Chan		151,032	天成国际	2018-06-03
蓝色托帕石配钻石吊坠，Wallace Chan		23,417	天成国际	2018-12-02
老蒋雕刻“个施福泽”翡翠吊坠		460,000	西泠拍卖	2018-07-08
老坑浓色旦面吊坠	主石15.6×13×5.5；26.4×19×5.5cm	2300000	四川和德儒	2018-09-28
老坑洋色旦面吊坠	主石16.8×12×7.6；20.5×14.1×6.2cm	1610000	四川和德儒	2018-09-28
玛瑙、石榴石，珍珠和钻石“草地上的兔子”吊坠，米歇尔·德拉·瓦莱，2008年	6.6cm	63,520	日内瓦佳士得	2018-05-16
玛瑙浮雕吊坠，Giuseppe Girometti 19世纪早期		77,858	伦敦苏富比	2018-03-20
满绿翡翠白菜挂件	重59g	5805800	香港金字塔	2018-10-17
满绿翡翠挂件		854640	英国大公	2018-05-28
满绿荷叶挂件	重量21g	1,540,000	中正拍卖	2018-11-30
缅甸天然冰种翠丝翡翠配钻吊坠		17,250	北京匡时	2018-06-16
缅甸天然冰种翡翠“如来”配彩色宝石吊坠	吊坠约为81.20×24.58mm	97,750	北京保利	2018-12-07
缅甸天然冰种翡翠「观音」配钻石吊坠		20,700	北京保利	2018-06-19
缅甸天然冰种翡翠「观音」配钻石及翡翠吊坠		13,800	北京保利	2018-06-19
缅甸天然冰种翡翠蛋面配钻石及红宝石吊坠		36,800	北京保利	2018-06-19
缅甸天然冰种翡翠平安扣配钻石吊坠（一对）		46,000	北京保利	2018-06-19
缅甸天然翡翠“佛公”配钻石吊坠	主石约为33.04×26.77mm	55,200	北京保利	2018-12-07
缅甸天然翡翠“葫芦”配钻石吊坠	主石约为28.55×19.45mm	48,300	北京保利	2018-12-07
缅甸天然翡翠蛋面配钻石吊坠		23,000	北京匡时	2018-06-16
缅甸天然翡翠福豆配钻		21,850	北京匡时	2018-06-16
缅甸天然翡翠配钻石吊坠		20,700	北京保利	2018-06-19
缅甸天然翡翠配钻石吊坠（一对）		17,250	北京保利	2018-06-19
缅甸天然红翡「如意」配钻石吊坠		28,750	北京保利	2018-06-19
缅甸天然红翡关公配钻石及翡翠吊坠		34,500	北京保利	2018-06-19
缅甸天然绿色翡翠吊坠		23,000	北京匡时	2018-06-16
缅甸天然满绿翡翠“大叶有成”配钻石吊坠	主石约为38.57×28.75mm	17,250	北京保利	2018-12-07
缅甸天然满绿翡翠「叶子」配钻石吊坠		322,000	北京保利	2018-06-19
缅甸天然满绿翡翠福豆		57,500	北京匡时	2018-06-16
缅甸天然满绿翡翠福豆配钻石及黄色翡翠吊坠		78,200	北京保利	2018-06-19
缅甸天然满绿翡翠金钱豹配钻石吊坠		437,000	北京保利	2018-06-19
缅甸天然满绿翡翠梨形蛋面配钻石吊坠		115,000	北京匡时	2018-06-16
缅甸天然满绿翡翠配钻石吊坠		552,000	北京保利	2018-06-19
缅甸天然满绿翡翠配钻石吊坠		28,750	北京保利	2018-06-19
缅甸天然满绿翡翠配钻石吊坠（一对）	主石分别约为1）22.01×33.20mm；2）22.15×35.03mm	667,000	北京保利	2018-12-07
缅甸天然满绿小佛公		5750	北京匡时	2018-06-16
缅甸天然墨翠“观音”配钻石吊坠	主石约为64.89×47.37mm	43,700	北京保利	2018-12-07
缅甸天然墨翠「佛公」吊坠		11,500	北京保利	2018-06-19
缅甸天然墨翠「观音」配钻石吊坠		36,800	北京保利	2018-06-19
缅甸天然墨翠「观音」配钻石吊坠		32,200	北京保利	2018-06-19
缅甸天然墨翠配钻石吊坠	主石约为53.05×26.70×7.65mm	25,300	北京保利	2018-12-07
缅甸天然紫罗兰翡翠蛋面配钻石及彩色宝石吊坠	主石约为24.61×21.35mm	28,750	北京保利	2018-12-07
缅甸天然紫罗兰翡翠蛋面配钻石及粉色蓝宝石吊坠	主石约为16.46×12.78×5.42mm	23,000	北京保利	2018-12-07
缅甸天然紫罗兰翡翠及满绿翡翠吊坠		5750	北京匡时	2018-06-16
缅甸紫罗兰翡翠配钻石及绿色翡翠吊坠		11,500	北京保利	2018-06-19
明璟出品“四方佛转经筒”天然原矿高瓷绿松石配钻石吊坠		57,500	保利厦门	2018-07-15
南洋珍珠配钻石吊坠		16,100	北京匡时	2018-06-16
糯冰种翡翠观音挂件	重15g	829345	奥斯汀	2018-11-13
清 翠件（3件）		5750	北京翰海	2018-09-16
清 翠玉花鸟纹佩	长6cm	213,150	佳士得	2018-05-30
清 翠玉灵芝纹佩	长4.5cm	324,800	佳士得	2018-05-30
清 翠玉佩两件	最大5cm	223,300	佳士得	2018-05-30
清 翠玉透雕鹦鹉从竹纹佩	高6.5cm	385,700	佳士得	2018-05-30
清 翡翠雕福寿螭龙纹珮	长7.3cm；宽4.8cm	18,400	西泠拍卖	2018-07-07
清 翡翠雕荷叶龙纹佩	长5cm；宽4cm	16,100	西泠拍卖	2018-09-29
清 翡翠雕琴棋书画珮	长6.6cm；宽3.4cm	36,800	西泠拍卖	2018-07-07
清 翡翠雕双鲤戏莲纹珮	长7.4cm；宽5.8cm	32,200	西泠拍卖	2018-07-07
清 翡翠福在眼前坠	长5.8cm	5750	北京翰海	2018-01-14
清 翡翠翎管	长7.7cm	97,128	羅芙奧	2018-06-02
清 翡翠翎管	长7.7cm	97128	羅芙奧	2018-06-02
清 翡翠翎管（一组两件）	长6.5cm；长7cm	13,800	西泠拍卖	2018-09-29
清 翡翠镂雕螭龙纹珮	长7.3cm；宽4.1cm	57,500	西泠拍卖	2018-07-07
清 翡翠平安扣	重15.8g	255948	奥斯汀	2018-01-21
清 翡翠俏色双福临门吊坠	长4.4cm	46,000	北京鸿盛祥	2018-06-16
清 翡翠透雕竹节草虫珮	高5cm	11,500	中国嘉德	2018-11-20
清 翡翠鸳鸯挂件	高2.3cm；通径4.5cm	23,000	西泠拍卖	2018-09-29
清 粉碧玺福寿挂件	长3.2cm	28750	八益拍卖	2018-04-28
清 粉碧玺佩（一组四件）	最大长4.9cm；厚0.9cm	29,232	万昌斯	2018-05-30
清18世纪；19世纪 翡翠雕灵芝如意佩及翡翠嵌珍珠珊瑚蝴蝶簪	长4.5cm	130,800	佳士得	2018-10-04
清代 老玉镶金烈焰挂件（一套）	尺寸不一	28,750	南京经典	2018-01-06
清代 老玉镶金烈焰挂件（一套）	尺寸不一	28750	南京经典	2018-01-06
清代 糯种油青满绿翡翠龙纹挂件	重362g	2,011,020	国大鼎盛	2018-01-31

拍品名称	物品尺寸	成交价RMB	拍卖公司	拍卖日期
清代 糯种油青满绿翡翠龙纹挂件	重362g	2011020	国大鼎盛	2018-01-31
清翡翠籽料挂件	重量144克,(含绳)	2481990	美国联邦国际	2018-03-29
清末/二十世纪 翠玉雕荷莲珮		12,829	纽约苏富比	2018-09-15
清乾隆 御制翡翠“长宜子孙”葫芦型佩	高6.3cm	32,200	北京荣宝	2018-12-03
清中期 翡翠白菜螳螂坠	长4.3cm；宽2.6cm；高1.3cm	322,000	浙江佳宝	2018-07-01
十八罗汉		575,000	北京瀚古	2018-10-21
十八世纪 金累丝凤凰镶东珠嫔朝冠顶		2,988,966	纽约苏富比	2018-03-21
十八世纪 金累丝凤凰镶东珠嫔朝冠顶		1,189,875	纽约苏富比	2018-03-21
十八世纪 金累丝凤凰镶东珠嫔朝冠顶		872,575	纽约苏富比	2018-03-21
十八世纪 金累丝凤凰镶东珠嫔朝冠顶		713,925	纽约苏富比	2018-03-21
双色碧玺吊坠两枚，二十世纪初		70,850	香港苏富比	2018-10-03
台湾红珊瑚吊坠		103,500	上海匡时	2018-04-30
滕远胜「香道」35.14克拉天然绿松石吊坠（底座配有沈香）		20,700	保利厦门	2018-01-08
滕远胜 一心向道 154.30克拉天然绿松石吊坠		43,700	保利厦门	2018-01-08
天然 白玉 挂件		5750	华艺国际	2018-11-17
天然白玉吊坠		63,864	天成国际	2018-12-02
天然冰种翡翠 18K白金 钻石花篮吊坠		35559	香港国际	2018-11-11
天然冰种翡翠“辣椒”配钻石吊坠		97,750	华艺国际	2018-11-17
天然冰种翡翠“弥勒佛”配黄色钻石及钻石吊坠		159,660	天成国际	2018-12-02
天然冰种翡翠“青龙武圣”吊坠，许群豪		319,320	天成国际	2018-12-02
天然冰种翡翠佛公配钻石吊坠		6900	北京匡时	2018-06-15
天然冰种翡翠葫芦宝瓶配粉红色刚玉及钻石吊坠		53,592	天成国际	2018-06-03
天然冰种翡翠弥勒佛配钻石吊坠		37,027	天成国际	2018-06-03
天然冰种翡翠配彩色宝石及钻石“宝盒”吊坠		72,379	天成国际	2018-12-02
天然冰种翡翠配钻石心经吊坠		92,568	天成国际	2018-06-03
天然冰种黄翡翡翠 18K白金 钻石金钱吊坠		60959	香港国际	2018-11-11
天然冰种满绿翡翠 18K白金 观音钻石吊坠		609588	香港国际	2018-11-11
天然冰种紫罗兰翡翠 18K白金 钻石心形吊坠		142237	香港国际	2018-11-11
天然冰种紫罗兰翡翠 18K白金 钻石玉柱吊坠		55879	香港国际	2018-11-11
天然冰种紫罗兰翡翠 18K玫瑰金 钻石大吊坠		203196	香港国际	2018-11-11
天然玻璃种花青翡翠 18K白金 钻石玉珮吊坠		55879	香港国际	2018-11-11
天然玻璃种正阳绿翡翠 18K白金 钻石幸运豆吊坠		609588	香港国际	2018-11-11
天然蛋面翡翠吊坠		920,000	西泠拍卖	2018-07-08
天然翡翠 配 钻石 吊坠		138,000	华艺国际	2018-11-17
天然翡翠 配 钻石 吊坠		101,200	华艺国际	2018-11-17
天然翡翠 配 钻石 “猎豹” 吊坠		103,500	华艺国际	2018-11-17
天然翡翠“怀古”配钻石吊坠		37,254	天成国际	2018-12-02
天然翡翠“辣椒”配 钻石吊坠		230,000	华艺国际	2018-11-17
天然翡翠“貔貅”吊坠（一对）		115,000	中国嘉德	2018-11-22
天然翡翠“如意”配钻石吊坠；及天然冰种翡翠“弥勒佛”配钻石吊坠		40,447	天成国际	2018-12-02
天然翡翠“树叶”配钻石吊坠		1,490,160	天成国际	2018-12-02
天然翡翠「观音」配天然翡翠及钻石吊坠		11,455	中国嘉德	2018-04-02
天然翡翠「弥勒佛」配钻石吊坠		152,739	中国嘉德	2018-04-02
天然翡翠「松鼠」配 沉香 吊坠		17,250	华艺国际	2018-05-22
天然翡翠「鹦鹉」配 沉香 吊坠		23,000	华艺国际	2018-05-22
天然翡翠雕 “翎管” 配钻石吊坠		283,400	香港苏富比	2018-10-03
天然翡翠雕 “叶子” 配钻石吊坠		436,000	香港苏富比	2018-10-03
天然翡翠雕「观音」配钻石吊坠		384,275	香港苏富比	2018-04-03

拍品名称	物品尺寸	成交价RMB	拍卖公司	拍卖日期
天然翡翠雕「翎管」吊坠		404,500	香港苏富比	2018-04-03
天然翡翠雕观音配钻石吊坠	重约3.00卡	5027550	劳伦斯国际	2018-01-31
天然翡翠佛公配钻石吊坠		23,000	上海匡时	2018-04-30
天然翡翠和服扣/吊坠		66,525	佳士得	2018-11-27
天然翡翠配彩色钻石及钻石花好月圆吊坠		56,515	天成国际	2018-06-03
天然翡翠配钻石「悟道」吊坠		171,832	中国嘉德	2018-04-02
天然翡翠配钻石吊坠		151,688	香港苏富比	2018-04-03
天然翡翠平安无事配钻石吊坠		1,610,000	华艺国际	2018-05-22
天然翡翠茄子配钻石吊坠		77,952	天成国际	2018-06-03
天然翡翠如意配钻石吊坠		115,000	上海匡时	2018-04-30
天然翡翠山水配钻石吊坠，赵平设计雕刻		2,300,000	华艺国际	2018-05-22
天然翡翠树叶配钻石吊坠		116,928	天成国际	2018-06-03
天然红翡翠树叶配翡翠及钻石吊坠		53,592	天成国际	2018-06-03
天然红珊瑚 配 钻石、翡翠吊坠		74,750	华艺国际	2018-11-17
天然黄翡翡翠 18K白金 金牛吊坠		18288	香港国际	2018-11-11
天然黄翡配钻石佛公 吊坠		23,000	北京匡时	2018-05-21
天然老坑玻璃种翡翠 18K白金 福寿康宁钻石吊坠		162557	香港国际	2018-11-11
天然老坑玻璃种翡翠 18K白金 观音钻石吊坠		1625568	香港国际	2018-11-11
天然老坑玻璃种翡翠 18K白金 开心笑佛钻石吊坠		325114	香港国际	2018-11-11
天然满绿翡翠 配 钻石吊坠		943,000	华艺国际	2018-11-17
天然满绿翡翠 配 钻石吊坠		2,415,000	华艺国际	2018-11-17
天然满绿翡翠“蛋面”配钻石吊坠		287,500	保利厦门	2018-07-15
天然满绿翡翠“吉祥如意”配钻石吊坠		115,000	保利厦门	2018-07-15
天然满绿翡翠配钻石钥匙吊坠		207,000	保利厦门	2018-01-08
天然满色翡翠 18K白金 钻石玉珮吊坠		182876	香港国际	2018-11-11
天然缅甸鸽血红红宝石配钻石吊坠		43,700	北京匡时	2018-06-16
天然墨翠弥勒佛配红色碧玺吊坠		97,440	天成国际	2018-06-03
天然珍珠和钻石吊坠，20世纪初	珍珠10.04×10.10×8.34毫米	61,174	伦敦苏富比	2018-03-20
天然珍珠配鑽石吊墜	長40cm	1,336,663	日内瓦苏富比	2018-11-15
天然紫翡翠配翡翠及钻石吊坠		40,447	天成国际	2018-12-02
天然紫翡翠配钻石“福禄寿”吊坠		632,500	西泠拍卖	2018-07-08
天然紫罗兰翡翠配天然红宝石镶钻吊坠		20,700	北京匡时	2018-06-16
天然紫色翡翠「如意及貔貅」配翡翠及钻石吊坠		28,639	中国嘉德	2018-04-02
托帕石配黄水晶及琉璃绘珐琅彩吊坠		487,391	纽约苏富比	2018-04-18
现代 翡翠满绿叶形吊坠	长2.8cm；宽1.4cm	92,000	浙江佳宝	2018-07-01
新艺术珐琅和钻石吊坠 1900年	长7.0cm	79,400	日内瓦佳士得	2018-05-16
星光红宝石吊坠（一件）	重15.01g	27764038	美国联邦国际	2018-06-13
一组两件：18K玫瑰金及钻石CONSTANCE AMULETTE吊坠及18K玫瑰金及钻石CONSTANCE AMULETTE手炼	长15cm&39cm；1×2cm	55,438	佳士得	2018-11-28
约19世纪 卡斯特拉尼考古与复兴主义“凹雕术”黄金吊坠		862,500	西泠拍卖	2018-07-08
约3克拉心形钻石配钻石吊坠		149,500	北京匡时	2018-06-15
张采澄「君子兰」沈香吊坠		34,500	保利厦门	2018-01-08
张采澄 凤舞祥龙献瑞沈香发簪及吊坠套装		126,500	保利厦门	2018-01-08
张采澄 国色天香沈香吊坠		57,500	保利厦门	2018-01-08
张志坚雕刻“皆大欢喜”翡翠吊坠		437,000	西泠拍卖	2018-07-08
珍贵缅甸天然玻璃种帝王绿翡翠佛公		1,035,000	北京匡时	2018-06-16
珍贵天然满绿翡翠水滴形蛋面、圆形蛋面配钻石吊坠		138,000	北京匡时	2018-06-15
珍罕天然翡翠“弥勒佛”配钻石吊坠		6,386,400	天成国际	2018-12-02
正阳绿翡翠观音挂件	约重160g	3024000	永宝斋	2018-10-23
重约39.10克拉蛋白石配珐琅及钻石“荷塘月色”吊坠，坂下清司		21,608	中国嘉德	2018-10-02
紫翡灵猴献寿挂件		22,400	上海联合	2018-11-25
紫翡如意挂件		10,080	上海联合	2018-11-25

2018珠宝翡翠拍卖成交汇总

(成交价RMB：5000元以上)

拍品名称	物品尺寸	成交价RMB	拍卖公司	拍卖日期
紫罗兰吊坠	主石 43.8×46.8×20cm	690000	四川和德儒	2018-09-28
紫罗兰翡翠配翡翠及钻石“葡萄”吊坠		30,869	中国嘉德	2018-10-02
祖母绿和2.49克拉钻石吊坠		78,577	纽约苏富比	2018-04-19
祖母绿和钻石吊坠（20世纪20年代及以后）		144,593	伦敦苏富比	2018-03-20
祖母绿和钻石吊坠，1910年代	长380mm	77,858	伦敦苏富比	2018-03-20
钻石，蓝宝石，珍珠和珐琅吊坠，Carlo Giuliano，19世纪末		177,961	伦敦苏富比	2018-03-20
钻石吊坠		586,525	香港苏富比	2018-04-03
“变色龙”天然缅甸琉璃种翡翠牌		3,220,000	西泠拍卖	2018-07-08
20世纪 翡翠喜字龙凤牌（一对）	长8cm	34,500	北京保利	2018-12-09
翠玉松鼠葡萄纹牌	高4.5cm	310,450	佳士得	2018-11-28
翡翠方牌挂件		56,000	上海联合	2018-07-01
翡翠方牌配钻石吊坠		5750	上海匡时	2018-04-30
翡翠挂牌 山水冰紫		49,280	上海联合	2018-07-01
翡翠花鸟纹牌	高6cm	95,450	广东万丰	2018-01-07
翡翠花鸟纹牌	高6cm	95450	广东万丰	2018-01-07
翡翠龙牌	直径6cm	6325	广东崇正	2018-01-21
翡翠龙纹牌（一对）	高5.7cm	57,500	广东万丰	2018-01-07
翡翠龙纹牌（一对）	高5.7cm	57500	广东万丰	2018-01-07
翡翠龙纹牌（一对）	高5.7cm	69,000	广东万丰	2018-01-07
翡翠龙纹牌（一对）	高5.7cm	69000	广东万丰	2018-01-07
翡翠满绿平安无事牌		5750	北京中贝	2018-01-14
翡翠长宜子孙牌	长8cm	1210000	汉斯德拍卖	2018-11-24
黄海东梧道晴水翡翠牌	重34g	99720	荣盛国际	2018-01-17
黄金配钻石及彩色宝石饰品 均有品牌印记（一组四件）		25,300	北京保利	2018-06-19
满绿翡翠玉牌		4466000	劳伦斯国际	2018-05-24
缅甸天然翡翠无事牌		20,700	北京匡时	2018-06-16
缅甸天然墨翠观音挂牌		40,250	北京匡时	2018-06-16
缅甸天然墨翠竹节无事牌		28,750	北京匡时	2018-06-16
明代翡翠双喜牌	长8.3cm；直径1.5cm	6720	河南和轩	2018-01-20
墨翠平安牌	重量14.61g	285143	香港炎黄	2018-10-22
清 碧玺雕花鸟牌	高5cm	63,336	香港诚昌	2018-05-30
清 碧玺雕花鸟牌	高5cm	63336	香港诚昌	2018-05-30
清 翡翠“吉祥”佩、人物诗文牌（两件）	长5.8cm；长5cm	37,950	北京保利	2018-12-09
清 翡翠雕葫芦形斋戒牌	长6cm；宽3.8cm	23,000	西泠拍卖	2018-07-07
清 翡翠雕花卉牌	长5.4cm	6900	北京保利	2018-07-27
清 翡翠雕岁寒三友手牌	8.6×6cm	1610000	博乐德	2018-07-02
清 翡翠福寿牌	长5cm；宽3.4cm；厚0.6cm	20700	四川和德儒	2018-09-28
清 翡翠福寿如意牌	长5.5cm	6900	北京保利	2018-10-28
清 翡翠葫芦形斋戒牌	长6.2cm	20,700	北京保利	2018-04-29
清 翡翠榴开百子牌	长4.9cm	25,300	北京保利	2018-04-29
清 翡翠龙凤牌	长4.9cm；宽3.5cm；高0.5cm	86250	四川和德儒	2018-09-28
清 翡翠麻姑献寿牌	长5.3cm	6900	北京保利	2018-10-28
清 翡翠满堂富贵牌	长4.5cm；宽3.4cm；厚0.5cm	51750	四川和德儒	2018-09-28
清 翡翠俏色吉庆有余牌饰	长6.6cm；宽3.1cm	46,000	北京鸿盛祥	2018-06-16
清 翡翠婴戏牌	直径5cm	36,800	华艺国际	2018-11-16
清代 翡翠无事牌	3.3×2.6cm	51,750	古天一	2018-06-17
清代 錾花金什件	122g	483,000	古天一	2018-12-08
清晚期 翡翠花鸟牌	长5.8cm	40,250	北京保利	2018-06-21
三彩观音牌	主石 54.4×52.8×10cm	92000	四川和德儒	2018-09-28
天然冰种翡翠龙牌		74,750	北京匡时	2018-06-15
天然满绿翡翠无事牌配钻石吊坠		43,700	北京匡时	2018-06-15
天然满绿翡翠无事牌配钻石吊坠		34,500	北京匡时	2018-06-15
现代 翡翠飘绿双龙纹牌	长6cm；宽3.5cm	92,000	浙江佳宝	2018-07-01
翡翠扳指	重38g	2500960	劳伦斯国际	2018-05-24
翡翠苍龙教子带钩	6.6×3.5×2.4cm	1,650,000	中正拍卖	2018-11-30
翡翠雕苍龙教子带钩	重量75g；长12.2cm	979,000	中正拍卖	2018-11-30
清 白玉留皮扳指 翡翠扳指各一	直径3cm；3.1cm	46,000	中国嘉德	2018-06-19
清 沉香扳指·翡翠扳指（一组）	尺寸不一	13,800	华艺国际	2018-03-30

拍品名称	物品尺寸	成交价RMB	拍卖公司	拍卖日期
清 翡翠扳指	长2.2cm	10350	四川和德儒	2018-09-28
清 翡翠苍龙教子带钩	长9cm	36,800	华艺国际	2018-11-17
清 翡翠螭龙纹带钩配饰	重21.6g	1645380	劳伦斯国际	2018-01-31
清 翡翠雕扳指、龙佩（两件）	直径3cm；长6.2cm	9200	北京保利	2018-07-27
清 翡翠龙带钩	长8.2cm；宽1.9cm；高1.5cm	14950	四川和德儒	2018-09-28
清 翡翠龙带钩（一对）	长9.5cm；高2.5cm	51750	四川和德儒	2018-09-28
清 翡翠龙纹带钩	长7.8cm	161,000	西泠拍卖	2018-07-07
清 翡翠云龙纹带扣	长6cm；5.7cm；宽3.7cm	34,500	北京鸿盛祥	2018-06-16
清 福禄寿翠玉雕螭龙带钩（一组三件）	绿 10cm；黄10.8cm；红 9.2cm	272,500	香港苏富比	2018-10-03
清 合香人物扳指·翡翠扳指（一组）	尺寸不一	11,500	华艺国际	2018-11-17
清 绿翠扳指	直径3cm；高2.8cm	7475	北京中贝	2018-06-24
清 紫翠扳指（一只）	直径3cm；高2.8cm	5175	北京中贝	2018-06-24
清代 翡翠龙纹带钩	连扣长14cm；宽2.5cm	5390000	新加坡伯明翰	2018-09-03
清代 金透雕双喜香囊式扳指		101,200	古天一	2018-12-08
镶钻石带扣（十三颗/组）		748248	英联邦国际	2018-11-03
缅甸天然墨翠「龙凤」子母扣		17,250	北京保利	2018-06-19
:10.58克拉钻石戒指		3,890,618	日内瓦佳士得	2018-05-16
“粉色幻想”，珍贵璀璨11.75克拉雷迪恩形彩黄调粉色钻石及VS2净度钻石配钻石戒指		17,480,000	北京匡时	2018-06-16
“光明女神”12.45克拉粉色钻石戒指 净度VS2		20,930,000	西泠拍卖	2018-07-08
“化茧”金镶翡翠蝴蝶配钻石蓝宝戒指吊坠两用		28,750	西泠拍卖	2018-07-08
“皇冠”18K金镶钻石戒指		8050	西泠拍卖	2018-07-08
“绝地武士”金镶尖晶石配钻石戒指		28,750	西泠拍卖	2018-07-08
“希望之火-The Ember Diamond” 极为珍罕1.26克拉天然彩红橘色钻石配钻石戒指		14,170,000	中国嘉德	2018-10-02
0.28克拉 FANCY PINK 天然粉钻配钻石「皇冠」戒指		33,350	保利厦门	2018-01-08
0.51克拉蓝黄钻戒指		138,000	西泠拍卖	2018-07-08
0.53克拉天然莫桑比克鸽血红红宝石配钻石戒指		9200	北京匡时	2018-06-16
0.54克拉黄色钻石戒指		9200	西泠拍卖	2018-07-08
0.59克拉艳黄色钻石戒指		8050	西泠拍卖	2018-07-08
0.62克拉天然莫桑比克鸽血红红宝石戒指		5750	北京匡时	2018-06-16
0.92克拉天然vivid green祖母绿配钻石戒指		6900	北京匡时	2018-06-16
1.00克拉椭圆形淡彩棕粉色钻石配钻石戒指		287,500	华艺国际	2018-11-17
1.01克拉 FANCY YELLOW 净度VS1 天然黄钻配钻石花型戒指		28,750	保利厦门	2018-01-08
1.01克拉D色枕形钻石配钻石戒指		34,061	万昌斯	2018-11-29
1.01克拉D色钻石戒指		43,700	西泠拍卖	2018-07-08
1.01克拉艳彩紫粉色钻石配钻石戒指		649,142	保利香港	2018-04-01
1.02克拉 梨形 淡粉色 钻石 配 钻石 戒指		230,000	华艺国际	2018-11-17
1.02克拉 天然微粉色钻石配钻石戒指		138,000	保利厦门	2018-07-15
1.02克拉天然尖晶石配钻石拉丝戒指		5750	北京匡时	2018-06-16
1.02克拉艳彩橙黄色钻石配钻石戒指/吊坠	主石约为 6.21×5.64×3.37mm	69,000	北京保利	2018-12-07
1.02克拉圆形D色VVS2净度Triple Excellent（极优切割，打磨及比例）钻石配钻石“Couture Solitaire”戒指，Van Cleef & Arpels		93,667	天成国际	2018-12-02
1.03克拉彩黄棕色钻石戒指		20,579	保利香港	2018-10-02
1.03克拉梨形橘粉色钻石配钻石戒指		345,000	华艺国际	2018-05-22
1.044克拉 天然莫桑比亚鸽血红红宝石 戒指		18,400	北京匡时	2018-05-21
1.04克拉 天然红宝石 戒指		18,400	北京匡时	2018-05-21
1.04克拉淡粉色钻石戒指		172,500	西泠拍卖	2018-07-08

拍品名称	物品尺寸	成交价RMB	拍卖公司	拍卖日期
1.04克拉天然淡粉红色钻石配粉红色钻石及钻石戒指		36,014	中国嘉德	2018-10-02
1.05卡拉彩粉红色鑽石戒指	指环52	1,940,317	日内瓦苏富比	2018-11-15
1.05克拉 鸽血红红宝石戒指		25,760	上海联合	2018-07-01
1.07克拉天然缅甸鸽血红红宝石配钻石戒指		43,700	北京匡时	2018-06-16
1.08克拉天然淡彩黄色钻石配钻石戒指		32,200	中国嘉德	2018-11-22
1.11克拉彩黄色钻石配钻石戒指	主石约为5.96 x 5.47 x 3.85mm	32,200	北京保利	2018-12-07
1.12克拉 祖母绿戒指		36,960	上海联合	2018-07-01
1.12克拉天然莫桑比克鸽血红红宝石蛇形戒指		17,250	北京匡时	2018-06-16
1.13克拉天然深彩橙黄色钻石配钻石戒指		39,100	保利香港	2018-10-02
1.14克拉浓彩橙黄色钻石配钻石戒指		69,000	北京匡时	2018-06-16
1.17克拉 天然尖晶石配钻石戒指		6900	保利厦门	2018-01-08
1.18克拉天然祖母绿配钻石戒指		28,750	华艺国际	2018-11-17
1.18克拉 天然星光红宝石蜻蜓 戒指		11,500	北京匡时	2018-05-21
1.19 克拉淡彩棕粉色钻石配钻石戒指		229,109	保利香港	2018-04-01
1.19克拉 天然「哥伦比亚」VIVID GREEN 祖母绿配钻石戒指 微注油		11,500	保利厦门	2018-01-08
1.19缅甸尖晶石配钻石戒指，未经加热		15,434	保利香港	2018-10-02
1.20克拉矢车菊蓝蓝宝石配钻石戒指		12,773	万昌斯	2018-11-29
1.21克拉缅甸“鸽血红”红宝石配钻石戒指		94,300	上海匡时	2018-04-30
1.21克拉椭圆形巴西帕拉伊巴碧玺配钻石戒指		194,880	天成国际	2018-06-03
1.23ct 莫桑比克鸽血红红宝石戒指		17,920	上海联合	2018-07-01
1.23克拉淡彩粉色钻石配钻石戒指	主石约为10.88 x 5.75 x 3.13mm	759,000	北京保利	2018-12-07
1.24克拉梨形巴西天然帕拉依巴戒指		332,625	佳士得	2018-11-27
1.24克拉天然巴西帕拉伊巴碧玺		126,500	北京匡时	2018-06-16
1.24克拉钻石配钻石戒指		41,158	中国嘉德	2018-10-02
1.25克拉 天然「赞比亚」祖母绿配钻石戒指		6900	保利厦门	2018-07-15
1.25克拉心形深彩灰绿黄色VS2钻石戒指		105,331	佳士得	2018-11-27
1.26克拉天然淡紫色钻石配粉红色钻石及钻石戒指		668,824	中国嘉德	2018-10-02
1.27克拉天然彩棕粉色钻石配钻石戒指		308,688	保利香港	2018-10-02
1.27克拉自然色，VS2净度蓝色钻石戒指	尺寸6	4,372,975	纽约佳士得	2018-04-17
1.30克拉圆形F色VVS2 净度极优切割钻石配钻石戒指，Harry Winston		107,184	天成国际	2018-06-03
1.34克拉 哥伦比亚祖母绿挂坠		30,240	上海联合	2018-07-01
1.353克拉未经加热心形红宝石配钻石戒指		15,966	万昌斯	2018-11-29
1.40克拉天然鸽血红红宝石配钻石戒指		28,750	北京匡时	2018-06-16
1.41克拉正方形淡彩绿色钻石配钻石戒指		287,500	华艺国际	2018-05-22
1.53克拉淡彩绿色钻石配钻石戒指		470,997	保利澳门	2018-11-29
1.55卡拉彩蓝色钻石配彩色钻石及钻石戒指	戒指6.25	2,433,809	纽约苏富比	2018-04-18
1.56克拉哥伦比亚未经注油祖母绿配钻石戒指		138,372	万昌斯	2018-11-29
1.57克拉 红宝石配钻石 戒指		25,300	北京匡时	2018-05-21
1.58克拉天然斯里兰卡矢车菊蓝宝石配钻石戒指		12,650	北京匡时	2018-06-16
1.61卡拉濃彩粉红色鑽石戒指	指环尺寸50	1,250,426	日内瓦苏富比	2018-11-15
1.61克拉阶梯式切割天然“哥伦比亚穆索”祖母绿配钻石“蝴蝶结”戒指，Rich & Rare		42,576	天成国际	2018-12-02
1.63克拉 红宝石配钻石 戒指		13,800	北京匡时	2018-05-21
1.64克拉E色钻石戒指，净度内部无暇		61,738	保利香港	2018-10-02
1.68克拉天然斯里兰卡矢车菊蓝宝石配钻石戒指		8050	北京匡时	2018-06-16
1.68克拉自然色，VS1净度黄色钻石和钻石戒指，蒂芙尼	尺寸6	117,722	纽约佳士得	2018-04-17
1.69 克拉心形E色SI1净度极优打磨钻石配钻石戒指		68,208	天成国际	2018-06-03
1.69克拉梨形天然彩粉红色SI2净度钻石配0.53及0.52克拉梨形F色内部无瑕钻石，粉红色钻石及钻石戒指		1,277,280	天成国际	2018-12-02
1.79克拉彩粉色水滴形钻石配钻石戒指		2,760,000	上海匡时	2018-04-30
1.79克拉莫桑比克红宝石和钻石戒指	戒指6	33,002	纽约苏富比	2018-04-19
1.83克拉哥伦比亚祖母绿配钻石戒指		13,800	北京荣宝	2018-09-14
1.83克拉梨形F/VS2钻石戒指		199,575	佳士得	2018-11-27
1.85克拉哥伦比亚祖母绿配钻石18K金戒指		23,000	北京荣宝	2018-09-14
10.01克拉 FY 彩黄色VS1净度钻石戒指		1,150,000	北京匡时	2018-06-16
10.01克拉橙色刚玉配钻石戒指		57,277	保利香港	2018-04-01
10.02卡拉钻石戒指，Aletto Brothers	戒指6.25	1,021,948	纽约苏富比	2018-04-18
10.02克拉彩黄色心形黄钻戒指		862,500	西泠拍卖	2018-07-08
10.02克拉心形艳彩黄色钻石配钻石戒指		7,475,000	上海匡时	2018-04-30
10.03卡拉钻石戒指	戒指5.5	1,572,228	纽约苏富比	2018-04-18
10.03克拉无瑕级圆钻戒指		4,025,000	上海匡时	2018-04-30
10.04 克拉阶梯式切割天然无经加热处理紫色尖晶石配钻石戒指		63,336	天成国际	2018-06-03
10.04克拉缅甸“皇家蓝”蓝宝石配钻石戒指，未经加热		3,680,000	上海匡时	2018-04-30
10.04克拉椭圆形缅甸天然鸽血红红宝石戒指		49,982,450	佳士得	2018-11-27
10.0克拉哥伦比亚祖母绿钻石戒指	尺寸4	3,890,618	日内瓦佳士得	2018-05-16
10.10克拉 天然 未经热处理「斯里兰卡」紫蓝色 蓝宝石 配 钻石戒指		402,500	华艺国际	2018-05-22
10.12克拉天然满绿翡翠蛋面戒指		166,750	上海匡时	2018-04-30
10.15卡拉E色，VS1淨度鑽石戒指	尺寸6 ¼	3,263,946	纽约苏富比	2018-04-18
10.18克拉和6.50克拉祖母绿和钻石戒指，海瑞温斯顿	尺寸6¾	1,730,942	纽约苏富比	2018-10-17
10.22克拉彩蓝色钻石配钻石戒指，净度VS2		36,275,560	保利香港	2018-04-01
10.22克拉的矩形垫形粉红色尖晶和钻石戒指，IVY	尺寸L1 / 2	155,716	伦敦苏富比	2018-03-20
10.24克拉 天然托帕石配托帕石及钻石「海星」尾指		20,700	保利厦门	2018-01-08
10.26克拉钻石戒指	尺寸6	649,103	纽约苏富比	2018-10-17
10.27克拉天然艳彩黄色钻石配钻石戒指		6,247,880	中国嘉德	2018-10-02
10.40克拉阶梯式切割天然无经加热处理紫色尖晶石配钻石戒指		42,576	天成国际	2018-12-02
10.43克拉蓝宝石和钻石戒指	尺寸6 ¾	431,647	纽约佳士得	2018-04-17
10.51克拉椭圆形天然缅甸无经加热处理星光红宝石配黄色钻石及钻石戒指		175,392	天成国际	2018-06-03
10.53克拉古垫形G色VS1净度极优打磨及比例钻石配钻石戒指		2,679,600	天成国际	2018-06-03
10.60克拉蓝宝石和钻石戒指	尺寸6	1,588,008	日内瓦佳士得	2018-05-16
10.68克拉祖母绿和钻石戒指	尺寸5¾	8,412,380	纽约苏富比	2018-10-17
10.71克拉钻石戒指	大小6½	873,404	日内瓦佳士得	2018-05-16
10.750克拉哥伦比亚祖母绿和钻石戒指，大卫·莫里斯		2,747,253	日内瓦佳士得	2018-05-16
10.824克拉未经加热蓝宝石配钻石戒指		58,542	万昌斯	2018-11-29
10.84克拉蓝宝石和钻石戒指	尺寸6½	328,879	纽约苏富比	2018-10-17
10.86克拉I色，SI2清晰钻石戒指，阿德勒	尺寸6	1,588,008	日内瓦佳士得	2018-05-16

拍品名称	物品尺寸	成交价RMB	拍卖公司	拍卖日期
10.89克拉缅甸蓝宝石配钻石戒指未经加热	主石约为15×13.06×7mm	437,000	北京保利	2018-12-07
10.94克拉，H色，VS2清晰度钻石戒指	尺寸10	2,061,234	日内瓦佳士得	2018-05-16
10.95克拉椭圆形天然斯里兰卡无经加热处理变色蓝宝石配钻石戒指		68,208	天成国际	2018-06-03
11.10克拉天然缅甸未经加热尖晶石配钻石戒指		257,240	中国嘉德	2018-10-02
11.19克拉榄尖形淡粉红色SI1 Type IIa钻石戒指		5,197,820	佳士得	2018-11-27
11.22克拉浅黄色钻石和钻石戒指	大小6¾	714,603	日内瓦佳士得	2018-05-16
11.22克拉椭圆形斯里兰卡天然变色蓝宝石戒指		188,488	佳士得	2018-11-27
11.24卡拉蓝宝石配钻石戒指	戒指6¼	6,282,624	纽约苏富比	2018-04-18
11.27卡拉钻石戒指	指环4.5	1,061,254	纽约苏富比	2018-04-18
11.38克拉无瑕级橄榄形浓彩黄色钻石戒指		4,370,000	上海匡时	2018-04-30
11.48克拉的垫形钻石戒指，宝格丽		756,333	伦敦苏富比	2018-03-20
11.50克拉蓝宝石戒指		1,270,406	日内瓦佳士得	2018-05-16
11.68克拉心形天然无经加热处理紫色尖晶石配钻石戒指，Nisan		85,152	天成国际	2018-12-02
11.71卡拉浓彩黄色钻石配10.15卡拉钻石戒指	戒指5.75	4,018,615	纽约苏富比	2018-04-18
11.72克拉 天然玫红色碧玺配红宝石戒指		74,750	华艺国际	2018-05-22
11.73克拉缅甸天然红宝石蛋面戒指		55,438	佳士得	2018-11-27
11克拉哥伦比亚中度人造树脂祖母绿，玛瑙和钻石戒指	尺寸5	127,041	日内瓦佳士得	2018-05-16
12.04克拉蓝宝石戒指	尺寸6	147,130	纽约苏富比	2018-10-17
12.12克拉蓝宝石和钻石戒指	尺寸6	667,091	纽约佳士得	2018-04-17
12.14克拉I色，VS1净度钻戒，梵克雅宝	尺寸6¾	2,489,425	纽约佳士得	2018-04-17
12.17克拉圆形钻石		2,645,000	上海匡时	2018-04-30
12.22克拉蓝宝石和2.44克拉、2.40克拉钻石戒指，ZEGG & CERLATI	戒指6号	142,921	日内瓦佳士得	2018-05-16
12.27克拉椭圆形天然“缅甸”无经加热处理蓝宝石配钻石戒指，Harry Winston		266,100	天成国际	2018-12-02
12.35克拉赞比亚蛋面祖母绿配钻石戒指		191,592	万昌斯	2018-11-29
12.49卡拉钻石戒指	戒指5.5	3,641,280	纽约苏富比	2018-04-18
12.50克拉蓝宝石和钻石戒指	尺寸5	103,857	纽约苏富比	2018-10-17
12.50克拉祖母绿和钻石戒指，Ruser	戒指4¼	94,292	纽约苏富比	2018-04-19
12.98克拉彩色钻石和钻石戒指		5,033,984	日内瓦佳士得	2018-05-16
12克拉祖母绿钻石戒指	尺寸6	357,302	日内瓦佳士得	2018-05-16
13.11克拉星光蓝宝石配钻石戒指		36,800	北京匡时	2018-06-16
13.20克拉蓝宝石和钻石戒指	尺寸5¾	172,659	纽约佳士得	2018-04-17
13.23克拉自然色，VS1净度黄色钻石和钻石戒指	尺寸6¼	981,016	纽约佳士得	2018-04-17
13.25克拉天然哥伦比亚木佐矿艳绿色祖母绿配钻石戒指		747,500	中国嘉德	2018-11-22
13.33克拉彩色钻石和钻石戒指	大小6¼	3,280,823	日内瓦佳士得	2018-05-16
13.50克拉彩黄色钻石配钻石戒指		2,932,500	上海匡时	2018-04-30
13.54克拉，I色，VS2清晰度钻石戒指	戒指6号	1,905,609	日内瓦佳士得	2018-05-16
13.59克拉椭圆形红色碧玺配钻石戒指		42,576	天成国际	2018-12-02
13.70卡拉D色，VS1淨度钻石戒指，蒂芙尼	戒指5	7,263,694	纽约苏富比	2018-04-18
13.74克拉彩色钻石和钻石戒指		674,903	日内瓦佳士得	2018-05-16
13.95克拉无瑕级雷迪恩形浓彩黄色钻石戒指，HRD特别推荐		3,852,500	上海匡时	2018-04-30
13mm澳洲南洋珍珠配钻石戒指		17,250	西泠拍卖	2018-07-08
14.20克拉椭圆形粉红色碧玺配彩色宝石及钻石“虞美人”戒指，Jewellery Theatre		170,304	天成国际	2018-12-02
14.36克拉天然哥伦比亚祖母绿配钻石戒指		2,070,000	华艺国际	2018-05-22

拍品名称	物品尺寸	成交价RMB	拍卖公司	拍卖日期
14.72克拉八角形哥伦比亚天然祖母绿戒指		7,007,300	佳士得	2018-11-27
15.00克拉自然色，VS1净度彩色钻石戒指	尺寸6½	1,412,663	纽约佳士得	2018-04-17
15.03克拉“皇家蓝”蓝宝石配钻石戒指，未经加热		2,047,000	上海匡时	2018-04-30
15.16克拉 ‘Rubellite’ 红碧玺配钻石戒指		44,705	万昌斯	2018-11-29
15.18克拉缅甸未经加热星光红宝石配钻石戒指		51,091	万昌斯	2018-11-29
15.19克拉钻石戒指,卡地亚	大小6¼	6,329,798	日内瓦佳士得	2018-05-16
15.25卡拉鑽石戒指, Pederzani	指环49	3,249,384	日内瓦苏富比	2018-11-15
15.32克拉钻石和钻石戒指，格拉夫		1,905,609	日内瓦佳士得	2018-05-16
15.60克拉长方形E/VVS2（极优打磨）钻石戒指		7,007,300	佳士得	2018-11-27
15.80克拉椭圆形天然无经处理变色石榴石配变色石榴石及钻石戒指		272,832	天成国际	2018-06-03
15.95克拉蓝宝石及钻石戒指 雷蒙德YARD	尺寸5	745,572	纽约佳士得	2018-04-17
15.97克拉椭圆形缅甸天然紫色蓝宝石戒指		1,330,500	佳士得	2018-11-27
15克拉蓝宝石戒指	尺寸6½	173,094	纽约苏富比	2018-10-17
16.02克拉方形钻石戒指		977,500	北京匡时	2018-06-16
16.05克拉蜂蜜色猫眼金绿宝石配钻石戒指		255,456	万昌斯	2018-11-29
16.09克拉D色钻石戒指，HARRY WINSTON设计，HRD特别推荐		13,800,000	上海匡时	2018-04-30
16.28克拉塔糖形哥伦比亚祖母绿配钻石戒指		1,436,940	万昌斯	2018-11-29
16.43克拉祖母绿及钻石戒指	环号7	317,602	日内瓦佳士得	2018-05-16
16.59克拉J色VS2清晰度钻石戒指		2,823,477	日内瓦佳士得	2018-05-16
17.05克拉八角形缅甸天然蓝宝石戒指		2,430,380	佳士得	2018-11-27
17.12卡拉祖母绿配钻石戒指，蒂芙尼（Tiffany & Co.）	戒指5¼	1,729,451	纽约苏富比	2018-04-18
17.16克拉八角形天然无经加热处理紫色尖晶石戒指		136,416	天成国际	2018-06-03
17.19克拉H色，VS1净度钻石戒指和永恒带	戒指尺寸3½	4,297,633	纽约佳士得	2018-04-17
17.36克拉椭圆形天然斯里兰卡无经加热处理星光蓝宝石配钻石戒指		82,824	天成国际	2018-06-03
18.506克拉缅甸蓝宝石戒指	大小8½	516,102	日内瓦佳士得	2018-05-16
18.98克拉黄色，VVS2清晰度钻石戒指	大小6½	1,746,808	日内瓦佳士得	2018-05-16
1880年制 红玛瑙伯爵戒指	重量12.2g	11,500	西泠拍卖	2018-07-09
1880年制 族徽红宝石男指	重量11g	9200	西泠拍卖	2018-07-09
18K白金镶彩色蓝宝石碧玺紫水晶戒指		6900	西泠拍卖	2018-07-08
18K白金镶蛋面翡翠配钻石戒指		69,000	西泠拍卖	2018-07-08
18K白金镶蓝色宝石簧戒指 宝格丽		13,800	华艺国际	2018-11-17
18K白金镶钻石Love戒指 卡地亚		20,700	华艺国际	2018-11-17
18K白金镶钻石蛇形戒指 宝格丽		69,000	华艺国际	2018-11-17
18K彩兰宝钻戒		33,600	上海联合	2018-07-01
18K翡翠花式戒指		12,880	上海联合	2018-11-25
18K哥伦比亚祖母绿戒指		128,800	上海联合	2018-11-25
18K红宝石、钻石花式戒指		18,144	上海联合	2018-11-25
18K红宝石花式戒指		8960	上海联合	2018-11-25
18K金 钻石 戒指		9200	华艺国际	2018-11-17
18k金及有色的蓝宝石钻石戒指，杜奈	尺寸5½	117,722	纽约佳士得	2018-04-17
18k金及钻石戒指，宝格丽	尺寸7¼	149,114	纽约佳士得	2018-04-17
18K金镶红宝石戒指		6900	北京荣宝	2018-09-14
18K金镶克拉钻戒指	长0.7cm；主石长0.5cm	17,250	中国嘉德	2018-01-14
18K金镶钻红宝石吊坠、戒指套装		17,250	中国嘉德	2018-09-20
18K金镶钻蓝宝石戒指		3274740	台湾上之角	2018-11-26
18K金镶钻石翡翠葫芦坠	长2.7cm	6900	北京保利	2018-10-28
18K金镶钻石翡翠坠	长3cm	5750	北京保利	2018-10-28
18K金镶钻石戒指 宝诗龙		20,700	华艺国际	2018-11-17
18K金镶钻石戒指 宝诗龙		23,000	华艺国际	2018-11-17
18K金镶钻石戒指 宝诗龙		13,800	华艺国际	2018-11-17

拍品名称	物品尺寸	成交价RMB	拍卖公司	拍卖日期
18K金镶钻石嵌翡翠坠	长4.8cm	13,800	北京保利	2018-10-28
18K金镶钻无烧鸽血红宝石戒指	长1.3cm；主石长0.6cm	17,250	中国嘉德	2018-01-14
18K玫瑰金镶黄色宝石戒指 宝格丽		11,500	华艺国际	2018-11-17
18K玫瑰金镶钻石Love戒指 卡地亚		18,400	华艺国际	2018-11-17
18K莫桑比克鸽血红红宝石戒指		78,400	上海联合	2018-11-25
18K斯里兰卡蓝宝石戒指		22,400	上海联合	2018-11-25
18K斯里兰卡蓝宝石戒指		24,640	上海联合	2018-11-25
18k镶钻红翡弥勒佛挂坠	高3cm	617771	恒大四季	2018-05-29
18k赞比亚祖母绿钻石花式戒指		20,160	上海联合	2018-11-25
18k钻石花式戒指		15,456	上海联合	2018-11-25
19.58卡拉蓝宝石配钻石戒指	戒指7	550,280	纽约苏富比	2018-04-18
19.74卡拉浓彩黄色钻石配钻石戒指	戒指5.5	3,037,545	纽约苏富比	2018-04-18
19.88克拉祖母绿和钻石戒指，梅斯特		317,602	日内瓦佳士得	2018-05-16
1920年制 金枝玉叶珍珠戒指	重量14.5g	11,500	西泠拍卖	2018-07-09
1940年制 珍珠钻石戒指	重量8.4g	9200	西泠拍卖	2018-07-09
19世纪 印度青白玉痕都斯坦钻石红宝戒指	长4cm；直径2.3cm	36,014	保利香港	2018-10-02
1克拉缅甸红宝石配钻石戒指		8050	北京荣宝	2018-09-14
2.00卡拉深彩藍綠色鑽石戒指	指环51	12,935,446	日内瓦苏富比	2018-11-15
2.01克拉 天然淡粉色钻石配钻石戒指		506,000	保利厦门	2018-07-15
2.01克拉彩黄棕色钻石配钻石戒指		188,399	保利澳门	2018-11-29
2.01克拉黄钻配钻石18k金戒指		57,500	北京荣宝	2018-09-14
2.02卡拉濃彩藍色鑽石戒指	指环51	23,283,803	日内瓦苏富比	2018-11-15
2.02克拉梨形天然“莫桑比克”无经加热处理红宝石配钻石戒指		91,538	天成国际	2018-12-02
2.02克拉椭圆形天然“莫桑比克”无经加热处理红宝石配钻石戒指；及天然翡翠配钻石戒指		44,705	天成国际	2018-12-02
2.02克拉椭圆形天然莫桑比克无经加热处理鸽血红红宝石配钻石戒指		43,848	天成国际	2018-06-03
2.03克拉微粉色钻石配钻石戒指		345,000	北京匡时	2018-06-16
2.04ct黄钻钻戒		61,600	上海联合	2018-07-01
2.04克拉天然沙弗莱配水晶及钻石戒指		20,700	北京匡时	2018-06-16
2.05克拉“鸽血红”红宝石配钻石戒指，未经加热		55,200	上海匡时	2018-04-30
2.06克拉梨形天然“斯里兰卡”无经加热处理“海棠红”红宝石配钻石戒指		47,898	天成国际	2018-12-02
2.07克拉梨形天然“莫桑比克”无经加热处理红宝石配红宝石及钻石戒指，Jewel Studio		37,254	天成国际	2018-12-02
2.08克拉自然色，SI2净度深黄褐色钻石和钻石戒指		133,418	纽约佳士得	2018-04-17
2.09克拉椭圆形天然莫桑比克无经加热处理鸽血红红宝石配钻石戒指		63,336	天成国际	2018-06-03
2.10克拉天然金绿猫眼石配玉髓及钻石戒指		13,800	北京匡时	2018-06-16
2.10克拉自然色，VS1净度（IIb型）蓝色钻石和1.98克拉D色，VS1净度钻石戒指		21,927,661	纽约佳士得	2018-04-17
2.10克拉祖母绿和钻石戒指	戒指6¾	39,288	纽约苏富比	2018-04-19
2.11克拉圆形天然浓彩黄色钻石配钻石戒指		138,372	天成国际	2018-12-02
2.12克拉 淡彩黄钻 VS2净度 配钻石 戒指		103,500	华艺国际	2018-11-17
2.16克拉阶梯式切割天然“哥伦比亚”无经处理祖母绿配钻石戒指		72,379	天成国际	2018-12-02
2.1克拉缅甸蓝宝石配钻石戒指		10,350	北京荣宝	2018-09-14
2.20克拉钻石戒指		209,332	保利澳门	2018-11-29
2.22克拉 鸽血红红宝石戒指		64,960	上海联合	2018-07-01
2.23克拉缅甸红宝石配钻石戒指		23,000	北京荣宝	2018-09-14
2.24克拉H色，VVS2净度，两侧1.32和1.25克拉钻石戒指		235,444	纽约佳士得	2018-04-17

拍品名称	物品尺寸	成交价RMB	拍卖公司	拍卖日期
2.24克拉莫桑比克“鸽血红”红宝石配钻石戒指/吊坠 未经加热	主石约为9.32×6.76×3.85mm	92,000	北京保利	2018-12-07
2.24克拉椭圆形天然“缅甸抹谷”无经加热处理红宝石配红宝石及钻石戒指		72,379	天成国际	2018-12-02
2.25克拉花式黄钻和钻石戒指		95,202	纽约苏富比	2018-10-17
2.26克拉彩灰黄绿色钻石配钻石戒指		66,823	保利香港	2018-04-01
2.29克拉古垫形天然莫桑比克无经加热处理鸽血红红宝石配钻石戒指		66,259	天成国际	2018-06-03
2.32克拉天然红宝石配钻石戒指		17,250	中国嘉德	2018-11-22
2.36克拉古垫形天然彩棕绿黄色VS2净度极优打磨钻石配黄色钻石及钻石戒指		63,336	天成国际	2018-06-03
2.37克拉天然缅甸红宝石配养殖珍珠及钻石戒指		87,462	中国嘉德	2018-10-02
2.40克拉红宝石和钻石戒指	戒指3½	58,792	纽约苏富比	2018-04-19
2.40克拉长方形D/VVS2钻石戒指及2.02克拉圆形F/VVS1钻石戒指		465,675	佳士得	2018-11-27
2.47克拉阶梯式切割天然“哥伦比亚穆索”祖母绿配钻石戒指		63,864	天成国际	2018-12-02
2.47克拉天然彩色钻石戒指		49,390	保利香港	2018-10-02
2.48克拉古垫形天然“缅甸”无经加热处理红色尖晶石配钻石戒指		31,932	天成国际	2018-12-02
2.50克拉和2.40克拉钻石戒指	尺寸6¼	415,426	纽约苏富比	2018-10-17
2.50克拉天然缅甸未经加热红宝石配钻石戒指		46,000	中国嘉德	2018-11-22
2.53克拉 皇家蓝蓝宝石戒指		19,440	上海联合	2018-07-01
2.56 克拉梨形天然哥伦比亚祖母绿配1.01 克拉梨形天然浓彩黄色钻石及钻石戒指		146,160	天成国际	2018-06-03
2.58克拉花式棕色粉红钻石和钻石戒指	戒指6	157,154	纽约苏富比	2018-04-19
2.60克拉蓝宝石及1.31克拉红宝石配钻石戒指，未经加热（一对）		76,370	保利香港	2018-04-01
2.61克拉钻石配钻石戒指		288,109	中国嘉德	2018-10-02
2.62克拉心形I色VS2净度钻石戒指		69,186	天成国际	2018-12-02
2.65克拉星光红宝石配钻石戒指		9200	北京荣宝	2018-09-14
2.78克拉艳彩黄绿色钻石配钻石戒指		1,718,316	保利香港	2018-04-01
2.79卡拉祖母绿配1.78及1.73卡拉钻石戒指	戒指6	471,668	纽约苏富比	2018-04-18
2.81克拉枕形淡蓝色IF（极优打磨）钻石戒指		1,330,500	佳士得	2018-11-27
2.81克拉自然色，VVS1净度蓝色钻石和钻石戒指	尺寸6	13,640,041	纽约佳士得	2018-04-17
2.83克拉天然缅甸未经加热尖晶石配钻石戒指		25,724	中国嘉德	2018-10-02
2.85克拉自然色，I1净度粉红色钻石及2.42克拉自然色，VS2净度蓝色钻石戒指，卡地亚		28,331,731	纽约佳士得	2018-04-17
2.86克拉 天然“哥伦比亚”祖母绿配钻石戒指		32,200	保利厦门	2018-07-15
2.88克拉古垫形天然缅甸抹谷无经加热处理红宝石配钻石戒指		116,928	天成国际	2018-06-03
2.96克拉 哥伦比亚木佐祖母绿戒指		257,600	上海联合	2018-07-01
2.9克拉巴拿马大凤螺海螺珠配钻石戒指		6900	西泠拍卖	2018-07-08
20.01克拉椭圆形天然斯里兰卡无经加热处理蓝色尖晶石配钻石戒指		92,568	天成国际	2018-06-03
20.02克拉淡彩黄绿色钻石戒指		3,054,784	保利香港	2018-04-01
20.03卡拉濃彩黃色鑽石戒指	指环47	2,752,663	日内瓦苏富比	2018-11-15
20.03克拉斯里兰卡蓝宝石配钻石戒指 未经加热	主石约为16.08×12.13×11.14mm	138,000	北京保利	2018-12-07
20.05克拉枕形钻石戒指		1,437,500	北京匡时	2018-06-16
20.07克拉蓝宝石和钻石戒指	尺寸5¾	431,647	纽约佳士得	2018-04-17
20.26克拉蓝宝石及钻石戒指，宝格丽	尺寸6½	1,098,738	纽约佳士得	2018-04-17
20.49克拉彩色钻石戒指	大小6¼	34,856,765	日内瓦佳士得	2018-05-16
20.79克拉祖母绿和钻石戒指，穆萨依夫	大小5½	2,975,926	日内瓦佳士得	2018-05-16

拍品名称	物品尺寸	成交价RMB	拍卖公司	拍卖日期
20.81卡拉浓彩黄色钻石配钻石戒指	戒指5	2,962,078	纽约苏富比	2018-04-18
20世纪早期的祖母绿和钻石戒指	大小6¾	317,602	日内瓦佳士得	2018-05-16
20世纪中期的玛瑙和钻石戒指，卡地亚	尺寸5	198,501	日内瓦佳士得	2018-05-16
20世纪中期的月石戒指，苏珊娜·贝尔伯伦 20世纪50年代	尺寸5½	174,681	日内瓦佳士得	2018-05-16
21.19卡拉淡彩粉红色鑽石戒指	指环51 1/2	51,132,610	日内瓦苏富比	2018-11-15
21.21卡拉鑽石戒指	指环51	3,001,023	日内瓦苏富比	2018-11-15
21.61卡拉蓝宝石配钻石戒指	戒指5	864,725	纽约苏富比	2018-04-18
21.67克拉古垫形天然玫瑰榴石配钻石戒指		37,254	天成国际	2018-12-02
21.76卡拉藍寶石配寶石「Plume de Paon」戒指，寶詩龍（Boucheron）	指环52	1,293,545	日内瓦苏富比	2018-11-15
21.83克拉钻石戒指		15,705,394	日内瓦佳士得	2018-05-16
22.22 克拉椭圆形粉红色碧玺配钻石戒指		29,232	天成国际	2018-06-03
22.2克拉无加热祖母绿配钻石戒指		322,000	北京荣宝	2018-09-14
22.76克拉D色，VVS1净度钻石戒指 JAR，巴黎		17,407,141	纽约佳士得	2018-04-17
22.97克拉古垫形天然缅甸无经加热处理矢车菊蓝蓝宝石配钻石戒指，Boucheron		3,702,720	天成国际	2018-06-03
23.33克拉圆形猫眼红色碧玺配红宝石及钻石戒指		38,976	天成国际	2018-06-03
23.34克拉天然未经热处理缅甸蓝宝石配钻石戒指		1,150,000	华艺国际	2018-05-22
23.76克拉，Y-Z颜色，VVS2清晰度钻石戒指	大小6½	2,366,131	日内瓦佳士得	2018-05-16
25.19克拉圆形U-V/VVS2（极优打磨）钻石戒指		2,106,625	佳士得	2018-11-27
25.25克拉缅甸皇家蓝蓝宝石配钻石戒指，未经加热		2,004,702	保利香港	2018-04-01
25.25克拉天然哥伦比亚祖母绿配钻石戒指		1,610,000	华艺国际	2018-05-22
25.59克拉红宝石钻石戒指	尺寸5 1/4	188,355	纽约佳士得	2018-04-17
25.77卡拉鑽石戒指, Pederzani	指环51	21,214,131	日内瓦苏富比	2018-11-15
25.82克拉自然色，VVS2透明度有色钻石及钻石戒指，BY GRAFF		1,805,069	纽约佳士得	2018-04-17
26.40克拉天然缅甸未经加热蓝宝石配蓝宝石戒指		920,000	中国嘉德	2018-11-22
26.65克拉蓝宝石和钻石戒指	戒指6¾	219,491	纽约苏富比	2018-04-19
26.68卡拉蓝宝石配钻石戒指	戒指7.75	589,586	纽约苏富比	2018-04-18
28.38克拉星蓝宝石和钻石戒指	尺寸5 1/4	141,266	纽约佳士得	2018-04-17
28.39克拉椭圆形缅甸天然蓝宝石戒指		7,539,500	佳士得	2018-11-27
29.73克拉粉色碧玺，白色蓝宝石和钻石戒指，Sifen Chang	戒指6¾	62,861	纽约苏富比	2018-04-19
2克拉红宝石配钻石戒指		57,500	北京荣宝	2018-09-14
3.00克拉钻石戒指，蒂芙尼公司	尺寸5	328,879	纽约苏富比	2018-10-17
3.00克拉钻石戒指，蒂芙尼公司	戒指5	313,558	纽约苏富比	2018-04-19
3.00克拉钻石戒指，格拉夫	戒指5¾	313,558	纽约苏富比	2018-04-19
3.01卡拉艳彩黄色钻石配钻石花戒指, 蒂芙尼	戒指6.25	628,891	纽约苏富比	2018-04-18
3.01克拉 缅甸皇家蓝蓝宝石男戒		123,200	上海联合	2018-07-01
3.01克拉 天然 未经热处理“缅甸抹谷”红宝石 配 钻石 戒指		1,150,000	华艺国际	2018-11-17
3.01克拉圆形D/VVS1钻石戒指		609,813	佳士得	2018-11-27
3.01克拉长方形D/IF Type IIa（极优打磨）钻石戒指		554,375	佳士得	2018-11-27
3.01克拉枕垫形彩蓝色VVS净度钻石戒指		1,115,500	华艺国际	2018-05-22
3.01克拉钻石戒指，宝格丽	尺寸5 1/2	219,748	纽约佳士得	2018-04-17
3.02克拉莫桑比克无烧红宝石戒指		92,000	西泠拍卖	2018-07-08
3.02克拉天然缅甸抹谷鸽血红红宝石		632,500	北京匡时	2018-06-16
3.03克拉H色，VVS2净度钻石戒指	尺寸6 1/2	156,963	纽约佳士得	2018-04-17
3.03克拉长方形J色SI1净度钻石配钻石戒指		116,928	天成国际	2018-06-03
3.04 克拉阶梯式切割天然彩黄棕色SI1净度钻石配钻石戒指		50,669	天成国际	2018-06-03
3.04卡拉钻石戒指，蒂芙尼	戒指6	510,974	纽约苏富比	2018-04-18
3.04克拉长方形天然淡粉红棕色VS1净度钻石配钻石戒指		584,640	天成国际	2018-06-03
3.05克拉缅甸天然鸽血红红宝石戒指		643,075	佳士得	2018-11-27
3.06克拉 天然「莫桑比克」红宝石配钻石戒指 未经加热		20,700	保利厦门	2018-01-08
3.06克拉彩黄色钻石配钻石戒指，净度内部无暇		261,665	保利澳门	2018-11-29
3.06克拉天然莫桑比克红宝石配钻石戒指		43,700	北京匡时	2018-06-16
3.07克拉G色，VS2净度钻石戒指 BOUCHERON	尺寸7	235,444	纽约佳士得	2018-04-17
3.07克拉缅甸鸽血红红宝石配钻石戒指		79,830	万昌斯	2018-11-29
3.08克拉D色，VVS2净度钻戒和白金带，梵克雅宝	尺寸5 1/4	941,775	纽约佳士得	2018-04-17
3.09克拉自然色，VS1净度蓝色钻石和钻石戒指		33,746,938	纽约佳士得	2018-04-17
3.14克拉 天然浓彩黄色IF净度内部无瑕钻石配钻石戒指		368,000	保利厦门	2018-07-15
3.14克拉紫色刚玉配钻石戒指，未经加热		28,811	保利香港	2018-10-02
3.20克拉祖母绿和钻石戒指	尺寸6½	34,619	纽约苏富比	2018-10-17
3.22克拉缅甸抹谷“鸽血红”红宝石配钻石戒指 未经加热	主石约为8.91×8.25×4.86mm	32,200	北京保利	2018-12-07
3.23克拉F色VVS2净度钻石配钻石戒指		517,500	中国嘉德	2018-11-22
3.23克拉橙色，SI2净度钻石和钻石戒指		285,841	日内瓦佳士得	2018-05-16
3.24克拉莫桑比克红宝石配钻石戒指，未经加热		113,186	保利香港	2018-10-02
3.27克拉哥伦比亚祖母绿配钻石戒指/吊坠	主石约为15.24×9.25×4.36mm	40,250	北京保利	2018-12-07
3.27克拉祖母绿和3.01克拉钻石戒指，梅斯特	尺寸7½	436,702	日内瓦佳士得	2018-05-16
3.32克拉E色，VS1净度钻石和祖母绿戒指		353,166	纽约佳士得	2018-04-17
3.33克拉椭圆形天然斯里兰卡无经加热处理帕德玛刚玉配钻石戒指		48,720	天成国际	2018-06-03
3.37卡拉祖母绿配钻石戒指	戒指5	1,572,228	纽约苏富比	2018-04-18
3.37克拉旧式切割D/IF Type IIa钻石戒指		1,008,963	佳士得	2018-11-27
3.3克拉 天然“赞比亚”祖母绿配钻石戒指		19,550	保利厦门	2018-07-15
3.42卡拉祖母绿配钻石戒指	戒指7	628,891	纽约苏富比	2018-04-18
3.43克拉K色，VVS2净度钻石戒指	尺寸5	156,963	纽约佳士得	2018-04-17
3.46克拉古垫形天然缅甸无经加热处理红色尖晶石配钻石戒指		97,440	天成国际	2018-06-03
3.47卡拉I1净度浓彩蓝色钻石戒指		41,904,912	纽约苏富比	2018-04-18
3.47克拉红宝石和钻石戒指		207,713	纽约苏富比	2018-10-17
3.55克拉钻石戒指	戒指6	250,847	纽约苏富比	2018-04-19
3.56克拉绿宝石及钻石戒指	尺寸6	235,444	纽约佳士得	2018-04-17
3.59克拉帕德玛刚玉配钻石戒指未经加热	主石约为9.89×7.83×4.82mm	17,250	北京保利	2018-12-07
3.60克拉斯里兰卡天然蓝宝石戒指		188,488	佳士得	2018-11-27
3.60克拉钻石和钻石戒指		3,433,272	日内瓦佳士得	2018-05-16
3.61克拉天然哥伦比亚Vivid Green祖母绿，未经注油		264,500	北京匡时	2018-06-16
3.70克拉天然赞比亚vivid green祖母绿配钻石戒指		28,750	北京匡时	2018-06-16
3.73克拉红色尖晶石和钻石戒指宝格丽	戒指6	156,779	纽约苏富比	2018-04-18
3.78克拉浓彩黄色钻石配钻石戒指	主石约为8.66×8.25×5.59mm	437,000	北京保利	2018-12-07
3.79克拉E色，VVS1净度钻石戒指 哈利温斯顿		824,053	纽约佳士得	2018-04-17
3.80克拉椭圆形天然“缅甸”无经加热处理蓝宝石配钻石戒指		93,667	天成国际	2018-12-02
3.81克拉 天然祖母绿 配 钻石 戒指		207,000	华艺国际	2018-05-22
30.59克拉斯里兰卡“皇家蓝”蓝宝石配钻石戒指，未经加热		3,292,672	保利香港	2018-10-02

拍品名称	物品尺寸	成交价RMB	拍卖公司	拍卖日期
30.71克拉黄橙色蓝宝石和钻石戒指	戒指6	330,023	纽约苏富比	2018-04-19
30.75克拉糖果形“皇家蓝”蓝宝石戒指，未经加热		4,370,000	上海匡时	2018-04-30
31.03克拉天然坦桑尼亚未经加热粉红尖晶石配钻石戒指		935,528	中国嘉德	2018-04-02
31.85克拉蓝宝石戒指	尺寸6	2,594,804	日内瓦佳士得	2018-05-16
32.06克拉古垫形天然“缅甸”无经加热处理蓝宝石配钻石戒指		5,109,120	天成国际	2018-12-02
32.18克拉蓝宝石和钻石戒指	戒指5¾	352,753	纽约苏富比	2018-04-19
32.65克拉天然蓝宝石配钻石戒指		287,500	华艺国际	2018-05-22
33.00克拉蓝宝石和钻石戒指	尺寸7½	501,973	纽约苏富比	2018-10-17
33.46克拉E色，VS1净度钻石戒指		14,393,461	纽约佳士得	2018-04-17
34.26克拉蓝宝石和钻石戒指，梅斯特	大小7½	3,280,823	日内瓦佳士得	2018-05-16
35.83克拉古垫形天然“缅甸”无经加热处理橄榄石配钻石戒指		212,880	天成国际	2018-12-02
4.00卡拉橙粉红色刚玉配钻石戒指	戒指5½	408,779	纽约苏富比	2018-04-18
4.00克拉 沙弗莱石配钻石 戒指		18,400	北京匡时	2018-05-21
4.00克拉H色圆形钻石配钻石戒指		322,000	北京匡时	2018-06-16
4.00克拉钻石戒指和钻石带		353,166	纽约佳士得	2018-04-17
4.01克拉梨形天然淡粉红棕色SI2净度钻石配粉红色钻石及钻石戒指/吊坠		872,808	天成国际	2018-12-02
4.03克拉 天然 未经热处理“莫桑比克”红宝石 配 钻石 戒指		471,500	华艺国际	2018-11-17
4.03克拉天然莫桑比克鸽血红红宝石戒指		195,500	北京匡时	2018-06-16
4.03克拉圆形D/IF（极优切割、打磨及比例）钻石戒指		720,688	佳士得	2018-11-27
4.04克拉F色，VVS1清晰度钻石戒指 蒂芙尼	尺寸6	510,128	纽约佳士得	2018-04-17
4.05克拉埃塞俄比亚未经注油祖母绿配钻石戒指		234,168	万昌斯	2018-11-29
4.05克拉哥伦比亚“MUZO”祖母绿配钻石项坠		159,660	万昌斯	2018-11-29
4.05克拉坦桑尼亚无烧亮丽红（VIBRANT）红宝石戒指吊坠两用		552,000	西泠拍卖	2018-07-08
4.06克拉F色，VVS2净度钻石戒指，卡地亚 1895年	尺寸4 ½	549,369	纽约佳士得	2018-04-17
4.08克拉 梨形 彩棕粉色 钻石 配钻石 戒指		1,322,500	华艺国际	2018-11-17
4.08克拉椭圆形天然无经加热处理变色尖晶石配钻石戒指		29,232	天成国际	2018-06-03
4.09克拉D色，VS1净度钻石戒指哈利温斯顿		667,091	纽约佳士得	2018-04-17
4.09克拉莫桑比克未经加热鸽血红红宝石配钻石戒指		170,304	万昌斯	2018-11-29
4.10克拉哥伦比亚祖母绿和钻石戒指		111,161	日内瓦佳士得	2018-05-16
4.12克拉彩棕绿黄色钻石配钻石戒指/吊坠	主石约为12.10×8.60×5.74mm	207,000	北京保利	2018-12-07
4.12克拉椭圆形天然黑色蛋白石配钻石戒指		43,848	天成国际	2018-06-03
4.15克拉坦桑尼亚尖晶石配钻石戒指 未经加热	主石约为9.38×9.14×6.08mm	74,750	北京保利	2018-12-07
4.16 克拉古垫形天然斯里兰卡无经加热处理矢车菊蓝蓝宝石配钻石戒指		43,848	天成国际	2018-06-03
4.22克拉蓝宝石和钻石戒指	尺寸5½	121,166	纽约苏富比	2018-10-17
4.23克拉G色，VS2净度钻石戒指	尺寸7 ½	431,647	纽约佳士得	2018-04-17
4.26克拉的榄尖形钻石戒指和一枚榄尖形祖母绿戒指		302,915	纽约苏富比	2018-10-17
4.27克拉古垫形天然缅甸无经加热处理粉红色尖晶石配钻石戒指		38,976	天成国际	2018-06-03
4.30克拉天然金绿宝石配钻石戒指		20,700	北京匡时	2018-06-16
4.30克拉祖母绿，钻石和蓝宝石戒指	戒指5½	110,008	纽约苏富比	2018-04-19
4.34克拉 梨形 钻石戒指		322,000	华艺国际	2018-05-22
4.35克拉彩色钻石和钻石戒指	尺寸8 ¼	156,963	纽约佳士得	2018-04-17
4.37克拉天然彩绿黄色钻石配粉红色钻石及钻石戒指		353,209	中国嘉德	2018-04-02
4.45克拉蓝宝石和钻石戒指	尺寸6	2,112,715	纽约佳士得	2018-04-17
4.50卡拉蓝宝石配钻石戒指	戒指4 ¾	1,100,560	纽约苏富比	2018-04-18
4.50克拉斯里兰卡未经加热矢车菊蓝蓝宝石配钻石戒指		74,508	万昌斯	2018-11-29
4.547克拉红宝石和钻石戒指，梅斯特	大小6½	873,404	日内瓦佳士得	2018-05-16
4.56克拉“艳粉色”蓝宝石配钻石戒指 未经加热	主石约为10.01×7.70×6.92mm	36,800	北京保利	2018-12-07
4.59克拉矩形浓彩黄色钻石戒指		920,000	华艺国际	2018-05-22
4.61克拉彩色钻石，祖母绿，珍珠母和钻石自由女神戒指，卡地亚	戒指6号	2,518,580	日内瓦佳士得	2018-05-16
4.63克拉D色，VS2净度钻石戒指，宝格丽	尺寸6 ½	510,128	纽约佳士得	2018-04-17
4.67克拉哥伦比亚‘MUZO’祖母绿配钻石戒指		191,592	万昌斯	2018-11-29
4.67克拉天然浓彩黄色内部无瑕净度钻石配钻石戒指		897,000	中国嘉德	2018-11-22
4.68克拉I颜色，VS1净度为钻石戒指	尺寸6 ¼	298,229	纽约佳士得	2018-04-17
4.68克拉祖母绿配钻石戒指		57,500	北京荣宝	2018-09-14
4.70克拉心形“皇家蓝”蓝宝石配钻石戒指		71,300	上海匡时	2018-04-30
4.75克拉椭圆形天然马达加斯加无经加热处理蓝宝石配钻石戒指，Cartier		116,928	天成国际	2018-06-03
4.79克拉 天然 未经热处理“斯里兰卡”蓝宝石 配 钻石 戒指		115,000	华艺国际	2018-11-17
4.80克拉天然赞比亚祖母绿配钻石戒指		152,739	中国嘉德	2018-04-02
4.85克拉心形天然马达加斯加无经加热处理丁香紫色刚玉配钻石戒指		66,259	天成国际	2018-06-03
4.86克拉钻石蝴蝶戒指		74,750	西泠拍卖	2018-07-08
4.88克拉蓝宝石配钻石戒指	主石约为11.97×9.86×4.69mm	28,750	北京保利	2018-12-07
40.57克拉自然色VS2净度彩色钻石和钻石戒指	尺寸6	6,105,841	纽约佳士得	2018-04-17
40.97克拉古垫形红色碧玺配钻石戒指		146,160	天成国际	2018-06-03
43.17克拉古垫形天然缅甸无经加热处理皇家蓝蓝宝石配钻石戒指		2,436,000	天成国际	2018-06-03
44.62卡拉藍寶石配鑽石戒指, M. Gérard	指环47	6,726,432	日内瓦苏富比	2018-11-15
45克拉天然鲍鱼天然珍珠和钻石戒指	珍珠直径约2.01–2.15x1.50cm，戒指6号	555,803	日内瓦佳士得	2018-05-16
46.81克拉马达加斯加蓝宝石和钻石戒指	大小6¾	3,280,823	日内瓦佳士得	2018-05-16
5.01克拉I颜色，VS1清晰度钻石戒指		376,710	纽约佳士得	2018-04-17
5.01克拉心形淡彩黄钻石配钻石双用款戒指		319,320	万昌斯	2018-11-29
5.01克拉钻石戒指，D色		1,897,500	上海匡时	2018-04-30
5.02克拉天然缅甸鸽血红红宝石戒指配钻石		437,000	北京匡时	2018-06-16
5.02克拉自然色，VVS2清晰度黄色钻石和钻石戒指	尺寸6 ¼	1,255,700	纽约佳士得	2018-04-17
5.03克拉 FIY浓彩黄色IF净度钻石配钻石 戒指		828,000	北京匡时	2018-06-16
5.03克拉G色枕形钻石配钻石戒指		585,420	万昌斯	2018-11-29
5.03克拉古垫形天然淡彩橙粉红色VS1净度钻石配粉红色钻石及钻石戒指		4,530,960	天成国际	2018-06-03
5.04卡拉钻石戒指, Taffin	戒指7.75	1,100,560	纽约苏富比	2018-04-18
5.05克拉莫桑比克“鸽血红”红宝石配钻石戒指 未经加热	主石约为9.73×9.00×5.78mm	149,500	北京保利	2018-12-07
5.05克拉天然莫桑比克红宝石配钻石戒指		218,500	北京匡时	2018-06-16
5.05克拉椭圆形天然“越南”无经加热处理粉红色尖晶石配钻石戒指		42,576	天成国际	2018-12-02
5.05克拉椭圆形天然蛋白石配钻石戒指		43,848	天成国际	2018-06-03
5.06克拉 圆形 H色VS1净度 钻石戒指		402,500	华艺国际	2018-11-17
5.07 克拉椭圆形天然缅甸无经加热处理红色尖晶石配钻石戒指		37,027	天成国际	2018-06-03

拍品名称	物品尺寸	成交价RMB	拍卖公司	拍卖日期
5.08克拉 天然“哥伦比亚”祖母绿 配 钻石戒指		494,500	华艺国际	2018-11-17
5.09克拉枕形斯里兰卡天然蓝宝石戒指		354,800	佳士得	2018-11-27
5.10克拉 钻石戒指，蒂芙尼		977,500	华艺国际	2018-11-17
5.10克拉蓝宝石和钻石戒指	尺寸6¾	207,713	纽约苏富比	2018-10-17
5.10克拉斯里兰卡未经加热矢车菊蓝蓝宝石配钻石戒指		63,864	万昌斯	2018-11-29
5.10克拉天然淡彩黄色钻石配黄色钻石及钻石戒指		391,005	中国嘉德	2018-10-02
5.14克拉圆形钻石		1,058,000	上海匡时	2018-04-30
5.16克拉矢车菊蓝无烧蓝宝石戒指		207,000	西泠拍卖	2018-07-08
5.19克拉 枕型 浓彩 黄色钻石 配钻石戒指		1,012,000	华艺国际	2018-11-17
5.20克拉祖母绿戒指	大小6¼	952,805	日内瓦佳士得	2018-05-16
5.22克拉 天然 未经热处理「斯里兰卡」蓝宝石 配 钻石 戒指		172,500	华艺国际	2018-05-22
5.22克拉梨形天然彩灰绿黄色VS1净度钻石配钻石戒指		204,624	天成国际	2018-06-03
5.22克拉钻石戒指	戒指6¾	298,592	纽约苏富比	2018-04-19
5.23克拉D色钻石戒指		617,376	保利香港	2018-10-02
5.23克拉枕形鲜彩黄色VS1钻石戒指		1,330,500	佳士得	2018-11-27
5.26克拉天然斯里兰卡未经加热蓝宝石配钻石戒指		25,724	中国嘉德	2018-10-02
5.28克拉钻石戒指	尺寸9½	692,377	纽约苏富比	2018-10-17
5.31克拉长方形D/IF Type IIa钻石戒指		3,069,020	佳士得	2018-11-27
5.34克拉的八角形阶梯式祖母绿和钻石戒指	尺寸N	122,348	伦敦苏富比	2018-03-20
5.36克拉椭圆形天然斯里兰卡无经加热处理粉红色刚玉配钻石蝴蝶戒指		50,669	天成国际	2018-06-03
5.37克拉K色，VS2净度钻石和金戒指	尺寸6 ¹/₄	376,710	纽约佳士得	2018-04-17
5.423克拉克什米尔蓝宝石和钻石戒指	戒指6号	3,128,375	日内瓦佳士得	2018-05-16
5.43克拉D颜色，VVS1清晰度钻石戒指,卡地亚		1,508,607	日内瓦佳士得	2018-05-16
5.47卡拉緬甸紅寶石配鑽石戒指,尚美（Chaumet）	指环53	2,628,483	日内瓦苏富比	2018-11-15
5.50克拉F色，内部无瑕清晰度钻石戒指	尺寸4 ³/₄	1,569,625	纽约佳士得	2018-04-17
5.51克拉哥伦比亚祖母绿和钻石戒指	戒指5	117,584	纽约苏富比	2018-04-19
5.51克拉枕形哥伦比亚祖母绿戒指		931,350	佳士得	2018-11-27
5.53克拉天然彩粉色钻石配钻石戒指，净度内部无暇		14,199,648	保利香港	2018-10-02
5.54克拉祖母绿和3.474克拉钻石戒指，梅斯特		1,032,205	日内瓦佳士得	2018-05-16
5.55克拉缅甸抹谷无烧鸽血红红宝石戒指		1,725,000	西泠拍卖	2018-07-08
5.55克拉椭圆形天然缅甸无经加热处理深皇家蓝蓝宝石配黄色钻石及钻石戒指		175,392	天成国际	2018-06-03
5.56克拉K色，VVS2清晰度钻石戒指	戒指6.25	275,019	纽约苏富比	2018-04-19
5.56克拉正方形中彩黄钻石配钻石戒指		340,608	万昌斯	2018-11-29
5.5克拉蓝宝石和钻石戒指，卡地亚	戒指6号	333,482	日内瓦佳士得	2018-05-16
5.61克拉 天然“哥伦比亚”祖母绿 配 钻石 戒指		218,500	华艺国际	2018-11-17
5.62克拉钻石戒指	尺寸9¼	216,368	纽约苏富比	2018-10-17
5.65克拉浓彩黄钻石戒指		2,070,000	西泠拍卖	2018-07-08
5.71克拉枕形克什米尔天然蓝宝石戒指		2,856,140	佳士得	2018-11-27
5.77克拉钻石戒指，奥斯卡海曼和兄弟	戒指7	392,884	纽约苏富比	2018-04-19
5.79克拉“艳绿色”祖母绿配钻石戒指/吊坠	主石约为11.62×10.32×6.56mm	92,000	北京保利	2018-12-07
5.927克拉VS1净度钻石配钻石戒指		402,500	北京匡时	2018-06-16
5.93克拉椭圆形天然锰铝榴石配钻石戒指		40,925	天成国际	2018-06-03
5.97克拉哥伦比亚祖母绿配钻石戒指		212,880	万昌斯	2018-11-29
5.98克拉翠绿宝石和钻石戒指	尺寸4¾	155,785	纽约苏富比	2018-10-17
5.9克拉黄钻pt900戒指		287,500	北京荣宝	2018-09-14
50.47克拉超级钻石戒指，哈里·温斯顿		41,288,195	日内瓦佳士得	2018-05-16
52.89克拉蓝宝石和钻石戒指，卡地亚，巴黎	戒指6¼	5,525,522	纽约苏富比	2018-04-19
53.63卡拉蓝宝石配钻石戒指，David Webb	戒指6 ³/₄	2,735,677	纽约苏富比	2018-04-18
54.44克拉椭圆形天然蛋白石配紫水晶及钻石戒指		136,416	天成国际	2018-06-03
58.22克拉祖母绿和钻石吊坠戒指	尺寸6½	219,491	纽约苏富比	2018-04-19
5克拉 天然“莫桑比克”鸽血红红宝石配钻石戒指 未经加热		151,800	保利厦门	2018-07-15
6.03克拉无瑕级圆形钻石，D色		4,370,000	上海匡时	2018-04-30
6.05克拉D色钻石配红宝石及钻石戒指		2,012,500	中国嘉德	2018-11-22
6.08克拉天然缅甸未经加热蓝宝石配钻石戒指		515,495	中国嘉德	2018-04-02
6.09克拉枕形非洲天然粉红色蓝宝石戒指		1,330,500	佳士得	2018-11-27
6.10克拉椭圆形天然蛋白石配钻石戒指		44,822	天成国际	2018-06-03
6.12克拉红宝石和钻石戒指，奥斯卡海曼和兄弟		188,584	纽约苏富比	2018-04-19
6.14克拉红宝石和钻石戒指，奥斯卡海曼和兄弟		455,746	纽约苏富比	2018-04-19
6.17克拉天然斯里兰卡未经加热帕德玛刚玉配钻石戒指		391,000	中国嘉德	2018-11-22
6.21克拉祖母绿和钻石戒指		692,377	纽约苏富比	2018-10-17
6.2克拉蓝宝石，钻石，祖母绿和玛瑙戒指，卡地亚		1,191,006	日内瓦佳士得	2018-05-16
6.35克拉坦桑石配镶钻石戒指		13,800	西泠拍卖	2018-07-08
6.36克拉椭圆形天然缅甸抹谷无经加热处理星光红宝石配钻石戒指，Tiffany & Co.		146,160	天成国际	2018-06-03
6.41克拉祖母绿和钻石戒指	戒指6½	330,023	纽约苏富比	2018-04-19
6.42克拉N色，VVS2净度钻石戒指	尺寸7 ¹/₄	298,229	纽约佳士得	2018-04-17
6.45克拉古垫形天然“塔吉克斯坦”无经加热处理粉红色尖晶石配钻石戒指		51,091	天成国际	2018-12-02
6.46克拉缅甸“抹谷”红宝石配钻石戒指，未经加热		4,197,500	上海匡时	2018-04-30
6.47克拉长方形克什米尔天然蓝宝石戒指		4,984,940	佳士得	2018-11-27
6.51克拉钻石戒指	戒指6¾	297,880	纽约苏富比	2018-04-19
6.60克拉 枕垫型 彩黄色 钻石 配钻石戒指		747,500	华艺国际	2018-11-17
6.69克拉的蓝宝石,黄金戒指		2,671,029	日内瓦佳士得	2018-05-16
6.77克拉红宝石和钻石戒指	戒指5¼	628,615	纽约苏富比	2018-04-19
6.79克拉花形粉色钻石配钻石戒指		287,500	上海匡时	2018-04-30
6.81克拉钻石戒指	尺寸5¾	1,471,301	纽约苏富比	2018-10-17
6.82克拉 圆形 G色 VS1净度 钻石戒指		2,070,000	华艺国际	2018-11-17
6.82克拉椭圆形天然“斯里兰卡”无经加热处理“晨曦色”帕德玛刚玉配钻石戒指		212,880	天成国际	2018-12-02
69.99卡拉藍寶石戒指，卡地亞（Cartier）	指环54	26,595,277	日内瓦苏富比	2018-11-15
6克拉缅甸蓝宝石和钻石戒指	大小5½	635,203	日内瓦佳士得	2018-05-16
7.01克拉 梨形 淡彩棕绿黄色钻石配钻石 戒指		747,500	华艺国际	2018-11-17
7.04克拉椭圆形天然无经加热处理红色尖晶石配钻石戒指		55,349	天成国际	2018-12-02
7.05克拉榄尖形D/IF Type IIa钻石戒指		4,026,980	佳士得	2018-11-27
7.06克拉缅甸“鸽血红”红宝石配钻石戒指，未经加热		9,775,120	保利香港	2018-10-02

拍品名称	物品尺寸	成交价RMB	拍卖公司	拍卖日期
7.10 CARAT天然斯里兰卡皇家蓝蓝宝石配钻石戒指，年份约20世纪初		90,689	中国嘉德	2018-04-02
7.14克拉无烧鸽血红 红宝石配钻石戒指		782,000	北京荣宝	2018-09-14
7.15卡拉G色，VVS2净度钻石戒指	戒指5	1,336,394	纽约苏富比	2018-04-18
7.16克拉椭圆形锰铝榴石配钻石戒指		31,932	天成国际	2018-12-02
7.16克拉钻石，红宝石和蓝宝石戒指	戒指5¼	1,021,499	纽约苏富比	2018-04-19
7.19克拉斯里兰卡未经加热星光蓝宝石配钻石戒指		95,796	万昌斯	2018-11-29
7.25克拉哥伦比亚祖母绿配18K白金镶钻石戒指	主石长1.1cm；宽1.1cm；厚0.9cm	2,847,460	中正拍卖	2018-06-28
7.29克拉橄榄形钻石戒指，D色		3,277,500	上海匡时	2018-04-30
7.32 克拉椭圆形天然蛋白石配钻石戒指		25,334	天成国际	2018-06-03
7.33克拉橘色石榴石配钻石戒指		51,448	保利香港	2018-10-02
7.37克拉尖晶石配钻石戒指，未经加热		87,462	保利香港	2018-10-02
7.41克拉钻石和合成蓝宝石戒指	戒指6.5	298,592	纽约苏富比	2018-04-19
7.45克拉椭圆形粉红色碧玺配钻石戒指		40,447	天成国际	2018-12-02
7.48克拉长方形鲜彩黄色IF（极优打磨及比例）钻石戒指		5,942,900	佳士得	2018-11-27
7.52克拉天然哥伦比亚祖母绿配小珍珠及钻石戒指		690,000	中国嘉德	2018-11-22
7.53克拉圆形钻石		977,500	上海匡时	2018-04-30
7.65克拉天然星光蓝宝石戒指		14,950	北京匡时	2018-06-16
7.67克拉蓝宝石和钻石戒指	戒指5¾	235,730	纽约苏富比	2018-04-19
7.70克拉椭圆形坦桑石配钻石戒指，Tasaki		31,181	天成国际	2018-06-03
7.72克拉蓝宝石和钻石戒指	尺寸N	389,289	伦敦苏富比	2018-03-20
7.76克拉哥伦比亚祖母绿和钻石戒指，梅斯特		277,901	日内瓦佳士得	2018-05-16
7.81克拉蓝宝石和钻石戒指	尺寸M1 / 2	289,186	伦敦苏富比	2018-03-20
7.88克拉花式黄棕钻石和钻石戒指	尺寸6½	302,915	纽约苏富比	2018-10-17
7.8克拉哥伦比亚祖母绿和钻石戒指		142,921	日内瓦佳士得	2018-05-16
7.91克拉钻石戒指	戒指5½	587,922	纽约苏富比	2018-04-19
8.01克拉、3.46和2.78克拉蓝宝石戒指，Verdura	尺寸6½	242,332	纽约苏富比	2018-10-17
8.0克拉哥伦比亚祖母绿钻石戒指	大小7	3,280,823	日内瓦佳士得	2018-05-16
8.16卡拉紅寶石配鑽石戒指，卡地亞（Cartier）	指环49½	12,521,512	日内瓦苏富比	2018-11-15
8.18克钻石戒指和夹克，大卫韦伯	尺寸6¼	1,557,848	纽约苏富比	2018-10-17
8.22克拉红宝石和钻石戒指	尺寸8	415,426	纽约苏富比	2018-10-17
8.22克拉水滴形钻石戒指，D色		2,760,000	上海匡时	2018-04-30
8.27克拉长方形淡粉红色VS1 Type IIa钻石及6.78克拉八角形哥伦比亚祖母绿戒指		1,995,750	佳士得	2018-11-27
8.29克拉钻石戒指	尺寸为6	392,406	纽约佳士得	2018-04-17
8.30克拉祖母绿、钻石和彩色钻石戒指，梅斯特		436,702	日内瓦佳士得	2018-05-16
8.35克拉水滴形钻石戒指		1,713,500	上海匡时	2018-04-30
8.38克拉蓝宝石和钻石戒指	戒指6	141,438	纽约苏富比	2018-04-19
8.40克拉古垫形天然“哥伦比亚穆索”无经处理祖母绿配钻石戒指		2,661,000	天成国际	2018-12-02
8.42克拉蓝宝石和钻石戒指，梵克雅宝		3,966,843	日内瓦佳士得	2018-05-16
8.42克拉自然色，VVS1透明度粉红色钻石和钻石戒指	尺寸6	31,627,944	纽约佳士得	2018-04-17
8.52克拉彩色钻石戒指	大小6¼	39,858,988	日内瓦佳士得	2018-05-16
8.53克拉 星光蓝宝石戒指		87,360	上海联合	2018-07-01
8.56克拉天然斯里兰卡未经加热变色蓝宝石配钻石戒指		429,579	中国嘉德	2018-04-02
8.59克拉花形钻石戒指		552,000	上海匡时	2018-04-30
8.59克拉正方形浓彩黄色VVS1钻石戒指		1,774,000	佳士得	2018-11-27
8.5克拉浓彩紫粉色配钻石戒指		63,795,520	保利香港	2018-10-02

拍品名称	物品尺寸	成交价RMB	拍卖公司	拍卖日期
8.60克拉D色，VVS1净度钻石戒指		3,393,529	纽约佳士得	2018-04-17
8.60克拉自然色，VS1净度彩色钻石和钻石戒指	尺寸5½	784,813	纽约佳士得	2018-04-17
8.61克拉祖母绿和钻石戒指	尺寸5¾	519,283	纽约苏富比	2018-10-17
8.61克拉钻石戒指		2,975,926	日内瓦佳士得	2018-05-16
8.66克拉天然缅甸抹谷未经加热鸽血红红宝石配钻石戒指		2,469,504	中国嘉德	2018-10-02
8.70克拉 天然金绿「猫眼」配 钻石 戒指		63,250	华艺国际	2018-05-22
8.71克拉椭圆形天然无经加热处理灰蓝色尖晶石配1.44及1.37克拉古垫形天然缅甸无经加热处理粉红色尖晶石及钻石戒指		63,336	天成国际	2018-06-03
8.87克拉 天然星光蓝宝石 戒指		23,000	北京匡时	2018-05-21
8.88克拉正方形浓彩黄色IF钻石戒指		1,663,125	佳士得	2018-11-27
8.96克拉钻石戒指	尺寸5¾	1,730,942	纽约苏富比	2018-10-17
80.18克拉紫锂辉石配钻石戒指		246,950	保利香港	2018-10-02
88.23克拉星光蓝宝石戒指，梅斯特		1,349,806	日内瓦佳士得	2018-05-16
9.00克拉钻石戒指	尺寸7	431,647	纽约佳士得	2018-04-17
9.03克拉长方形D/IF Type IIa钻石戒指		5,942,900	佳士得	2018-11-27
9.04克拉碧玺和彩色蓝宝石戒指，米歇尔德拉瓦莱	尺寸6½	2,518,580	日内瓦佳士得	2018-05-16
9.07卡拉鑽石戒指	尺寸8¼	455,94	纽约苏富比	2018-04-18
9.13克拉钻石戒指，哈里·温斯顿		1,826,209	日内瓦佳士得	2018-05-16
9.17卡拉祖母绿配钻石戒指	尺寸6½	172,945	纽约苏富比	2018-04-18
9.22克拉枕形缅甸天然尖晶石戒指		997,875	佳士得	2018-11-27
9.41克拉蓝宝石和钻石戒指，卡地亚	大小6½	952,805	日内瓦佳士得	2018-05-16
9.47克拉椭圆形天然“缅甸”无经加热处理红宝石配红宝石及钻石戒指		2,661,000	天成国际	2018-12-02
9.66克拉哥伦比亚祖母绿配钻石戒指		174,923	保利香港	2018-10-02
9.81克拉海蓝宝配钻石戒指		40,250	西泠拍卖	2018-07-08
9.92克拉蓝宝石和钻石戒指	戒指8¼	235,169	纽约苏富比	2018-04-19
9克拉斯里蓝卡无烧矢车菊蓝蓝宝石配钻石18k金戒指		667,000	北京荣宝	2018-09-14
AURA VIRGINIA 设计 13.65克拉哥伦比亚祖母绿配钻石戒指		152,739	保利香港	2018-04-01
AURA VIRGINIA设计 4.70克拉钻石配钻石戒指，净度VVS2		439,125	保利香港	2018-04-01
BVLGARI宝格丽ZERO系列戒指		34,720	上海联合	2018-11-25
Cartier卡地亚豹子头戒指		34,720	上海联合	2018-11-25
HERA GAO设计，1.38克拉哥伦比亚木佐祖母绿戒指及钻石扇戒（一组）		97,750	北京匡时	2018-06-16
JEWELLERY THEATRE 设计 6.02克拉浓彩黄色钻石配钻石戒指		668,234	保利香港	2018-04-01
MARGHERITA BURGENER设计，缅甸天然翡翠配钻石戒指		115,133	保利澳门	2018-11-29
Oscar Heyman 钻石配祖母绿戒指		99,433	保利澳门	2018-11-29
Paraiba电气石1.09克拉和钻石戒指		129,821	纽约苏富比	2018-10-17
Pt900镶珊瑚戒指		25,300	北京荣宝	2018-09-14
RICH & RARE设计 7.04克拉海蓝宝配钻石戒指（一对）		47,731	保利香港	2018-04-01
巴西帕拉依巴戒指		465,675	佳士得	2018-11-27
巴西帕拉依巴戒指		421,325	佳士得	2018-11-27
白色南洋珍珠配彩色宝石及钻石戒指 约13.96mm	珍珠直径约为13.96mm	9200	北京保利	2018-12-07
白色南洋珍珠配钻石吊坠及戒指套装 约17.28mm、17.00mm	吊坠珍珠直径约为17.00mm；戒指珍珠直径约为17.28mm	34,500	北京保利	2018-12-07
白色托帕石和粉红色碧玺“糖果”戒指	戒指5.75	33,002	纽约苏富比	2018-04-19
宝格丽设计 3.88克拉蓝宝石配钻石戒指		100,838	保利香港	2018-10-02
宝格丽设计 Bvlgari 约23.7克拉缅甸蓝宝石配钻石戒指 未经加热		1,265,000	北京保利	2018-06-19
宝诗龙 蓝宝石钻戒		15,680	上海联合	2018-07-01
宝石「Les Oiseaux Libérés」戒指		111,650	佳士得	2018-05-29
宝石碧玺戒指（一件）	重量24g	1431136	美国联邦国际	2018-06-13

2018珠宝翡翠拍卖成交汇总

(成交价RMB：5000元以上)

拍品名称	物品尺寸	成交价RMB	拍卖公司	拍卖日期
宝石和钻石戒指，卡地亚		66,735	伦敦苏富比	2018-03-20
宝石套装		203,000	佳士得	2018-05-29
贝母配黑色钻石及钻石“十字架”吊坠；及戒指套装		31,932	天成国际	2018-12-02
碧玺福寿坠		23,000	中国嘉德	2018-05-19
碧玺及钻石戒指，蒂芙尼	尺寸4 3/4	172,659	纽约佳士得	2018-04-17
碧玺金蝉坠		17,250	中国嘉德	2018-05-19
碧玉浮雕戒指，乔瓦尼·皮克勒，18世纪后期		144,593	伦敦苏富比	2018-03-20
变色蓝宝石配月光石及钻石戒指		141,700	香港苏富比	2018-10-03
变色蓝宝石及钻石戒指		81,200	佳士得	2018-05-29
变色蓝宝石戒指		115,000	北京荣宝	2018-09-14
变色蓝宝石配钻石戒指		121,350	香港苏富比	2018-04-03
玻璃种蓝宝石戒指	重7.318ct	12855700	香港金字塔	2018-10-17
铂金，4.01克拉钻石和蓝宝石戒指	戒指11	172,869	纽约苏富比	2018-04-19
彩橙粉红色钻石配钻石戒指		6,892,680	香港苏富比	2018-04-03
彩黄色钻石配钻石戒指		262,925	香港苏富比	2018-04-03
彩黄棕色钻石配钻石戒指		192,138	香港苏富比	2018-04-03
彩灰黄绿色钻石配钻石戒指		741,200	香港苏富比	2018-10-03
彩蓝色钻石配钻石戒指		1,580,500	香港苏富比	2018-10-03
彩色的天然珍珠和钻石戒指（一对）	珍珠大约10.30-10.50毫米	222,321	日内瓦佳士得	2018-05-16
彩色蓝宝石和钻石、黄金戒指，卡地亚	大小7½	15,880	日内瓦佳士得	2018-05-16
彩色珍珠和钻石戒指，卡地亚	大小7½	103,220	日内瓦佳士得	2018-05-16
彩色钻石和钻石戒指	大小5½	4,271,740	日内瓦佳士得	2018-05-16
彩色钻石和钻石戒指	尺寸5 1/4	25,114	纽约佳士得	2018-04-17
彩色钻石和钻石戒指		562,556	纽约苏富比	2018-10-17
彩色钻石戒指	大小6¼	16,086,516	日内瓦佳士得	2018-05-16
彩紫灰色钻石5.64卡拉戒指	戒指7	1,808,062	纽约苏富比	2018-04-18
蔡孟翰设计缅甸天然黄翡雄狮戒指		42,958	保利香港	2018-04-01
陈婕设计“粉色畅想曲”18K白金镶无烧粉蓝宝石配钻石戒指套组		51,750	西泠拍卖	2018-07-08
陈婕设计“太平有象”18K金镶翡翠配钻石彩宝挂坠（一对）		69,000	西泠拍卖	2018-07-08
陈婕设计 7.844克拉天然蛋形祖母绿配钻石戒指		69,000	西泠拍卖	2018-07-08
橙粉红色刚玉配钻石戒指		6,173,760	香港苏富比	2018-10-03
翠美至纯 缅甸天然翡翠蛋面配钻石戒指		3,627,556	保利香港	2018-04-01
翠玉坠	高4.5cm	4,466,000	佳士得	2018-05-30
单圣 1.2克拉祖母绿松石18k金戒指		32,200	北京荣宝	2018-09-14
蛋白石，蓝宝石和Tsavorite石榴石戒指	蛋白石2.9.×2.6×0.82cm	129,821	纽约苏富比	2018-10-17
蛋白石和钻石戒指 大约在1930年	尺寸6¼	138,475	纽约苏富比	2018-10-17
当代 蓝宝石戒指		6900	睿嘉四季	2018-06-02
当代 南洋白珠戒指		11500	睿嘉四季	2018-06-02
当代 台湾金丝猫眼戒指		13800	睿嘉四季	2018-06-02
当代 五A级坦桑石戒指		11500	睿嘉四季	2018-06-02
当代 钻石戒指		13800	睿嘉四季	2018-06-02
当代 钻石戒指（带证书）		57500	睿嘉四季	2018-06-02
蒂芙尼设计 1.08克拉缅甸红宝石戒指，未经加热		26,729	保利香港	2018-04-01
蒂芙尼设计 2.20克拉帕拉伊巴碧玺配钻石戒指		878,250	保利香港	2018-04-01
蒂芙尼设计 6.01克拉D色钻石配钻石戒指，净度内部无瑕		4,009,404	保利香港	2018-04-01
蒂芙尼设计 Tiffany&Co. 玫瑰金戒指一对 及 宝格丽设计 Bvlgari 白金戒指		9200	北京保利	2018-06-19
蒂芙尼设计 Tiffany&Co. 约0.8克拉G色VS2净度钻石配钻石戒指		25,300	北京保利	2018-06-19
电气石及钻石戒指		558,250	佳士得	2018-05-29
法国金和蓝宝石戒指		190,404	纽约苏富比	2018-10-17
法国蓝宝石和钻石戒指	尺寸6	173,094	纽约苏富比	2018-10-17
珐琅和钻石戒指，David Webb	尺寸6½	66,790	纽约苏富比	2018-04-19
范思哲设计 Versace 钻石及粉色刚玉戒指（一组四件）		9200	北京保利	2018-06-19
梵克雅宝设计 7.46克拉缅甸红宝石配钻石戒指，未经加热		9,164,352	保利香港	2018-04-01
梵克雅宝设计钻石「荷花」造型戒指		124,101	保利香港	2018-04-01

拍品名称	物品尺寸	成交价RMB	拍卖公司	拍卖日期
霏帆设计 冰种翡翠及红宝石“蝴蝶”戒指		77,172	保利香港	2018-10-02
翡翠“马鞍”戒指（一对）		298,398	中国嘉德	2018-10-02
翡翠冰种戒指（K金）	高2.3cm	20,700	广东崇正	2018-01-21
翡翠布袋和尚挂坠（K金）	高5.9cm	11,500	广东崇正	2018-01-21
翡翠大蛋面套装	吊坠45×30×19mm；戒指29×26×15mm	345,000	北京荣宝	2018-05-18
翡翠蛋面戒指		33,600	上海联合	2018-07-01
翡翠蛋面戒指		24,640	上海联合	2018-07-01
翡翠蛋面戒指（白冰）		12,320	上海联合	2018-07-01
翡翠蛋面戒指（紫翡）		7392	上海联合	2018-07-01
翡翠蛋形戒指（K金）	高1.2cm	5750	广东崇正	2018-01-21
翡翠和钻石戒指，JANESICH	大小6¼	79,400	日内瓦佳士得	2018-05-16
翡翠葫芦戒指（K金）	高1.3cm	5750	广东崇正	2018-01-21
翡翠花式蛋面戒指		56,000	上海联合	2018-07-01
翡翠花式戒指		123,200	上海联合	2018-11-25
翡翠花式戒指		19,040	上海联合	2018-11-25
翡翠花式戒指		6720	上海联合	2018-11-25
翡翠及宝石戒指		609,000	佳士得	2018-05-29
翡翠及宝石首饰		24,360	佳士得	2018-05-29
翡翠及钻石戒指		304,500	佳士得	2018-05-29
翡翠及钻石戒指		304,500	佳士得	2018-05-29
翡翠及钻石戒指		101,500	佳士得	2018-05-29
翡翠及钻石戒指		507,500	佳士得	2018-05-29
翡翠及钻石戒指		60,900	佳士得	2018-05-29
翡翠及钻石戒指		223,300	佳士得	2018-05-29
翡翠及钻石戒指		96,425	佳士得	2018-05-29
翡翠及钻石戒指		121,800	佳士得	2018-05-29
翡翠及钻石戒指		182,700	佳士得	2018-05-29
翡翠及钻石戒指/吊坠		710,500	佳士得	2018-05-29
翡翠戒指		2,224,880	佳士得	2018-05-29
翡翠戒指		57,500	北京荣宝	2018-09-14
翡翠戒指		57,500	北京荣宝	2018-09-14
翡翠戒指		21200	上海均益	2018-01-16
翡翠戒指		23320	上海均益	2018-01-16
翡翠戒指		26500	上海均益	2018-01-16
翡翠戒指		31588	上海均益	2018-01-16
翡翠戒指		20988	上海均益	2018-01-16
翡翠戒指		19080	上海均益	2018-01-16
翡翠戒指		21200	上海均益	2018-01-16
翡翠戒指		13568	上海均益	2018-01-16
翡翠戒指		23320	上海均益	2018-01-16
翡翠戒指	重36g	1786400	劳伦斯国际	2018-05-24
翡翠马眼戒指		36,960	上海联合	2018-07-01
翡翠马眼戒指绿		24,640	上海联合	2018-07-01
翡翠男戒	15.5×11×5mm	322,000	北京荣宝	2018-05-18
翡翠算盘指		203,000	佳士得	2018-05-29
翡翠算盘指及钻石戒指		284,200	佳士得	2018-05-29
翡翠钻石戒指 耳钉套装（三件）		647200	圣约翰	2018-03-29
翡翠钻石戒指，BY J. E. CALDWELL&CO。大约1925年	尺寸6 1/4	117,722	纽约佳士得	2018-04-17
翡翠钻石项坠	长度2.1cm；宽度1.6cm	1601920	罗斯柴尔德	2018-08-31
费翠雕螭龙挂坠	长5.8cm	562100	香港皇室贵族	2018-04-28
粉红色蓝宝石和钻石戒指	尺寸P1/2	66,735	伦敦苏富比	2018-03-20
粉色碧玺和红宝石戒指，米歇尔德拉瓦莱		119,101	日内瓦佳士得	2018-05-16
粉钻		15360000	罗斯柴尔德	2018-11-26
粉钻挂坠		33,421,920	中能国拍	2018-05-17
粉钻挂坠		33421920	中能国拍	2018-05-17
橄榄石、黑玛瑙及黄金“Panth è re”戒指		94,244	佳士得	2018-11-27
橄榄石和钻石戒指	尺寸6½	112,511	纽约苏富比	2018-10-17
橄榄形彩橙黄色钻石戒指		17,250	上海匡时	2018-04-30
高冰种花鸟翡翠挂坠	重量20g	4019400	劳伦斯国际	2018-05-24
格拉夫设计 6.40克拉天然彩黄色钻石配红宝石戒指		720,272	保利香港	2018-10-02
格拉夫设计 6.77克拉钻石配钻石戒指		1,317,376	保利香港	2018-04-01

拍品名称	物品尺寸	成交价RMB	拍卖公司	拍卖日期
共0.75克拉FLPP淡彩紫粉色及FIY浓彩黄色VVS1净度钻石双叶戒指		57,500	北京匡时	2018-06-16
共重约1克拉 黄色钻石 排戒		8050	北京匡时	2018-05-21
古罗马钱币戒指		14,560	上海联合	2018-07-01
瑰丽29.53克拉梨形足色全美Type IIa类极优打磨钻石配钻石戒指		23,949,000	天成国际	2018-12-02
瑰丽8.06克拉古垫形天然"缅甸抹谷"无经加热处理"鸽血红"红宝石配1.30及1.27克拉阶梯式切割E色VVS2净度钻石及钻石戒指		14,475,840	天成国际	2018-12-02
瑰丽罕有的21.37克拉天然彩艳黄色VS2净度钻石配钻石戒指		12,650,000	中国嘉德	2018-11-22
海蓝宝石，蓝宝石和钻石戒指	尺寸N	55,613	伦敦苏富比	2018-03-20
海螺珍珠及钻石戒指		86,275	佳士得	2018-05-29
海瑞·温斯顿设计 1.02克拉缅甸红石宝配钻石戒指，未经加热		38,185	保利香港	2018-04-01
和田玉 平安无事挂件 戒指各一	重量13.47g	6500	上海驰翰	2018-09-08
红宝石，蓝宝石和钻石戒指	尺寸M	55,613	伦敦苏富比	2018-03-20
红宝石、钻石及水晶戒指		86,275	佳士得	2018-05-29
红宝石"Mystery set"戒指		243,925	佳士得	2018-11-27
红宝石和钻石戒指	尺寸K	35,592	伦敦苏富比	2018-03-20
红宝石和钻石戒指	戒指 4¼	58,933	纽约苏富比	2018-04-19
红宝石和钻石戒指	尺寸N1/2	75,633	伦敦苏富比	2018-03-20
红宝石和钻石戒指，梵克雅宝	大小4½	119,101	日内瓦佳士得	2018-05-16
红宝石和钻石戒指，梵克雅宝		285,841	日内瓦佳士得	2018-05-16
红宝石和钻石戒指，哈里·温斯顿	尺寸3½	301,721	日内瓦佳士得	2018-05-16
红宝石及钻石"Panthère"戒指		609,813	佳士得	2018-11-27
红宝石及钻石戒指		2,419,760	佳士得	2018-05-29
红宝石及钻石戒指		111,650	佳士得	2018-05-29
红宝石及钻石戒指		1,116,500	佳士得	2018-05-29
红宝石及钻石戒指		812,000	佳士得	2018-05-29
红宝石及钻石戒指		324,800	佳士得	2018-05-29
红宝石及钻石戒指		66,525	佳士得	2018-11-27
红宝石及钻石戒指		385,700	佳士得	2018-05-29
红宝石戒指		22,400	上海联合	2018-07-01
红宝石戒指（一件）	重量22.7g	5581430	美国联邦国际	2018-06-13
红宝石配钻石蝴蝶戒指，Van Cleef & Arpels		43,848	天成国际	2018-06-03
红宝石配钻石戒指		69,891,533	香港苏富比	2018-04-03
红宝石配钻石戒指		2,427,000	香港苏富比	2018-04-03
红宝石配钻石戒指		283,150	香港苏富比	2018-04-03
红宝石配钻石戒指		218,000	香港苏富比	2018-10-03
红宝石配钻石戒指		11,500	中国嘉德	2018-11-22
红宝石配钻石戒指 部分为品牌设计（一组六件）		48,300	北京保利	2018-06-19
红宝石配钻石戒指，宝格丽（Bulgari）		404,500	香港苏富比	2018-04-03
红宝石配钻石戒指，'Papillon'		283,150	香港苏富比	2018-04-03
红宝石镶钻戒指	重3.61ct	6220500	香港金字塔	2018-10-17
红宝石钻戒	大小6¼	95,280	日内瓦佳士得	2018-05-16
红色碧玺配粉红色刚玉戒指		131,463	香港苏富比	2018-04-03
红色碧玺配红宝石及钻石戒指		109,000	香港苏富比	2018-10-03
花瓣形红宝石戒指	重5.039ct	8708700	香港金字塔	2018-10-17
花式2.81克拉黄钻和钻石戒指和彩色钻石戒指		164,440	纽约苏富比	2018-10-17
花式黄棕17.41克拉钻石和钻石戒指	大小6	1,298,207	纽约苏富比	2018-10-17
花式浓烈3.02克拉黄色钻石和钻石戒指	尺寸4¾	389,462	纽约苏富比	2018-10-17
花式紫色粉红钻石和钻石戒指	尺寸5¾	3,344,181	纽约苏富比	2018-10-17
黄金，珐琅，祖母绿和钻石'雅诗兰黛豹纹戒指，大卫韦伯	尺寸6	51,928	纽约苏富比	2018-10-17
黄金，蓝宝石和钻石戒指，Marcus&Co 1910年	戒指4	31,356	纽约苏富比	2018-04-18
黄金、粉红色蓝宝石和钻石戒指，Paul Emile Brandt 1905年		101,906	纽约苏富比	2018-04-18
黄金和5.03克拉钻石戒指	戒指6¼	548,727	纽约苏富比	2018-04-19
黄金和托帕石戒指，塔菲	2.35×2.65	129,821	纽约苏富比	2018-10-17
黄金和钻石戒指，Van Cleef& Arpels	戒指5	50,953	纽约苏富比	2018-04-19
黄金绘珐琅彩配祖母绿及钻石戒指，David Webb	总重18dwts，戒指6	55,028	纽约苏富比	2018-04-18
黄金戒指；及黄金配钻石戒指，宝格丽		19,092	中国嘉德	2018-04-02
黄金配钻石盘龙造型戒指		9200	北京匡时	2018-06-16
黄金镶钻石蜜蜂戒指		6900	北京匡时	2018-06-16
黄金镶钻石配祖母绿戒指，David Webb	戒指6¼，总重27dwts	39,306	纽约苏富比	2018-04-18
黄金钻石珐琅戒指	大小5½	381,122	日内瓦佳士得	2018-05-16
黄金钻石戒指，David Webb	戒指7½	58,933	纽约苏富比	2018-04-19
黄色刚玉配橙色刚玉及钻石戒指		19,092	中国嘉德	2018-04-02
黄水晶戒指/手表，Jaeger LeCoultre，20世纪50年代		66,735	伦敦苏富比	2018-03-20
黄钻戒指		20,700	华艺国际	2018-05-22
火蛋白石和Spessartite石榴石戒指，米歇尔德拉瓦莱	戒指6	33,002	纽约苏富比	2018-04-19
极好的蓝宝石和钻石戒指		13,037,542	日内瓦佳士得	2018-05-16
极其精美和稀有的4.30克拉天然淡彩绿色钻石配钻石戒指		2,932,500	上海匡时	2018-04-30
极为珍罕与精美19.69克拉天然哥伦比亚未经处理祖母绿配钻石戒指		17,980,640	中国嘉德	2018-10-02
尖晶石配钻石戒指		283,150	香港苏富比	2018-04-03
金，珐琅和橄榄石戒指，卡地亚	尺寸7½	75,430	日内瓦佳士得	2018-05-16
金，珐琅和橄榄石戒指，卡地亚	大小9	75,430	日内瓦佳士得	2018-05-16
金，珐琅和钻石戒指，David Webb	戒指 5¾	51,075	纽约苏富比	2018-04-19
金，红宝石和钻石戒指，亨利杜纳		43,114	纽约苏富比	2018-04-19
金绿宝石猫眼配钻石戒指	主石约为8.84×9.01mm	23,000	北京保利	2018-12-07
金绿猫眼石配钻石戒指		92,650	香港苏富比	2018-10-03
金绿猫眼石配钻石戒指		85,956	香港苏富比	2018-04-03
金色南洋珍珠配钻石吊坠及戒指套装 约14.6mm、12.7mm		20,700	北京保利	2018-06-19
金镶翡翠配钻石牌形戒指		36,800	西泠拍卖	2018-07-08
金镶蓝宝石配钻石戒指		40,250	西泠拍卖	2018-07-08
金钻戒	尺寸3	33,348	日内瓦佳士得	2018-05-16
近代 翡翠白金男戒	直径1.7cm	5750	北京保利	2018-01-21
近代 翡翠戒指		13,800	北京保利	2018-01-21
近代 翡翠戒指		5750	北京保利	2018-01-21
近代 翡翠戒指		5750	北京保利	2018-01-21
近代 翡翠戒指		6900	北京保利	2018-01-21
近代 翡翠戒指		5750	北京保利	2018-01-21
近代 蓝宝石戒指		36,800	北京保利	2018-01-21
精美18.21克拉天然彩黄色无瑕钻石配钻石戒指		3,737,500	中国嘉德	2018-11-22
精品无烧红宝石戒指/吊坠两用款		34,500	上海匡时	2018-04-30
祖母绿配钻石戒指		556,188	香港苏富比	2018-04-03
祖母绿配钻石戒指		1,112,375	香港苏富比	2018-04-03
卡地亚 CARTIER，C DE系列黄金配钻石戒指		14,950	北京匡时	2018-06-16
卡地亚设计 3.01克拉钻石配钻石戒指，净度内部无暇		668,234	保利香港	2018-04-01
卡地亚设计 9.50克拉斯里兰卡蓝宝石配钻石戒指，未经加热		267,294	保利香港	2018-04-01
卡地亚设计Cartier 约13.4克拉缅甸星光蓝宝石配钻石戒指 未经加热		120,750	北京保利	2018-06-19
卡地亚设计Cartier 约2.0克拉缅甸鸽血红红宝石配钻石戒指 未经加热		109,250	北京保利	2018-06-19
卡地亚设计 钻石，祖母绿配黑玛瑙猎豹戒指		238,655	保利香港	2018-04-01
卡地亚设计 钻石及蓝宝石"猎豹"戒指		596,797	保利香港	2018-10-02
卡地亚设计 钻石配祖母绿短吻鳄造型戒指		295,932	保利香港	2018-04-01
卡地亚设计翡翠配钻石戒指		154,344	保利香港	2018-10-02
卡雷拉 Carrera y Carrera 18K金"双豹"镶钻戒指		15,966	万昌斯	2018-11-29
刻面珍珠戒指		5600	上海联合	2018-07-01
蓝宝戒指	重9g；直径2.05cm	372801	雷纳德	2018-08-29
蓝宝石配钻石戒指，梵克雅宝（Van Cleef & Arpels）		457,800	香港苏富比	2018-10-03
蓝宝石，粉红色蓝宝石和钻石戒指	尺寸M	35,592	伦敦苏富比	2018-03-20
蓝宝石，玉髓及钻石戒指，梵克雅宝	尺寸6½	78,481	纽约佳士得	2018-04-17

2018珠宝翡翠拍卖成交汇总

(成交价RMB：5000元以上)

拍品名称	物品尺寸	成交价RMB	拍卖公司	拍卖日期
蓝宝石，钻石和合成蓝宝石戒指，20世纪40年代		72,297	伦敦苏富比	2018-03-20
蓝宝石、有色钻石及钻石戒指		456,750	佳士得	2018-05-29
蓝宝石挂坠		15,680	上海联合	2018-07-01
蓝宝石和彩色蓝宝石戒指 JAR	尺寸6号	1,151,305	日内瓦佳士得	2018-05-16
蓝宝石和祖母绿戒指，卡地亚	尺寸L1 / 2	389,289	伦敦苏富比	2018-03-20
蓝宝石和钻石戒指		61,215	纽约佳士得	2018-04-17
蓝宝石和钻石戒指	尺寸9	174,681	日内瓦佳士得	2018-05-16
蓝宝石和钻石戒指	大小4¾	59,550	日内瓦佳士得	2018-05-16
蓝宝石和钻石戒指	尺寸6¼	259,641	纽约苏富比	2018-10-17
蓝宝石和钻石戒指	尺寸5¾	103,857	纽约苏富比	2018-10-17
蓝宝石和钻石戒指	戒指6.5	94,292	纽约苏富比	2018-04-19
蓝宝石和钻石戒指，19世纪末及以后		122,348	伦敦苏富比	2018-03-20
蓝宝石和钻石戒指，Oscar Heyman & Brothers	戒指5½	35,360	纽约苏富比	2018-04-19
蓝宝石和钻石戒指，Oscar Heyman & Brothers		82,220	纽约苏富比	2018-10-17
蓝宝石和钻石戒指，Oscar Heyman & Brothers，大约1950年		172,399	伦敦苏富比	2018-03-20
蓝宝石和钻石戒指，梵克雅宝	大小4½	127,041	日内瓦佳士得	2018-05-16
蓝宝石和钻石戒指和钻石戒指	尺寸M1 / 2	27,806	伦敦苏富比	2018-03-20
蓝宝石及钻石戒指		2,419,760	佳士得	2018-05-29
蓝宝石及钻石戒指		10,994,480	佳士得	2018-05-29
蓝宝石及钻石戒指		609,000	佳士得	2018-05-29
蓝宝石及钻石戒指		1,421,000	佳士得	2018-05-29
蓝宝石及钻石戒指		1,218,000	佳士得	2018-05-29
蓝宝石及钻石戒指		3,978,800	佳士得	2018-05-29
蓝宝石及钻石戒指		6,902,000	佳士得	2018-05-29
蓝宝石及钻石戒指		243,600	佳士得	2018-05-29
蓝宝石及钻石戒指两枚		133,050	佳士得	2018-11-27
蓝宝石戒指		859,563	香港苏富比	2018-04-03
蓝宝石戒指	尺寸M1 / 2	44,490	伦敦苏富比	2018-03-20
蓝宝石戒指		22,400	上海联合	2018-07-01
蓝宝石戒指（一枚）	重量8.7g	2662704	圣淘沙国际	2018-11-23
蓝宝石戒指；及翡翠配钻石戒指		239,800	香港苏富比	2018-10-03
蓝宝石配钻石放大镜及翡翠「观音」配钻石放大镜/挂坠		143,193	保利香港	2018-04-01
蓝宝石配钻石戒指		4,080,960	香港苏富比	2018-10-03
蓝宝石配钻石戒指		1,921,375	香港苏富比	2018-04-03
蓝宝石配钻石戒指		556,188	香港苏富比	2018-04-03
蓝宝石配钻石戒指		849,450	香港苏富比	2018-04-03
蓝宝石配钻石戒指		1,417,000	香港苏富比	2018-10-03
蓝宝石配钻石戒指		991,025	香港苏富比	2018-04-03
蓝宝石配钻石戒指		23,866	中国嘉德	2018-04-02
蓝宝石配钻石戒指		294,300	香港苏富比	2018-10-03
蓝宝石配钻石戒指，梵克雅宝（Van Cleef & Arpels）		228,900	香港苏富比	2018-10-03
蓝宝石配钻石戒指，卡地亚（Cartier）		3,034,560	香港苏富比	2018-10-03
蓝宝石配钻石戒指，卡地亚（Cartier）		8,057,640	香港苏富比	2018-04-03
蓝宝石钻戒		19,040	上海联合	2018-07-01
蓝色欧泊石配钻石戒指		28,750	中国嘉德	2018-11-22
蓝色托帕石配蓝宝石及钻石戒指		26,729	中国嘉德	2018-04-02
蓝钻戒指	重0.6g	14,007	维理达	2018-05-27
蓝钻戒指	重0.6g	14007	维理达	2018-05-27
老虎眼和钻石戒指，大卫韦伯	尺寸5¾	64,910	纽约苏富比	2018-10-17
老坑浓色旦面戒指	主石 18.3×14.9×9.7cm	1495000	四川和德儒	2018-09-28
老坑浓色旦面戒指	主石 13.2×11.3×6.5cm	920000	四川和德儒	2018-09-28
老坑水绿旦面戒指	主石 17.6×12.5×7.7cm	402500	四川和德儒	2018-09-28
莲花座蓝宝石彩色钻戒	大小7½	4,347,965	日内瓦佳士得	2018-05-16
两个钻石和珐琅戒指，大卫韦伯	尺寸6½	112,511	纽约苏富比	2018-10-17
绿松石戒指，Sterlé，20世纪50年代	尺寸I	22,245	伦敦苏富比	2018-03-20
玛瑙凹版戒指，纳撒尼尔Marchant的，早在19世纪	大小为J.	1,112,255	伦敦苏富比	2018-03-20
玛瑙配彩色钻石戒指，Hemmerle	戒指6.25	86,473	纽约苏富比	2018-04-18
玛莎蕾尔 花式钻戒		51,520	上海联合	2018-07-01

拍品名称	物品尺寸	成交价RMB	拍卖公司	拍卖日期
满绿翡翠对戒		712200	英国大公	2018-05-28
猫眼石及钻石戒指		111,650	佳士得	2018-05-29
缅甸天然冰种翡翠蛋面戒指		9200	北京匡时	2018-06-16
缅甸天然冰种翡翠蛋面配钻石及彩色宝石吊坠及戒指套装		356,500	北京保利	2018-06-19
缅甸天然冰种紫罗兰翡翠蛋面配钻石及彩色宝石戒指		11,500	北京保利	2018-06-19
缅甸天然翡翠“灵猴献寿”挂坠		101,118	万昌斯	2018-11-29
缅甸天然翡翠“龙钩”挂坠（两件）		23,417	万昌斯	2018-11-29
缅甸天然翡翠“勤劳致富”“桃”形挂坠		20,224	万昌斯	2018-11-29
缅甸天然翡翠“瑞兽”挂坠		138,372	万昌斯	2018-11-29
缅甸天然翡翠“绶带鸟”“寿桃”挂坠		51,091	万昌斯	2018-11-29
缅甸天然翡翠“叶子”配钻石挂坠		18,521	保利香港	2018-10-02
缅甸天然翡翠「葫芦」配钻石戒指		23,866	保利香港	2018-04-01
缅甸天然翡翠「蝴蝶」挂坠		11,455	保利香港	2018-04-01
缅甸天然翡翠达摩祖师挂坠		74,508	万昌斯	2018-11-29
缅甸天然翡翠蛋面配红宝石及钻石挂坠		154,344	保利香港	2018-10-02
缅甸天然翡翠蛋面配钻石戒指		411,584	保利香港	2018-10-02
缅甸天然翡翠蛋面配钻石戒指		763,696	保利香港	2018-04-01
缅甸天然翡翠蛋面配钻石戒指		191,592	万昌斯	2018-11-29
缅甸天然翡翠蛋面配钻石戒指		114,554	保利香港	2018-04-01
缅甸天然翡翠蛋面配钻石戒指		11,708	万昌斯	2018-11-29
缅甸天然翡翠蛋面配钻石戒指		72,379	万昌斯	2018-11-29
缅甸天然翡翠雕“山水松树人物”挂坠		127,728	万昌斯	2018-11-29
缅甸天然翡翠挂坠（四件）		13,837	万昌斯	2018-11-29
缅甸天然翡翠挂坠（一对）		22,637	保利香港	2018-10-02
缅甸天然翡翠观音挂坠		33,412	保利香港	2018-04-01
缅甸天然翡翠马鞍配钻石戒指		21,288	万昌斯	2018-11-29
缅甸天然翡翠弥勒佛配钻石挂坠		23,417	万昌斯	2018-11-29
缅甸天然翡翠瑞兽戒指		6900	北京匡时	2018-06-16
缅甸天然红翡及翡翠「富贵如意」挂坠（一对）		23,866	保利香港	2018-04-01
缅甸天然满绿翡翠蛋面配钻石吊坠/戒指		7,475,000	北京保利	2018-06-19
缅甸天然满绿翡翠蛋面配钻石戒指		2,300,000	北京保利	2018-06-19
缅甸天然满绿翡翠蛋面配钻石戒指	主石约为 16.09×12.17mm	51,750	北京保利	2018-12-07
缅甸天然满绿翡翠蛋面配钻石戒指		46,000	北京匡时	2018-06-16
缅甸天然满绿翡翠蛋面配钻石戒指	主石约为 20.25×13.82mm	43,700	北京保利	2018-12-07
缅甸天然满绿翡翠蛋面配钻石戒指		138,000	北京保利	2018-06-19
缅甸天然满绿翡翠蛋面配钻石戒指		17,250	北京保利	2018-06-19
缅甸天然满绿翡翠蛋面配钻石戒指（一对）		46,000	北京保利	2018-06-19
缅甸天然满绿翡翠蛋面配钻石戒指/吊坠	主石约为10.17-10.40×2.28mm	17,250	北京保利	2018-12-07
缅甸天然满绿翡翠配红色碧玺及钻石戒指		9200	北京保利	2018-06-19
缅甸天然满绿翡翠配钻石「马鞍」戒指		28,750	北京保利	2018-06-19
缅甸天然墨翠「佛公」挂坠		5145	保利香港	2018-10-02
缅甸天然墨翠挂坠		40,094	保利香港	2018-04-01
缅甸天然紫罗兰翡翠“福至心灵”配钻石挂坠		40,447	万昌斯	2018-11-29
缅甸天然紫罗兰翡翠蛋面配红宝石及钻石戒指		30,869	保利香港	2018-10-02
缅甸天然紫罗兰翡翠观音挂坠		74,508	万昌斯	2018-11-29
缅甸天然紫罗兰翡翠及翡翠蛋面配钻石戒指		71,300	北京保利	2018-06-19
南非蓝宝石戒面	重186g	1,828,200	国大鼎盛	2018-01-31
南非蓝宝石戒面	重186g	1828200	国大鼎盛	2018-01-31
南红玛瑙戒指	重4.097ct	3873298	香港金字塔	2018-10-17
南洋白珍珠配钻石 戒指		16,100	北京匡时	2018-05-21
南洋金珠挂坠		6720	上海联合	2018-07-01
南洋金珠配钻石 戒指		13,800	北京匡时	2018-05-21
南洋金珠配钻石花朵戒指		11,500	北京匡时	2018-06-16
南洋珍珠配钻石戒指		17,250	北京匡时	2018-06-16

拍品名称	物品尺寸	成交价RMB	拍卖公司	拍卖日期
浓彩黄色钻石配钻石戒指		212,363	香港苏富比	2018-04-03
浓彩黄色钻石配钻石戒指		174,400	香港苏富比	2018-10-03
浓彩蓝色钻石戒指		21,032,640	香港苏富比	2018-10-03
浓彩蓝色钻石配钻石戒指，海瑞温斯顿（ Harry Winston ）		5,127,360	香港苏富比	2018-10-03
浓彩绿色钻石配钻石戒指		3,786,120	香港苏富比	2018-04-03
浓彩紫粉红色钻石配钻石戒指		6,906,240	香港苏富比	2018-10-03
帕拉伊巴碧玺3.34卡拉配钻石戒指，蒂芙尼	戒指6.25	746,808	纽约苏富比	2018-04-18
帕拉依巴碧玺配钻石戒指，蒂芙尼（ Tiffany & Co. ），蒂芙尼（ Tiffany & Co. ）		1,112,375	香港苏富比	2018-04-03
青金石，珊瑚，绿松石和钻石戒指 蒂芙尼公司 大约1965年	尺寸6½	173,094	纽约苏富比	2018-10-17
清 翡翠代代福禄坠	长5.4cm；宽3.3cm	43,700	北京鸿盛祥	2018-06-16
清 翡翠巧做双欢挂坠	长2.8cm	11,500	北京荣宝	2018-12-03
清 粉碧玺挂坠（一组三件）	最大长4cm；厚0.8cm	26,610	万昌斯	2018-11-28
清代 宝石戒指（一件）	重量15g	776080	爱艺拍	2018-09-27
清代 福在眼前翡翠挂坠（一对）	长5cm；重5cm；重104g	1431136	美国联邦国际	2018-06-13
清代 高冰种祖母绿翡翠戒	重76g	6,581,520	国大鼎盛	2018-01-31
清代 高冰种祖母绿翡翠戒	重76g	6581520	国大鼎盛	2018-01-31
清中期 翡翠、珊瑚佛手挂坠（三件）	尺寸不一	43,700	北京荣宝	2018-12-03
清中期 翡翠马登戒指（两只）	尺寸不一	28,750	北京荣宝	2018-12-03
三颗钻石戒指	戒指6	94,292	纽约苏富比	2018-04-19
三钻和彩色石戒指 Tiffany&Co	尺寸5½	70,551	纽约苏富比	2018-04-19
沙弗来石 配 红宝石 及 钻石 戒指，Michele della Valle		163,500	香港苏富比	2018-10-03
尚美 CHAUMET，石榴石配钻石戒指		16,100	北京匡时	2018-06-16
尚美CHAUMET，约瑟芬系列钻石戒指		36,800	北京匡时	2018-06-16
深彩黄色钻石配钻石戒指		707,875	香港苏富比	2018-04-03
水绿高色旦面戒指	总16.8×13.2×6.1cm	805000	四川和德儒	2018-09-28
宋慧设计 "曙光"18K金镶和田玉戈壁料戒指		9200	西泠拍卖	2018-07-08
钛金属配蓝宝石及彩色钻石"蝴蝶"戒指，陈世英		236,661	中国嘉德	2018-10-02
坦桑石和蓝宝石戒指，Rebecca Koven		60,583	纽约苏富比	2018-10-17
坦桑石配钻石戒指		10,350	中国嘉德	2018-11-22
天然AKA红珊瑚配钻石戒指		55,200	保利厦门	2018-01-08
天然阿卡红珊瑚球配钻石戒指		25,300	北京匡时	2018-06-16
天然澳洲海水白珍珠配钻石戒指		6900	西泠拍卖	2018-07-08
天然白色冰种翡翠「蛋面」配钻石戒指及吊坠套装		9200	保利厦门	2018-01-08
天然冰种翡翠"马到功成"配绿色钙铝石榴石及钻石吊坠；及天然翡翠配钻石戒指		72,379	天成国际	2018-12-02
天然冰种翡翠蛋面配钻石皇冠戒指		9200	北京匡时	2018-06-15
天然冰种翡翠蛋面配钻石戒指		9200	北京匡时	2018-06-15
天然冰种翡翠配蓝宝石及钻石戒指		41,400	中国嘉德	2018-11-22
天然玻璃种翡翠 18K白金 钻石男装戒指		86358	香港国际	2018-11-11
天然彩黄色钻石配钻石戒指		17,250	中国嘉德	2018-11-22
天然大溪地海水珍珠配钻石及红宝石戒指		20,224	万昌斯	2018-11-29
天然蛋面翡翠配钻石戒指吊坠两用		126,500	西泠拍卖	2018-07-08
天然翡翠 配 钻石 戒指		69,000	华艺国际	2018-11-17
天然翡翠 配 钻石 戒指		101,200	华艺国际	2018-11-17
天然翡翠 配 钻石 戒指		1100000	汉斯德拍卖	2018-11-24
天然翡翠 配 钻石「兰花」戒指		80,500	华艺国际	2018-05-22
天然翡翠「马鞍」戒指	高30cm；宽14cm	1371150	劳伦斯国际	2018-01-31
天然翡翠蛋面 配 钻石 戒指		517,500	华艺国际	2018-11-17
天然翡翠蛋面挂坠		2,070,000	西泠拍卖	2018-07-08
天然翡翠蛋面戒指		388,063	佳士得	2018-11-27
天然翡翠蛋面戒指		288,275	佳士得	2018-11-27
天然翡翠蛋面戒指		72,069	佳士得	2018-11-27
天然翡翠蛋面戒指		177,400	佳士得	2018-11-27
天然翡翠方牌戒指		2,217,500	佳士得	2018-11-27
天然翡翠戒指		487,200	天成国际	2018-06-03
天然翡翠马鞍戒指		455,063	香港苏富比	2018-04-03
天然翡翠面戒指		354,800	佳士得	2018-11-27
天然翡翠配彩色宝石及钻石戒指，张钧婷		40,447	天成国际	2018-12-02
天然翡翠配蛋白石及钻石戒指		76,370	中国嘉德	2018-04-02
天然翡翠配红宝石及钻石戒指一对，明蕤		101,118	天成国际	2018-12-02
天然翡翠配黄色钻石及钻石"烟花"戒指		164,982	天成国际	2018-12-02
天然翡翠配钻石吊坠/戒指（两用）		126,500	华艺国际	2018-05-22
天然翡翠配钻石戒指		424,725	香港苏富比	2018-04-03
天然翡翠配钻石戒指		404,500	香港苏富比	2018-04-03
天然翡翠配钻石戒指		238,655	中国嘉德	2018-04-02
天然翡翠配钻石戒指		143,193	中国嘉德	2018-04-02
天然翡翠配钻石戒指		190,924	中国嘉德	2018-04-02
天然翡翠配钻石戒指		575,000	华艺国际	2018-05-22
天然翡翠配钻石戒指		322,000	中国嘉德	2018-11-22
天然翡翠配钻石戒指		127,728	天成国际	2018-12-02
天然翡翠配钻石戒指		191,592	天成国际	2018-12-02
天然翡翠配钻石戒指		43,848	天成国际	2018-06-03
天然翡翠配钻石戒指		282,576	天成国际	2018-06-03
天然翡翠配钻石戒指		163,500	香港苏富比	2018-10-03
天然翡翠配钻石戒指		230,000	西泠拍卖	2018-07-08
天然翡翠配钻石戒指		47,898	天成国际	2018-12-02
天然翡翠配钻石戒指		85,152	天成国际	2018-12-02
天然翡翠配钻石戒指（两只）		42,958	中国嘉德	2018-04-02
天然翡翠配钻石戒指；及天然红翡翠配钻石戒指		46,771	天成国际	2018-06-03
天然高冰种翡翠 18K白金 钻石蛋面戒指		38607	香港国际	2018-11-11
天然鸽血红红宝石戒指	1.73g	1102160	劳伦斯国际	2018-06-25
天然海螺珍珠及天然珍珠戒指		144,138	佳士得	2018-11-27
天然海水珍珠配钻石挂坠		19,159	万昌斯	2018-11-29
天然海水珍珠配钻石戒指		20,224	万昌斯	2018-11-29
天然海水珍珠配钻石戒指		18,095	万昌斯	2018-11-29
天然黑色蛋白石配钻石戒指		31,932	天成国际	2018-12-02
天然红宝石配钻石戒指		11,500	上海匡时	2018-04-30
天然红宝石配钻石戒指		34,500	华艺国际	2018-05-22
天然红珊瑚 配 沙弗莱石、钻石戒指		32,200	华艺国际	2018-11-17
天然红珊瑚戒指		11,500	北京匡时	2018-06-16
天然红珊瑚配水晶及钻石戒指		9200	北京匡时	2018-06-16
天然红珊瑚配钻石戒指		17,250	北京匡时	2018-06-16
天然红珊瑚球配钻石戒指		55,200	北京匡时	2018-06-16
天然黄色蓝宝石配钻石戒指		34,500	华艺国际	2018-05-22
天然蓝宝石戒指		2409000	香港皇室贵族	2018-04-28
天然蓝宝石钻石戒指		3313600	香港皇室贵族	2018-09-29
天然蓝宝石钻石戒指		3313600	圣约翰	2018-09-29
天然老坑玻璃种翡翠 18K白金 钻石马鞍戒指		182876	香港国际	2018-11-11
天然满绿翡翠"蛋面"配钻石戒指		345,000	保利厦门	2018-07-15
天然满绿翡翠「蛋面」配钻石戒指		17,250	保利厦门	2018-01-08
天然满绿翡翠「蛋面」配钻石戒指		9200	保利厦门	2018-01-08
天然满绿翡翠「葫芦」配钻石戒指		9200	保利厦门	2018-01-08
天然满绿翡翠「马鞍」配钻石戒指		9200	保利厦门	2018-01-08
天然满绿翡翠蛋面配钻石花形戒指		26,450	北京匡时	2018-06-15
天然满绿翡翠蛋面配钻石戒指		287,500	保利厦门	2018-01-08
天然满绿翡翠蛋面配钻石戒指		1,955,000	华艺国际	2018-05-22
天然满绿翡翠蛋面配钻石戒指		25,300	北京匡时	2018-06-15
天然满绿翡翠戒指	直径1.3×1×6mm	3441240	伦勃朗	2018-08-18
天然满绿翡翠马鞍配钻石戒指		23,000	保利厦门	2018-01-08
天然满绿翡翠马眼配钻石戒指		11,500	北京匡时	2018-06-15
天然满绿翡翠配钻石 戒指		25,300	北京匡时	2018-05-21
天然满绿翡翠配钻石转运戒指		115,000	保利厦门	2018-01-08
天然南洋珍珠配钻石戒指		23,000	上海匡时	2018-04-30
天然牛血红AKA红珊瑚配钻石戒指		14,950	保利厦门	2018-07-15
天然珊瑚配钻石戒指		92,000	华艺国际	2018-05-22
天然珍珠和钻石戒指	珍珠8.5×8.8×6.4mm	27,806	伦敦苏富比	2018-03-20
天然珍珠及钻石戒指		730,800	佳士得	2018-05-29

2018珠宝翡翠拍卖成交汇总

(成交价RMB：5000元以上)

拍品名称	物品尺寸	成交价RMB	拍卖公司	拍卖日期
天然珍珠钻石戒指 20世纪50年代	珍珠大约15.95-16.30×13.00mm，尺寸7¾	1,032,205	日内瓦佳士得	2018-05-16
天然紫翡翠配钻石戒指		146,160	天成国际	2018-06-03
天然紫罗兰翡翠“蛋面”配钻石戒指		43,700	保利厦门	2018-07-15
天然紫色翡翠“葫芦”配紫色水晶及钻石戒指		25,300	中国嘉德	2018-11-22
天然紫色翡翠配天然翡翠及钻石戒指		96,069	香港苏富比	2018-04-03
田崎 TASAKI，天然坦桑石配钻石戒指		9200	北京匡时	2018-06-16
同心同德 约5.0克拉缅甸抹谷鸽血红红宝石 及 约5.0克拉D色IF净度内部无瑕净度钻石配钻石戒指 未经加热		21,620,000	北京保利	2018-06-19
托帕石戒指	重量2.1g	7,150,000	中正拍卖	2018-09-28
椭圆形堇青石和黄玉，蓝宝石和橄榄石镶戒指（两个），宝格丽		18,908	伦敦苏富比	2018-03-20
晚清 龙凤呈祥翡翠镶金挂坠（一对）	总重14g	9087714	美国联邦国际	2018-06-13
晚清 龙凤呈祥金镶玉挂坠（一对）	总重18g	7084123	美国联邦国际	2018-06-13
吴斐设计 Anne Wu 约8.4克拉紫色星光蓝宝石配紫色蓝宝石及钻石戒指 未经加热		28,750	北京保利	2018-06-19
稀有的彩色钻石和钻石'TOI ET MOI' RING，卡地亚		33,070,256	日内瓦佳士得	2018-05-16
现代 18K金镶钻天然翡翠满绿如意形挂坠		575,000	北京荣宝	2018-09-14
现代 18k镶红蓝宝石祖母绿戒指	重9.16g	10,350	浙江佳宝	2018-07-01
现代 18k钻石戒指	重6.71g	10,925	浙江佳宝	2018-07-01
现代 碧玺戒指	重4.4g	23,000	浙江佳宝	2018-07-01
现代 翡翠镶钻爱心珊瑚戒指	重11.5g	13,800	浙江佳宝	2018-07-01
现代 镶钻珊瑚戒指	重5.5g	11,500	浙江佳宝	2018-07-01
现代 祖母绿戒指	重6.93g	103,500	浙江佳宝	2018-07-01
新艺术珍珠和珐琅戒指，勒内拉里克 约1903年	尺寸5	87,340	日内瓦佳士得	2018-05-16
星光红宝石戒面(一件)	重6.7g	1170840	奥斯汀	2018-11-13
星光蓝宝石 戒指		566,800	香港苏富比	2018-10-03
星光蓝宝石及钻石戒指		152,250	佳士得	2018-05-29
星光蓝宝石配钻石戒指		119,900	香港苏富比	2018-10-03
星形蓝宝石和钻石戒指	尺寸4½	155,785	纽约苏富比	2018-10-17
亚历山大变色石配钻石戒指		707,875	香港苏富比	2018-04-03
亚历山大变色石配钻石戒指		305,200	香港苏富比	2018-10-03
艳彩橙黄色钻石 配 钻石 戒指		51,750	华艺国际	2018-11-17
艳彩橙黄色钻石配钻石戒指		2,616,000	香港苏富比	2018-10-03
艳彩橙黄色钻石配钻石戒指		8,834,280	香港苏富比	2018-04-03
艳彩黄色钻石 戒指		872,000	香港苏富比	2018-10-03
艳彩黄色钻石戒指		4,174,440	香港苏富比	2018-04-03
艳彩黄色钻石戒指，蒂法尼（Tiffany & Co.），20世纪初		2,224,750	香港苏富比	2018-04-03
艳彩黄色钻石配钻石戒指		5,533,560	香港苏富比	2018-04-03
艳彩黄色钻石配钻石戒指		18,056,880	香港苏富比	2018-04-03
艳彩黄色钻石配钻石戒指		1,853,000	香港苏富比	2018-10-03
艳彩黄色钻石配钻石戒指		404,500	香港苏富比	2018-04-03
艳彩黄色钻石配钻石戒指，海瑞温斯顿（Harry Winston）		1,516,875	香港苏富比	2018-04-03
艳彩蓝绿色钻石配钻石戒指		5,545,920	香港苏富比	2018-10-03
艳彩蓝色钻石配钻石戒指		94,565,784	香港苏富比	2018-10-03
艳彩紫粉红色钻石配钻石戒指		15,629,880	香港苏富比	2018-04-03
养殖珍珠，彩色钻石和钻石戒指	尺寸6½	23,820	日内瓦佳士得	2018-05-16
一组缅甸天然翡翠蛋面戒指		493,901	保利香港	2018-10-02
一组缅甸天然翡翠配钻石戒指		123,475	保利香港	2018-10-02
艺术装饰钻石戒指 卡地亚 大约1925年	尺寸5	549,369	纽约佳士得	2018-04-17
永恒的粉红钻		2,645,000	上海匡时	2018-04-30
有色蓝宝石、钻石及有色钻石戒指		91,350	佳士得	2018-05-29
有色蓝宝石及钻石戒指		91,350	佳士得	2018-05-29
有色蓝宝石及钻石戒指		182,700	佳士得	2018-05-29
有色蓝宝石及钻石戒指		2,030,000	佳士得	2018-05-29
有色钻石、蛋白石及钻石戒指		2,517,200	佳士得	2018-05-29
有色钻石及钻石戒指		12,261,200	佳士得	2018-05-29

拍品名称	物品尺寸	成交价RMB	拍卖公司	拍卖日期
有色钻石及钻石戒指		5,440,400	佳士得	2018-05-29
有色钻石及钻石戒指		385,700	佳士得	2018-05-29
有色钻石及钻石戒指		263,900	佳士得	2018-05-29
有色钻石及钻石戒指		284,200	佳士得	2018-05-29
有色钻石及钻石戒指		456,750	佳士得	2018-05-29
有色钻石及钻石戒指		142,100	佳士得	2018-05-29
有色钻石及钻石戒指		761,250	佳士得	2018-05-29
有色钻石及钻石戒指		2,419,760	佳士得	2018-05-29
有色钻石及钻石戒指		3,491,600	佳士得	2018-05-29
有色钻石及钻石戒指		812,000	佳士得	2018-05-29
有色钻石及钻石戒指		3,686,480	佳士得	2018-05-29
玉露翠宝 缅甸天然帝王绿翡翠蛋面配钻石挂坠		24,820,120	保利香港	2018-04-01
约1.00克拉圆形钻石戒指		14,950	北京匡时	2018-06-15
约1.0克拉缅甸「鸽血红」红宝石配钻石戒指 未经加热		20,700	北京保利	2018-06-19
约1.4克拉缅甸抹谷「鸽血红」红宝石配钻石戒指 未经加热		17,250	北京保利	2018-06-19
约1.4克拉莫桑比克「鸽血红」红宝石配钻石戒指 未经加热		20,700	北京保利	2018-06-19
约1.8克拉哥伦比亚「木佐绿」祖母绿配钻石戒指		40,250	北京保利	2018-06-19
约12.1克拉彩黄色VS1净度钻石配钻石戒指/吊坠		1,380,000	北京保利	2018-06-19
约1950年制 18K白金镶钻石戒指		23,000	西泠拍卖	2018-07-08
约2.1克拉K色VS1净度钻石配钻石戒指		63,250	北京保利	2018-06-19
约2.2克拉缅甸抹谷「鸽血红」红宝石配钻石戒指 未经加热		43,700	北京保利	2018-06-19
约2.4克拉哥伦比亚「木佐绿」祖母绿配钻石戒指 未经注油		322,000	北京保利	2018-06-19
约2.5克拉红色尖晶石配钻石吊坠/戒指		13,800	北京保利	2018-06-19
约2.9克拉哥伦比亚祖母绿配钻石戒指 未经注油		690,000	北京保利	2018-06-19
约22.7克拉斯里兰卡蓝宝石配钻石戒指/吊坠 未经加热		690,000	北京保利	2018-06-19
约22.8克拉哥伦比亚木佐绿祖母绿配钻石戒指		1,380,000	北京保利	2018-06-19
约3.0克拉彩绿黄色VS1净度钻石配钻石戒指		276,000	北京保利	2018-06-19
约3.6克拉莫桑比克帕拉伊巴碧玺配钻石戒指		74,750	北京保利	2018-06-19
约4.2克拉红色碧玺配钻石戒指		11,500	北京保利	2018-06-19
约4.7克拉祖母绿配钻石戒指		43,700	北京保利	2018-06-19
约5.0克拉艳彩黄色SI2净度钻石配钻石戒指		1,012,000	北京保利	2018-06-19
约5.1克拉淡彩黄色SI1净度钻石配钻石戒指		322,000	北京保利	2018-06-19
约5.3克拉缅甸抹谷矢车菊蓝蓝宝石配钻石戒指 未经加热		97,750	北京保利	2018-06-19
约5.7克拉浓彩黄色IF净度内部无暇钻石配钻石戒指		920,000	北京保利	2018-06-19
约5克拉圆形钻石戒指		241,500	北京匡时	2018-06-15
约6.3克拉哥伦比亚祖母绿配钻石戒指		437,000	北京保利	2018-06-19
约7.1克拉赞比亚艳绿色祖母绿配钻石戒指		103,500	北京保利	2018-06-19
长方形哥伦比亚祖母绿戒指		354,800	佳士得	2018-11-27
珍贵22.78克拉糖塔形天然缅甸皇家蓝蓝宝石		2,070,000	北京匡时	2018-06-16
珍贵天然满绿马眼形翡翠配钻石戒指		178,250	北京匡时	2018-06-15
珍罕10.02克拉天然缅甸抹谷未经加热鸽血红红宝石配钻石戒指		19,634,430	中国嘉德	2018-04-02
珍罕总重量14.41克拉天然喀什米尔未经加热蓝宝石配钻石戒指		6,122,108	中国嘉德	2018-04-02
珍珠 配 钻石 戒指		6900	华艺国际	2018-05-22
珍珠，珐琅和钻石戒指，勒内拉里克	尺寸5½	43,670	日内瓦佳士得	2018-05-16
珍珠和钻石戒指	尺寸6号	15,880	日内瓦佳士得	2018-05-16
珍珠和钻石戒指，David Webb	戒指3.5	117,865	纽约苏富比	2018-04-19

拍品名称	物品尺寸	成交价RMB	拍卖公司	拍卖日期
珍珠配钻石戒指；及钻石戒指		19,092	中国嘉德	2018-04-02
枕形红宝石戒指		66,525	佳士得	2018-11-27
重约1.73克拉蓝宝石配钻石戒指		32,200	中国嘉德	2018-11-22
重约3.05克拉蓝宝石配钻石戒指		23,000	中国嘉德	2018-11-22
珠宝首饰，蒂法尼（Tiffany & Co.）		92,650	香港苏富比	2018-10-03
卓尔不凡 Adler设计 约11.1克拉淡彩粉色VS2净度钻石配钻石戒指		16,675,000	北京保利	2018-06-19
紫水晶和钻石戒指，大卫韦伯	戒指8	62,861	纽约苏富比	2018-04-19
紫水晶配钻石戒指		46,771	天成国际	2018-06-03
总重13.53克拉 天然紫水晶配月光石及钻石戒指		13,800	保利厦门	2018-07-15
总重3克拉18K金镶钻石戒指		25,300	北京荣宝	2018-09-14
总重量5.08克拉古垫形E色内部无瑕至VVS1净度极优打磨钻石戒指		266,100	天成国际	2018-12-02
总重量约13.35克拉绿色碧玺配粉红色刚玉及钻石戒指		114,554	中国嘉德	2018-04-02
总重约2.05克拉缅甸红宝石配钻石戒指 未经加热	主石分别约为1）6.61×5.61×2.93mm；2）5.42×7.35×2.76mm	13,800	北京保利	2018-12-07
总重约3.67克拉缅甸“鸽血红”红宝石配钻石戒指 未经加热	最大主石约为10.26×5.721×3.24mm	34,500	北京保利	2018-12-07
祖母绿配钻石戒指，宝诗龙（Boucheron）		141,700	香港苏富比	2018-10-03
祖母绿 18K白金 钻石戒指		86358	香港国际	2018-11-11
祖母绿 18K白金 钻石戒指		132077	香港国际	2018-11-11
祖母绿挂坠	4.995g	1653240	劳伦斯国际	2018-06-25
祖母绿和彩色宝石戒指 JAR	尺寸6号	1,151,305	日内瓦佳士得	2018-05-16
祖母绿和钻石戒指	尺寸7¾	432,736	纽约苏富比	2018-10-17
祖母绿和钻石戒指		38,929	伦敦苏富比	2018-03-20
祖母绿和钻石戒指	尺寸O	88,980	伦敦苏富比	2018-03-20
祖母绿和钻石戒指		122,348	伦敦苏富比	2018-03-20
祖母绿和钻石戒指	尺寸M.	100,103	伦敦苏富比	2018-03-20
祖母绿和钻石戒指，J.E. Caldwell&Co。大约在1930年	尺寸5¾	112,511	纽约苏富比	2018-10-17
祖母绿和钻石戒指，Sterlé，20世纪60年代		333,676	伦敦苏富比	2018-03-20
祖母绿和钻石戒指，哈里·温斯顿		714,603	日内瓦佳士得	2018-05-16
祖母绿及钻石戒指		121,800	佳士得	2018-05-29
祖母绿及钻石戒指		1,725,500	佳士得	2018-05-29
祖母绿及钻石戒指		406,000	佳士得	2018-05-29
祖母绿戒指		6,173,760	香港苏富比	2018-10-03
祖母绿戒指	祖母绿 14.3×11.7×8.3毫米	510,974	纽约苏富比	2018-04-18
祖母绿戒指		11,200	上海联合	2018-07-01
祖母绿配钻石戒指		91,560	香港苏富比	2018-10-03
祖母绿配钻石戒指，宝格丽（Bulgari）		424,725	香港苏富比	2018-04-03
祖母绿配钻石戒指，梵克雅宝（Van Cleef & Arpels）		1,853,000	香港苏富比	2018-10-03
祖母绿配钻石戒指，海瑞温斯顿（Harry Winston）		555,900	香港苏富比	2018-10-03
钻石 戒指		1,199,000	香港苏富比	2018-10-03
钻石 配 红宝石 戒指		381,500	香港苏富比	2018-10-03
钻石 配 祖母绿「鱼」戒指，David Webb		253,000	华艺国际	2018-05-22
钻石 排戒		9200	北京匡时	2018-05-21
钻石"玛伦帕纳"戒指，卡地亚		23,820	日内瓦佳士得	2018-05-16
钻石，蓝宝石配祖母绿及缟玛瑙"豹"戒指，'Panthère，卡地亚（Cartier）		523,200	香港苏富比	2018-10-03
钻石，祖母绿和玛瑙戒指，卡地亚	大小8¾	476,402	日内瓦佳士得	2018-05-16
钻石，祖母绿和玛瑙戒指，卡地亚	大小6¼	206,441	日内瓦佳士得	2018-05-16
钻石、祖母绿及黑玛瑙“Panthère”戒指		266,100	佳士得	2018-11-27
钻石“Classic Winston”戒指，海瑞温斯顿		123,475	中国嘉德	2018-10-02
钻石“Gothic”戒指		88,700	佳士得	2018-11-27
钻石“Lotus Between the Finger”戒指		199,575	佳士得	2018-11-27
钻石“Panth è re de Cartier”戒指，Cartier		372,540	天成国际	2018-12-02
钻石“Panth è re”戒指		388,063	佳士得	2018-11-27
钻石和3.75克拉粉红色蓝宝石戒指		166,838	伦敦苏富比	2018-03-20
钻石和彩色钻石戒指	戒指6	47,146	纽约苏富比	2018-04-19
钻石和红宝石戒指		238,201	日内瓦佳士得	2018-05-16
钻石及蓝宝石戒指		91,350	佳士得	2018-05-29
钻石及有色钻石戒指		507,500	佳士得	2018-05-29
钻石戒指		15,800,640	香港苏富比	2018-10-03
钻石戒指		6,414,800	佳士得	2018-05-29
钻石戒指		6,383,040	香港苏富比	2018-10-03
钻石戒指		3,453,120	香港苏富比	2018-10-03
钻石戒指		2,224,750	香港苏富比	2018-04-03
钻石戒指		910,125	香港苏富比	2018-04-03
钻石戒指		273,038	香港苏富比	2018-04-03
钻石戒指		3,591,960	香港苏富比	2018-04-03
钻石戒指		960,688	香港苏富比	2018-04-03
钻石戒指		3,397,800	香港苏富比	2018-04-03
钻石戒指		669,900	佳士得	2018-05-29
钻石戒指		406,000	佳士得	2018-05-29
钻石戒指		60,900	佳士得	2018-05-29
钻石戒指		710,500	佳士得	2018-05-29
钻石戒指		304,500	佳士得	2018-05-29
钻石戒指		324,800	佳士得	2018-05-29
钻石戒指		1,928,500	佳士得	2018-05-29
钻石戒指		3,199,280	佳士得	2018-05-29
钻石戒指		1,319,500	佳士得	2018-05-29
钻石戒指		812,000	佳士得	2018-05-29
钻石戒指		3,686,480	佳士得	2018-05-29
钻石戒指		4,953,200	佳士得	2018-05-29
钻石戒指	尺寸5½	222,321	日内瓦佳士得	2018-05-16
钻石戒指		202,250	香港苏富比	2018-04-03
钻石戒指		485,400	香港苏富比	2018-04-03
钻石戒指		171,913	香港苏富比	2018-04-03
钻石戒指		910,125	香港苏富比	2018-04-03
钻石戒指		1,516,875	香港苏富比	2018-04-03
钻石戒指		1,314,625	香港苏富比	2018-04-03
钻石戒指		1,213,500	香港苏富比	2018-04-03
钻石戒指		404,500	香港苏富比	2018-04-03
钻石戒指		303,375	香港苏富比	2018-04-03
钻石戒指		283,150	香港苏富比	2018-04-03
钻石戒指		1,415,750	香港苏富比	2018-04-03
钻石戒指		20,700	华艺国际	2018-05-22
钻石戒指		324,800	佳士得	2018-05-29
钻石戒指		142,100	佳士得	2018-05-29
钻石戒指		324,800	佳士得	2018-05-29
钻石戒指		177,961	伦敦苏富比	2018-03-20
钻石戒指	戒指6	330,168	纽约苏富比	2018-04-18
钻石戒指	戒指6.75	3,113,012	纽约苏富比	2018-04-18
钻石戒指	戒指5 ¼	251,557	纽约苏富比	2018-04-18
钻石戒指		171,913	香港苏富比	2018-04-03
钻石戒指		65,400	香港苏富比	2018-10-03
钻石戒指		490,500	香港苏富比	2018-10-03
钻石戒指		1,090,000	香港苏富比	2018-10-03
钻石戒指		1,199,000	香港苏富比	2018-10-03
钻石戒指		1,962,000	香港苏富比	2018-10-03
钻石戒指		348,800	香港苏富比	2018-10-03
钻石戒指		283,400	香港苏富比	2018-10-03
钻石戒指		414,200	香港苏富比	2018-10-03
钻石戒指		2,616,000	香港苏富比	2018-10-03
钻石戒指		7637	保利香港	2018-04-01
钻石戒指		41,866	保利澳门	2018-11-29
钻石戒指		288,275	佳士得	2018-11-27
钻石戒指		94,244	佳士得	2018-11-27
钻石戒指	戒指6	172,457	纽约苏富比	2018-04-19
钻石戒指	尺寸4½	173,094	纽约苏富比	2018-10-17
钻石戒指（中央重达2.58克拉）	尺寸为O	94,542	伦敦苏富比	2018-03-20
钻石戒指，Robert Campbell		121,350	香港苏富比	2018-04-03
钻石戒指，宝格丽（Bulgari）		283,400	香港苏富比	2018-10-03
钻石戒指，蒂芙尼（Tiffany & Co.）		2,815,320	香港苏富比	2018-04-03
钻石戒指，梵克雅宝（Van Cleef & Arpels）		2,452,500	香港苏富比	2018-10-03
钻石戒指，海瑞温斯顿（Harry Winston）		828,400	香港苏富比	2018-10-03

2018珠宝翡翠拍卖成交汇总

(成交价RMB：5000元以上)

拍品名称	物品尺寸	成交价RMB	拍卖公司	拍卖日期
钻石戒指，卡地亚（Cartier）		54,500	香港苏富比	2018-10-03
钻石戒指，卡地亚（Cartier）		457,800	香港苏富比	2018-10-03
钻石戒指，'Panache'，香奈儿	尺寸M	228,012	伦敦苏富比	2018-03-20
钻石戒指，宝格丽	尺寸5½	35,360	纽约苏富比	2018-04-19
钻石戒指，蒂芙尼		37,043	中国嘉德	2018-10-02
钻石戒指，梵克雅宝		11,513,054	日内瓦佳士得	2018-05-16
钻石戒指,卡地亚	大小6½,	7,701,836	日内瓦佳士得	2018-05-16
钻石戒指，卡地亚		75,430	日内瓦佳士得	2018-05-16
钻石戒指,卡地亚	大小8½	55,580	日内瓦佳士得	2018-05-16
钻石戒指,卡地亚	大小7½,	38,112	日内瓦佳士得	2018-05-16
钻石戒指,卡地亚	戒指5号	150,861	日内瓦佳士得	2018-05-16
钻石戒指和吊坠	戒指尺寸J	266,941	伦敦苏富比	2018-03-20
钻石配祖母绿及缟玛瑙「豹」戒指，'Panth è re'，卡地亚（Cartier）		182,025	香港苏富比	2018-04-03
钻石配蓝宝石及红宝石戒指		1,820,250	香港苏富比	2018-04-03
钻石配祖母绿及缟玛瑙"豹"戒指,'Panth è re',卡地亚（Cartier）		2,289,000	香港苏富比	2018-10-03
钻石套装		26,390	佳士得	2018-05-29
钻石指尖戒，'Lotus'，梵克雅宝（Van Cleef & Arpels）		131,463	香港苏富比	2018-04-03
"蓝山"9.4克拉坦桑石配钻石耳夹		48,300	西泠拍卖	2018-07-08
"明珠繁星"18K白金镶黑珍珠配彩钻耳环		25,300	西泠拍卖	2018-07-08
"松鼠"金镶翡翠配钻石耳环		25,300	西泠拍卖	2018-07-08
"素染"金镶金珠配沙弗莱钻石耳坠		9200	西泠拍卖	2018-07-08
「麦穗」钻石耳坠		10,350	华艺国际	2018-05-22
0.86克拉黄钻配白钻耳坠		23,000	北京匡时	2018-06-16
1.00及1.01克拉变色龙钻石配钻石耳环（一对）		133,647	保利香港	2018-04-01
1.01及1.01克拉古垫形天然淡粉红色VS2及SI1净度钻石配粉红色钻石及钻石耳环一对		298,032	天成国际	2018-12-02
1.01克拉淡彩粉紫色钻石及1.10克拉及淡彩绿色钻石配钻石耳环（一对）		525,041	保利香港	2018-04-01
1.02及1.02克拉深彩棕绿黄色钻石配钻石耳环		66,882	保利香港	2018-10-02
1.04克拉浅粉色钻石耳环		437,000	西泠拍卖	2018-07-08
1.07克拉天然莫桑比克鸽血红红宝石配钻石耳坠		10,350	北京匡时	2018-06-16
1.08及1.06克拉D色钻石耳环一对，净度内部无暇		144,054	保利香港	2018-10-02
1.0及0.8克拉彩黄绿色VS2净度钻石配钻石耳环		230,000	北京保利	2018-06-19
1.19及1.07克拉彩黄色钻石配钻石耳环	主石分别约为1）5.73×5.45×3.91mm；2）5.69×5.62×3.59mm	66,700	北京保利	2018-12-07
1.25及1.12克拉 梨形 艳彩黄色钻石 配 粉钻、钻石耳环（一对）		287,500	华艺国际	2018-11-17
1.27克拉和1.22克拉，黄色、自然色，SI2和VS2的清晰度彩色钻石耳环（一对）		235,444	纽约佳士得	2018-04-17
1.36克拉马达加斯加红宝石配钻石戒指 及 总重2.03克拉马达加斯加红宝石配钻石耳环套装 未经加热	戒指主石约为6.84×5.59×3.95mm；耳环主石分别约为1）6.10×6.05×3.15mm；2）6.49×5.85×2.91mm	36,800	北京保利	2018-12-07
1.38克拉 天然红宝石配粉红蓝宝石及钻石耳环 未经加热		69,000	保利厦门	2018-01-08
1.50、1.49、0.60及0.59克拉心形D/IF钻石耳环		310,450	佳士得	2018-11-27
1.50及1.51克拉深彩棕色钻石耳钉（一对）		345,000	华艺国际	2018-11-17
1.54克拉和1.51克拉钻石耳环（一对）		78,577	纽约苏富比	2018-04-19
1.63及1.32克拉缅甸"鸽血红"红宝石配钻石耳环 未经加热	主石分别约为1）7.41×6.44×4.07mm；2）7.43×6.48×3.48mm	43,700	北京保利	2018-12-07

拍品名称	物品尺寸	成交价RMB	拍卖公司	拍卖日期
1.69及1.50克拉圆形天然"缅甸"无经加热处理红宝石配钻石吊耳环一对		104,311	天成国际	2018-12-02
10.27克拉红色碧玺配钻石耳坠		46,000	上海匡时	2018-04-30
10.60及10.32 克拉古垫形天然哥伦比亚祖母绿配钻石耳环，Harry Winston（一对）		3,897,600	天成国际	2018-06-03
11.09及11.04卡拉钻石耳环一对		3,339,413	纽约苏富比	2018-04-18
11.31克拉黄色钻石配钻石耳坠		989,000	上海匡时	2018-04-30
11.37克拉和11.19克拉蓝宝石，祖母绿和钻石耳环		3,661,945	日内瓦佳士得	2018-05-16
12.32克拉，8.91克拉蓝宝石耳环	长3.0cm	1,349,806	日内瓦佳士得	2018-05-16
12.50克拉蓝宝石和钻石耳环（一对）和戒指	戒指7	204,300	纽约苏富比	2018-04-19
12.94及12.60克拉哥伦比亚祖母绿配钻石耳环		565,928	保利香港	2018-10-02
13.99克拉 天然玻利维亚紫黄晶配彩色蓝宝石及钻石花朵耳环		17,250	保利厦门	2018-01-08
14.6mm 金色南洋珍珠配钻石耳环		25,300	保利厦门	2018-01-08
14.91克拉钻石耳坠		385,250	上海匡时	2018-04-30
15.10及14.86克拉梨形彩黄色IF-VS2钻石耳环		4,878,500	佳士得	2018-11-27
16.76及16.69克拉梨形天然"缅甸"无经加热处理红色尖晶石配钻石吊耳环一对，Aliel		585,420	天成国际	2018-12-02
18.28克拉水滴形赞比亚祖母绿配钻石耳环		138,372	万昌斯	2018-11-29
18.92及19.08卡拉祖母綠配鑽石耳环一對，梵克雅寶（Van Cleef & Arpels）		2,414,617	日内瓦苏富比	2018-11-15
18K白金镶钻石"豹"耳钉 卡地亚		74,750	华艺国际	2018-11-17
18K黄金耳环 宝格丽		13,800	华艺国际	2018-11-17
18K黄金镶嵌钻石耳环，蒂芙尼		23,000	中国嘉德	2018-11-22
18K金花丝宫灯耳坠	高4.5cm×2	18,400	北京中贝	2018-06-24
18K金花丝宫灯耳坠	高4.5cm×2	18400	北京中贝	2018-06-24
18K金六棱花丝镶嵌宫灯耳坠	高4.3cm×2	18,400	北京中贝	2018-06-24
18K金六棱花丝镶嵌宫灯耳坠	高4.3cm×2	18400	北京中贝	2018-06-24
18K金镶钻翡翠天鹅耳坠一对		13,800	中国嘉德	2018-09-18
18k金镶钻石耳夹，蒂凡尼		69,000	华艺国际	2018-11-17
18K玫瑰金耳环 宝格丽		14,950	华艺国际	2018-11-17
18K玫瑰金耳环 卡地亚		13,800	华艺国际	2018-11-17
18K玫瑰金镶珍珠母贝耳钉 宝格丽		16,100	华艺国际	2018-11-17
18K玫瑰金镶钻石耳环 宝格丽		17,250	华艺国际	2018-11-17
1940年制 蓝宝石配钻石几何形耳环	重量9.4g	23,000	西泠拍卖	2018-07-09
2.02及2.01克拉 莫桑比克"鸽血红"红宝石外配钻石耳环，未经加热		740,851	保利香港	2018-10-02
2.02及2.02克拉心型钻石耳环（一对）		305,478	保利香港	2018-04-01
2.03及2.01克拉方形F色VVS2净度钻石配钻石耳环一对		276,744	天成国际	2018-12-02
2.03及2.01克拉梨形D色SI1及SI2净度钻石配钻石吊耳环（一对）		272,832	天成国际	2018-06-03
2.03及2.03克拉长方形D/IF钻石耳环		643,075	佳士得	2018-11-27
2.04克拉、2.02克拉钻石耳环(一对)		156,963	纽约佳士得	2018-04-17
2.08克拉和2.05克拉钻石耳饰（一对）		141,101	纽约苏富比	2018-04-19
2.08克拉天然莫桑比克鸽血红红宝石配钻石耳钉		23,000	北京匡时	2018-06-16
2.10克拉和2.04克拉祖母绿和钻石耳环，卡地亚	长1.5cm	206,441	日内瓦佳士得	2018-05-16
2.15及2.08克拉古垫形天然"缅甸"无经加热处理红宝石配红宝石及钻石"铃儿响叮当"吊耳环一对		957,960	天成国际	2018-12-02
2.22及2.15克拉椭圆形天然缅甸抹谷无经加热处理红宝石配钻石耳环，Tiffany & Co.（一对）		487,200	天成国际	2018-06-03
2.30克拉粉红色蓝宝石和钻石耳饰（一对）		125,723	纽约苏富比	2018-04-19
2.40及2.21克拉彩黄色钻石耳环		345,000	中国嘉德	2018-11-22

拍品名称	物品尺寸	成交价RMB	拍卖公司	拍卖日期
2.50克拉H色，VS1和VS2净度钻石耳环（一对）		313,925	纽约佳士得	2018-04-17
2.73和2.53克拉分别为E和D颜色，VS2和SI1净度钻石耳夹（一对） 梵克雅宝		549,369	纽约佳士得	2018-04-17
2.73克拉、2.72克拉自然色，VVS2和VVS1清晰度黄色钻石耳环（一对）		1,137,978	纽约佳士得	2018-04-17
2.88克拉红宝石配钻石pt900耳钉（一对）		10,350	北京荣宝	2018-09-14
20.13及21.73卡拉藍寶石配鑽石耳环一對, Alexandre Reza		2,069,671	日内瓦苏富比	2018-11-15
20.19及18.70克拉椭圆形天然无经加热处理红色尖晶石配红色尖晶石及钻石吊耳环（一对）		760,032	天成国际	2018-06-03
20.95克拉、21.10克拉海蓝宝石和钻石吊坠耳环（一对）		133,581	纽约苏富比	2018-04-19
20世纪早期的3.0克拉和2.9克拉红宝石和钻石耳环		555,803	日内瓦佳士得	2018-05-16
20世纪中期天然珍珠和钻石耳环		119,101	日内瓦佳士得	2018-05-16
22.77克拉，21.42克拉蓝宝石和钻石耳环（一对） 宝格丽	长2.8cm	11,513,054	日内瓦佳士得	2018-05-16
3.05及3.01克拉古垫形天然“莫桑比克”无经加热处理“鸽血红”红宝石配钻石耳环一对		255,456	天成国际	2018-12-02
3.07及3.03克拉旧式切割D/IF钻石耳环		1,663,125	佳士得	2018-11-27
3.16及3.12克拉圆形E-F/VS1-VS2钻石耳环		1,053,313	佳士得	2018-11-27
3.28、2.31及2.12克拉缅甸天然鸽血红红宝石戒指及耳环		1,441,375	佳士得	2018-11-27
3.32克拉钻石耳环（一对）	长5.0cm	595,503	日内瓦佳士得	2018-05-16
3.77克拉和3.60克拉祖母绿耳环	长1.1cm	635,203	日内瓦佳士得	2018-05-16
3.93及3.36克拉枕形及椭圆形克什米尔天然蓝宝石耳环		2,856,140	佳士得	2018-11-27
4.00及3.25克拉梨形天然缅甸抹谷无经加热处理红宝石配钻石吊耳环，Harry Winston（一对）		1,753,920	天成国际	2018-06-03
4.03及4.01卡拉钻石耳环（一对）		1,965,285	纽约苏富比	2018-04-18
4.10克拉3.20克拉蓝宝石和钻石耳环（一对）		173,094	纽约苏富比	2018-10-17
4.23克拉缅甸“鸽血红”红宝石配钻石耳坠		299,000	上海匡时	2018-04-30
4.24克拉和3.47克拉彩色钻石和钻石耳环（一对）		235,444	纽约佳士得	2018-04-17
4.54克拉、4.52克拉钻石耳环，哈里·温斯顿		2,366,131	日内瓦佳士得	2018-05-16
4.74及4.69卡拉缅甸红宝石配钻石耳环一对		510,974	纽约苏富比	2018-04-18
4.78克拉及4.61克拉天然斯里兰卡蓝宝石配钻石吊耳环		552,000	中国嘉德	2018-11-22
4.90和4.40克拉蓝宝石和钻石耳夹（一对）		389,462	纽约苏富比	2018-10-17
4.97克拉方形祖母绿配钻石耳坠		11,500	北京匡时	2018-06-16
5.01及5.11克拉斯里兰卡蓝宝石配钻石耳环，未经加热		229,109	保利香港	2018-04-01
5.04及5.14克拉钻石耳环 （一对）		1,527,392	保利香港	2018-04-01
5.07卡拉及5.25卡拉鑽石吊耳环一對, de Grisogono		4,656,761	日内瓦苏富比	2018-11-15
5.15及5.01克拉D色钻石耳环一对，净度内部无暇		4,115,840	保利香港	2018-10-02
5.21及5.01克拉梨形彩粉红色IF-VS1钻石耳环		29,891,900	佳士得	2018-11-27
5.27克拉钻石耳环	长4.8cm	2,518,580	日内瓦佳士得	2018-05-16
5.41克拉5.24克拉D色，VVS2净度钻石耳环（一对），BY HARRY WINSTON		2,941,477	纽约佳士得	2018-04-17
5.50克拉及4.88克拉天然蓝宝石配钻石耳环（一对）		368,000	华艺国际	2018-05-22

拍品名称	物品尺寸	成交价RMB	拍卖公司	拍卖日期
5.64及5.50克拉梨形天然“莫桑比克”无经加热处理红宝石配红宝石及钻石吊耳环一对，Aliel		212,880	天成国际	2018-12-02
6.03克拉 天然红宝石配钻石耳环未经加热		17,250	保利厦门	2018-01-08
6.05克拉，6.03克拉钻石耳环（一对）	长7.2cm	794,004	日内瓦佳士得	2018-05-16
6.16克拉钻石耳钉		2,823,477	日内瓦佳士得	2018-05-16
6.18克拉，重6.08克拉蓝宝石和钻石耳环（一对）		141,266	纽约佳士得	2018-04-17
6.21及4.92卡拉祖母綠配鑽石吊耳环一對		1,638,490	日内瓦苏富比	2018-11-15
6.57克拉、5.32克拉彩色钻石和钻石吊坠/耳夹（一对）		778,924	纽约苏富比	2018-10-17
6.89及6.21卡拉祖母绿配钻石耳环（一对）		393,057	纽约苏富比	2018-04-18
65.82卡拉、66.08卡拉璧玺配红宝石及刚玉耳环（一对），Hemmerle		330,168	纽约苏富比	2018-04-18
7.06克拉、6.85克拉钻石耳环(一对)		565,065	纽约佳士得	2018-04-17
7.44克拉蓝宝石及11.28克拉钻石耳钉，卡地亚	长2.8cm	277,901	日内瓦佳士得	2018-05-16
7.46及7.26克拉缅甸天然红宝石耳环		144,138	佳士得	2018-11-27
8.00克拉和7.00克拉红宝石，彩色钻石和钻石耳夹（一对），奥斯卡海曼和兄弟		225,023	纽约苏富比	2018-10-17
8.50克拉蓝宝石和钻石耳环（一对）		109,745	纽约苏富比	2018-04-19
9.09和9.03克拉钻石耳环	长3.5cm	10,750,811	日内瓦佳士得	2018-05-16
9.45及8.41克拉哥伦比亚天然未经处理木佐矿祖母绿配钻石吊耳环		2,881,088	中国嘉德	2018-10-02
9.65克拉 红宝石耳坠		44,800	上海联合	2018-07-01
AKACHEN设计 钛金属兰花耳环		458,218	保利香港	2018-04-01
D-F/IF-VS2钻石耳环		1,552,250	佳士得	2018-11-27
JEWEILEry THEATRE 设计 珍珠配钻石及沙弗莱石珠宝套装		17,183	保利香港	2018-04-01
Jewellery Theatre设计 珍珠配钻石耳环		15,434	保利香港	2018-10-02
K黄金红宝石耳夹一对，蒂芙尼		32,200	华艺国际	2018-05-22
K黄金配碧玺耳钉一对，宝格丽		23,000	华艺国际	2018-05-22
Meganese设计 缅甸天然翡翠珠配钻石耳环		124,101	保利香港	2018-04-01
Meganese设计 缅甸天然红翡配钻石挂坠及耳环套装		143,193	保利香港	2018-04-01
巴西帕拉伊巴碧玺配钻石耳环		1,543,440	保利香港	2018-10-02
白色南洋及黑色大溪地珍珠配钻石耳环 约15.4mm、15.2mm、9.6mm及9.4mm		20,700	北京保利	2018-06-19
白色南洋珍珠配钻石吊坠及耳环套装 约13.3mm、12.6mm		20,700	北京保利	2018-06-19
白色南洋珍珠配钻石吊坠及耳环套装 约13.87mm、13.14mm、12.89mm	珍珠直径分别约为1）13.87mm；2）13.14mm；3）12.89mm	11,500	北京保利	2018-12-07
白色南洋珍珠配钻石耳环 约16.03mm	珍珠直径约为16.03mm；耳环长度约为4.00cm	28,750	北京保利	2018-12-07
白色托帕石'拜占庭'吊坠－耳夹（一对），Verdura		60,583	纽约苏富比	2018-10-17
百代玲珑 缅甸天然翡翠福豆配钻石及彩色宝石挂坠及耳环套装		1,718,316	保利香港	2018-04-01
宝格丽设计 红宝石配钻石耳环（一对）		190,924	保利香港	2018-04-01
宝石耳饰，Marina B		54,873	纽约苏富比	2018-04-19
宝石配玉石及钻石吊耳环一对，陈世英（Wallace Chan）		599,500	香港苏富比	2018-10-03

2018珠宝翡翠拍卖成交汇总

(成交价RMB：5000元以上)

拍品名称	物品尺寸	成交价RMB	拍卖公司	拍卖日期
宝石镶嵌和钻石“Mamma Pesce”耳夹（一对），宝格丽		207,713	纽约苏富比	2018-10-17
宝石钻石耳环（一对），卡地亚		144,593	伦敦苏富比	2018-03-20
碧玺，钻石和珍珠耳环（一对），米歇尔德拉瓦莱		102,150	纽约苏富比	2018-04-19
彩色刚玉配钻石“花朵”耳环		17,250	中国嘉德	2018-11-22
彩色锂辉石配粉红色刚玉及钻石吊耳环（一对）		76,003	天成国际	2018-06-03
彩色天然珍珠，天然珍珠和钻石耳环	长4.8cm	794,004	日内瓦佳士得	2018-05-16
彩色天然珍珠和钻石耳环	长3.4cm	254,081	日内瓦佳士得	2018-05-16
彩色天然珍珠和钻石耳环（一对），天然珍珠耳钉（一对）		222,321	日内瓦佳士得	2018-05-16
彩色珍珠和钻石耳环，卡地亚	长3.2cm	174,681	日内瓦佳士得	2018-05-16
彩色钻石，祖母绿，珍珠母，钻石自由女神耳环(一对)，卡地亚	长3.0cm	952,805	日内瓦佳士得	2018-05-16
彩色钻石和钻石“宇宙”耳环（一对），梵克雅宝	长2.6cm	238,201	日内瓦佳士得	2018-05-16
彩色钻石和钻石圈耳环（一对）		47,146	纽约苏富比	2018-04-19
彩色钻石及钻石耳环（一对）梵克雅宝		235,444	纽约佳士得	2018-04-17
彩色钻石配钻石吊耳环（一对）		1,090,000	香港苏富比	2018-10-03
彩钻配彩色钻石及钻石耳环一对		1,021,948	纽约苏富比	2018-04-18
陈皓及卡恰设计 和田玉及珊瑚耳环		30,869	保利香港	2018-10-02
陈婕设计Jacy Chen 缅甸红宝石配钻石吊坠及耳环套装 未经加热		28,750	北京保利	2018-06-19
翠绿宝石和钻石耳环（一对），蒂芙尼		109,745	纽约苏富比	2018-04-19
丹霞映翠 缅甸天然“帝王玉”翡翠蛋面配“鸽血红”红宝石耳环（一对）		6,173,760	保利香港	2018-10-02
蛋白石和钻石耳夹（一对），蒂芙尼公司 大约1930年		519,283	纽约苏富比	2018-10-17
迪奥设计 黄金配钻石耳环及 卡地亚设计 黄金耳环（一对）		15,434	保利香港	2018-10-02
独特的祖母绿和钻石耳环		8,273,519	日内瓦佳士得	2018-05-16
多色蓝宝石长链和一对多色蓝宝石和钻石耳饰	180.34cm	235,169	纽约苏富比	2018-04-19
珐琅和钻石耳夹（一对），大卫韦伯		78,577	纽约苏富比	2018-04-19
非常珍贵 缅甸天然满绿翡翠配珍珠耳环	主石分别约为1）19.50×14.79×6.45mm；2）18.83×14.69×5.51mm	3,795,000	北京保利	2018-12-07
翡翠 配 宝石 及 钻石 吊耳环（一对）		119,900	香港苏富比	2018-10-03
翡翠 配 钻石 吊耳环（一对）		1,962,000	香港苏富比	2018-10-03
翡翠、红宝石及钻石耳坠		172,550	佳士得	2018-05-29
翡翠雕螭龙纹凤耳瓶	高15.8cm	2442000	香港皇室贵族	2018-06-27
翡翠雕双耳盖瓶	高36.8cm	4360000	圣约翰	2018-09-29
翡翠耳钉		73,920	上海联合	2018-07-01
翡翠耳环		284,200	佳士得	2018-05-29
翡翠花式耳环		224,000	上海联合	2018-11-25
翡翠花式耳环		112,000	上海联合	2018-11-25
翡翠花式耳环		17,920	上海联合	2018-11-25
翡翠花纹耳环一对 翡翠荷叶纹金坠炼 翡翠耳环一对	L:6cm；L:27cm；L:2cm	6450	新光国际	2018-06-16
翡翠及钻石耳坠		223,300	佳士得	2018-05-29
翡翠及钻石耳坠		304,500	佳士得	2018-05-29
翡翠及钻石首饰		203,000	佳士得	2018-05-29
翡翠戒指、耳钉（K金）（三件）	高0.8cm	9200	广东崇正	2018-01-21
翡翠满绿耳坠		5750	北京中贝	2018-01-14
翡翠配 钻石 吊坠及吊耳环套装		130,800	香港苏富比	2018-10-03

拍品名称	物品尺寸	成交价RMB	拍卖公司	拍卖日期
翡翠配钻石“福豆”耳环		251,198	保利澳门	2018-11-29
翡翠配钻石戒指；及耳环套装		41,158	中国嘉德	2018-10-02
翡翠配钻石戒指及耳环套装		164,634	中国嘉德	2018-10-02
粉红色黄玉和钻石耳夹（一对），J.E。Caldwell＆Co。		164,440	纽约苏富比	2018-10-17
各重4.08卡拉钻石耳环(一对)，蒂芙尼		1,572,228	纽约苏富比	2018-04-18
共58.95卡拉祖母绿配钻石耳环（一对）		825,420	纽约苏富比	2018-04-18
共重1.26克拉 钻石 耳钉		11,500	北京匡时	2018-05-21
共重8.31克拉祖母绿配钻石耳环（一对）		62,050	保利香港	2018-04-01
共重9.0克拉莫桑比克红宝石配钻石耳环		411,584	保利香港	2018-10-02
瑰丽 10.03克拉天然莫桑比克鸽血红红宝石戒指；8.21及8.12克拉天然莫桑比克鸽血红红宝石耳钉套装		8,912,500	北京匡时	2018-06-16
海蓝宝配钻石吊耳环一对，‘Charlize’，卡地亚（Cartier）		1,264,063	香港苏富比	2018-04-03
海蓝宝石耳坠	重65.3g	1,828,200	国大鼎盛	2018-01-31
海蓝宝石耳坠	重65.3g	1828200	国大鼎盛	2018-01-31
海蓝宝石和钻石吊坠耳环（一对）		148,940	纽约苏富比	2018-04-18
海蓝宝石和钻石耳环（一对），蒂芙尼公司		94,067	纽约苏富比	2018-04-19
海蓝宝石镶钻耳钉	重0.98ct	1036750	香港金字塔	2018-10-17
海螺珍珠配钻石耳环（一对）		715,965	保利香港	2018-04-01
海瑞温斯顿设计 10.06及10.02克拉D色Type IIa钻石配钻石耳环		11,932,750	保利香港	2018-04-01
何晶设计「不对称宝瓶」祖母绿配钻石耳环		45,822	保利香港	2018-04-01
贺贝 和田玉吊坠、耳饰套装---“吉祥如意”		6325	北京荣宝	2018-09-14
黑色大溪地珍珠配钻石戒指及耳环套装 约14.0mm、12.5mm		34,500	北京保利	2018-06-19
黑珍珠 配 钻石耳环（一对）		25,300	华艺国际	2018-11-17
红宝石 配 钻石 耳环一对，Aletto Brothers		283,400	香港苏富比	2018-10-03
红宝石，钻石和珐琅耳环（一对）宝格丽		353,166	纽约佳士得	2018-04-17
红宝石“Mystery set”耳环		731,775	佳士得	2018-11-27
红宝石耳环		31,360	上海联合	2018-11-25
红宝石和钻石耳环（一对）	长2.0cm	158,801	日内瓦佳士得	2018-05-16
红宝石和钻石耳环（一对）	长3.8cm	103,220	日内瓦佳士得	2018-05-16
红宝石和钻石耳环（一对）	长2.4cm	142,921	日内瓦佳士得	2018-05-16
红宝石和钻石耳环（一对） 梵克雅宝		188,355	纽约佳士得	2018-04-17
红宝石和钻石耳环（一对），哈里温斯顿		298,229	纽约佳士得	2018-04-17
红宝石和钻石耳环，梅斯特	长3.5cm	119,101	日内瓦佳士得	2018-05-16
红宝石和钻石耳夹（一对），Van Cleef& Arpels梵克雅宝，20世纪40年代		42,266	伦敦苏富比	2018-03-20
红宝石和钻石耳饰（一对），大卫韦伯		66,790	纽约苏富比	2018-04-19
红宝石和钻石戒指和耳夹（一对），Tiffany＆Co。	戒指尺寸5¼	69,238	纽约苏富比	2018-10-17
红宝石及蓝宝石配钻石吊坠及耳环套装		17,250	北京保利	2018-06-19
红宝石及钻石耳环		1,827,000	佳士得	2018-05-29
红宝石及钻石耳环		81,200	佳士得	2018-05-29
红宝石及钻石耳坠		2,809,520	佳士得	2018-05-29
红宝石及钻石耳坠		11,774,000	佳士得	2018-05-29
红宝石配蓝宝石及钻石向日葵耳环（两对）		40,925	天成国际	2018-06-03
红宝石配蓝宝石配钻石戒指及耳环一对，卡地亚（Cartier），1950年代		384,275	香港苏富比	2018-04-03
红宝石配钻石 耳钉		11,500	北京匡时	2018-05-21
红宝石配钻石吊耳环（一对）		4,854,000	香港苏富比	2018-04-03

拍品名称	物品尺寸	成交价RMB	拍卖公司	拍卖日期
红宝石配钻石吊耳环（一对）		809,000	香港苏富比	2018-04-03
红宝石配钻石吊耳环（一对）		323,600	香港苏富比	2018-04-03
红宝石配钻石吊耳环一对，宝格丽（Bulgari）		2,224,750	香港苏富比	2018-04-03
红宝石配钻石耳环一对，宝格丽（Bulgari）		490,500	香港苏富比	2018-10-03
红宝石配钻石耳环一对，宝格丽（Bulgari）		283,400	香港苏富比	2018-10-03
红宝石配钻石葡萄造型耳环（一对）		114,554	保利香港	2018-04-01
红翡耳钉面（一对）	重11g	71798	荣盛国际	2018-01-17
红珊瑚配钻石戒指及耳环套装		23,000	北京保利	2018-06-19
紅寶石配鑽石耳環一對，卡地亞（Cartier）		1,552,254	日内瓦苏富比	2018-11-15
花式彩色钻石和钻石耳环（一对）		172,869	纽约苏富比	2018-04-19
花式浓烈1.63克拉、1.47克拉黄色钻石和钻石耳环（一对），格拉夫		190,404	纽约苏富比	2018-10-17
花式生动黄色钻石和钻石耳饰（一对）		298,592	纽约苏富比	2018-04-19
黄金和紫水晶珠宝吊坠耳环		39,195	纽约苏富比	2018-04-18
黄金和钻石Dentelle耳夹（一对），梵克雅宝		129,821	纽约苏富比	2018-10-17
黄金和钻石耳夹（一对），Van Cleef& Arpels，法国 大约在1960年		51,928	纽约苏富比	2018-10-17
黄金和钻石耳夹（一对），卡地亚，巴黎		95,202	日内瓦苏富比	2018-10-17
黄金和钻石耳夹，梵克雅宝，法国的一对		86,547	纽约苏富比	2018-10-17
黄可迪设计 Cameo Huang 总重约3.2克拉祖母绿配钻石耳环		13,800	北京保利	2018-06-19
黄色蓝宝石每颗重约4.25克拉和钻石耳环（一对）		125,723	纽约苏富比	2018-04-19
黄色绿柱石，粉红碧玺和钻石耳夹（一对），宝格丽		172,457	纽约苏富比	2018-04-19
黄色钻石配钻石吊耳环一对		159,660	天成国际	2018-12-02
黄色钻石配钻石耳坠		66,700	上海匡时	2018-04-30
黄色钻石配钻石戒指；及耳环套装		53,220	天成国际	2018-12-02
火蛋白石配钻石耳环一对，蒂芙妮（Tiffany & Co.）	蛋白石10.5×24.0毫米	393,057	纽约苏富比	2018-04-18
极其臻美 陈世英设计 Wallace Chan 纯美清泉I耳环	耳环长度约为6.15cm	4,025,000	北京保利	2018-12-07
尖晶石配钻石吊耳环一对，BHAGAT		1,213,500	香港苏富比	2018-04-03
阶梯式切割5.02克拉H色VS1净度及5.01克拉I色VS2净度极优打磨及比例钻石耳环一对		1,277,280	天成国际	2018-12-02
金，红玉髓和珊瑚戒指、耳环首饰套件（各一对）		73,565	纽约苏富比	2018-10-17
金，绿宝石和钻石耳夹（一对），David Webb		43,217	纽约苏富比	2018-04-19
金和古钱币耳夹，宝格丽		17,309	纽约苏富比	2018-10-17
金和珊瑚色耳夹（一对），Van Cleef& Arpels		129,821	纽约苏富比	2018-10-17
金和钻耳饰（一对），卡地亚，法国		275,019	纽约苏富比	2018-04-19
金和钻石"桉树"耳环，梵克雅宝 约1966年	长2.6cm	79,400	日内瓦佳士得	2018-05-16
金和钻石耳夹（一对），Van Cleef& Arpels，法国		121,166	纽约苏富比	2018-10-17
金和钻石耳夹（一对），斯伦贝谢为Tiffany&Co。		41,543	纽约苏富比	2018-10-17
金色和钻石耳环（一对），Cašmir，萧邦		24,470	伦敦苏富比	2018-03-20
金色和钻石耳夹（一对），Van Cleef& Arpels，法国		86,547	纽约苏富比	2018-10-17
金色和钻石'雪花'吊坠/耳夹(一对，Van Cleef& Arpels，法国		605,830	纽约苏富比	2018-10-17

拍品名称	物品尺寸	成交价RMB	拍卖公司	拍卖日期
金色南洋珍珠配钻石吊坠及耳环套装 约15.7mm、15.6mm、15.3mm		43,700	北京保利	2018-06-19
精品无烧红宝石耳钉		5750	上海匡时	2018-04-30
精品无烧蓝宝石耳钉		11,500	上海匡时	2018-04-30
祖母绿配钻石吊耳环一对，Martin Katz		1,820,250	香港苏富比	2018-04-03
卡地亚设计"猎豹"戒指及耳环套装		82,317	保利香港	2018-10-02
卡地亚设计"猎豹"首饰套装及一对黄金耳环		20,579	保利香港	2018-10-02
卡地亚设计 钻石"猎豹"耳环，及爱玛仕设计 钻石戒指		56,593	保利香港	2018-10-02
卡地亚设计 钻石耳环及戒指套装		22,637	保利香港	2018-10-02
兰竹腾芳 天然翡翠耳环		2,643,260	佳士得	2018-11-27
蓝宝石，海蓝宝石和钻石吊坠耳环（一对）		129,821	纽约苏富比	2018-10-17
蓝宝石和彩色钻石耳环	长2.9cm	25,408	日内瓦佳士得	2018-05-16
蓝宝石和钻石耳环（一对），哈利·温斯顿	长4.8cm	436,702	日内瓦佳士得	2018-05-16
蓝宝石和钻石耳环，卡地亚	长2.5cm	1,389,507	日内瓦佳士得	2018-05-16
蓝宝石和钻石耳环，卡地亚	长3.6cm	222,321	日内瓦佳士得	2018-05-16
蓝宝石和钻石耳环，梅斯特	长2.7cm	35,730	日内瓦佳士得	2018-05-16
蓝宝石和钻石耳环、戒指		35,592	伦敦苏富比	2018-03-20
蓝宝石和钻石耳夹(一对)，Aletto Brothers		47,146	纽约苏富比	2018-04-19
蓝宝石和钻石耳夹（一对），David Webb		129,821	纽约苏富比	2018-10-17
蓝宝石及钻石耳环		543,288	佳士得	2018-11-27
蓝宝石配钻石吊耳环一对		91,013	香港苏富比	2018-04-03
蓝宝石配钻石耳环		17,250	北京保利	2018-06-19
蓝宝石配钻石耳环一对，梵克雅宝（Van Cleef & Arpels），1988年		910,125	香港苏富比	2018-04-03
老坑黄秧绿旦面耳环	总48.5×12.5×10.1cm	632500	四川和德儒	2018-09-28
良和出品"玉翠流金"天然满绿翡翠配钻石耳环		44,850	保利厦门	2018-07-15
两颗34.26克拉的梨形红宝石和钻石耳环（一对）		94,067	纽约苏富比	2018-04-19
六颗重约18.93克拉祖母绿与钻石耳环（一对）梵克雅宝		2,790,793	纽约佳士得	2018-04-17
绿宝石和钻石吊坠耳环(一对)		470,337	纽约苏富比	2018-04-18
绿宝石和钻石耳夹（一对）		389,462	纽约苏富比	2018-10-17
绿松石，蓝宝石和钻石耳夹（一对），Seaman Schepps		61,174	伦敦苏富比	2018-03-20
绿松石，水晶和钻石耳夹，大卫韦伯		164,440	纽约苏富比	2018-10-17
绿松石耳夹（一对），大卫韦伯		43,217	纽约苏富比	2018-04-19
绿松石和钻石耳夹（一对），梵克雅宝		164,440	纽约苏富比	2018-10-17
绿松石和钻石耳饰(一对)	长3.75cm	58,933	纽约苏富比	2018-04-19
绿松石配钻石耳环		36,800	北京保利	2018-06-19
玛瑙耳环（一对） JAR	长7.0cm	206,441	日内瓦佳士得	2018-05-16
猫眼金绿宝石配钻石戒指；及耳环（两对）		26,729	中国嘉德	2018-04-02
玫瑰金珍珠贝母配钻石蝴蝶耳环梵克雅宝 (Van Cleef & Arpels)		48,300	华艺国际	2018-11-17
每颗约38.00克拉绿宝石和钻石吊坠/耳夹（一对）		519,283	纽约苏富比	2018-10-17
缅甸天然冰种翡翠"葫芦"配宝石及钻石戒指/吊坠及耳环套装	戒指主石约为14.88×8.63mm；耳环主石约为12.65×7.60mm	25,300	北京保利	2018-12-07
缅甸天然冰种翡翠蛋面配钻石及粉色蓝宝石吊坠及耳环套装	吊坠主石约为18.92×16.45×7.90mm；耳环主石约为13.99×13.28×8.21mm	25,300	北京保利	2018-12-07
缅甸天然冰种翡翠配钻石「珠型」耳环 约15.0mm		11,500	北京保利	2018-06-19

2018珠宝翡翠拍卖成交汇总

(成交价RMB：5000元以上)

拍品名称	物品尺寸	成交价RMB	拍卖公司	拍卖日期
缅甸天然翡翠“福豆”配钻石耳环（一对）		82,317	保利香港	2018-10-02
缅甸天然翡翠蛋面配红宝石及钻石戒指及耳环套装		51,448	保利香港	2018-10-02
缅甸天然翡翠蛋面配钻石耳环（一对）		2,469,504	保利香港	2018-10-02
缅甸天然翡翠蛋面配钻石耳环（一对）		114,554	保利香港	2018-04-01
缅甸天然翡翠蛋面配钻石及彩色宝石耳环	主石约为9.46–9.93×4.68mm；耳环长度约为3.55cm	5750	北京保利	2018-12-07
缅甸天然翡翠蛋面配钻石戒指及耳环套装		5,154,948	保利香港	2018-04-01
缅甸天然翡翠蛋面配钻石戒指及耳环套装		185,213	保利香港	2018-10-02
缅甸天然翡翠蛋面配钻石戒指及耳环套装		468,336	万昌斯	2018-11-29
缅甸天然翡翠及钻石「蘑菇」耳环（一对）		38,185	保利香港	2018-04-01
缅甸天然翡翠配钻石吊坠及耳环套装	吊坠约为53.39×15.19mm；耳环主石约为13.27×6.65mm	25,300	北京保利	2018-12-07
缅甸天然翡翠配钻石耳环（一对）		144,054	保利香港	2018-10-02
缅甸天然翡翠配钻石耳环/挂坠（一对）		51,448	保利香港	2018-10-02
缅甸天然翡翠配钻石耳环及发夹（三件套）		26,729	保利香港	2018-04-01
缅甸天然翡翠配钻石及红宝石耳环及戒指套装		33,412	保利香港	2018-04-01
缅甸天然翡翠珠配钻石挂坠及耳环套装		185,213	保利香港	2018-10-02
缅甸天然黄翡翠配珐琅及彩色宝石耳环（一对）		39,100	保利香港	2018-10-02
缅甸天然老坑帝王绿翡翠配钻石耳环、戒指套装		402,500	北京匡时	2018-06-16
缅甸天然满绿翡翠「圆珠」配钻石耳环 约11.0mm		138,000	北京保利	2018-06-19
缅甸天然满绿翡翠蛋面配钻石耳环	耳环长度约为3.70cm	34,500	北京保利	2018-12-07
缅甸天然满绿翡翠蛋面配钻石耳环	主石约为8.10×7.02mm	69,000	北京保利	2018-12-07
缅甸天然满绿翡翠配钻石「珠型」耳环 约12.1mm		36,800	北京保利	2018-06-19
缅甸天然满绿翡翠配钻石耳环		27,600	北京匡时	2018-06-16
缅甸天然满绿翡翠配钻石戒指及耳环套装	最大主石约为19.61×8.62mm；耳环长度约为3.70cm	23,000	北京保利	2018-12-07
缅甸天然满绿翡翠配钻石梨形蛋面耳环		230,000	北京匡时	2018-06-16
缅甸天然满绿翡翠叶子配钻石及彩色宝石耳环		276,000	北京保利	2018-06-19
缅甸天然满绿翡翠蜘蛛配钻石耳环		32,200	北京匡时	2018-06-16
缅甸天然紫罗兰翡翠配钻石戒指、耳环及挂坠珠宝套装		47,100	保利澳门	2018-11-29
莫桑比克「鸽血红」红宝石配钻石戒指及耳环珠宝套装，未经加热		133,647	保利香港	2018-04-01
莫桑比克鸽血红红宝石耳环及挂坠珠宝套装，未经加热		33,412	保利香港	2018-04-01
南洋金珠配红宝耳环		12,650	北京匡时	2018-06-16
南洋珍珠配钻石耳环		23,000	北京匡时	2018-06-16
浓彩黄色钻石耳环（一对）		910,125	香港苏富比	2018-04-03
浓彩黄色钻石配钻石吊耳环（一对）		2,123,625	香港苏富比	2018-04-03
帕拉依巴及钻石耳坠		17,620,400	佳士得	2018-05-29
拼钻耳环		28,750	北京匡时	2018-06-16
清 翡翠狮钮象耳游环瓶	高15.5cm	13,800	北京保利	2018-04-29

拍品名称	物品尺寸	成交价RMB	拍卖公司	拍卖日期
清 黄金耳坠	长15cm×2；重34.6g	11,500	北京匡时	2018-06-15
清代 翡翠环金耳坠（一对）	直径2.6cm；金10.8g	69,000	古天一	2018-12-08
珊瑚 配 沙弗来石 及 钻石 耳环一对，Michele della Valle		130,800	香港苏富比	2018-10-03
珊瑚、一对钻石耳环及戒指 约20世纪30年代		54,873	纽约苏富比	2018-04-18
珊瑚和宝石镶嵌耳环（一对），Ghiso 约在1925年		64,910	纽约苏富比	2018-10-17
珊瑚和钻石耳饰（一对）		39,288	纽约苏富比	2018-04-19
珊瑚配钻石戒指；及耳环套装		21,002	中国嘉德	2018-04-02
珊瑚珠 耳钉		33,350	北京匡时	2018-05-21
石榴石及钻石耳坠		4,953,200	佳士得	2018-05-29
舒涵设计 彩色钻石配钻石蝴蝶造型耳环（一对）		21,002	保利香港	2018-04-01
双色金钻石耳坠		6900	北京匡时	2018-06-16
泰国红宝石耳环		53,220	佳士得	2018-11-27
坦桑石 配 钻石 吊耳环一对，肖邦（Chopard）		141,700	香港苏富比	2018-10-03
坦桑石，海蓝宝及粉红色刚玉“花朵”耳环		12,348	保利香港	2018-10-02
坦桑石，黑色蛋白石和钻石耳环（一对）		51,075	纽约苏富比	2018-04-19
坦桑石配蓝宝石及祖母绿耳环		10,290	中国嘉德	2018-10-02
天青石，珊瑚和孔雀石耳夹（一对），梵克雅宝		58,933	纽约苏富比	2018-04-19
天然“缅甸”未经热处理红宝石配钻石耳环（一对）		517,500	华艺国际	2018-11-17
天然“缅甸抹谷”未经热处理 红宝石 配 钻石耳夹（一对）		345,000	华艺国际	2018-11-17
天然AKA红珊瑚配尖晶石及钻石「花形」耳环		69,000	保利厦门	2018-01-08
天然冰种翡翠“八环结心”配钻石耳环		27,600	保利厦门	2018-07-15
天然冰种翡翠“蛋面”配钻石耳环及戒指套装		69,000	保利厦门	2018-07-15
天然冰种翡翠蛋面配粉色蓝宝石戒指、耳环套装		18,400	北京匡时	2018-06-15
天然冰种翡翠荳荚配翡翠及钻石吊耳环（一对）		29,232	天成国际	2018-06-03
天然冰种翡翠配彩色刚玉及钻石戒指；及吊耳环套装		77,952	天成国际	2018-06-03
天然冰种翡翠配珐琅彩及钻石戒指；及吊耳环套装，Dawn		68,208	天成国际	2018-06-03
天然冰种翡翠配翡翠及红宝石“海龟”吊坠；及耳环套装		40,447	天成国际	2018-12-02
天然冰种翡翠配沙弗莱石榴石及钻石戒指；及耳环套装		97,440	天成国际	2018-06-03
天然冰种墨翠翡翠 18K玫瑰金钻石套装 戒指 耳环 吊坠		91438	香港国际	2018-11-11
天然橙翡翠配钻石吊耳环一对		74,508	天成国际	2018-12-02
天然翡翠 配 钻石 耳钉（一对）		172,500	华艺国际	2018-11-17
天然翡翠 配 钻石 耳钉（一对）		230,000	华艺国际	2018-11-17
天然翡翠 配 钻石 耳钉（一对）		103,500	华艺国际	2018-11-17
天然翡翠 配 钻石 耳环（一对）		86,250	华艺国际	2018-11-17
天然翡翠 配 钻石 耳夹（一对）		92,000	华艺国际	2018-11-17
天然翡翠「福豆」配黄色钻石及钻石吊耳环		57,277	中国嘉德	2018-04-02
天然翡翠蛋面耳环		1,995,750	佳士得	2018-11-27
天然翡翠蛋面耳环		421,325	佳士得	2018-11-27
天然翡翠蛋面耳环		277,188	佳士得	2018-11-27
天然翡翠雕“双环”吊耳环（一对）		3,453,120	香港苏富比	2018-10-03
天然翡翠雕「葫芦」配钻石吊耳环（一对）		960,688	香港苏富比	2018-04-03
天然翡翠雕「兰豆」配钻石吊耳环（一对）	共重3.8g	2285250	劳伦斯国际	2018-01-31
天然翡翠雕「双环」配钻石吊耳环（一对）		353,938	香港苏富比	2018-04-03

拍品名称	物品尺寸	成交价RMB	拍卖公司	拍卖日期
天然翡翠豆荚耳环		443,500	佳士得	2018-11-27
天然翡翠耳环		99,788	佳士得	2018-11-27
天然翡翠怀古耳环		310,450	佳士得	2018-11-27
天然翡翠配彩色刚玉及钻石“蝴蝶”吊耳环一对		51,091	天成国际	2018-12-02
天然翡翠配珐琅彩及钻石戒指；及吊耳环套装，Dawn		79,830	天成国际	2018-12-02
天然翡翠配缟玛瑙及钻石耳环		32,200	中国嘉德	2018-11-22
天然翡翠配黑玛瑙及钻石「古风」吊坠耳环		52,504	中国嘉德	2018-04-02
天然翡翠配红宝石及钻石吊耳环（两对）		92,650	香港苏富比	2018-10-03
天然翡翠配红宝石及钻石吊耳环一对		61,735	天成国际	2018-12-02
天然翡翠配红色宝石及钻石“天鹅”耳环		17,250	中国嘉德	2018-11-22
天然翡翠配黄色刚玉及钻石戒指；及吊耳环套装，明菾		138,372	天成国际	2018-12-02
天然翡翠配钻石“猎豹”吊耳环一对		29,803	天成国际	2018-12-02
天然翡翠配钻石“招财进宝”吊耳环		80,500	中国嘉德	2018-11-22
天然翡翠配钻石吊耳环（一对）		192,138	香港苏富比	2018-04-03
天然翡翠配钻石耳环		76,370	中国嘉德	2018-04-02
天然翡翠配钻石耳环（一对）		7,766,400	香港苏富比	2018-04-03
天然翡翠配钻石耳环（一对）		222,475	香港苏富比	2018-04-03
天然翡翠配钻石耳环及戒指套装		232,588	香港苏富比	2018-04-03
天然翡翠配钻石戒指；及耳环套装		24,360	天成国际	2018-06-03
天然翡翠配钻石戒指；及耳环套装		185,136	天成国际	2018-06-03
天然翡翠配钻石戒指及吊耳环（一对）		161,800	香港苏富比	2018-04-03
天然翡翠配钻石戒指及吊耳环套装		283,400	香港苏富比	2018-10-03
天然翡翠配钻石戒指及耳钉（一套）		345,000	华艺国际	2018-05-22
天然翡翠树叶配冰种翡翠及钻石吊耳环（一对）		34,104	天成国际	2018-06-03
天然翡翠双环耳环		609,813	佳士得	2018-11-27
天然翡翠甜椒耳环（一对）		43,848	天成国际	2018-06-03
天然翡翠圆牌耳环		44,350	佳士得	2018-11-27
天然海缧珠配钻石耳环		874,616	保利香港	2018-10-02
天然海螺珠配钻石耳环		40,250	西泠拍卖	2018-07-08
天然海螺珠配钻石珍珠耳环		34,500	西泠拍卖	2018-07-08
天然红宝石 配 钻石 耳钉（一对）		103,500	华艺国际	2018-05-22
天然红宝石配钻石耳环（二组）		11,500	保利厦门	2018-01-08
天然坑种翡翠　18K白金　钻石双环耳环		111758	香港国际	2018-11-11
天然老坑玻璃种翡翠　18K白金　幸运叶钻石耳环		203196	香港国际	2018-11-11
天然满绿翡翠“蛋面”配钻石耳环及戒指套装		63,250	保利厦门	2018-07-15
天然满绿翡翠“多子多福”配钻石耳环		57,500	保利厦门	2018-07-15
天然满绿翡翠蛋面配钻石花朵耳坠		34,500	北京匡时	2018-06-15
天然珍珠，蓝宝石和钻石耳夹（一对）		173,094	纽约苏富比	2018-10-17
天然珍珠，钻石和蓝宝石耳夹（一对）		73,565	纽约苏富比	2018-10-17
天然珍珠耳环		7,007,300	佳士得	2018-11-27
天然珍珠和钻石耳环	12.55-12.60x18.40和11.40-11.45×19.35毫米	595,503	日内瓦佳士得	2018-05-16
天然珍珠和钻石耳环（一对）	长3.5cm	67,490	日内瓦佳士得	2018-05-16
天然珍珠和钻石耳环（一对）		242,332	纽约苏富比	2018-10-17
天然珍珠和钻石耳环（一对），20世纪50年代		88,980	伦敦苏富比	2018-03-20

拍品名称	物品尺寸	成交价RMB	拍卖公司	拍卖日期
天然珍珠及钻石耳环		690,200	佳士得	2018-05-29
天然珍珠配祖母綠、琺瑯彩及鑽石項鏈，René Lalique，年份約1905，及耳环一對	项链内圆周31cm	2,587,089	日内瓦苏富比	2018-11-15
天然珍珠配钻石耳环（一对）	水滴形珍珠，20.7×12.2毫米及22.9×12.3毫米	393,057	纽约苏富比	2018-04-18
天然珍珠配钻石耳环一对	珍珠11.9×8.1及12.8×9.0毫米	550,280	纽约苏富比	2018-04-18
天然珍珠配鑽石耳环一對		1,207,308	日内瓦苏富比	2018-11-15
天然紫色翡翠配翡翠及钻石戒指；及耳环套装		21,002	中国嘉德	2018-04-02
天然祖母绿 配 钻石 耳环（一对）		161,000	华艺国际	2018-05-22
天然祖母绿 配 钻石 耳环（一对）		138,000	华艺国际	2018-05-22
托帕石，摩根石及钻石“花朵”耳环		12,348	保利香港	2018-10-02
谢芸蔓 蓝宝钻石18K金耳饰		97,750	北京荣宝	2018-09-14
养殖珍珠，彩色钻石和钻石耳夹（一对），Sabbadini		61,174	伦敦苏富比	2018-03-20
养殖珍珠和钻石耳夹（一对）		42,266	伦敦苏富比	2018-03-20
养殖珍珠及钻石耳坠		609,813	佳士得	2018-11-27
养殖珍珠配钻石吊耳环		47,731	中国嘉德	2018-04-02
养殖珍珠配钻石耳环一对，卡地亚（Cartier）		545,000	香港苏富比	2018-10-03
养殖珍珠钻石耳环（一对） 宝格丽		37,671	纽约佳士得	2018-04-17
养殖珍珠钻石耳环（一对） 梵克雅宝 1965年		141,266	纽约佳士得	2018-04-17
养珠和钻石耳夹（一对），David Webb		138,475	纽约苏富比	2018-10-17
摇滚水晶和钻石“暮光之城”耳饰（一对），大卫韦伯		86,434	纽约苏富比	2018-04-19
一对1.53克拉和1.51克拉钻石耳钉		125,723	纽约苏富比	2018-04-19
一对变色蓝宝石耳环，W.A。Bolin		55,613	伦敦苏富比	2018-03-20
一对耳夹，'Spiga'，宝格丽		11,123	伦敦苏富比	2018-03-20
一对珐琅耳夹和珐琅和钻石戒指David Webb	戒指8	66,790	纽约苏富比	2018-04-19
一对红宝石和钻石耳环，20世纪40年代		122,348	伦敦苏富比	2018-03-20
一对红宝石和钻石耳夹，卡地亚，20世纪50年代		83,419	伦敦苏富比	2018-03-20
一对蓝宝石和钻石耳夹		44,490	伦敦苏富比	2018-03-20
一对天然珍珠和钻石耳环，20世纪初	12.5×13.0×15.7毫米和13.3×11.6×16.0毫米	400,412	伦敦苏富比	2018-03-20
一对养殖珍珠和钻石耳夹		66,735	伦敦苏富比	2018-03-20
一对珍珠母耳环，Angela Cummings和一对祖母绿和钻石耳夹		27,695	纽约苏富比	2018-10-17
一对钻石耳环		44,490	伦敦苏富比	2018-03-20
一对钻石耳环，Kwiat		50,953	纽约苏富比	2018-04-19
一对钻石耳夹，Mauboussin，20世纪50年代		166,838	伦敦苏富比	2018-03-20
艺术钻石耳环（一对） 卡地亚大约1930年		313,925	纽约佳士得	2018-04-17
有色钻石耳坠		284,200	佳士得	2018-05-29
有色钻石及钻石耳坠		812,000	佳士得	2018-05-29
有色钻石及钻石耳坠		2,712,080	佳士得	2018-05-29
羽毛造型单边耳环		40,094	保利香港	2018-04-01
约14.6及14.4克拉哥伦比亚木佐绿祖母绿配钻石耳环		2,415,000	北京保利	2018-06-19
约2.48克拉 红宝石配钻石 耳钉		11,500	北京匡时	2018-05-21
约2.7克拉缅甸红宝石配钻石戒指 及约2.8及2.6克拉缅甸红宝石配钻石耳环套装 未经加热		1,380,000	北京保利	2018-06-19
约5克拉天然素面红宝石配钻石耳环		8050	北京匡时	2018-06-16

拍品名称	物品尺寸	成交价RMB	拍卖公司	拍卖日期
月亮石配橙色石榴石及木材耳环一对，Hemmerle		212,251	纽约苏富比	2018-04-18
珍珠和钻石耳环	长5.8cm	39,700	日内瓦佳士得	2018-05-16
珍珠和钻石耳夹(一对)，Chaumet		53,388	伦敦苏富比	2018-03-20
珍珠配白水晶及钻石吊耳环一对，陈世英（Wallace Chan）		485,400	香港苏富比	2018-04-03
珍珠配钻石耳环（一对）		83,733	保利澳门	2018-11-29
正阳绿翡翠配钻石福豆耳坠		11,500	上海匡时	2018-04-30
郑敏聪Jeff Cheng设计 天然冰种翡翠配钻石及粉色蓝宝石“春信”耳环		46,000	保利厦门	2018-07-15
重约3.65克拉和3.45克拉钻石吊坠－耳夹（一对） 大约1910年		415,426	纽约苏富比	2018-10-17
周小靖 1.30克拉 天然「缅甸」鸽血红尖晶配红宝石、珐琅及钻石「蝴蝶结」耳环		28,750	保利厦门	2018-01-08
紫罗兰设计 Violet Guo 总重约34.5克拉绿柱石耳环		11,500	北京保利	2018-06-19
紫色翡翠 配 钻石 戒指；及吊耳环（一对）		119,900	香港苏富比	2018-10-03
紫色翡翠配翡翠“招财”及钻石吊耳环		46,303	中国嘉德	2018-10-02
紫色刚玉配钻石吊耳环一对，卡地亚（Cartier）		305,200	香港苏富比	2018-10-03
紫水晶和钻石耳环，米歇尔德拉瓦莱 约2007年	长9.0cm	190,561	日内瓦佳士得	2018-05-16
紫水晶和钻石耳坠（一对）	紫水晶25.9×11.5毫米	31,431	纽约苏富比	2018-04-19
紫水晶配綠松石及鑽石耳環一對, monture Cartier		120,731	日内瓦苏富比	2018-11-15
总重0.676克拉 天然黄色钻石配钻石耳环		9200	保利厦门	2018-07-15
总重11.19克拉 天然“赞比亚”祖母绿及天然皇家蓝蓝宝石配钻石耳环		32,200	保利厦门	2018-07-15
总重2.14克拉 天然钻石耳环		5750	保利厦门	2018-07-15
总重20.21克拉 天然紫水晶配月光石及钻石耳环		14,950	保利厦门	2018-07-15
总重3.23克拉 天然“赞比亚”祖母绿配钻石耳环		13,800	保利厦门	2018-07-15
总重3.75克拉 天然钻石“流星”耳环		18,400	保利厦门	2018-07-15
总重6.7克拉 天然“莫桑比克”鸽血红红宝石配钻石耳环		27,600	保利厦门	2018-07-15
总重9.29克拉 天然蓝宝石配钻石耳环		11,500	保利厦门	2018-07-15
总重9.9克拉 天然“缅甸抹谷”红色尖晶石配钻石耳环 未经加热		12,650	保利厦门	2018-07-15
总重量29.32克拉水滴形天然祖母绿配钻石吊耳环一对		159,660	天成国际	2018-12-02
总重量4.30克拉梨形天然“缅甸”无经加热处理红宝石配钻石吊耳环一对，Harry Winston		478,980	天成国际	2018-12-02
总重量5.69克拉椭圆形天然缅甸无经加热处理红宝石配红宝石及钻石吊耳环（一对）		146,160	天成国际	2018-06-03
总重量55.16克拉天然海蓝宝配养殖珍珠及钻石吊耳环		210,016	中国嘉德	2018-04-02
总重量8.70克拉天然缅甸未经加热尖晶石配钻石吊耳环		123,475	中国嘉德	2018-10-02
总重量约28.7克拉天然缅甸未经加热蓝宝石配钻石吊耳环		3,245,708	中国嘉德	2018-04-02
总重量约3.90克拉祖母绿配钻石吊耳环		57,500	中国嘉德	2018-11-22
总重量约31.10克拉蓝宝石配钻石吊坠耳环		51,448	中国嘉德	2018-10-02
总重量约58.15克拉天然蛋白石配钻石吊耳环		216,082	中国嘉德	2018-10-02
总重量约6.55克拉紫色刚玉及沙佛莱石榴石配钻石“花朵”耳环		28,750	中国嘉德	2018-11-22

拍品名称	物品尺寸	成交价RMB	拍卖公司	拍卖日期
总重量约6.60克拉摩根石及总重量约2.75克拉海蓝宝石配钻石吊耳环		59,800	中国嘉德	2018-11-22
总重量约63.15克拉祖母绿配总重量约20.74克拉蓝宝石及钻石吊耳环		432,163	中国嘉德	2018-10-02
总重量约8.30克拉钻石耳环，梵克雅宝		381,848	中国嘉德	2018-04-02
总重约19.30克拉沙弗来石榴石配钛金属耳环		32,927	中国嘉德	2018-10-02
总重约23.0克拉矢车菊蓝蓝宝石配钻石戒指及耳环套装 未经加热		552,000	北京保利	2018-06-19
总重约26.6克拉绿色碧玺配钻石及粉色刚玉耳环		11,500	北京保利	2018-06-19
总重约58.6克拉红宝石配钻石耳环		17,250	北京保利	2018-06-19
总重约8.51克拉斯里兰卡“深皇家蓝”蓝宝石配钻石耳环	最大主石约为13.30×7.82mm；耳环长度约为4.82cm	34,500	北京保利	2018-12-07
祖母绿 配 钻石 耳环一对，卡地亚（Cartier）		119,900	香港苏富比	2018-10-03
祖母绿 配 钻石 戒指及耳环套装		414,200	香港苏富比	2018-10-03
祖母绿，黑玛瑙和钻石吊坠、耳夹套装（20世纪20年代）		155,716	伦敦苏富比	2018-03-20
祖母绿、天然珍珠及钻石耳坠		6,414,800	佳士得	2018-05-29
祖母绿蛋面配钻石耳环		32,200	北京保利	2018-06-19
祖母绿耳环		288,109	中国嘉德	2018-10-02
祖母绿和钻石耳环（一对），梵克雅宝	长2.5cm	158,801	日内瓦佳士得	2018-05-16
祖母绿和钻石耳环，BUCCELLATI	长5.0cm	103,220	日内瓦佳士得	2018-05-16
祖母绿和钻石耳环，卡地亚	长3.5cm	238,201	日内瓦佳士得	2018-05-16
祖母绿和钻石耳环，梅斯特		87,340	日内瓦佳士得	2018-05-16
祖母绿和钻石耳环和戒指套装	耳环6.0cm,环大小8¾	333,482	日内瓦佳士得	2018-05-16
祖母绿和钻石耳夹（一对），奥斯卡海曼和兄弟		129,821	纽约苏富比	2018-10-17
祖母绿和钻石夹（一对）		35,592	伦敦苏富比	2018-03-20
祖母绿和钻石戒指和一对耳夹，Giovane	戒指8¾	86,434	纽约苏富比	2018-04-19
祖母绿及钻石耳环		964,250	佳士得	2018-05-29
祖母绿及钻石耳环		206,441	日内瓦佳士得	2018-05-16
祖母绿及钻石耳环	长4.3cm	357,302	日内瓦佳士得	2018-05-16
祖母绿及钻石耳坠		1,218,000	佳士得	2018-05-29
祖母绿及钻石耳坠		812,000	佳士得	2018-05-29
祖母绿配蓝宝石及钻石吊耳环一对，卡地亚（Cartier）		1,853,000	香港苏富比	2018-10-03
祖母绿配养殖珍珠及钻石吊耳环一对，肖邦（Chopard）		111,238	香港苏富比	2018-04-03
祖母绿配钻石吊耳环一对，Carvin French		3,453,120	香港苏富比	2018-10-03
祖母绿配钻石耳环		57,277	中国嘉德	2018-04-02
祖母绿配钻石耳环一对, 卡地亚（Cartier）		133,639	纽约苏富比	2018-04-18
祖母绿配钻石戒指及耳环套装		545,000	香港苏富比	2018-10-03
祖母绿钻石耳环（一对）	长3.2cm	198,501	日内瓦佳士得	2018-05-16
祖母绿钻石耳环（一对）	长2.5cm	952,805	日内瓦佳士得	2018-05-16
钻石 吊耳环一对		817,500	香港苏富比	2018-10-03
钻石“Flowerlace”戒指及耳环套装		199,575	佳士得	2018-11-27
钻石“吉普赛”耳夹（一对），格拉夫		276,951	纽约苏富比	2018-10-17
钻石“泰姬陵”耳环，卡地亚	长6.1cm	174,681	日内瓦佳士得	2018-05-16
钻石吊耳环（一对）		1,820,250	香港苏富比	2018-04-03

拍品名称	物品尺寸	成交价RMB	拍卖公司	拍卖日期
钻石吊耳环（一对）		647,200	香港苏富比	2018-04-03
钻石吊耳环（一对）		18,736,440	香港苏富比	2018-04-03
钻石吊耳环（一对）		182,025	香港苏富比	2018-04-03
钻石吊耳环（一对）		252,813	香港苏富比	2018-04-03
钻石吊耳环（一对）		87,200	香港苏富比	2018-10-03
钻石吊耳环（一对）		283,400	香港苏富比	2018-10-03
钻石吊耳环一对		93,667	天成国际	2018-12-02
钻石吊耳环一对，「四季」，赵心绮（Cindy Chao）		1,112,375	香港苏富比	2018-04-03
钻石吊耳环一对，Robert Campbell		192,138	香港苏富比	2018-04-03
钻石吊耳环一对，‘Alhambra’，梵克雅宝（Van Cleef & Arpels）		250,700	香港苏富比	2018-10-03
钻石吊耳环一对，‘Chandelier Ronde’，卡地亚（Cartier）		485,400	香港苏富比	2018-04-03
钻石吊坠/耳夹（一对）		95,202	纽约苏富比	2018-10-17
钻石吊坠/耳夹（一对）		190,404	纽约苏富比	2018-10-17
钻石吊坠/耳夹，法国宝诗龙		56,256	纽约苏富比	2018-10-17
钻石吊坠耳环（一对）		110,008	纽约苏富比	2018-04-19
钻石吊坠耳环一对，蒂芙尼（Tiffany & Co.）		408,779	纽约苏富比	2018-04-18
钻石吊坠耳夹(一对)“雪花”，梵克雅宝		556,127	伦敦苏富比	2018-03-20
钻石耳钉，卡地亚		2,747,253	日内瓦佳士得	2018-05-16
钻石耳环		263,900	佳士得	2018-05-29
钻石耳环		2,614,640	佳士得	2018-05-29
钻石耳环		5,148,080	佳士得	2018-05-29
钻石耳环		7,096,880	佳士得	2018-05-29
钻石耳环	长4.5cm	127,041	日内瓦佳士得	2018-05-16
钻石耳环		288,275	佳士得	2018-11-27
钻石耳环		443,500	佳士得	2018-11-27
钻石耳环		199,575	佳士得	2018-11-27
钻石耳环		761,250	佳士得	2018-05-29
钻石耳环		310,450	佳士得	2018-11-27
钻石耳环		53,220	佳士得	2018-11-27
钻石耳环		105,331	佳士得	2018-11-27
钻石耳环（一对）		991,025	香港苏富比	2018-04-03
钻石耳环（一对）		21,002	保利香港	2018-04-01
钻石耳环（一对）		19,092	保利香港	2018-04-01
钻石耳环（一对）		10,350	华艺国际	2018-05-22
钻石耳环（一对）		70,850	香港苏富比	2018-10-03
钻石耳环（一对）		2,180,000	香港苏富比	2018-10-03
钻石耳环（一对）		98,100	香港苏富比	2018-10-03
钻石耳环（一对）		78,481	纽约佳士得	2018-04-17
钻石耳环（一对）	长3.3cm	277,901	日内瓦佳士得	2018-05-16
钻石耳环（一对）		58,933	纽约苏富比	2018-04-19
钻石耳环(一对)		211,328	伦敦苏富比	2018-03-20
钻石耳环(一对)		133,581	纽约苏富比	2018-04-19
钻石耳环(一对)		39,288	纽约苏富比	2018-04-19
钻石耳环（一对）		54,873	纽约苏富比	2018-04-19
钻石耳环（一对），RENE BOIVIN	长2.2cm	87,340	日内瓦佳士得	2018-05-16
钻石耳环(一对)，格拉夫		314,307	纽约苏富比	2018-04-19
钻石耳环（一对），哈里·温斯顿	长2.6cm	476,402	日内瓦佳士得	2018-05-16
钻石耳环，RUBEL FRERES 1920年	长2.0cm	142,921	日内瓦佳士得	2018-05-16
钻石耳环，年份约1900		87,462	中国嘉德	2018-10-02
钻石耳环及戒指套装		22,637	保利香港	2018-10-02
钻石耳环一对		35,592	伦敦苏富比	2018-03-20
钻石耳环一对		589,586	纽约苏富比	2018-04-18
钻石耳环一对，André Vassort，1950年代		70,788	香港苏富比	2018-04-03
钻石耳环一对，宝格丽（Bulgari）		204,390	纽约苏富比	2018-04-18
钻石耳环一对，海瑞温斯顿（Harry Winston）		436,000	香港苏富比	2018-10-03
钻石耳环一对，海瑞温斯顿（Harry Winston）		1,035,500	香港苏富比	2018-10-03
钻石耳环一对，海瑞温斯顿（Harry Winston）		457,800	香港苏富比	2018-10-03
钻石耳环一对，卡地亚（Cartier）		121,350	香港苏富比	2018-04-03
钻石耳夹（一对）		173,094	纽约苏富比	2018-10-17
钻石耳夹（一对），蒂芙尼		94,292	纽约苏富比	2018-04-19
钻石耳夹（一双），BY GRAFF		94,178	纽约佳士得	2018-04-17
钻石耳饰		47,034	纽约苏富比	2018-04-19
钻石耳饰(一对)		141,438	纽约苏富比	2018-04-19
钻石耳饰（一对）		156,779	纽约苏富比	2018-04-19
钻石耳饰(一对)		78,577	纽约苏富比	2018-04-19
钻石耳饰（一对）		78,390	纽约苏富比	2018-04-19
钻石耳饰（一对）20世纪30年代		251,446	纽约苏富比	2018-04-19
钻石耳坠		558,250	佳士得	2018-05-29
钻石耳坠		4,758,320	佳士得	2018-05-29
钻石耳坠		142,100	佳士得	2018-05-29
钻石和玛瑙耳环（一对），Van Cleef& Arpels，法国		220,015	纽约苏富比	2018-04-19
钻石和珍珠耳夹/戒指，Chaumet，1970年代		122,348	伦敦苏富比	2018-03-20
钻石蝴蝶耳环，格拉夫		129,821	纽约苏富比	2018-10-17
钻石及红宝石耳坠		9,630,320	佳士得	2018-05-29
钻石及蓝宝石“Panth è re”耳环		288,275	佳士得	2018-11-27
钻石及有色钻石耳坠		2,419,760	佳士得	2018-05-29
钻石戒指；及吊耳环套装		40,447	天成国际	2018-12-02
钻石戒指；及耳环套装		38,976	天成国际	2018-06-03
钻石戒指及耳环套装		30,869	保利香港	2018-10-02
钻石珍珠耳环	长7.6cm	127,041	日内瓦佳士得	2018-05-16
鑽石耳环一對 海瑞溫斯頓		1,897,199	日内瓦苏富比	2018-11-15
“水果锦囊”“蝴蝶结”胸针		79,830	万昌斯	2018-11-29
「蝴蝶结」钻石胸针		5750	保利厦门	2018-07-15
0.51克拉粉钻戒指吊坠胸针三用款		287,500	西泠拍卖	2018-07-08
0.70克拉粉棕色钻石胸针		69,000	西泠拍卖	2018-07-08
1.02克拉艳淡粉紫色钻石胸针		437,000	西泠拍卖	2018-07-08
1.21克拉蓝宝石钻石蝴蝶结胸针1900年	长7.5cm	95,280	日内瓦佳士得	2018-05-16
13.88克拉 天然坦桑石 配 钻石“大象”胸针/吊坠		89,700	华艺国际	2018-11-17
14K金镶透窗珐琅蝴蝶胸针		17,250	西泠拍卖	2018-07-08
15.68卡拉鑽石配钻石别針		1,552,254	日内瓦苏富比	2018-11-15
1890年制 蛇形花叶胸针	重量18.5g	28,750	西泠拍卖	2018-07-09
18K彩兰宝石胸针		30,240	上海联合	2018-07-01
18K金「贵妇犬」钻石胸针（可做吊坠）		8050	保利厦门	2018-07-15
18K金 手工制「马蹄莲」钻石胸针（可做吊坠）		5750	保利厦门	2018-07-15
18K金「双月」胸针/吊坠		8050	华艺国际	2018-11-17
18K金「太阳月亮」胸针/吊坠		6900	华艺国际	2018-11-17
18K金镶彩宝蜂鸟胸针		57,500	西泠拍卖	2018-07-08
18K金镶红宝石钻石樱桃胸针		25,300	西泠拍卖	2018-07-08
18K金镶绿宝石“狐狸”胸针		10,644	万昌斯	2018-11-29
18K金镶绿松石及钻石胸针，蒂凡尼		230,000	华艺国际	2018-11-17
18K金镶欧泊胸针		17,250	北京荣宝	2018-09-14
18K金镶珊瑚钻石珐琅彩“绅士小猫”胸针		17,030	万昌斯	2018-11-29
18K金镶透窗珐琅蝴蝶胸针吊坠两用		10,350	西泠拍卖	2018-07-08
18K金镶珍珠“西施犬”胸针		10,644	万昌斯	2018-11-29
18K金镶珍珠钻石红宝“戴胜鸟”胸针		19,159	万昌斯	2018-11-29
18K金镶钻石“开合花朵”胸针		74,508	万昌斯	2018-11-29
1910年制 卷叶花卉钻石胸针	重量17.8g	32,200	西泠拍卖	2018-07-09
1930年制 橄榄叶片钻石胸针	重量13.2g	20,700	西泠拍卖	2018-07-09
1940年制 钻石胸针	重量11g	17,250	西泠拍卖	2018-07-09

2018珠宝翡翠拍卖成交汇总

(成交价RMB：5000元以上)

拍品名称	物品尺寸	成交价RMB	拍卖公司	拍卖日期
19世纪末的蓝宝石和钻石三叶草胸针 19世纪90年代	长3.0cm	301,721	日内瓦佳士得	2018-05-16
19世纪晚期的埃及复活红宝石和钻石胸针 1890年	长10.0cm	79,400	日内瓦佳士得	2018-05-16
19世纪晚期的钻石胸针	长19.0cm	198,501	日内瓦佳士得	2018-05-16
2.67克拉坦桑尼亚红宝石配钻石「蜘蛛」胸针，未经加热		59,186	保利香港	2018-04-01
20.11克拉椭圆形缅甸天然尖晶石胸针		1,607,688	佳士得	2018-11-27
20世纪早期的钻石胸针 1920年	长10.0cm	301,721	日内瓦佳士得	2018-05-16
20世纪中期的红宝石和钻石双夹胸针 20世纪50年代	长11.5cm	142,921	日内瓦佳士得	2018-05-16
20世纪中期的祖母绿和钻石胸针 20世纪50年代	长7.0cm	285,841	日内瓦佳士得	2018-05-16
20世纪中期的祖母绿和钻石胸针，卡地亚 约1941年	长15.2cm	794,004	日内瓦佳士得	2018-05-16
20世纪中期的钻石胸针 20世纪50年代	长3.8cm	142,921	日内瓦佳士得	2018-05-16
213.75克拉古垫形粉红色蛋白石配彩色宝石及钻石鸳鸯胸针/吊坠；及33.83克拉椭圆形粉红色蛋白石配彩色刚玉及钻石戒指套装		97,440	天成国际	2018-06-03
25.90克拉 天然黄水晶 配 彩宝 吊坠/胸针		10,350	华艺国际	2018-11-17
3.22克拉的雌蕊红宝石与钻石“山茶花”胸针，香奈儿		1,177,219	纽约佳士得	2018-04-17
3.23克拉 天然“哥伦比亚”祖母绿配钻石胸针		138,000	华艺国际	2018-11-17
3.28卡拉钻石别针		550,280	纽约苏富比	2018-04-18
3.60克拉和3.50克拉钻石胸针		219,748	纽约佳士得	2018-04-17
46.86卡拉、10.09卡拉及9.93卡拉藍寶石配鑽石別針		22,869,868	日内瓦苏富比	2018-11-15
63.92克拉椭圆形天然无经处理蛋白石配海螺珠及钻石“花团锦簇”胸针		1,000,536	天成国际	2018-12-02
7.34卡拉紅寶石配鑽石別針，卡地亞（Cartier）		7,305,940	日内瓦苏富比	2018-11-15
9.05克拉 天然红宝石配红色尖晶石蜻蜓胸针		78,200	保利厦门	2018-01-08
AKACHEN设计 钛金属蜻蜓造型胸针		572,772	保利香港	2018-04-01
Art Deco 钻石 配 缟玛瑙 别针		239,800	香港苏富比	2018-10-03
Art Deco蓝宝石配钻石别针，尚美（Chaumet）		305,200	香港苏富比	2018-10-03
DEJADE设计 缅甸天然翡翠蛋面配钻石胸针及耳环套装		41,158	保利香港	2018-10-02
FRASCAROL 珐琅“狮子”胸针	胸针约为65.57×40.81mm	13,800	北京保利	2018-12-07
GARRARD & CO. LTD 蓝宝石配钻石胸针，未经加热（一对）		95,462	保利香港	2018-04-01
Jewellery Theatre 设计 珍珠配钻石及石榴石胸针（三件套）		9546	保利香港	2018-04-01
K黄金配水晶原矿「灵动女神」		55,200	华艺国际	2018-05-22
K金配彩色宝石及钻石“蜻蜓”胸针/吊坠，竹本出海		51,091	天成国际	2018-12-02
K金配红宝石及钻石别针一对，‘Ludo-Hexagone’，梵克雅宝（Van Cleef & Arpels），年份约1940		708,500	香港苏富比	2018-10-03
K金配黄色刚玉麦穗胸针，Tiffany & Co. Schlumberger		48,720	天成国际	2018-06-03
K金配蓝宝石及钻石 别针一对，‘Ludo-Hexagone’，梵克雅宝（Van Cleef & Arpels），年份约1940		523,200	香港苏富比	2018-10-03
K金配钻石“花朵”胸针，Van Cleef & Arpels		37,254	天成国际	2018-12-02
K金葡萄胸针，Gianmaria Buccellati		38,976	天成国际	2018-06-03

拍品名称	物品尺寸	成交价RMB	拍卖公司	拍卖日期
MICHAEL YOUSSOUFIAN设计 海螺珠，黑玛脑及钻石“火烈鸟”胸针		94,199	保利澳门	2018-11-29
Wallace Chan 设计 黑曜石及钻石胸针及戒指套装		113,186	保利香港	2018-10-02
爱德华时期 金镶钻石蝴蝶结花环胸针		63,250	西泠拍卖	2018-07-08
白水晶配钻石别针，Seaman Schepps，1930年代		65,731	香港苏富比	2018-04-03
宝诗龙 Boucheron 珐琅配钻石蜜蜂胸针（一对）		92,000	保利厦门	2018-01-08
宝诗龙设计“花朵”钻石胸针		104,666	保利澳门	2018-11-29
宝诗龙设计 黄金“兔子”胸针及黄金“稻草人”胸针		49,390	保利香港	2018-10-02
宝石 配 养殖珍珠 及 钻石 别针		381,500	香港苏富比	2018-10-03
宝石 配 钻石 别针，蒂芙尼（Tiffany & Co.）		65,400	香港苏富比	2018-10-03
宝石 配 钻石 别针，梵克雅宝（Van Cleef & Arpels）		141,700	香港苏富比	2018-10-03
宝石，天然翡翠 配 钻石 及 珐琅彩“佳偶天成”别针		174,400	香港苏富比	2018-10-03
宝石「花篮」配 钻石 胸针/吊坠		34,500	华艺国际	2018-05-22
宝石配珐琅彩“鹦鹉”别针，Schlumberger 蒂芙尼（Schlumberger for Tiffany & Co.）		218,000	香港苏富比	2018-10-03
宝石配珐琅彩「鹦鹉」别针，Schlumberger 蒂芙尼（Schlumberger for Tiffany & Co.）		161,800	香港苏富比	2018-04-03
宝石配钻石别针		130,800	香港苏富比	2018-10-03
宝石配钻石别针，Oscar Heyman & Brothers		65,731	香港苏富比	2018-04-03
宝石配钻石别针，Oscar Heyman & Brothers		436,000	香港苏富比	2018-10-03
宝石镶嵌胸针		48,939	伦敦苏富比	2018-03-20
贝母“Araiso U”胸针		144,138	佳士得	2018-11-27
贝母“Papillon”胸针		44,350	佳士得	2018-11-27
贝母配钻石“Papillon”胸针，梵克雅宝		56,593	中国嘉德	2018-10-02
贝母胸针		88,700	佳士得	2018-11-27
冰种翡翠胸针	重量24克	10943322	美国联邦国际	2018-03-29
彩色宝石配钻石吊坠/胸针；及钻石“马到功成”戒指，Wallace Chan		79,830	天成国际	2018-12-02
彩色刚玉，钻石及石榴石「白合花」胸针		5145	保利香港	2018-10-02
彩色蓝宝石和钻石“仙客来”胸针，米歇尔德拉瓦莱	长11.5cm	119,101	日内瓦佳士得	2018-05-16
彩色天然珍珠，天然珍珠和钻石胸针	珍珠直径约10.70至11.15毫米	460,522	日内瓦佳士得	2018-05-16
彩色钻石，钻石和祖母绿“狮子沙发”肩胸针，勒内·波瓦因 1960年	长9.5cm	2,899,702	日内瓦佳士得	2018-05-16
彩色钻石和橙色蓝宝石胸针，Michele della Valle		58,933	纽约苏富比	2018-04-19
彩色钻石和钻石胸针		111,225	伦敦苏富比	2018-03-20
翠绿宝石和珠宝镶嵌胸针		86,547	纽约苏富比	2018-10-17
单圣 9.32克拉雕花碧玺珐琅昆虫18k金胸针兼吊坠		20,700	北京荣宝	2018-09-14
蛋白石 配 钻石 别针 / 吊坠；及猫眼石英石 配 钻石 别针 / 吊坠		43,600	香港苏富比	2018-10-03
蛋白石和钻石胸针，J. E。Caldwell&Co。大约1920年		432,736	纽约苏富比	2018-10-17
蒂芙尼设计 珐琅彩人像胸针		26,753	保利香港	2018-10-02
蒂芙尼设计 红宝石配钻石胸针一对及耳环套装，约1940年		59,680	保利香港	2018-10-02
蒂芙尼设计 钻石配红宝石龙造型胸针		105,008	保利香港	2018-04-01
点翠及红宝胸针		209,332	保利澳门	2018-11-29
多宝石，珐琅，漆器和绿松石夹子胸针，蒂芙尼		102,150	纽约苏富比	2018-04-19

拍品名称	物品尺寸	成交价RMB	拍卖公司	拍卖日期
多宝石与钻石胸针、耳环（一对）首饰 梵克雅宝		298,229	纽约佳士得	2018-04-17
法琅蜻蜓复古胸针		33,600	上海联合	2018-11-25
珐琅及粉色蓝宝石配钻石「蜻蜓」胸针		23,000	北京保利	2018-06-19
梵克雅宝设计 黄金“雄狮”胸针/挂坠，约1970年		39,100	保利香港	2018-10-02
翡翠 配 钻石 别针；及 翡翠蛋面		87,200	香港苏富比	2018-10-03
翡翠 配 钻石 及 宝石 别针；及 吊耳环（一对）		174,400	香港苏富比	2018-10-03
翡翠和蓝宝石胸针、耳夹（一对），Buccellati		61,174	伦敦苏富比	2018-03-20
翡翠配钻石“葡萄”胸针		61,738	中国嘉德	2018-10-02
翡翠玉和红宝石胸针，Mellerio		66,735	伦敦苏富比	2018-03-20
粉红碧玺、坦桑石和钻石“烟花”彭丹胸针，蒂芙尼	19.0×15.2×9.0毫米	133,262	纽约苏富比	2018-04-19
粉钻及黄钻胸针		221,750	佳士得	2018-11-27
复古彩色蓝宝石和黄金夹胸针，梵克雅宝 1940年	长4.7cm	79,400	日内瓦佳士得	2018-05-16
复古翡翠和钻石胸针，卡地亚 1940年	长4.8cm	51,610	日内瓦佳士得	2018-05-16
复古海蓝宝石和钻石胸针和耳环，TRABERT & HOEFFER – MAUBOUSSIN 1940年	胸针8.1cm，耳环4.7cm	127,041	日内瓦佳士得	2018-05-16
复古玛瑙，红宝石，蓝宝石和钻石翠鸟胸针，卡地亚 20世纪50年代	长3.2cm	87,340	日内瓦佳士得	2018-05-16
复古钻石胸针（一对），卡地亚约1940年	长4.0cm	134,981	日内瓦佳士得	2018-05-16
复古钻石胸针，RENE BOIVIN 1940年	长4.5cm	134,981	日内瓦佳士得	2018-05-16
橄榄石，钻石和种子珍珠吊坠－胸针，马库斯&Co。大约1900年		60,583	纽约苏富比	2018-10-17
古董天然珍珠钻石胸针	珍珠约10.48毫米、10.97毫米	188,355	纽约佳士得	2018-04-17
古董钻石胸花花卉胸针 大约1885年		94,178	纽约佳士得	2018-04-17
古色古香的蓝宝石钻石吊坠，胸针 大约1890		1,334,181	纽约佳士得	2018-04-17
古色古香的天然珍珠和钻石胸针		78,481	纽约佳士得	2018-04-17
海蓝宝石和钻石夹子胸针，Trabert&Hoeffer Mauboussin，20世纪30年代		200,206	伦敦苏富比	2018-03-20
海蓝宝石和钻石胸针		20,021	伦敦苏富比	2018-03-20
海蓝宝石配红宝石及钻石胸针（一对）		21,002	保利香港	2018-04-01
海瑞·温斯顿设计 钻石胸针/挂坠，约1955年		84,375	保利香港	2018-10-02
黑玛瑙，祖母绿、红宝石和钻石夹子胸针 梵克雅宝 20世纪50年代		35,592	伦敦苏富比	2018-03-20
黑欧泊，红宝石，蓝宝石和钻石'鱼翠鸟的胸针 卡地亚		298,229	纽约佳士得	2018-04-17
红宝石，蓝宝石，钻石和黄金胸针，梵克雅宝纽约 1965年		376,710	纽约佳士得	2018-04-17
红宝石，蓝宝石和钻石胸针 20世纪60年代		16,684	伦敦苏富比	2018-03-20
红宝石，祖母绿和钻石花胸针/吊坠	长3.5cm	67,490	日内瓦佳士得	2018-05-16
红宝石，钻石和珐琅胸针，奥斯卡·海曼和兄弟		190,404	纽约苏富比	2018-10-17
红宝石别针，卡地亚（Cartier）		70,850	香港苏富比	2018-10-03
红宝石和合成红宝石胸针		50,051	伦敦苏富比	2018-03-20
红宝石和紫水晶胸针，勒内·波瓦因 20世纪50年代	长12.0cm	794,004	日内瓦佳士得	2018-05-16
红宝石和钻石别针胸针（一对）卡地亚		486,584	纽约佳士得	2018-04-17
红宝石和钻石耳夹、胸针 Sabbadini		50,051	伦敦苏富比	2018-03-20
红宝石和钻石海星胸针，哈利·温斯顿	长7.5cm	269,961	日内瓦佳士得	2018-05-16
红宝石和钻石花朵胸针 梵克雅宝 大约1940年		1,020,256	纽约佳士得	2018-04-17
红宝石和钻石夹子（一对）		110,008	纽约苏富比	2018-04-19
红宝石和钻石夹子胸针 20世纪20年代		100,103	伦敦苏富比	2018-03-20
红宝石和钻石双夹胸针，20世纪30年代		111,225	伦敦苏富比	2018-03-20
红宝石和钻石胸针		55,613	伦敦苏富比	2018-03-20
红宝石和钻石胸针 1910年		62,861	纽约苏富比	2018-04-19
红宝石和钻石胸针 20世纪30年代	长3.2cm	71,460	日内瓦佳士得	2018-05-16
红宝石和钻石胸针，'Honey Comb Heart'，SalvadorDal í，大约1953年		611,740	伦敦苏富比	2018-03-20
红宝石和钻石胸针，大约1890年		105,664	伦敦苏富比	2018-03-20
红宝石和钻石胸针和戒指	戒指7	47,146	纽约苏富比	2018-04-19
红宝石及钻石胸针		88,700	佳士得	2018-11-27
红宝石配粉红色刚玉及钻石木兰胸针，Nisan		107,184	天成国际	2018-06-03
红宝石配蓝宝石及钻石别针，布切拉迪（Buccellati）		98,100	香港苏富比	2018-10-03
红宝石配钻石别针，年份约1910		80,900	香港苏富比	2018-04-03
红宝石配钻石吊坠别针，Verdura		330,168	纽约苏富比	2018-04-18
红宝石配钻石蝴蝶结胸针/吊坠		63,336	天成国际	2018-06-03
红宝石与钻石夹式胸针，Trabert &Hoeffer莫布森		43,274	纽约苏富比	2018-10-17
红珊瑚配缅甸天然翡翠及钻石胸针		11,500	北京保利	2018-06-19
红珊瑚配缅甸天然翡翠及钻石胸针		5750	北京保利	2018-06-19
猴形翡翠胸针	直径2.7cm	533940	圣约翰	2018-03-29
琥珀，石榴石，蓝宝石和钻石胸针，Nardi		22,245	伦敦苏富比	2018-03-20
黄金，珐琅，钻石和绿宝石夹子胸针，David Webb		102,150	纽约苏富比	2018-04-19
黄金，红宝石和钻石夹子胸针和一对耳夹，蒂芙尼公司		34,619	纽约苏富比	2018-10-17
黄金、钻石和蓝宝石夹式胸针（两件），Van Cleef& Arpels，法国		103,857	纽约苏富比	2018-10-17
黄金和Heliodor“雷”夹式胸针，Verdura		69,238	纽约苏富比	2018-10-17
黄金和翡翠胸针，大卫韦伯		51,928	纽约苏富比	2018-10-17
黄金和钻石CHERUB胸针（一对）		62,785	纽约佳士得	2018-04-17
黄金和钻石夹式胸针，梵克雅宝		103,857	纽约苏富比	2018-10-17
黄金和钻石夹子胸针，法国 约1950年		18,858	纽约苏富比	2018-04-19
黄金配钻石米奇米妮戒指、胸针套装		13,800	北京匡时	2018-06-16
黄金镶宝石配钻石别针		157,223	纽约苏富比	2018-04-18
黄金镶钻石配彩色钻石双扣别针，勒内·博伊文（Ren é Boivin）		290,862	纽约苏富比	2018-04-18
黄色刚玉 配 缟玛瑙 别针，Michele della Valle		34,880	香港苏富比	2018-10-03
黄色蓝宝石和钻石胸针、耳夹（一对），Sabbadini		77,858	伦敦苏富比	2018-03-20
黄水晶和钻石夹子胸针，卡地亚大约1935年		73,565	纽约苏富比	2018-10-17
黄水晶配钻石别针一对，卡地亚（Cartier），年份约1935		174,400	香港苏富比	2018-10-03
尖晶石，石榴石，钻石和糊蝴蝶胸针	长7.5cm	55,580	日内瓦佳士得	2018-05-16
金，蓝宝石和钻石胸针，蒂芙尼公司		19,040	纽约苏富比	2018-10-17
金，蓝宝石和钻石胸针，圣彼得堡 大约1890年		43,274	纽约苏富比	2018-10-17
金，祖母绿和珍珠猫头鹰胸针，宝格丽 20世纪70年代	长3.8cm	39,700	日内瓦佳士得	2018-05-16
金、钻石、宝石镶嵌吊坠胸针		14,930	纽约苏富比	2018-04-19

2018珠宝翡翠拍卖成交汇总

(成交价RMB：5000元以上)

拍品名称	物品尺寸	成交价RMB	拍卖公司	拍卖日期
金和钻石胸针、耳夹（一对），宝格丽		103,857	纽约苏富比	2018-10-17
金镶彩宝配钻石鹦鹉胸针吊坠两用		40,250	西泠拍卖	2018-07-08
祖母绿，红宝石配珍珠母及钻石「蜻蜓」别针		262,925	香港苏富比	2018-04-03
卡地亚设计 黑玛瑙配钻石胸针		47,100	保利澳门	2018-11-29
卡地亚设计 红宝石及钻石“弓箭”胸针		28,811	保利香港	2018-10-02
卡地亚设计 缅甸红宝石配钻石胸针，未经加热		818,708	保利香港	2018-04-01
蓝宝石，钻石和黄金 '针迹'戒指 蒂芙尼，斯伦贝谢		86,329	纽约佳士得	2018-04-17
蓝宝石，钻石和养殖珍珠胸针 德拉瓦莱		172,659	纽约佳士得	2018-04-17
蓝宝石、红宝石、祖母绿、黑玛瑙及钻石胸针		376,975	佳士得	2018-11-27
蓝宝石“Mystery set”胸针		2,749,700	佳士得	2018-11-27
蓝宝石“费尔韦尔”胸针，勒内·波瓦因		754,304	日内瓦佳士得	2018-05-16
蓝宝石彩色钻石别针	长2.5cm	3,970	日内瓦佳士得	2018-05-16
蓝宝石和红宝石胸针，雷内·波依文	长6.0cm	301,721	日内瓦佳士得	2018-05-16
蓝宝石和钻石“GAUGUIN”花朵胸针 梵克雅宝		196,203	纽约佳士得	2018-04-17
蓝宝石和钻石胸针		17,796	伦敦苏富比	2018-03-20
蓝宝石和钻石胸针，大约1880年		26,694	伦敦苏富比	2018-03-20
蓝宝石及钻石胸针		65,975	佳士得	2018-05-29
蓝宝石配祖母绿及钻石别针，卡地亚（Cartier）		1,526,000	香港苏富比	2018-10-03
蓝宝石配钻石「扇形」胸针		95,462	中国嘉德	2018-04-02
蓝宝石配钻石别针，1950年代		303,375	香港苏富比	2018-04-03
蓝宝石配钻石别针，Sterl é，1937年		348,800	香港苏富比	2018-10-03
蓝宝石配钻石别针，梵克雅宝（Van Cleef & Arpels）		545,000	香港苏富比	2018-10-03
蓝宝石配钻石别针，梵克雅宝（Van Cleef & Arpels），1986年		1,516,875	香港苏富比	2018-04-03
蓝宝石钻石胸针，卡地亚 20世纪20年代	长5.0cm	95,280	日内瓦佳士得	2018-05-16
两个镶嵌宝石的胸针，Chantecler		66,735	伦敦苏富比	2018-03-20
刘斐设计“虞美人”金镶翡翠钻石胸针		69,000	西泠拍卖	2018-07-08
刘江霞设计 祖母绿，红宝及钻石“蜻蜓”胸针		97,751	保利香港	2018-10-02
龙梓嘉设计 贝母、祖母绿、蓝宝石、及钻石甲骨文龙碟胸针		171,832	保利香港	2018-04-01
陆爱爱设计 Aiai Lu 约3.3克拉金绿宝石猫眼配钻石、缟玛瑙及珐琅「嬉球」胸针		32,200	北京保利	2018-06-19
绿松石、碧玺、钻石和珊瑚胸针，唐老鸭，蒂芙尼 20世纪70年代	长6.0cm	277,901	日内瓦佳士得	2018-05-16
绿松石配钻石别针，‘Rose de Noël’，梵克雅宝（Van Cleef & Arpels）		262,925	香港苏富比	2018-04-03
绿松石胸针/吊坠		44,350	佳士得	2018-11-27
玛瑙浮雕吊坠/胸针，19世纪中期		26,694	伦敦苏富比	2018-03-20
玛瑙配红宝石及钻石鲤跃龙门胸针/吊坠		82,824	天成国际	2018-06-03
美丽年代钻石蝴蝶结胸针 1900年	长9.5cm	75,430	日内瓦佳士得	2018-05-16
缅甸翡翠配钻石胸针		32,200	北京保利	2018-06-19
缅甸天然翡翠“金猴葫芦”配钻石胸针		24,695	保利香港	2018-10-02
缅甸天然翡翠「孔雀」胸针		36,276	保利香港	2018-04-01
缅甸天然翡翠配红宝石，黄色刚玉及钻石胸针		23,866	保利香港	2018-04-01
缅甸天然翡翠配钻石 “蝴蝶”胸针		51,286	保利澳门	2018-11-29
缅甸天然翡翠配钻石“花”形胸针与袖钉套装		117,084	万昌斯	2018-11-29
缅甸天然满绿翡翠配钻石及彩色宝石「孔雀」胸针		11,500	北京保利	2018-06-19
缅甸天然满绿翡翠配钻石胸针	胸针约为75.65×42.15mm	20,700	北京保利	2018-12-07
木和18k金别针 梵克雅宝		29,823	纽约佳士得	2018-04-17
牛仔鸭和小鸡胸针，卡地亚 大约1950年		219,748	纽约佳士得	2018-04-17
钱钟书 绿孔雀肩针（腰带饰两用款）		184,000	保利厦门	2018-01-08
青金石，绿松石和钻石胸针，卡地亚，20世纪40年代		61,174	伦敦苏富比	2018-03-20
青金石，钻石，玛瑙和翡翠胸针 20世纪20年代	长6.8cm	43,670	日内瓦佳士得	2018-05-16
青金石和钻石耳夹、戒指套装和胸针，绰美，20世纪70年代		133,471	伦敦苏富比	2018-03-20
清 翡翠镶嵌胸针	长6.1cm；宽2.3cm	11,500	中贸圣佳	2018-11-25
珊瑚，珐琅和钻石“Coccinelle”夹子胸针，卡地亚，巴黎		155,785	纽约苏富比	2018-10-17
珊瑚，珐琅和钻石“Coccinelle”胸针，卡地亚，巴黎		133,581	纽约苏富比	2018-04-19
珊瑚，祖母绿，蓝宝石和钻石胸针，Bulgari，20世纪70年代		266,941	伦敦苏富比	2018-03-20
珊瑚，钻石和珐琅别针，卡地亚，法国 约20世纪40年代		129,821	纽约苏富比	2018-10-17
珊瑚、钻石、绿玉髓及祖母绿胸针		88,700	佳士得	2018-11-27
珊瑚和紫水晶吊坠/胸针，Van Cleef & Arpels梵克雅宝，20世纪70年代		77,858	伦敦苏富比	2018-03-20
珊瑚配钻石别针，‘Rose de Noël’，梵克雅宝（Van Cleef & Arpels）		174,400	香港苏富比	2018-10-03
珊瑚配钻石别针，‘Rose de Noël’，梵克雅宝（Van Cleef & Arpels）		242,700	香港苏富比	2018-04-03
珊瑚配钻石绘珐琅彩别针，卡地亚（Cartier）		94,334	纽约苏富比	2018-04-18
石榴石、海蓝宝石及黑玛瑙配彩色钻石「翠鸟」胸针		9546	保利香港	2018-04-01
石榴石配珐琅彩别针，维多利亚时代		103,550	香港苏富比	2018-10-03
石头水晶，钻石和红宝石“青蛙”吊坠/胸针，大卫·韦伯	长5.7cm	53,992	日内瓦佳士得	2018-05-16
双色金钻石胸针		17,250	上海匡时	2018-04-30
宋慧 和田玉翡翠彩宝钻石18K金胸针兼吊坠---“婉啼”		13,800	北京荣宝	2018-09-14
宋慧设计 和田玉及珍珠“居盈”胸针/挂坠		82,317	保利香港	2018-10-02
孙倩设计 SUN CHIN 总重约1.2克拉绿色碧玺配珍珠「舞韵」胸针及 总重约7.0克拉红色碧玺配黄色蓝宝石「寒梅」胸针一对		13,800	北京保利	2018-06-19
钛金属配彩色宝石及钻石“喜上眉梢”胸针，Nisan		69,186	天成国际	2018-12-02
天然 未经加热处理“缅甸”红宝石镶钻石胸针		483,000	华艺国际	2018-11-17
天然阿卡红珊瑚女人造型胸针		40,250	北京匡时	2018-06-16
天然阿卡红珊瑚女人造型胸针		28,750	北京匡时	2018-06-16
天然冰种翡翠配彩色宝石及钻石“花开”吊坠/胸针，Anita So		40,447	天成国际	2018-12-02
天然冰种翡翠配翡翠，彩色宝石及钻石“蜻蜓”吊坠/胸针，Anita So		34,061	天成国际	2018-12-02
天然冰种紫罗兰彩豆青翡翠 18K白金 钻石蛋面吊坠/襟针		152397	香港国际	2018-11-11
天然翡翠 配 钻石 吊坠/胸针		80,500	华艺国际	2018-05-22
天然翡翠，宝石配钻石及养殖珍珠「海马」别针		121,350	香港苏富比	2018-04-03

拍品名称	物品尺寸	成交价RMB	拍卖公司	拍卖日期
天然翡翠螭龙配钻石胸针		172,500	华艺国际	2018-05-22
天然翡翠配碧玺及钻石「蝴蝶」吊坠/别针		101,125	香港苏富比	2018-04-03
天然翡翠配彩色宝石及钻石蝴蝶胸针/吊坠		89,645	天成国际	2018-06-03
天然翡翠配彩色刚玉“草莓”胸针/吊坠		61,735	天成国际	2018-12-02
天然翡翠配红宝石，月光石及钻石胸针/吊坠		60,413	天成国际	2018-06-03
天然翡翠配黄色钻石及钻石“郁金香”胸针		42,576	天成国际	2018-12-02
天然翡翠配养殖珍珠及钻石吊坠/胸针		40,447	天成国际	2018-12-02
天然翡翠配钻石“花篮”胸针/吊坠		40,447	天成国际	2018-12-02
天然翡翠配钻石别针		32,700	香港苏富比	2018-10-03
天然翡翠配钻石别针，卡地亚（Cartier）		109,000	香港苏富比	2018-10-03
天然翡翠配钻石花朵胸针/吊坠		48,720	天成国际	2018-06-03
天然翡翠配钻石胸针		28,639	中国嘉德	2018-04-02
天然翡翠胸针		388,063	佳士得	2018-11-27
天然翡翠胸针		166,313	佳士得	2018-11-27
天然翡翠胸针		121,963	佳士得	2018-11-27
天然花青翡翠 18K白金 钻石蝴蝶大襟针		223516	香港国际	2018-11-11
天然满绿翡翠配钻石「蝴蝶」胸针（可作吊坠）		89,700	保利厦门	2018-01-08
天然青金石 配 钻石 吊坠/胸针		12,650	华艺国际	2018-11-17
天然珍珠，经过颜色处理的人工珍珠和钻石胸针，佩托奇 20世纪20年代	长6.6cm	436,702	日内瓦佳士得	2018-05-16
天然珍珠，养珠和钻石胸针 大约在1910年	水滴形天然珍珠1.76×0.9.5×0.84cm	34,619	纽约苏富比	2018-10-17
天然珍珠别针，蒂法尼（Tiffany & Co.），1918年		182,025	香港苏富比	2018-04-03
天然珍珠和钻石JABOT别针	珍珠约7.65毫米和7.32毫米，别针4.3cm	47,640	日内瓦佳士得	2018-05-16
天然珍珠和钻石胸针	珍珠25.0×12.8 mm	74,648	纽约苏富比	2018-04-19
天然珍珠和钻石胸针，19世纪末	珍珠12.90×13.10毫米	26,694	伦敦苏富比	2018-03-20
天然珍珠和钻石胸针，大约1910年	10.2×10.4×7.0mm	44,490	伦敦苏富比	2018-03-20
天然珍珠配钻石别针一对	约13.2毫米及14.0×13.8毫米	1,493,617	纽约苏富比	2018-04-18
天然祖母绿配钻石胸针		166,750	上海匡时	2018-04-30
透窗珐琅挂坠胸针		69,186	万昌斯	2018-11-29
王圣临设计 点翠雀羽胸针		22,911	保利香港	2018-04-01
维多利亚时期 铂金镶钻石珍珠胸针		31,050	西泠拍卖	2018-07-08
魏德敏设计 蝴蝶精灵钻石及黑钻石胸针		76,370	保利香港	2018-04-01
现代 18k翡翠珊瑚胸针挂件两用	重9g	10,350	浙江佳宝	2018-07-01
现代 翡翠镶钻珊瑚胸针	重16.5g	17,250	浙江佳宝	2018-07-01
现代 镶钻珊瑚胸针挂件两用	重24.5g	172,500	浙江佳宝	2018-07-01
小鸟钻石古董胸针		6720	上海联合	2018-07-01
新艺术珐琅胸针，勒内・拉里克 1900年	长4.7cm	119,101	日内瓦佳士得	2018-05-16
星光蓝宝石和钻石胸针，J.E.考德威尔公司 大约在1930年		952,018	纽约苏富比	2018-10-17
养殖珍珠及钻石胸针		144,138	佳士得	2018-11-27
一对钻石耳夹和胸针		37,717	纽约苏富比	2018-04-19
一对钻石夹胸针，20世纪30年代		42,266	伦敦苏富比	2018-03-20
一个多吊坠，胸针，奥斯卡・海曼 & BROTHERS		117,722	纽约佳士得	2018-04-17
意大利18K金“马”配蓝宝石钻石胸针		11,708	万昌斯	2018-11-29
隐密式镶嵌蓝宝石配钻石别针及耳环一对，梵克雅宝		1,139,865	纽约苏富比	2018-04-18
有色宝石和钻石胸针，斯伦贝谢(蒂芙尼公司)，大约2002		72,297	伦敦苏富比	2018-03-20
有色钻石和钻石“ANNEAU MAGIQUE”胸针 梵克雅宝 大约1930年		251,140	纽约佳士得	2018-04-17
有色钻石和钻石胸针	高5.08cm	156,963	纽约佳士得	2018-04-17
有色钻石及钻石胸针		22,330	佳士得	2018-05-29
有色钻石及钻石胸针		324,800	佳士得	2018-05-29
有色钻石及钻石胸针/吊坠		1,573,250	佳士得	2018-05-29
雨桐设计 Yutong 缅甸天然翡翠配红宝石及钻石「鹿儿双双」吊坠/胸针		11,500	北京保利	2018-06-19
玉髓，珊瑚“救生圈”夹，卡地亚，20世纪50年代		77,858	伦敦苏富比	2018-03-20
玉髓，养殖珍珠和钻石胸针，Suzanne Belperron，大约1939年		244,696	伦敦苏富比	2018-03-20
约1930年 天然祖母绿配钻石「蝴蝶结」古董胸针		23,000	保利厦门	2018-01-08
张雪莉 重生 珐琅胸针（配耳环）		207,000	保利厦门	2018-07-15
珍珠别针，Suzanne Belperron for René Boivin		610,400	香港苏富比	2018-10-03
珍珠及石榴石配钻石小鸟胸针（一对）		13,800	北京保利	2018-06-19
珍珠母配钻石别针/吊坠一对，‘Rose de Noël’，梵克雅宝（Van Cleef & Arpels）		323,600	香港苏富比	2018-04-03
珍珠钻石胸针		11,116	日内瓦佳士得	2018-05-16
郑敏聪 Jeff Cheng 古都巡礼—旦 96.55克拉 天然水晶猫眼配彩色宝石及钻石胸针（可作吊坠）		135,700	保利厦门	2018-01-08
郑志影 Mr.Dragon胸针		23,000	保利厦门	2018-01-08
种子珍珠和钻石夹子 卡地亚 大约1935年		109,874	纽约佳士得	2018-04-17
装饰艺术Art Deco时期制 18K白金镶钻石胸针		63,250	西泠拍卖	2018-07-08
装饰艺术祖母绿钻石胸针，卡地亚 约1925年	长3.4cm	381,122	日内瓦佳士得	2018-05-16
紫水晶 配 粉红色刚玉 别针，梵克雅宝（Van Cleef & Arpels）		218,000	香港苏富比	2018-10-03
紫水晶，绿松石和钻石双夹胸针		50,051	伦敦苏富比	2018-03-20
紫水晶，珊瑚，玛瑙和钻石胸针，宝格丽 20世纪70年代	长6.5cm	47,640	日内瓦佳士得	2018-05-16
紫水晶，钻石和红宝石胸针，蒂芙尼		172,869	纽约苏富比	2018-04-19
紫水晶和钻石胸针		43,217	纽约苏富比	2018-04-19
祖母绿 配 钻石 别针 / 吊坠		1,090,000	香港苏富比	2018-10-03
祖母绿，红宝石，蓝宝石和钻石双夹胸针 20世纪20年代		198,501	日内瓦佳士得	2018-05-16
祖母绿，蓝宝石和红宝石的盾形胸针 大约1930年		112,511	纽约苏富比	2018-10-17
祖母绿，钻石及红宝石“盆栽”胸针		12,348	保利香港	2018-10-02
祖母绿、红宝石及蓝宝石配钻石“水果锦囊”树叶胸针		63,864	万昌斯	2018-11-29
祖母绿、红宝石及蓝宝石配钻石“水果锦囊”长方形胸针		42,576	万昌斯	2018-11-29
祖母绿和海蓝宝石胸针，RENE BOIVIN	长11.9cm	952,805	日内瓦佳士得	2018-05-16
祖母绿和钻石胸针	长6.0cm	381,122	日内瓦佳士得	2018-05-16
祖母绿和钻石胸针	长4.5cm	516,102	日内瓦佳士得	2018-05-16
祖母绿和钻石胸针，20世纪初		66,735	伦敦苏富比	2018-03-20
祖母绿和钻石胸针，20世纪初，复合材料		46,715	伦敦苏富比	2018-03-20
祖母绿和钻石胸针和戒指		77,892	纽约苏富比	2018-10-17
祖母绿及钻石胸针		152,250	佳士得	2018-05-29
祖母绿配彩色宝石及钻石春暖花开胸针，Nisan		87,696	天成国际	2018-06-03
祖母绿配钻石别针，卡地亚（Cartier），法国		330,168	纽约苏富比	2018-04-18

2018珠宝翡翠拍卖成交汇总

(成交价RMB：5000元以上)

拍品名称	物品尺寸	成交价RMB	拍卖公司	拍卖日期
祖母绿钻石胸针，梵克雅宝	长8.0cm	222,321	日内瓦佳士得	2018-05-16
祖母綠配藍寶石及鑽石別針，卡地亞（Cartier）		3,580,531	日内瓦苏富比	2018-11-15
祖母綠配鑽石別針		1,552,254	日内瓦苏富比	2018-11-15
钻石，白金别针 20世纪30年代	长5.6cm	35,730	日内瓦佳士得	2018-05-16
钻石，海螺珍珠和珐琅胸针		102,150	纽约苏富比	2018-04-19
钻石，红宝石和合成红宝石胸针，20世纪40年代		42,266	伦敦苏富比	2018-03-20
钻石，黄金和铂金胸针，宝格丽		58,861	纽约佳士得	2018-04-17
钻石、石榴石及水晶胸针		88,700	佳士得	2018-11-27
钻石、珍珠母和漆面“尼格罗”蝴蝶胸针，梵克雅宝		117,722	纽约佳士得	2018-04-17
钻石“Panthère”别针		42,133	佳士得	2018-11-27
钻石“Panthère”胸针（一对）		609,813	佳士得	2018-11-27
钻石“蝴蝶”胸针		12,348	保利香港	2018-10-02
钻石“火焰”胸针，梵克雅宝	长7.3cm	125,570	纽约佳士得	2018-04-17
钻石“猫头鹰”胸针		15,434	保利香港	2018-10-02
钻石“扇子”胸针		15,434	保利香港	2018-10-02
钻石「花卉」胸针；及耳环套装		42,958	中国嘉德	2018-04-02
钻石「花束」胸针，蒂芙尼		230,000	华艺国际	2018-05-22
钻石别针		101,125	香港苏富比	2018-04-03
钻石别针		707,875	香港苏富比	2018-04-03
钻石别针		65,731	香港苏富比	2018-04-03
钻石别针（胸针），法国		103,857	纽约苏富比	2018-10-17
钻石别针，1950年代		353,938	香港苏富比	2018-04-03
钻石别针，Sterlé，年份约1960		141,575	香港苏富比	2018-04-03
钻石别针，宝格丽（Bulgari）		414,200	香港苏富比	2018-10-03
钻石别针，宝诗龙（Boucheron），法国		251,557	纽约苏富比	2018-04-18
钻石别针，梵克雅宝（Van Cleef & Arpels）		305,200	香港苏富比	2018-10-03
钻石别针，海瑞温斯顿（Harry Winston）		163,500	香港苏富比	2018-10-03
钻石别针，海瑞温斯顿（Harry Winston）		152,600	香港苏富比	2018-10-03
钻石别针，梵克雅宝 大约1966年		155,785	纽约苏富比	2018-10-17
钻石别针/吊坠，海瑞温斯顿（Harry Winston），1953年		293,263	香港苏富比	2018-04-03
钻石别针及耳环套装，梵克雅宝（Van Cleef & Arpels）		353,938	香港苏富比	2018-04-03
钻石别针一对		550,280	纽约苏富比	2018-04-18
钻石吊坠/胸针 19世纪		141,101	纽约苏富比	2018-04-18
钻石和Onyx UNICORN胸针，BY爱丝普雷（Asprey）&CO。		86,329	纽约佳士得	2018-04-17
钻石和彩色钻石花胸针	长6.2cm	31,760	日内瓦佳士得	2018-05-16
钻石和月光石贾伯特别针		103,220	日内瓦佳士得	2018-05-16
钻石花卉胸针；及耳环套装		82,824	天成国际	2018-06-03
钻石花束胸针，梵克雅宝	长6.67cm	196,203	纽约佳士得	2018-04-17
钻石花胸针	长3.8cm	95,280	日内瓦佳士得	2018-05-16
钻石及贝母胸针		253,750	佳士得	2018-05-29
钻石及木胸针		96,425	佳士得	2018-05-29
钻石夹子胸针(一对)，卡地亚，20世纪30年代		556,127	伦敦苏富比	2018-03-20
钻石夹子胸针，20世纪30年代		200,206	伦敦苏富比	2018-03-20
钻石配贝母“Rose de Noël”胸针，梵克雅宝		72,027	中国嘉德	2018-10-02
钻石配沙弗来石别针，Michele della Valle		485,400	香港苏富比	2018-04-03
钻石双夹式胸针，法国		86,547	纽约苏富比	2018-10-17
钻石双夹式胸针，梵克雅宝		242,332	纽约苏富比	2018-10-17
钻石双夹式胸针，卡地亚，伦敦1930年		148,940	纽约苏富比	2018-04-18
钻石双夹胸针，布切伦		317,602	日内瓦佳士得	2018-05-16

拍品名称	物品尺寸	成交价RMB	拍卖公司	拍卖日期
钻石双夹胸针，梵克雅宝 20世纪40年代	长6.0cm	357,302	日内瓦佳士得	2018-05-16
钻石双夹胸针，雷蒙德·坦普尔1936年	长4.5cm	317,602	日内瓦佳士得	2018-05-16
钻石双夹子胸针		62,861	纽约苏富比	2018-04-19
钻石胸针		720,688	佳士得	2018-11-27
钻石胸针		376,975	佳士得	2018-11-27
钻石胸针		288,275	佳士得	2018-11-27
钻石胸针		333,676	伦敦苏富比	2018-03-20
钻石胸针		117,865	纽约苏富比	2018-04-19
钻石胸针		47,601	纽约苏富比	2018-10-17
钻石胸针		103,857	纽约苏富比	2018-10-17
钻石胸针		354,800	佳士得	2018-11-27
钻石胸针		355,250	佳士得	2018-05-29
钻石胸针		38,726	保利澳门	2018-11-29
钻石胸针		144,138	佳士得	2018-11-27
钻石胸针 20世纪30年代	长5.0cm	103,220	日内瓦佳士得	2018-05-16
钻石胸针（两枚）		44,350	佳士得	2018-11-27
钻石胸针（两枚）		133,050	佳士得	2018-11-27
钻石胸针(最大的重2.95克拉)		64,511	伦敦苏富比	2018-03-20
钻石胸针（一对）		125,723	纽约苏富比	2018-04-19
钻石胸针（一对）20世纪50年代		44,490	伦敦苏富比	2018-03-20
钻石胸针(一对))，Chaumet，20世纪70年代		66,735	伦敦苏富比	2018-03-20
钻石胸针，20世纪50年代		100,103	伦敦苏富比	2018-03-20
钻石胸针，20世纪60年代		200,206	伦敦苏富比	2018-03-20
钻石胸针，Capogrossi，Masenza		222,451	伦敦苏富比	2018-03-20
钻石胸针，monture梵克雅宝，20世纪60年代		111,225	伦敦苏富比	2018-03-20
钻石胸针，大约1860年		42,266	伦敦苏富比	2018-03-20
钻石胸针，梵克雅宝 约1950年		476,009	纽约苏富比	2018-10-17
钻石胸针，卡地亚		33,368	伦敦苏富比	2018-03-20
钻石胸针，卡地亚，法国		172,869	纽约苏富比	2018-04-19
钻石胸针/吊坠		517,500	华艺国际	2018-05-22
钻石胸针CLUSTER，BY HARRY WINSTON	尺寸1 3/8	612,154	纽约佳士得	2018-04-17
钻石胸针和一对钻石耳夹		72,297	伦敦苏富比	2018-03-20
钻石胸针和钻石耳夹（一对），宝格丽		83,419	伦敦苏富比	2018-03-20
“明珠繁星”18K白金镶黑珍珠配彩钻手链		92,000	西泠拍卖	2018-07-08
1.13至1.07克拉九颗钻石手链	长15.88cm	431,647	纽约佳士得	2018-04-17
1.52克拉黄钻配钻石手链		20,700	北京匡时	2018-06-16
11颗总重约14.9克拉哥伦比亚祖母绿配钻石手链 未经注油		1,092,500	北京保利	2018-06-19
14.88、8.57、8.19、8.04、5.77、3.15及3.06克拉六角形及八角形哥伦比亚天然祖母绿手链		22,441,100	佳士得	2018-11-27
18K红宝石手链		31,360	上海联合	2018-11-25
18K黄金及钻石小码凯莉手炼	长19cm	35,480	佳士得	2018-11-28
18k金和钻石手链 梵克雅宝	长19.5cm	313,925	纽约佳士得	2018-04-17
18K金手链，朱迪思·雷伯		57,500	华艺国际	2018-11-17
18K金镶彩色宝石配钻石手链 宝格丽		51,750	华艺国际	2018-11-17
18K金镶彩钻手链		575,000	北京荣宝	2018-09-14
18K金镶红宝石手链		92,000	北京荣宝	2018-09-14
2.22克拉钻石手链	长17.46cm	196,203	纽约佳士得	2018-04-17
2.51至1.22克拉八角形哥伦比亚祖母绿手链		1,441,375	佳士得	2018-11-27
20世纪早期的红宝石和钻石手链	长18.0cm	1,151,305	日内瓦佳士得	2018-05-16
3.52至1.02克拉D-F/IF-SI1钻石手链		3,069,020	佳士得	2018-11-27
6.00、5.30、5.01、5.00及5.00克拉长方形钻石手链		1,774,000	佳士得	2018-11-27
K金配钻石手链，‘Trika’，宝格丽（Bulgari）		109,000	香港苏富比	2018-10-03
K金配红宝石及钻石手链，‘Ludo-Hexagone’，梵克雅宝（Van Cleef & Arpels），年份约1940		981,000	香港苏富比	2018-10-03

拍品名称	物品尺寸	成交价RMB	拍卖公司	拍卖日期
K金配钻石手链，Tiffany & Co. Schlumberger		97,440	天成国际	2018-06-03
PT950钻石手链		7560	上海联合	2018-11-25
Tiffany蒂芙尼PERETTI系列海星手链		5040	上海联合	2018-11-25
爱马仕 2018 玫瑰金镶钻石EVER CHAINE D' ANCRE系列戒指及手链	长17cm	61,738	保利香港	2018-10-02
斑彩石手链		15,525	广东万丰	2018-01-07
斑彩石手链		15525	广东万丰	2018-01-07
宝石配钻石手链，梵克雅宝（Van Cleef & Arpels），1925年		7,572,240	香港苏富比	2018-04-03
宝石手炼		50,750	佳士得	2018-05-29
宝石套装和钻石手链		31,143	伦敦苏富比	2018-03-20
宝石套装和钻石手链，卡地亚	内圈约165毫米	189,083	伦敦苏富比	2018-03-20
布契拉提（BUCCELLATI）18K金镶珊瑚手链		57,500	西泠拍卖	2018-07-08
彩色宝石配钻石及珍珠首饰套装		36,276	保利香港	2018-04-01
彩色刚玉配钻石戒指，'Folie des Pres'；及红宝石配钻石手链，梵克雅宝（Van Cleef & Arpels）		70,850	香港苏富比	2018-10-03
彩色钻石配钻石手链	18cm	377,335	纽约苏富比	2018-04-18
彩色钻石手链	长18.42cm	707,503	纽约苏富比	2018-04-18
彩色钻石手链，格拉夫	长17.5cm	333,482	日内瓦佳士得	2018-05-16
彩鑽手鏈	长16cm	2,242,144	日内瓦苏富比	2018-11-15
蒂芙尼（TIFFANY）装饰艺术时期（ART DECO）风格手链		230,000	西泠拍卖	2018-07-08
多色蓝宝石和钻石手链	长约183mm	88,980	伦敦苏富比	2018-03-20
法国黄金，钻石，蓝宝石和绿宝石手链	长14.61cm	103,857	纽约苏富比	2018-10-17
法兰克穆勒 18k黄金酒桶形手链		9856	上海联合	2018-07-01
珐琅，红宝石和钻石手链，大卫韦伯		190,404	纽约苏富比	2018-10-17
珐琅，钻石和红宝石手链，David Webb	长15cm	203,813	纽约苏富比	2018-04-19
梵克雅宝Van Cleef & Arpels出品幸运草 红玛瑙手链		16,100	保利厦门	2018-07-15
翡翠 配 钻 石 手链		92,650	香港苏富比	2018-10-03
翡翠朝珠（108颗）		1601920	罗斯柴尔德	2018-08-31
翡翠串珠	重98g	622050	香港金字塔	2018-10-17
翡翠蛋面手链、戒指	手链17×11×4mm；戒指15×9×4mm	977,500	北京荣宝	2018-05-18
翡翠花式手链		184,800	上海联合	2018-11-25
翡翠满绿福禄手链		5750	北京中贝	2018-01-14
粉红碧玺及翠玉串珠		162,498	纽约佳士得	2018-09-13
复古的海蓝宝石，合成红宝石和钻石手链、胸针 大约1945年	手链15.24cm	117,722	纽约佳士得	2018-04-17
复古红宝石和钻石手链和耳环，BOUCHERON 约1940年	手镯20.0cm	95,280	日内瓦佳士得	2018-05-16
复古柠檬黄，钻石和黄金手链，卡地亚 1940年	长18.2cm	95,280	日内瓦佳士得	2018-05-16
黑色珐琅和钻石手链	长17.15cm	58,933	纽约苏富比	2018-04-19
黑色钢，珊瑚和钻石手链，Marsh & Co 约20世纪30年代	长15.24cm	188,135	纽约苏富比	2018-04-18
红宝石，蓝宝石和钻石手链 约1935年	长18.42cm	188,355	纽约佳士得	2018-04-17
红宝石和钻石手链 大约1925年		784,813	纽约佳士得	2018-04-17
红宝石和钻石手链，J.E。Caldwell & Co。大约在1925年。	长19cm	112,511	纽约苏富比	2018-10-17
红宝石和钻石珠宝手链、戒指、胸针套装	手镯长16.51cm	95,202	纽约苏富比	2018-10-17
红宝石及钻石手炼		6,902,000	佳士得	2018-05-29
红宝石配钻石手链		4,077,360	香港苏富比	2018-04-03
红宝石配钻石手链		490,500	香港苏富比	2018-10-03
红宝石配钻石手链		107,184	天成国际	2018-06-03
红宝石配钻石手链，Carl Ernst Wiesbaden，年份约1940		5,048,160	香港苏富比	2018-04-03
红宝石配钻石手链，Mouawad		1,719,125	香港苏富比	2018-04-03
红宝石配钻石手链，格拉芙（Graff）		523,200	香港苏富比	2018-10-03
红宝石配钻石手链，年份约1920		85,956	香港苏富比	2018-04-03
红宝石手链	18cm	58,792	纽约苏富比	2018-04-19
虎眼和钻石手链，Aletto Brothers	长21.59cm	207,713	纽约苏富比	2018-10-17
黄金，珐琅和宝石手链，大卫韦伯		147,130	纽约苏富比	2018-10-17
黄金，绿宝石和珍珠手链	内圆周15.88cm	18,813	纽约苏富比	2018-04-18
黄金，绿宝石和珍珠手链，Wiѐse 1890年	长20.32cm	219,491	纽约苏富比	2018-04-18
黄金和钻石手链	长17.78cm	129,821	纽约苏富比	2018-10-17
黄金和钻石手链－手表，蒂芙尼公司 大约1950年		51,928	纽约苏富比	2018-10-17
黄金和钻石手链，Van Cleef & Arpels 大约1972年		129,821	纽约苏富比	2018-10-17
黄金和钻石手链，卡地亚，巴黎	长18cm	157,154	纽约苏富比	2018-04-19
黄金和钻石手链，卡地亚，巴黎 大约在1960年		112,511	纽约苏富比	2018-10-17
黄金人像手链，19世纪欧洲		6900	北京匡时	2018-06-15
金，黄水晶，红宝石和钻石手链	黄水晶44.1×33.0×21.7毫米，长16.51cm	86,229	纽约苏富比	2018-04-19
金和钻石手链 20世纪50年代		32,888	纽约苏富比	2018-10-17
金和钻石手链，蒂芙尼公司 大约1950年		155,785	纽约苏富比	2018-10-17
金手链，Castellani	长17.78cm	112,511	纽约苏富比	2018-10-17
金手链，蒂芙尼公司		86,547	纽约苏富比	2018-10-17
近代 金镶钻手链	长20cm	5750	北京保利	2018-01-21
近代 珍珠朝珠	长75cm	5750	北京保利	2018-01-21
九颗蓝宝石和钻石手链	18cm	235,169	纽约苏富比	2018-04-19
祖母绿配钻石手链，Pederzani		2,912,400	香港苏富比	2018-04-03
孔雀石配钻石手链，Aletto Brothers	长21.59cm	196,529	纽约苏富比	2018-04-18
蓝宝石，红宝石，绿宝石，珐琅，月石，钻石手链 20世纪30年代	长17.5cm	71,460	日内瓦佳士得	2018-05-16
蓝宝石，珊瑚和钻石手链	长210毫米	83,419	伦敦苏富比	2018-03-20
蓝宝石，祖母绿和钻石手链	长17.78cm	109,745	纽约苏富比	2018-04-18
蓝宝石和钻石手链	长17.78cm	149,114	纽约佳士得	2018-04-17
蓝宝石和钻石手链	长约182毫米	155,716	伦敦苏富比	2018-03-20
蓝宝石和钻石手链	长18cm	66,790	纽约苏富比	2018-04-19
蓝宝石和钻石手链	长约202毫米	48,939	伦敦苏富比	2018-03-20
蓝宝石和钻石手链，卡地亚，巴黎	长21.59cm	86,434	纽约苏富比	2018-04-19
蓝宝石和钻石手链，迈斯特	长18.5cm	150,861	日内瓦佳士得	2018-05-16
蓝宝石及钻石手链，宝诗龙，1940		55,613	伦敦苏富比	2018-03-20
蓝宝石配养殖珍珠及钻石手炼		18,521	中国嘉德	2018-10-02
蓝宝石配钻石手链		43,700	上海匡时	2018-04-30
蓝宝石配钻石手链，Oscar Heyman & Brothers	长19cm	133,639	纽约苏富比	2018-04-18
蓝宝石配钻石手链，宝格丽（Bulgari），1950年代		202,250	香港苏富比	2018-04-03
蓝宝石配钻石手链，Oscar Heyman & Brothers	长17.78cm	220,112	纽约苏富比	2018-04-18
两枚金，宝石镶嵌和钻石手链，法国	长18.42cm	86,547	纽约苏富比	2018-10-17
绿松石和搪瓷手链，Tiffany公司	长17.78cm	138,475	纽约苏富比	2018-10-17
绿松石和钻石手链	长232mm	94,542	伦敦苏富比	2018-03-20
绿松石和钻石手链 Aletto Brothers	长19cm	94,292	纽约苏富比	2018-04-19
绿松石配紫水晶及钻石戒指，'Les Dѐlices de Goa'；及K金手链，'Draperie'，卡地亚（Cartier）		136,250	香港苏富比	2018-10-03
满绿翡翠手串		1400000	罗斯柴尔德	2018-11-26
缅甸天然冰种翡翠蛋面配蓝宝石手链、戒指及耳环套装		51,750	北京保利	2018-06-19
缅甸天然冰种满绿翡翠蛋面及蓝宝石配钻石手链		862,500	北京保利	2018-06-19

2018珠宝翡翠拍卖成交汇总

(成交价RMB：5000元以上)

拍品名称	物品尺寸	成交价RMB	拍卖公司	拍卖日期
缅甸天然翡翠蛋面配红宝石及钻石手链		3,910,048	保利香港	2018-10-02
缅甸天然翡翠珠手链（一串）		49,640	保利香港	2018-04-01
缅甸天然红宝石手链		354,800	佳士得	2018-11-27
缅甸天然尖晶石手链		887,000	佳士得	2018-11-27
缅甸天然满绿翡翠配钻石及彩色宝石手链及耳环套装		55,200	北京保利	2018-06-19
缅甸天然紫罗兰翡翠蛋面手链		17,250	上海匡时	2018-04-30
缅甸天然紫罗兰翡翠及珍珠手链		63,250	北京保利	2018-06-19
民国 银嵌翡翠宝石手链	周长13cm	17,250	西泠拍卖	2018-07-07
木珠和钻石手链，RENE BOIVIN	长19.5cm	254,081	日内瓦佳士得	2018-05-16
七颗烟熏石英手链，Tony Duquette	长22cm	58,933	纽约苏富比	2018-04-19
青金石配钻石手链，宝格丽（Bulgari）		85,956	香港苏富比	2018-04-03
清 碧玺福寿双全多宝串	长2cm	9200	北京保利	2018-04-30
清 翡翠朝珠	长65cm	43,700	北京保利	2018-10-28
清 翡翠配珊瑚朝珠	长118cm 108颗	4721200	香港皇室贵族	2018-06-27
清 海蓝宝石朝珠108颗	单颗直径1.4cm	32,200	浙江佳宝	2018-07-01
清 绿碧玺朝珠		17,250	印千山	2018-01-12
清 绿碧玺朝珠		17250	印千山	2018-01-12
清代 金托蜜蜡珠	高2.5cm	28,750	古天一	2018-12-08
清早期 红翡手链	重量62g	749920	爱艺拍	2018-09-27
手工打造 黄金编织手链		34,500	北京保利	2018-06-19
四个镶着宝石的手链		190,561	日内瓦佳士得	2018-05-16
天然翡翠 配 钻石 手链		368,000	华艺国际	2018-11-17
天然翡翠 配 钻石 手链		115,000	华艺国际	2018-11-17
天然翡翠方牌和服扣		77,613	佳士得	2018-11-27
天然翡翠配钻石手链		606,750	香港苏富比	2018-04-03
天然缅甸红翡手炼		8000	台北艺流	2018-12-01
天然无烧红宝石银白金镶钻手炼		8000	台北艺流	2018-12-01
细若凝脂 缅甸满色天然翡翠珠手链		1,527,392	保利香港	2018-04-01
镶嵌宝石，合成红宝石和钻石吊饰手链 约1930年	长18.1cm	109,745	纽约苏富比	2018-04-19
星形红宝石，星形蓝宝石和猫眼金绿宝石及钻石手链、耳环（一对）	手链长17.78cm	74,557	纽约佳士得	2018-04-17
养殖珍珠，珐琅钻石手链、耳夹（一对），由大卫·韦伯 大约1965年		329,621	纽约佳士得	2018-04-17
养殖珍珠和钻石手链，卡地亚，法国	长19.05cm	47,146	纽约苏富比	2018-04-19
养珠，4.61克拉红宝石和钻石手链	长20.96cm	149,296	纽约苏富比	2018-04-19
养珠和钻石手链	长22cm	78,577	纽约苏富比	2018-04-19
一套黄金和玛瑙“阿尔罕布拉”珠宝，梵克雅宝，法国	18cm	58,792	纽约苏富比	2018-04-19
意大利手工制18K金手链		17,250	中国嘉德	2018-09-20
硬石，珐琅和钻石手链，20世纪30年代		155,716	伦敦苏富比	2018-03-20
有色钻石、钻石及珍珠手炼		28,338,800	佳士得	2018-05-29
有色钻石及钻石手炼		456,750	佳士得	2018-05-29
约3.7克拉哥伦比亚艳绿色祖母绿及总重6.1克拉红宝石配钻石手链		276,000	北京保利	2018-06-19
周小靖设计 Lvy Chow 总重约6.7克拉榴石配钻石手链 Sweet Garden系列Hiding Dancer		9200	北京保利	2018-06-19
总重16.73克拉 天然皇家蓝蓝宝石配钻石手链		40,250	保利厦门	2018-07-15
总重量23.86克拉椭圆形及古垫形天然无经加热处理蓝宝石配钻石手链，Harry Winston		1,169,280	天成国际	2018-06-03
总重量28.71克拉椭圆形及古垫形天然缅甸无经加热处理红色尖晶石配贝母及钻石手链		199,752	天成国际	2018-06-03
总重约13.95克拉哥伦比亚“木佐绿”祖母绿配钻石手链 未经注油	最大主石约为10.70×6.34×4.68mm；手链长度约为17.20cm	1,495,000	北京保利	2018-12-07
总重约18.63克拉钻石手链	手链长度约为19.50cm	115,000	北京保利	2018-12-07
总重约4.10克拉彩黄色钻石配钻石手链	手链长度约为20.00cm	92,000	北京保利	2018-12-07
总重约9.1克拉钻石手链		101,200	北京保利	2018-06-19
祖母绿 配 钻石 手链，蒂芙尼，年份约1965		517,500	华艺国际	2018-05-22
祖母绿、红宝石、蓝宝石配钻石“水果锦囊”手链及耳环套装		745,080	万昌斯	2018-11-29
祖母绿和钻石手链	长18.42cm	1,805,069	纽约佳士得	2018-04-17
祖母绿和钻石手链 20世纪20年代	长17.5cm	79,400	日内瓦佳士得	2018-05-16
祖母绿和钻石手链 1920年	长15.24cm	94,067	纽约苏富比	2018-04-18
祖母绿和钻石手链，J.E。Caldwell & Co。	长17.18cm	112,511	纽约苏富比	2018-10-17
祖母绿和钻石手链，Oscar Heyman & Brothers	长17.78cm	77,892	纽约苏富比	2018-10-17
祖母绿配钻石手链	18cm	157,223	纽约苏富比	2018-04-18
祖母绿配钻石手链	18cm	1,061,254	纽约苏富比	2018-04-18
祖母绿配钻石手链，卡地亚（Cartier），1920年代		171,913	香港苏富比	2018-04-03
祖母绿配钻石手链，David Webb	长17.78cm	235,834	纽约苏富比	2018-04-18
祖母绿浅雕寿字手链	重97.8g	51837500	香港金字塔	2018-10-17
钻石繁花手链		46,771	天成国际	2018-06-03
钻石和红宝石手链		97,878	伦敦苏富比	2018-03-20
钻石和蓝宝石手链	长19cm	110,008	纽约苏富比	2018-04-19
钻石和蓝宝石手链，蒂芙尼公司	18.42cm	259,641	纽约苏富比	2018-10-17
钻石和祖母绿手链	长175mm	42,266	伦敦苏富比	2018-03-20
钻石蓝宝石装饰艺术风格手链		402,500	北京匡时	2018-06-16
钻石配宝石珠宝首饰，梵克雅宝（Van Cleef & Arpels）		152,600	香港苏富比	2018-10-03
钻石配祖母绿、红宝石及珍珠绘珐琅彩手链，Lacloche兄弟，法国	珍珠9.8×9.6毫米，长18.42cm	1,965,285	纽约苏富比	2018-04-18
钻石手炼		659,750	佳士得	2018-05-29
钻石手炼		1,116,500	佳士得	2018-05-29
钻石手炼		1,116,500	佳士得	2018-05-29
钻石手炼		159,660	天成国际	2018-12-02
钻石手炼（一对）		253,750	佳士得	2018-05-29
钻石手链		997,875	佳士得	2018-11-27
钻石手链		4,562,760	香港苏富比	2018-04-03
钻石手链	长18.0cm	436,702	日内瓦佳士得	2018-05-16
钻石手链	长15.5cm	301,721	日内瓦佳士得	2018-05-16
钻石手链	18cm	8,773,033	纽约苏富比	2018-04-18
钻石手链	长19cm	125,723	纽约苏富比	2018-04-19
钻石手链	长16.51cm	117,584	纽约苏富比	2018-04-19
钻石手链	长19.05cm	94,292	纽约苏富比	2018-04-19
钻石手链	长17.15cm	190,404	纽约苏富比	2018-10-17
钻石手链		221,750	佳士得	2018-11-27
钻石手链		277,188	佳士得	2018-11-27
钻石手链		90,689	保利香港	2018-04-01
钻石手链		97,440	天成国际	2018-06-03
钻石手链	18cm	825,420	纽约苏富比	2018-04-18
钻石手链	长18cm	377,335	纽约苏富比	2018-04-18
钻石手链	17cm	58,792	纽约苏富比	2018-04-19
钻石手链		92,650	香港苏富比	2018-10-03
钻石手链		218,000	香港苏富比	2018-10-03
钻石手链		85,747	天成国际	2018-06-03
钻石手链	长18cm	62,712	纽约苏富比	2018-04-19
钻石手链	17cm	78,390	纽约苏富比	2018-04-19
钻石手链 约1915年	长18.1cm	204,051	纽约佳士得	2018-04-17
钻石手链 法国制造 大约1925年	长17.15cm	447,343	纽约佳士得	2018-04-17
钻石手链, Hennell	长18.42cm	141,501	纽约苏富比	2018-04-18
钻石手链，Oscar Heyman & Brothers		121,350	香港苏富比	2018-04-03
钻石手链, 法国 20世纪30年代	18cm	141,501	纽约苏富比	2018-04-18
钻石手链, 梵克雅宝（Van Cleef & Arpels）	17cm	786,114	纽约苏富比	2018-04-18
钻石手链，梵克雅宝（Van Cleef & Arpels），及六枚吊饰		50,563	香港苏富比	2018-04-03

拍品名称	物品尺寸	成交价RMB	拍卖公司	拍卖日期
钻石手链，海瑞温斯顿（Harry Winston）		485,400	香港苏富比	2018-04-03
钻石手链，海瑞温斯顿（Harry Winston）		242,700	香港苏富比	2018-04-03
钻石手链，卡地亚镶嵌（Mounted by Cartier），1928，后期改造		1,567,438	香港苏富比	2018-04-03
钻石手链，20世纪30年代	长约190mm	166,838	伦敦苏富比	2018-03-20
钻石手链，20世纪30年代		83,419	伦敦苏富比	2018-03-20
钻石手链，20世纪50年代		94,542	伦敦苏富比	2018-03-20
钻石手链，20世纪60年代	长约170毫米	333,676	伦敦苏富比	2018-03-20
钻石手链，Oscar Heyman & Brothers	18cm	353,751	纽约苏富比	2018-04-18
钻石手链，蒂芙尼公司 约20世纪30年代	长17.78cm	389,462	纽约苏富比	2018-10-17
钻石手链，梵克雅宝	长16.83cm	0	纽约佳士得	2018-04-17
钻石手链，卡地亚 约20世纪30年代		190,404	纽约苏富比	2018-10-17
钻石手链，由M.GÉRARD	长19.05cm	313,925	纽约佳士得	2018-04-17
钻石手链及耳环一对，海瑞温斯顿（Harry Winston）		545,000	香港苏富比	2018-10-03
钻石手链一对	16cm	1,415,005	纽约苏富比	2018-04-18
钻石叶子手链		78,481	纽约佳士得	2018-04-17
鑽石手鏈，卡地亞（Cartier）	長17.5cm	1,509,135	日内瓦苏富比	2018-11-15
“春带彩”天然冰种翡翠手镯（一对）		3,220,000	西泠拍卖	2018-07-08
“满园春色”冰种翡翠镯（一对）		14,375,000	西泠拍卖	2018-07-08
1890年制 花卉钻石手镯	重量19.6g	20,700	西泠拍卖	2018-07-09
18K金、红宝石和钻石手镯		172,659	纽约佳士得	2018-04-17
18K金及钻石手镯 卡地亚		204,051	纽约佳士得	2018-04-17
18k金钻石手镯，卡地亚		86,329	纽约佳士得	2018-04-17
18K玫瑰金镶粉红色蓝宝石手镯 卡地亚		23,000	华艺国际	2018-11-17
19世纪晚期的钻石手镯	内周长17.0cm	47,640	日内瓦佳士得	2018-05-16
20世纪早期 翡翠手镯	外径:8.1cm；内径:5.8cm	20,700	中贸圣佳	2018-11-25
ART DECO 钻石 胸针/手镯/领夹		138,000	华艺国际	2018-11-17
bombé 链接手镯，20世纪40年代	长度约190mm	111,225	伦敦苏富比	2018-03-20
K金，珐琅彩配祖母绿及缟玛瑙手镯，卡地亚（Cartier）		272,500	香港苏富比	2018-10-03
K金配黄水晶别针，卡地亚（Cartier）；及手镯		196,200	香港苏富比	2018-10-03
K金配钻石“Love”手镯，Cartier		55,349	天成国际	2018-12-02
爱马仕 2017 玫瑰金COLLIER DE CHIEN手镯＆玫瑰金FARANDOLE手链	长15.8cm；长17cm	41,158	保利香港	2018-10-02
爱马仕 2018 玫瑰金镶钻石EVER CHAINE D'ANCRE手镯	长17cm	82,317	保利香港	2018-10-02
爱马仕珐琅CLIC-CLAC H手镯（一组三件）		13,800	上海匡时	2018-04-30
爱马仕黑色玫瑰金CLIC-CLAC H手镯和耳钉（一组）		8050	上海匡时	2018-04-30
巴洛克式的养殖珍珠，钻石和黄金手镯，大卫·韦伯		133,418	纽约佳士得	2018-04-17
白色托帕石，黑玉与金“五石”袖口手镯（一对）Verdura		313,925	纽约佳士得	2018-04-17
宝格丽 BVLGARI，天然碧玺陶瓷手镯		32,200	北京匡时	2018-06-16
宝格丽设计“Serpenti”钻石手镯		1,337,648	保利香港	2018-10-02
宝格丽设计 一组5只“Serpenti”手镯		46,303	保利香港	2018-10-02
冰玻种油青翡翠贵妃镯	ED64mm；内径57mm	3,656,400	国大鼎盛	2018-01-31
冰玻种油青翡翠贵妃镯	ED64mm；内径57mm	3656400	国大鼎盛	2018-01-31
冰糯种飘花翡翠手镯	直径6.6cm	956186	奥斯汀	2018-11-13
冰种翡翠刻花鎏金手镯	长8.5cm	777196	恒大四季	2018-05-29

拍品名称	物品尺寸	成交价RMB	拍卖公司	拍卖日期
冰种翡翠手镯	直径6cm	6,021,120	荣盛国际	2018-09-28
冰种翡翠手镯	直径6cm	6021120	荣盛国际	2018-09-28
冰种翡翠手镯	直径5.7cm	7257250	香港金字塔	2018-10-17
冰种翡翠手镯 一对	外径7.2cm	7560000	永宝斋	2018-11-29
冰种福禄寿三色翡翠手镯	直径5.7cm	465740	香港皇室贵族	2018-04-28
冰种满翠手镯	直径8.2cm；重72.7g	2092508	圣淘沙国际	2018-08-12
冰种满绿翡翠手镯	内直径6cm 外直径8.3cm	12420000	比斯特	2018-08-30
冰种飘绿翡翠手镯	外径7cm	4212000	永宝斋	2018-10-23
冰种飘绿翡翠手镯	直径8.9cm	2307677	圣淘沙国际	2018-11-23
冰种无色翡翠手镯	外径7.5cm	6480000	永宝斋	2018-10-23
冰种紫罗兰翡翠手镯	直径7.8cm；重量41g	5805800	劳伦斯国际	2018-05-24
玻璃种帝王绿翡翠手镯	重110.5g	1,611,720	奥斯汀	2018-06-18
玻璃种帝王绿翡翠手镯	重110.5g	1611720	奥斯汀	2018-06-18
玻璃种兰花手镯	圈口5.6cm；条宽1.8cm；厚0.83cm	1840000	四川和德儒	2018-09-28
玻璃种水草绿花手镯	圆条圈口5.6cm	1725000	四川和德儒	2018-09-28
彩色钻石，祖母绿，珍珠母，钻石自由女神手镯，卡地亚	内周长16.0cm	5,110,208	日内瓦佳士得	2018-05-16
彩色钻石和钻石手镯	长18.0cm	87,340	日内瓦佳士得	2018-05-16
蔡安和“翩翩起舞”天然彩色宝石配钻石 掐丝手镯	约6.4×11cm	69,000	保利厦门	2018-01-08
春带彩糯种翡翠手镯	内径5.9cm；重量88g	940016	维瀚玛	2018-09-24
翠绿欲滴 缅甸天然满色翡翠手镯		7,475,000	北京保利	2018-06-19
翠色天赐 缅甸天然满色翡翠手镯		17,183,160	保利香港	2018-04-01
翠玉雕双龙衔珠镯		555,275	纽约苏富比	2018-03-24
翠玉玲珑 缅甸天然翡翠手镯		10,466,600	保利澳门	2018-11-29
戴维韦伯（DAVID WEBB）约1950年制18K金手镯		63,250	西泠拍卖	2018-07-08
帝王绿冰种翡翠手镯	直径5.97cm	114042500	香港金字塔	2018-10-17
帝王绿玻璃种翡翠手镯	直径5.35cm	19076200	香港金字塔	2018-10-17
帝王绿翡翠手镯	重量55g	1569600	爱艺拍	2018-09-27
顶级卢比来碧玺手镯		8050	上海匡时	2018-04-30
镀金金属和宝石套袖口手镯	内圆周15.24cm	31,356	纽约苏富比	2018-04-18
多宝石鱼手镯，MICHELE DELLA VALLE	长17.5cm	71,460	日内瓦佳士得	2018-05-16
珐琅，天然珍珠和钻石手镯，19世纪60年代	内圆165毫米	46,715	伦敦苏富比	2018-03-20
珐琅手镯，卡地亚	长190毫米	72,297	伦敦苏富比	2018-03-20
翡翠冰糯种手镯	内径5.7cm；重量59.5g	6853140	韦尔斯	2018-11-29
翡翠冰种手镯	直径7.8cm	2500960	劳伦斯国际	2018-05-24
翡翠冰种手镯	直径7cm	714560	劳伦斯国际	2018-05-24
翡翠福禄寿手镯	直径7.5cm；重量85g	1786400	劳伦斯国际	2018-05-24
翡翠福禄寿手镯	直径8.5cm	6635200	香港金字塔	2018-10-17
翡翠富贵镯		13,800	广东崇正	2018-01-21
翡翠贵妃镯（一对）	直径7.3cm	625240	劳伦斯国际	2018-05-24
翡翠和钻石手镯，Buccellati		133,471	伦敦苏富比	2018-03-20
翡翠满绿手镯（一件）	内径54.3mm	3165663	英联邦国际	2018-11-03
翡翠飘花手镯	内径6cm；5.9cm；6.2cm	8603100	雷纳德	2018-08-29
翡翠饰品（一对手镯、一对耳环）（一组）	重约114.12g	43,728,850	中正拍卖	2018-06-28
翡翠手镯		76,160	上海联合	2018-07-01
翡翠手镯	内径5.6cm	11,500	印千山	2018-01-12
翡翠手镯	内径5.6cm	11500	印千山	2018-01-12
翡翠手镯		46200	人人有宝	2018-03-28
翡翠手镯		41800	人人有宝	2018-03-28
翡翠手镯		3850000	人人有宝	2018-03-28
翡翠手镯		330000	人人有宝	2018-03-28
翡翠手镯		682000	人人有宝	2018-03-28
翡翠手镯		308000	人人有宝	2018-03-28
翡翠手镯		385000	人人有宝	2018-03-28
翡翠手镯		440000	人人有宝	2018-03-28
翡翠手镯		330000	人人有宝	2018-03-28

(成交价RMB：5000元以上)

拍品名称	物品尺寸	成交价RMB	拍卖公司	拍卖日期
翡翠手镯		462000	人人有宝	2018-03-28
翡翠手镯		308000	人人有宝	2018-03-28
翡翠手镯		682000	人人有宝	2018-03-28
翡翠手镯		330000	人人有宝	2018-03-28
翡翠手镯		352000	人人有宝	2018-03-28
翡翠手镯		286000	人人有宝	2018-03-28
翡翠手镯		1980000	人人有宝	2018-03-28
翡翠手镯		3410000	人人有宝	2018-03-28
翡翠手镯		6050000	人人有宝	2018-03-28
翡翠手镯		34500	睿嘉四季	2018-06-02
翡翠手镯		1329440	英国大公	2018-05-28
翡翠手镯	直径5.7cm	617771	恒大四季	2018-05-29
翡翠手镯	直径6.3cm	518131	恒大四季	2018-05-29
翡翠手镯	直径5.8cm	418490	恒大四季	2018-05-29
翡翠手镯	直径8cm	13176000	圣约翰	2018-08-29
翡翠手镯	直径5.8cm	9200	睿嘉四季	2018-09-09
翡翠手镯	直径8.2cm (inner diameter)	488160	羅芙奧	2018-12-01
翡翠手镯	内径:5.7cm	21051900	台湾上之角	2018-11-26
翡翠手镯		8050	广东崇正	2018-01-21
翡翠手镯		13,800	广东崇正	2018-01-21
翡翠手镯		17,250	广东崇正	2018-01-21
翡翠手镯	直径7.5cm	457050	劳伦斯国际	2018-01-31
翡翠手镯	内径5.7cm	9815142	美国联邦国际	2018-03-29
翡翠手镯	重约25g	11470800	伦勃朗	2018-08-18
翡翠手镯	直径8cm；重量84g	267960	劳伦斯国际	2018-05-24
翡翠手镯	内径5.8cm	3,254,240	中正拍卖	2018-06-28
翡翠手镯	内径5.6cm；重47g	2577168	劳伦斯国际	2018-07-14
翡翠手镯	内径5.4cm；重49g	805365	劳伦斯国际	2018-07-14
翡翠手镯	重42g	526172	劳伦斯国际	2018-07-14
翡翠手镯	重90g	536910	劳伦斯国际	2018-07-14
翡翠手镯	重量64.2g；直径8cm	214764	劳伦斯国际	2018-07-14
翡翠手镯	直径6.8cm	2312772	圣淘沙国际	2018-08-12
翡翠手镯	直径7.5cm	1526000	爱艺拍	2018-09-27
翡翠手镯	外径7.2cm	1188000	永宝斋	2018-10-23
翡翠手镯		61,600	上海联合	2018-11-25
翡翠手镯		50,400	上海联合	2018-11-25
翡翠手镯	直径5.8cm	2153844	韦尔斯	2018-11-29
翡翠手镯（一对）		9200	广东崇正	2018-01-21
翡翠手镯（一对）	口径2.9cm；2.7cm；重量145g	3434726	美国联邦国际	2018-06-13
翡翠手镯（一对）	直径5.8cm	4993002	韦尔斯	2018-11-29
翡翠手镯（一件）	口径55mm；重44.7g	2862272	美国联邦国际	2018-06-13
翡翠玉镯	直径8cm；重量75g	893200	劳伦斯国际	2018-05-24
粉碧玺和钻石手镯	长17.8cm	142,921	日内瓦佳士得	2018-05-16
福禄寿翡翠手镯	底径5.8cm；重60g	716320	奥斯汀	2018-06-18
福禄寿三色翡翠手镯	直径6.1cm	149292000	香港金字塔	2018-10-17
复古的蓝宝石、红宝石和钻石手镯（一对），梵克雅宝 大约1950年	长19.0cm、长18.0cm	571,683	日内瓦佳士得	2018-05-16
复古红宝石手镯，卡地亚 约1940年	长16.2cm	206,441	日内瓦佳士得	2018-05-16
复古金手镯，BOUCHERON	长18.0cm，重53克	33,348	日内瓦佳士得	2018-05-16
复古蓝宝石和黄金"CADENAS"手镯表 梵克雅宝 约1940年		51,013	纽约佳士得	2018-04-17
复古蓝宝石和钻石手镯 大约1937年	内周长17.4cm	674,903	日内瓦佳士得	2018-05-16
复古钻石手镯 20世纪50年代	内周长15.0cm	158,801	日内瓦佳士得	2018-05-16
共约45克拉蓝宝石和钻石手镯，梵克雅宝 约1939年		8,464,080	日内瓦佳士得	2018-05-16
古董珍珠和钻石手镯 19世纪末	直径6.03cm	23,544	纽约佳士得	2018-04-17
海蓝宝石和钻石手镯和耳饰，Seaman Schepps	长18cm	172,869	纽约苏富比	2018-04-19
红宝石，合成红宝石和钻石手镯，梵克雅宝 约1939年	内周长19.4cm	8,464,080	日内瓦佳士得	2018-05-16
红宝石，祖母绿，蓝宝石和钻石手镯 梵克雅宝		149,114	纽约佳士得	2018-04-17
红宝石和钻石手镯 梵克雅宝 大约1935年		2,790,793	纽约佳士得	2018-04-17
红宝石和钻石珠宝手镯、戒指、耳夹（一对）套装	手镯长13.34cm	86,434	纽约苏富比	2018-04-19
红宝石配钻石及珐琅彩手镯及戒指，David Webb		392,400	香港苏富比	2018-10-03
红宝石配钻石手镯，梵克雅宝（Van Cleef & Arpels）		1,853,000	香港苏富比	2018-10-03
红宝石配钻石手镯，Tiffany & Co.		37,027	天成国际	2018-06-03
黄金，白金，钻石和珐琅手镯 大卫韦伯		155,785	纽约苏富比	2018-10-17
黄金，珐琅和钻石'雅诗兰黛Leopard Paw手镯，大卫韦伯	内圆周15.24cm	147,130	纽约苏富比	2018-10-17
黄金，红宝石和钻石手镯，Buccellati	17cm	133,581	纽约苏富比	2018-04-19
黄金，绿宝石和钻石'雅诗兰黛双狮'手镯，大卫韦伯	内圆周15.88cm	164,440	纽约苏富比	2018-10-17
黄金和珐琅手镯，斯伦贝谢 & Tiffany&Co	内周长16.51cm	110,008	纽约苏富比	2018-04-19
黄金和绿宝石手镯，大卫韦伯		173,094	纽约苏富比	2018-10-17
黄金和珊瑚手镯，Seaman Schepps	内圆周15.24cm	121,166	纽约苏富比	2018-10-17
黄金和钻石"双新月"手镯，维杜拉	19cm	314,307	纽约苏富比	2018-04-19
黄金和钻石手镯，Buccellati	16.5cm	125,423	纽约苏富比	2018-04-19
黄金和钻石手镯，大卫韦伯		188,584	纽约苏富比	2018-04-19
黄金和钻石手镯和戒指，卡地亚，法国	手镯16.51cm，戒指6	330,023	纽约苏富比	2018-04-19
黄金绘珐琅彩配钻石手镯，David Webb	总重46dwts，内圆周15.88cm	157,223	纽约苏富比	2018-04-18
黄金手镯，戒指和耳夹(一对)套件，Ilias Lalaounis，希腊	手镯内圆周16.51cm	62,861	纽约苏富比	2018-04-19
黄金手镯和手表、戒指，宝格丽		62,712	纽约苏富比	2018-04-19
黄金镶12.85卡拉祖母绿配钻石手镯，Buccellati	总重量约51dwts	330,168	纽约苏富比	2018-04-18
黄金镶海水蓝宝配红宝石及钻石手镯，卡地亚（Cartier）	17cm	141,501	纽约苏富比	2018-04-18
黄金镶红宝石配钻石手镯，Buccellati	总重量约54dwts	353,751	纽约苏富比	2018-04-18
黄金镶祖母绿配钻石手镯，Buccellati	总重量约50dwts	393,057	纽约苏富比	2018-04-18
黄金镶祖母绿配钻石手镯，David Webb	总重87dwts，内圆周15.88cm	204,390	纽约苏富比	2018-04-18
黄金镶钻石手镯，Buccellati	16.5cm	330,168	纽约苏富比	2018-04-18
黄秧绿旦面手镯	总长150.8×29.2×4.1cm	460000	四川和德儒	2018-09-28
金，宝石镶嵌和钻石手镯	内圆周16.51cm	147,130	纽约苏富比	2018-10-17
金，水晶和钻石"暮光之城"手镯 大卫·韦伯	长20.3cm	94,067	纽约苏富比	2018-04-19
金和珐琅"Croisillon"手镯和一对耳夹，斯伦贝谢为Tiffany&Co。	内圆周16.51cm	138,475	纽约苏富比	2018-10-17
金色，钻石，绿宝石和红宝石袖口手镯，Buccellati	内部圆周17.78cm	251,446	纽约苏富比	2018-04-19
卡地亚设计"猎豹"手镯		32,927	保利香港	2018-10-02
卡地亚设计 Cartier三色金手镯		34,500	北京保利	2018-06-19
刻花翡翠手镯	直径5.8cm	297600	新加坡环球	2018-10-05
蓝宝石和钻石手镯，Gregory	最短内圈约165mm	72,297	伦敦苏富比	2018-03-20
蓝宝石和钻石手镯，卡地亚	内周长17.0cm	635,203	日内瓦佳士得	2018-05-16
蓝宝石和钻石手镯和耳环，梵克雅宝		1,191,006	日内瓦佳士得	2018-05-16
蓝宝石金手镯，卡地亚		1,349,806	日内瓦佳士得	2018-05-16
蓝宝石钻石手镯，卡地亚 约1935年	长19.2cm	174,681	日内瓦佳士得	2018-05-16
老坑冰种翡翠手镯（一件）	内径6cm	644011	美国联邦国际	2018-06-13

拍品名称	物品尺寸	成交价RMB	拍卖公司	拍卖日期
老坑翡翠手镯	外径:7.3cm	3630960	英国大公	2018-11-12
老坑翡翠手镯	内径：5.6cm	1530320	香港皇室贵族	2018-06-27
老坑翡翠手镯（一对）	直径5.8cm	2409000	香港皇室贵族	2018-04-28
老坑糯冰种帝王绿满色翡翠手镯	直径9.7cm	4,566,600	台北艺流	2018-06-30
老坑糯冰种帝王绿满色翡翠手镯	直径9.7cm	4566600	台北艺流	2018-06-30
绿宝石，红宝石和钻石手镯，梵克雅宝 1960年	长20.8cm	134,981	日内瓦佳士得	2018-05-16
绿色paillonné珐琅铰链手镯 斯伦贝谢，法国制造	直径5.4cm	109,874	纽约佳士得	2018-04-17
绿松石和玛瑙手镯 20世纪30年代	长17.0cm	95,280	日内瓦佳士得	2018-05-16
绿松石配缟瑪瑙及鑽石手鐲，寶格麗（Bulgari）	內圓周17cm	905,481	日内瓦苏富比	2018-11-15
满翠手镯	直径8.6cm	4992570	圣淘沙国际	2018-11-23
满绿翡翠手镯		10,445,600	英国大公	2018-05-28
满绿翡翠手镯	内径：5.8cm 重：101g	8,250,000	中正拍卖	2018-05-31
满绿翡翠手镯		10445600	英国大公	2018-05-28
满绿翡翠手镯	直径7.2cm	6252400	劳伦斯国际	2018-05-24
满绿翡翠手镯	直径7.3cm；重量86g	1965040	劳伦斯国际	2018-05-24
满绿翡翠手镯	重87g	626780	奥斯汀	2018-06-18
满绿翡翠手镯	直径8.1cm；重量80.2g	959200	维瀚玛	2018-09-24
缅甸天然冰种翡翠手镯		138,000	北京匡时	2018-06-16
缅甸天然冰种翡翠手镯		97,750	北京保利	2018-06-19
缅甸天然冰种飘绿翡翠手镯		55,200	西泠拍卖	2018-07-08
缅甸天然翡翠蛋面配钻石手镯及耳环套装		30,869	保利香港	2018-10-02
缅甸天然翡翠绿色手镯		23,000	北京匡时	2018-06-16
缅甸天然翡翠手镯		2,057,920	保利香港	2018-10-02
缅甸天然翡翠手镯		171,832	保利香港	2018-04-01
缅甸天然翡翠手镯		234,168	万昌斯	2018-11-29
缅甸天然翡翠手镯		276,744	万昌斯	2018-11-29
缅甸天然翡翠手镯		159,660	万昌斯	2018-11-29
缅甸天然翡翠手镯		57,277	保利香港	2018-04-01
缅甸天然翡翠手镯		42,576	万昌斯	2018-11-29
缅甸天然翡翠手镯		26,610	万昌斯	2018-11-29
缅甸天然翡翠手镯		117,084	万昌斯	2018-11-29
缅甸天然翡翠手镯		138,372	万昌斯	2018-11-29
缅甸天然翡翠手镯（三件）		372,540	万昌斯	2018-11-29
缅甸天然翡翠童镯（一对）		38,185	保利香港	2018-04-01
缅甸天然红翡翠手镯		24,481	万昌斯	2018-11-29
缅甸天然绿色翡翠手镯		138,000	北京匡时	2018-06-16
缅甸天然满绿翡翠对镯		460,000	上海匡时	2018-04-30
缅甸天然满绿翡翠配钻石手镯及戒指套装		32,200	北京保利	2018-06-19
缅甸天然三彩翡翠手镯		44,705	万昌斯	2018-11-29
缅甸天然三彩翡翠手镯		191,592	万昌斯	2018-11-29
缅甸天然三彩翡翠手镯		63,864	万昌斯	2018-11-29
缅甸天然紫罗兰翡翠手镯		4,115,840	保利香港	2018-10-02
缅甸天然紫罗兰翡翠手镯	内圈直径约为56.68mm；宽度约为11.40mm；厚度约为11.00mm	34,500	北京保利	2018-12-07
缅甸天然紫罗兰翡翠手镯		30,869	保利香港	2018-10-02
缅甸天然紫罗兰翡翠手镯		138,372	万昌斯	2018-11-29
缅甸天然紫罗兰翡翠手镯	内圈直径约为57.20mm；厚度约为8.63mm；宽度约为12.09mm	9200	北京保利	2018-12-07
缅甸天然紫罗兰翡翠手镯（一对）		195,500	北京保利	2018-06-19
缅甸天然紫罗兰翡翠手镯（一对）		425,760	万昌斯	2018-11-29
民国 14K金嵌翡翠花卉手镯	内径6.1cm；重25g	12,650	中国嘉德	2018-06-19
民国 冰种福禄寿喜翡翠手镯（一对）	外径8.3cm；总重约150g	9159270	美国联邦国际	2018-06-13
民国 翡翠手镯	外径7.4cm；内径5.3cm	57,500	西泠拍卖	2018-05-04
民国 红翡翠手镯	内径7.3cm；重122g	3122240	奥斯汀	2018-11-13

拍品名称	物品尺寸	成交价RMB	拍卖公司	拍卖日期
明 翡翠手镯	直径6.5cm；重量67.5g	652256	维瀚玛	2018-09-24
糯冰种翡翠手镯	内径5.7cm；重63g	5735400	雷纳德	2018-08-29
糯冰种翡翠手镯（一件）	内径5.2cm；重58.4g	715568	美国联邦国际	2018-06-13
糯冰种满绿翡翠手镯	重71.8g	805860	奥斯汀	2018-06-18
糯种翡翠玉镯	内径5.7cm；重量57g	2206160	维瀚玛	2018-09-24
清 冰糯种黄翡翠手镯	直径8.6cm；重92g	180992	奥斯汀	2018-01-21
清 翠手镯	直径8.7cm	13,800	北京保利	2018-04-29
清 翡翠雕福寿有余手镯	内径5.9cm	8050	八益拍卖	2018-04-28
清 翡翠雕马鞍扳指、手镯（两件）	宽2.7cm；直径7.2cm	6900	北京保利	2018-06-21
清 翡翠绞丝镯	直径8.2cm	17,250	中国嘉德	2018-11-20
清 翡翠手镯	直径7.1cm；5cm	34,500	北京鸿盛祥	2018-12-06
清 翡翠手镯	径4.5cm	138000	四川和德儒	2018-09-28
清 翡翠手镯	径5cm	287500	四川和德儒	2018-09-28
清 翡翠手镯、玛瑙手镯（一组二件）	尺寸不一	8050	博美拍卖	2018-01-06
清 翡翠圆镯	直径6.9cm；内径5.4cm	28,750	西泠拍卖	2018-07-07
清 翡翠镯	直径7.8cm	40,250	中国嘉德	2018-11-20
清 飘绿翡翠手镯（一对）	内径5cm；总重量0.13kg	2790715	美国联邦国际	2018-06-13
清代 冰种祖母绿翡翠手镯	ED68mm；内径49mm	9,141,000	国大鼎盛	2018-01-31
清代 冰种祖母绿翡翠手镯	ED68mm；内径49mm	9141000	国大鼎盛	2018-01-31
清代 翡翠手镯（一件）	内径5.7cm；宽1.3cm；重84g	34705048	美国联邦国际	2018-06-13
清代 镂空古钱纹金手镯（一对）	直径7cm；100.3g	57,500	古天一	2018-12-08
清代 满绿翡翠手镯	直径8.8cm	3153780	罗斯柴尔德	2018-08-31
清代 满绿翡翠手镯	内径7.5cm；重92g	7317750	奥斯汀	2018-11-13
清翡翠手镯		50,303,400	中能国拍	2018-05-17
清翡翠手镯		50303400	中能国拍	2018-05-17
清晚期 冰种帝王绿翡翠手镯		356500	睿嘉四季	2018-06-02
清晚期 翡翠冰种帝王绿手镯	直径6cm	92,000	睿嘉四季	2018-09-09
清晚期 翡翠冰种帝王绿手镯	直径6cm	92000	睿嘉四季	2018-09-09
清晚期 翡翠冰种帝王绿手镯	直径6cm	230,000	睿嘉四季	2018-09-09
清晚期 翡翠冰种帝王绿手镯	直径6cm	230000	睿嘉四季	2018-09-09
清晚期 翡翠福禄寿喜手镯		89700	睿嘉四季	2018-06-02
清中期 翡翠手镯（一件）	重量38.6g；口径5.6cm	1359579	美国联邦国际	2018-06-13
三款金色，钻石和红宝石“Atlas”手镯，Tiffany&Co		157,154	纽约苏富比	2018-04-19
沙弗莱石榴石，蓝宝石，钻石和红宝石“SCAMPI”手镯，AGGRAVI	内周长17.5cm	158,801	日内瓦佳士得	2018-05-16
搪瓷，红宝石和钻石首饰青蛙手镯、胸针、耳夹（一对）由大卫·韦伯		235,444	纽约佳士得	2018-04-17
天青石，玛瑙和钻石手镯，戒指和耳夹（一对）套装，阿列托兄弟	20cm	117,584	纽约苏富比	2018-04-19
天然扁条形翡翠手镯		34,500	西泠拍卖	2018-07-08
天然冰种黄翡翠手镯		152397	香港国际	2018-11-11
天然冰种紫罗兰三色翡翠手镯		71119	香港国际	2018-11-11
天然玻璃种翡翠　贵妃手镯		81278	香港国际	2018-11-11
天然翡翠配养殖珍珠及小珍珠配钻石首饰套组		42,958	中国嘉德	2018-04-02
天然翡翠配钻石“花朵”胸针/吊坠；及天然翡翠配钻石手镯		63,864	天成国际	2018-12-02
天然翡翠手镯		4,465,680	香港苏富比	2018-04-03
天然翡翠手镯		682,080	天成国际	2018-06-03
天然翡翠手镯	外直径7.4cm；内直径5.5cm；厚1cm	292,320	万昌斯	2018-05-30
天然翡翠手镯		460,000	华艺国际	2018-11-17
天然翡翠手镯		56,515	天成国际	2018-06-03
天然翡翠手镯	圈口53.5mm	4113450	劳伦斯国际	2018-01-31
天然翡翠手镯	圈口53.5mm	1828200	劳伦斯国际	2018-01-31

2018珠宝翡翠拍卖成交汇总

(成交价RMB：5000元以上)

拍品名称	物品尺寸	成交价RMB	拍卖公司	拍卖日期
天然翡翠手镯		85,152	天成国际	2018-12-02
天然翡翠手镯	直径5.8cm	780560	圣约翰	2018-11-25
天然和田玉手镯		5750	北京匡时	2018-06-16
天然黄翡翠手镯	直径5.8cm	1445400	香港皇室贵族	2018-04-28
天然老坑种全色翡翠手镯		132077	香港国际	2018-11-11
天然绿色翡翠手镯		48,300	北京匡时	2018-06-15
天然绿色翡翠手镯		55,200	北京匡时	2018-06-15
天然绿色翡翠手镯		46,000	北京匡时	2018-06-15
天然绿色翡翠手镯		46,000	北京匡时	2018-06-15
天然满绿翡翠手镯	直径6.0cm	5668000	香港皇室贵族	2018-09-29
天然满绿翡翠手镯	直径6.0cm	5668000	圣约翰	2018-09-29
天然满绿翡翠手镯	圈口54mm	4113450	劳伦斯国际	2018-01-31
天然软玉手镯，晚清		91,013	香港苏富比	2018-04-03
天然紫翡翠手镯		126,500	西泠拍卖	2018-07-08
天然紫罗兰翡翠手镯	直径6.0cm	3313600	香港皇室贵族	2018-09-29
天然紫罗兰翡翠手镯	直径6.0cm	3313600	圣约翰	2018-09-29
文化珍珠，钻石，红宝石，玉石和珐琅手镯，大卫韦伯	长17.78cm	138,475	纽约苏富比	2018-10-17
无色水晶和钻石手镯，大卫·韦伯	直径5.72cm	117,722	纽约佳士得	2018-04-17
现代 18k翡翠白玉手镯	重21g	29,900	浙江佳宝	2018-07-01
现代 18k红蓝宝手镯	重20g	20,125	浙江佳宝	2018-07-01
现代 18k珊瑚白玉软镯	重20g	10,350	浙江佳宝	2018-07-01
现代 翡翠冰种手镯	口直径5.8cm	46,000	浙江佳宝	2018-07-01
现代 翡翠飘绿手镯	口直径5.3cm	17,250	浙江佳宝	2018-07-01
现代 翡翠手镯	口直径5.8cm	46,000	浙江佳宝	2018-07-01
阳绿翡翠手镯	ID :6CM O直径8.3CM	5500000	比斯特	2018-11-09
洋满色手镯	圈口5.65cm；条宽1.66cm；条厚0.83cm	7360000	四川和德儒	2018-09-28
养殖珍珠，彩色养殖珍珠，珐琅，钻石和红宝石手镯，大卫·韦伯	长15.5cm	111,161	日内瓦佳士得	2018-05-16
养珠和钻石手镯	内周长16.51cm	172,457	纽约苏富比	2018-04-18
一对金和钻石耳饰和手镯	长19cm	37,627	纽约苏富比	2018-04-19
一对金和钻石手镯，Verdura	18cm	203,813	纽约苏富比	2018-04-19
一对双色金色和钻石手镯，Buccellati		250,847	纽约苏富比	2018-04-19
一个多宝石与钻石手镯，卡地亚	长18.42cm	141,266	纽约佳士得	2018-04-17
一组两件：18K玫瑰金及钻石CONSTANCE AMULETTE 吊坠及18K玫瑰金COLLIER DE CHIEN小码手镯	长39cm；1×2cm；长15cm；5cm	38,806	佳士得	2018-11-28
一组三色金和钻石手镯	内周长长20.32cm	94,292	纽约苏富比	2018-04-19
珍罕天然翡翠手镯		45,796,800	天成国际	2018-06-03
珍罕天然翡翠手镯		4,044,720	天成国际	2018-12-02
珍珠和钻石手镯	内周长18.8cm	31,760	日内瓦佳士得	2018-05-16
珍珠和钻石手镯（一对）卡地亚	手镯长17.78cm、19.05cm	745,572	纽约佳士得	2018-04-17
装饰艺术钻石和玛瑙手镯 20世纪30年代	长18.7cm	87,340	日内瓦佳士得	2018-05-16
装饰艺术钻石手镯 1930年	长18.7cm	277,901	日内瓦佳士得	2018-05-16
装饰艺术钻石手镯 1930年	长18.5cm	476,402	日内瓦佳士得	2018-05-16
镯子	内圆周约190毫米	42,266	伦敦苏富比	2018-03-20
紫翡手镯		28,000	上海联合	2018-11-25
紫罗兰翡翠手镯（一对）	外径7cm	2376000	永宝斋	2018-10-23
紫罗兰手镯	圈口5.85cm；条宽1.76cm；条厚0.83cm	1380000	四川和德儒	2018-09-28
紫水晶配钻石手镯， Michele della Valle		121,350	香港苏富比	2018-04-03
祖母绿，红宝石，蓝宝石和钻石手镯 1920年	长16.1cm	238,201	日内瓦佳士得	2018-05-16
祖母绿，蓝宝石和钻石手镯和别针，法国	长17.78cm	314,307	纽约苏富比	2018-04-19
祖母绿翡翠手镯	直径5.75cm	51837500	香港金字塔	2018-10-17
祖母绿和钻石手镯 1930年	长18.0cm	1,508,607	日内瓦佳士得	2018-05-16
祖母绿和钻石手镯，MEISTER		436,702	日内瓦佳士得	2018-05-16
祖母绿和钻石手镯，马里奥·布克拉提 20世纪30年代	长18.0cm	158,801	日内瓦佳士得	2018-05-16
祖母绿及钻石手镯	长17.0cm	79,400	日内瓦佳士得	2018-05-16
祖母绿手镯		7560	上海联合	2018-07-01
祖母绿手镯（一对）		3933540	英国大公	2018-11-12
祖母绿钻石手镯	长16.9cm	222,321	日内瓦佳士得	2018-05-16
祖母绿钻石手镯，卡地亚	长17.5cm	301,721	日内瓦佳士得	2018-05-16
钻石，红宝石和搪瓷手镯、戒指由大卫·韦伯		211,899	纽约佳士得	2018-04-17
钻石，祖母绿和缟玛瑙手镯，卡地亚	内周长17.0cm	277,901	日内瓦佳士得	2018-05-16
钻石、祖母绿及黑玛瑙“Panth è re”手镯		421,325	佳士得	2018-11-27
钻石“Panth è re”手镯、耳环及戒指套装		942,438	佳士得	2018-11-27
钻石“Panth è re”手镯及耳环		1,774,000	佳士得	2018-11-27
钻石“美伦帕纳”手镯，卡地亚	长19.4cm	222,321	日内瓦佳士得	2018-05-16
钻石和珐琅手镯，蒂芙尼，法国	内周长16.51cm	298,592	纽约苏富比	2018-04-19
钻石及18K玫瑰金钻石凯莉手镯	直径15cm	133,050	佳士得	2018-11-28
钻石手镯		485,400	香港苏富比	2018-04-03
钻石手镯	内周长15.5cm	79,400	日内瓦佳士得	2018-05-16
钻石手镯	内圆周约170mm	444,902	伦敦苏富比	2018-03-20
钻石手镯	内圆周15.24cm	156,779	纽约苏富比	2018-04-19
钻石手镯	内周长15.88cm	173,094	纽约苏富比	2018-10-17
钻石手镯		223,300	佳士得	2018-05-29
钻石手镯		66,882	中国嘉德	2018-10-02
钻石手镯 约1911年	长18.5cm	381,122	日内瓦佳士得	2018-05-16
钻石手镯 约1939年		4,271,740	日内瓦佳士得	2018-05-16
钻石手镯，Alan Rocca	长16.51cm	471,461	纽约苏富比	2018-04-19
钻石手镯（一对） 1910年	长16.9cm，长16.7cm	3,585,721	日内瓦佳士得	2018-05-16
钻石手镯（一对）大约1920	直径4.45cm	219,748	纽约佳士得	2018-04-17
钻石手镯，RENE BOIVIN	内周长16.0cm	333,482	日内瓦佳士得	2018-05-16
钻石手镯，'爱'，卡地亚	内圈约170mm	283,625	伦敦苏富比	2018-03-20
钻石项圈 约1915年	园内周33.02cm	298,723	纽约苏富比	2018-04-18
金，养珠和钻石首饰套件 Tiffany & Co	长41cm	251,446	纽约苏富比	2018-04-19
“富贵连绵”天然高冰老坑绿翡翠配钻石颈链		13,915,000	西泠拍卖	2018-07-08
“海洋之心”21.95克拉海蓝宝配钻石项链		46,000	西泠拍卖	2018-07-08
“吉象”金镶翡翠配钻石项链		48,300	西泠拍卖	2018-07-08
“金粉佳人”天然无瑕南洋魔幻金金珠项链		287,500	西泠拍卖	2018-07-08
“绿光”42.58克拉祖母绿可替换天然电气石项链		3,220,000	西泠拍卖	2018-07-08
“如意牌”金镶翡翠配钻石项链		287,500	西泠拍卖	2018-07-08
“喜结连理”金镶翡翠配钻石项链		48,300	西泠拍卖	2018-07-08
“一千零一夜”，极致震撼中东贵族收藏总重约111克拉天然哥伦比亚祖母绿配约100克拉钻石项链、手链、戒指、耳环套装		12,776,500	北京匡时	2018-06-16
“永恒的爱”50.78克拉天然无烧坦桑石配钻石项链		195,500	西泠拍卖	2018-07-08
“雨露”金镶高冰正阳绿翡翠套链		437,000	西泠拍卖	2018-07-08
“紫气东来”天然紫翡珠配钻石颈链		368,000	西泠拍卖	2018-07-08
「料珠朝珠」项链，晚清		80,900	香港苏富比	2018-04-03
0.66克拉心形钻石项链		9200	西泠拍卖	2018-07-08

拍品名称	物品尺寸	成交价RMB	拍卖公司	拍卖日期
1.01克拉梨形F色VS2净度钻石配粉红色钻石吊坠项链，Harry Winston		106,440	天成国际	2018-12-02
1.02克拉心形天然缅甸无经加热处理鸽血红红宝石配钻石吊坠项链；及1.21克拉椭圆形天然缅甸无经加热处理鸽血红红宝石配钻石戒指		27,283	天成国际	2018-06-03
1.18克拉圆形I色SI1净度钻石配钻石项链		95,796	天成国际	2018-12-02
1.62克拉天然蓝宝石配钻石及养殖珍珠项链		51,750	中国嘉德	2018-11-22
1.75克拉的梨形黄色钻石和钻石吊坠项链	长约400mm	72,297	伦敦苏富比	2018-03-20
1.90克拉 天然红宝石 配 钻石 项链		32,200	华艺国际	2018-05-22
10.02克拉祖母绿项链		40,250	北京荣宝	2018-09-14
10.06克拉 FY 彩黄色VVS1净度钻石配钻石项链		1,380,000	北京匡时	2018-06-16
10.36克拉 天然 未经热处理「斯里兰卡」蓝宝石 配 钻石 吊坠 及项链		345,000	华艺国际	2018-05-22
10.56至3.02克拉枕形克什米尔天然蓝宝石项链		103,368,763	佳士得	2018-11-27
10.98克拉心形D/IF Type IIa（极优打磨及比例）钻石吊坠项链		8,071,700	佳士得	2018-11-27
11.49克拉椭圆形蓝色碧玺配钻石吊坠项链		37,027	天成国际	2018-06-03
127.35卡拉寶石配鑽石長項鏈，寶格麗（Bulgari）	长86cm	7,140,366	日内瓦苏富比	2018-11-15
132.32克拉天然珊瑚“花篮”配钻石吊坠项链		40,447	天成国际	2018-12-02
14.77克拉蓝宝石、紫水晶、天然珍珠、钻石吊坠/胸针、颈链JAR制成		2,715,451	纽约佳士得	2018-04-17
144.00克拉天然哥伦比亚祖母绿配钻石项链/手炼，梵克雅宝		5,703,450	中国嘉德	2018-04-02
14K金珍珠项链		23,000	北京荣宝	2018-09-14
15.42克拉钻石项链，HRD特别推荐		4,657,500	上海匡时	2018-04-30
180.08克拉素面 ‘Rubellite’ 红碧玺配钻石项链		670,572	万昌斯	2018-11-29
18K白金镶彩色宝石项链 宝格丽		14,950	华艺国际	2018-11-17
18K白金镶嵌翡翠配黑珍珠钻石红宝石项链		977,500	西泠拍卖	2018-07-08
18K白金镶钻项链 宝格丽		26,450	华艺国际	2018-11-17
18K哥伦比亚祖母绿项链		100,800	上海联合	2018-11-25
18K黄金和钻石项链 H. STERN	长35.56cm	149,114	纽约佳士得	2018-04-17
18K黄金配钻石项链，蒂芙尼Schlumberger系列		101,200	中国嘉德	2018-11-22
18K黄金钥匙项链 蒂凡尼		14,950	华艺国际	2018-11-17
18K金，金币和钻石项链 宝格丽	长38.1cm	133,418	纽约佳士得	2018-04-17
18K金、钻石项链，大卫·韦伯	长41.28cm	62,785	纽约佳士得	2018-04-17
18k金和钻石项链 卡地亚		141,266	纽约佳士得	2018-04-17
18K金和钻石项链 斯特雷，巴黎		188,355	纽约佳士得	2018-04-17
18k金及祖母绿项链、耳环、戒指套装		58,861	纽约佳士得	2018-04-17
18K金欧泊项链		20,700	北京荣宝	2018-09-14
18K金镶彩色宝石项链 宝格丽		23,000	华艺国际	2018-11-17
18K金镶粉钻吊坠连项链		17,250	中国嘉德	2018-09-20
18K金镶红宝石项链		92,000	北京荣宝	2018-09-14
18K金镶黄钻项链		34,500	北京荣宝	2018-09-14
18K金镶嵌钻石项链		34,500	华艺国际	2018-11-17
18K金镶沙弗莱石“豹”手链、项链 卡地亚（一套）		78,200	华艺国际	2018-11-17
18K金镶珊瑚项链		23,000	北京荣宝	2018-09-14
18K金镶钻珊瑚吊坠连项链		11,500	中国嘉德	2018-09-18
18K金镶钻石 钥匙项链 蒂凡尼		13,800	华艺国际	2018-11-17
18K金镶钻石项链 宝诗龙		28,750	华艺国际	2018-11-17
18K玫瑰金镶粉色蓝宝石配钻石项链 卡地亚		17,250	华艺国际	2018-11-17
18K玫瑰金镶珍珠母贝配钻石项链 宝格丽		34,500	华艺国际	2018-11-17

拍品名称	物品尺寸	成交价RMB	拍卖公司	拍卖日期
18K三色金镶钻石长项链 卡地亚		20,700	华艺国际	2018-11-17
1940年制 蓝宝石配钻石蝴蝶结项链	重量6.8g	10,350	西泠拍卖	2018-07-09
19世纪末78克拉缅甸红宝石和钻石项链	长38.0cm	1,667,408	日内瓦佳士得	2018-05-16
19世纪末紫水晶，珍珠和珐琅吊坠项链，勒内拉里克	吊坠9.6cm，项链39.5cm	794,004	日内瓦佳士得	2018-05-16
19世纪晚期十三颗祖母绿和钻石项链，蒂芙尼 1880年	长39.0cm	9,988,567	日内瓦佳士得	2018-05-16
2.01克拉梨形及1.00克拉心形D色VS2净度钻石配钻石吊坠项链		212,880	天成国际	2018-12-02
2.02克拉钻石和养殖珍珠项链/胸针，'Panache'，香奈儿		533,882	伦敦苏富比	2018-03-20
2.05、1.66、1.62、1.51及1.51克拉长方形E-I/VVS1-VVS2钻石项链及耳环套装		310,450	佳士得	2018-11-27
2.06克拉椭圆形天然无经加热处理皇家蓝蓝宝石配钻石吊坠项链		53,592	天成国际	2018-06-03
2.12克拉 梨形 内部无瑕（IF）钻石 项链		97,750	华艺国际	2018-05-22
2.20克拉钻石项链	长38cm	125,723	纽约苏富比	2018-04-19
20世纪早期的钻石项链/皇冠，卡地亚 20世纪30年代	长32.5cm	595,503	日内瓦佳士得	2018-05-16
22.63克拉 天然玻利维亚紫黄晶配彩色蓝宝石及钻石「花朵」吊坠项链		17,250	保利厦门	2018-01-08
24.04克拉梨形彩黄色VS2钻石吊坠项链		9,136,100	佳士得	2018-11-27
25.16克拉 天然祖母绿 配 钻石 吊坠项链		287,500	华艺国际	2018-05-22
29.30克拉 天然托帕石配彩色钻石海星吊坠项链		34,500	保利厦门	2018-01-08
29颗黄色养殖珍珠项链、耳环（一对）	长44.45cm	78,481	纽约佳士得	2018-04-17
3.02克拉天然莫桑比克鸽血红红宝石配钻石项链		101,200	北京匡时	2018-06-16
3.20克拉F色，VVS1净度钻石吊坠项链	长40.64cm	588,609	纽约佳士得	2018-04-17
30.86克拉天然哥伦比亚祖母绿配钻石项链		977,500	北京匡时	2018-06-16
31.70克拉圆形S-T/SI1钻石吊坠项链		1,663,125	佳士得	2018-11-27
32.17克拉椭圆形斯里兰卡天然蓝宝石项链		2,217,500	佳士得	2018-11-27
36颗总重约30.7克拉彩色蓝宝石配钻石项链及耳环套装 未经加热		57,500	北京保利	2018-06-19
396.89克拉缅甸天然蓝宝石项链		3,814,100	佳士得	2018-11-27
39颗养殖珍珠，钻石，蓝宝石和碧玺项链、耳环（一对） 宝格丽	项链长43.18cm	78,481	纽约佳士得	2018-04-17
4.10克拉深棕橙色钻石和9.64克拉棕橙色钻石均为自然色，SI1净度及钻石项链，卡地亚	长41.28cm	1,530,384	纽约佳士得	2018-04-17
4.27克拉梨形沙弗莱石榴石配钻石吊坠项链		29,232	天成国际	2018-06-03
4.43克拉椭圆形天然“斯里兰卡”无经加热处理紫色刚玉配钻石吊坠项链		27,674	天成国际	2018-12-02
4.72克拉钻石项链		32,200	北京匡时	2018-06-16
40.88卡拉藍寶石配鑽石「Plume de Paon」項鏈，寶詩龍（Boucheron）		2,587,089	日内瓦苏富比	2018-11-15
5.03ct莫桑比克鸽血红红宝石项链		313,600	上海联合	2018-07-01
5.03克拉莫桑比克未经加热鸽血红红宝石配钻石项链		266,100	万昌斯	2018-11-29
5.36克拉D色内部完美无瑕钻石吊坠项链		1,412,663	纽约佳士得	2018-04-17
5.38克拉哥伦比亚祖母绿配钻石Pt900项链		184,000	北京荣宝	2018-09-14
52.68克拉全水滴形浓彩黄色钻石配钻石项链		5,865,000	上海匡时	2018-04-30

拍品名称	物品尺寸	成交价RMB	拍卖公司	拍卖日期
55.55克拉天然海螺珍珠配钻石项链		460,000	上海国时	2018-04-30
58.00克拉及28.51克拉蓝宝石和4.13克拉钻石和钻石项链 卡地亚		7,235,971	纽约佳士得	2018-04-17
58.23克拉水滴形天然海蓝宝石配彩色刚玉及钻石吊坠项链，Anna Hu		63,336	天成国际	2018-06-03
59颗天然珍珠、2颗人工珍珠、钻石项链	长39.5cm	190,561	日内瓦佳士得	2018-05-16
6.34克拉F色VS2清晰度钻石项链		1,191,006	日内瓦佳士得	2018-05-16
6.3mm 天然红珊瑚珠链		37,950	保利厦门	2018-01-08
6.45克拉缅甸“鸽血红”红宝石配钻石项链/戒指，未经加热		905,485	保利香港	2018-10-02
67.2克拉哥伦比亚祖母绿配钻石18K金项链		2,070,000	北京荣宝	2018-09-14
67颗天然冰钟翡翠珠链		1,150,000	西泠拍卖	2018-07-08
75颗钻石项链	长39.0cm	992,505	日内瓦佳士得	2018-05-16
7颗刻度矩形重24.32克拉((最大颗重约11.86克拉)祖母绿和钻石项链 梵克雅宝	长44.77cm	9,872,941	纽约佳士得	2018-04-17
8.33克拉 天然“哥伦比亚”祖母绿 配 钻石 吊坠项链		437,000	华艺国际	2018-11-17
9.85克拉阶梯式切割天然“哥伦比亚穆索”祖母绿配钻石吊坠项链		617,352	天成国际	2018-12-02
Art Deco 珐琅彩，骨雕，配钻石及珍珠项链，卡地亚（Cartier）		261,600	香港苏富比	2018-10-03
K金 配 钻石 项链，‘Alveare’，宝格丽（Bulgari）		119,900	香港苏富比	2018-10-03
K金 配 钻石 项链及吊耳环套装，‘Pigne’，宝格丽（Bulgari）		327,000	香港苏富比	2018-10-03
K金，祖母绿，缟玛瑙配彩漆及钻石“豹”项链，‘Panth è re’，卡地亚（Cartier）		218,000	香港苏富比	2018-10-03
K金配红宝石及钻石项链及耳环套装，宝诗龙（Boucheron）		103,550	香港苏富比	2018-10-03
K金配养殖珍珠“Honolulu”项链，Gianmaria Buccellati		51,091	天成国际	2018-12-02
K金配珍珠母项链，‘Pure Alhambra’，梵克雅宝（Van Cleef & Arpels）		81,750	香港苏富比	2018-10-03
K金配祖母绿项链及手镯套装，卡地亚（Cartier）		239,800	香港苏富比	2018-10-03
K金配钻石套装，‘Serpent Boh è me’，宝诗龙（Boucheron）		92,650	香港苏富比	2018-10-03
K金配钻石项链，‘Maillon Panthere’，卡地亚（Cartier）		262,925	香港苏富比	2018-04-03
K金配钻石项链，‘Maillon Panth è re’，卡地亚（Cartier）；及钻石配缟玛瑙戒指，‘Serpenti’，宝格丽（Bulgari）		89,380	香港苏富比	2018-10-03
Lady's腰带/项链，卡地亚，20世纪70年代	长775mm	75,633	伦敦苏富比	2018-03-20
Pt900镶钻石项链		172,500	北京荣宝	2018-09-14
Tiffany蒂芙尼ATLAS系列项链		6160	上海联合	2018-11-25
Tiffany蒂芙尼PERETTI系列心型项链		9520	上海联合	2018-11-25
Verdura金和钻石'帆船'项链	长36.83cm	346,188	纽约苏富比	2018-10-17
阿尔罕布拉项链 梵克雅宝 法国	长85.09cm	203,813	纽约苏富比	2018-04-19
埃及复兴绿松石和珐琅项链 大约1900年。	长39.37cm	147,130	纽约苏富比	2018-10-17
爱马仕 2018 白金CONFETTIS手链及白金BIRKIN AMULETTE吊坠项链及白金FARANDOLE耳坠	长18.5cm；长42cm	20,579	保利香港	2018-10-02
爱马仕 2018 玫瑰金镶钻石BIRKIN AMULETTE吊坠项链	长40cm	22,637	保利香港	2018-10-02
八角形赞比亚祖母绿套装		465,675	佳士得	2018-11-27
白金嵌钻镶翠项链	总重量33克	77280173	美国联邦国际	2018-03-29
白色南洋珍珠项链 约14.82-11.84mm	珍珠直径约为11.84-14.82mm；项链长度约为44.00cm	32,200	北京保利	2018-12-07
宝格丽 Bulgari DIVAS’ DREAM系列 白贝母扇形吊坠项链		29,900	保利厦门	2018-01-08
宝格丽 Bulgari 黑瓷吊坠项链		17,250	保利厦门	2018-01-08
宝格丽Bvlgari出品 DIVAS’ DREAM系列 白贝母扇形吊坠项链		16,100	保利厦门	2018-07-15
宝格丽Bvlgari出品 黑瓷吊坠项链		16,100	保利厦门	2018-07-15
宝格丽Bvlgari出品 钻石吊坠项链		14,950	保利厦门	2018-07-15
宝格丽和钻石项链，宝格丽		155,716	伦敦苏富比	2018-03-20
宝格丽珍珠和钻石项链	最长约430毫米	50,051	伦敦苏富比	2018-03-20
宝石 配 钻石 项链，梵克雅宝（Van Cleef & Arpels）		218,000	香港苏富比	2018-10-03
宝石「Pasha」吊坠项链		26,390	佳士得	2018-05-29
宝石吊坠项链/胸针		243,600	佳士得	2018-05-29
宝石配钻石项链		303,375	香港苏富比	2018-04-03
宝石配钻石项链，梵克雅宝（Van Cleef & Arpels）		85,956	香港苏富比	2018-04-03
宝石套装和钻石项链	长830毫米	50,051	伦敦苏富比	2018-03-20
宝石镶嵌钻石项链和耳环，Michele della Valle	长48.26cm	242,332	纽约苏富比	2018-10-17
宝石项链		131,950	佳士得	2018-05-29
宝石项链	重129g	107822000	香港金字塔	2018-10-17
宝石项链，‘Allegra’及 宝石项链，宝格丽（Bulgari）		80,900	香港苏富比	2018-04-03
寶石配鑽石首飾套裝，寶格麗（Bulgari）	手链長19cm；项链長42cm	1,293,545	日内瓦苏富比	2018-11-15
寶石配鑽石首飾套裝，梵克雅寶（Van Cleef & Arpels）	项链长43cm	905,481	日内瓦苏富比	2018-11-15
碧玺配钻石及珍珠项链，宝格丽（Bulgari）		185,300	香港苏富比	2018-10-03
碧玉生辉 缅甸天然翡翠珠配钻石颈链		36,275,560	保利香港	2018-04-01
冰种翡翠项链	尺寸不一	17,250	睿嘉四季	2018-09-09
冰种翡翠项链	尺寸不一	17250	睿嘉四季	2018-09-09
玻璃种旦面套装（9粒）	套链主石25.7×22.6×15.1 18.7×15.9×6.5cm；戒指21.4×17.6×6.3cm	1380000	四川和德儒	2018-09-28
伯爵心型项链		31,920	上海联合	2018-11-25
铂金 镶钻石 项链 萧邦		20,700	华艺国际	2018-11-17
铂金镶钻哥伦比亚祖母绿水滴吊坠连项链		10,350	中国嘉德	2018-05-19
铂金镶钻石项链 伯爵		25,300	华艺国际	2018-11-17
布契拉提BUCCELLATI，黄金配钻石心形蕾丝项链		36,800	北京匡时	2018-06-16
彩黄色配淡彩黄色鑽石首飾套裝	长42cm	5,070,695	日内瓦苏富比	2018-11-15
彩蓝灰色钻石配钻石戒指；及钻石项链		555,900	香港苏富比	2018-10-03
彩色刚玉配钻石项链，布切拉迪（Buccellati）		261,600	香港苏富比	2018-10-03
彩色珍珠和钻石项链，卡地亚	长45.1cm	238,201	日内瓦佳士得	2018-05-16
彩色珍珠项链		92,000	大芬艺海	2018-05-13
彩色珍珠项链		92000	大芬艺海	2018-05-13
彩色钻石和钻石项链、耳环（一对）	项链长约440毫米	66,735	伦敦苏富比	2018-03-20
彩色钻石配钻石项链		87,462	保利香港	2018-10-02
纯美超凡 缅甸天然翡翠“福豆”配钻石挂坠项链及耳环套装		3,086,880	保利香港	2018-10-02
翠意淋漓 珍罕卓绝 缅甸天然翡翠珠配钻石颈链		11,264,516	保利香港	2018-04-01
大溪地黑珍珠项链		11,500	北京匡时	2018-06-16
单链养殖珍珠和钻石项链	项链长86.36cm	78,481	纽约佳士得	2018-04-17
淡粉红色钻石配钻石项链		63,250	中国嘉德	2018-11-22
淡水珍珠配钻石项链；及耳环套装		72,027	中国嘉德	2018-10-02
蛋白石配祖母绿及钻石项链，Fei Liu Fine Jewellery		46,771	天成国际	2018-06-03
蒂芙尼Tiffany出品 钻石吊坠项链		20,700	保利厦门	2018-07-15
蒂芙尼Tiffany出品 钻石吊坠项链		16,100	保利厦门	2018-07-15
电气石，黄水晶，橄榄石，紫水晶，堇青石、海蓝宝石、养殖珍珠和钻石“ALLEGRA”项链 宝格丽		251,140	纽约佳士得	2018-04-17

拍品名称	物品尺寸	成交价RMB	拍卖公司	拍卖日期
多宝石钻石项链和耳饰（一对），宝格丽	长42cm	66,790	纽约苏富比	2018-04-19
多彩色蓝宝石，祖母绿和钻石项链和耳夹（一对），宝格丽	长39.37cm	353,596	纽约苏富比	2018-04-19
珐琅和钻石项链，LEGNAZZI	长38.0cm	67,490	日内瓦佳士得	2018-05-16
珐琅和钻石项链，大卫韦伯	长37.47cm	82,220	纽约苏富比	2018-10-17
梵克雅宝设计 28.28克拉哥伦比亚祖母绿配钻石项链，未经注油		10,978,130	保利香港	2018-04-01
梵克雅宝设计 共重约44.89克拉斯里兰卡蓝宝石配钻石项链/手链，未经加热		3,086,880	保利香港	2018-10-02
非常罕有及贵重 总重61.03克拉缅甸"鸽血红"红宝石配钻石项链 及 总重11.29克拉缅甸"鸽血红"红宝石配钻石耳环套装 未经加热	主石约为7.13×6.06mm-11.65×9.46mm；项链长度约为44.30cm	15,180,000	北京保利	2018-12-07
非常珍稀及贵重 缅甸天然满绿翡翠珠链	翡翠直径约为10.07-11.65mm；项链长度约为57.30cm	32,200,000	北京保利	2018-12-07
翡翠，红宝石和钻石项链、耳环（一对）梵克雅宝		1,177,219	纽约佳士得	2018-04-17
翡翠，玛瑙和钻石珠链		289,186	伦敦苏富比	2018-03-20
翡翠、蓝宝石及钻石吊坠项链		50,750	佳士得	2018-05-29
翡翠蛋面配钻石项链		17,250	上海匡时	2018-04-30
翡翠吊坠项链		385,700	佳士得	2018-05-29
翡翠及碧玺吊坠项链		456,750	佳士得	2018-05-29
翡翠及玉髓吊坠项链		355,250	佳士得	2018-05-29
翡翠及钻石吊坠项链		1,522,500	佳士得	2018-05-29
翡翠及钻石吊坠项链		111,650	佳士得	2018-05-29
翡翠及钻石吊坠项链		3,978,800	佳士得	2018-05-29
翡翠及钻石吊坠项链		81,200	佳士得	2018-05-29
翡翠及钻石套装		182,700	佳士得	2018-05-29
翡翠及钻石套装		2,322,320	佳士得	2018-05-29
翡翠及钻石项链		27,364,400	佳士得	2018-05-29
翡翠满绿如意项链		5750	北京中贝	2018-01-14
翡翠配彩色宝石及钻石"观音"吊坠项链		308,688	中国嘉德	2018-10-02
翡翠配钻石蛋面项链		34,500	上海匡时	2018-04-30
翡翠配钻石项链；及耳环套装		161,000	中国嘉德	2018-11-22
翡翠项链		1,064,000	上海联合	2018-07-01
翡翠项链	颗0.7-0.9cm	230,000	广东万丰	2018-01-07
翡翠项链	颗0.7-0.9cm	230000	广东万丰	2018-01-07
翡翠项链（K金）	高8.3cm	23,000	广东崇正	2018-01-21
翡翠珠及钻石项链		1,674,750	佳士得	2018-05-29
翡翠珠及钻石项链		210,663	佳士得	2018-11-27
翡翠珠链		184,000	上海匡时	2018-04-30
翡翠珠链	重225g	228525	奥斯汀	2018-01-21
翡翠珠链		840,000	上海联合	2018-11-25
翡翠紫罗兰项链	大珠18mm；小珠16mm	920,000	北京荣宝	2018-05-18
翡翠钻石项链，梵克雅宝	长45.9cm	595,503	日内瓦佳士得	2018-05-16
粉红色配白色养殖珍珠及钻石项链；及白色养殖珍珠配粉红色刚玉及钻石耳环套装		40,094	中国嘉德	2018-04-02
复古的红宝石，蓝宝石和钻石"小玩意"项链，梵克雅宝1940年	长37.0cm	254,081	日内瓦佳士得	2018-05-16
橄榄石，金和钻石Torsade项链和耳夹（一对），Asprey		73,565	纽约苏富比	2018-10-17
哥伦比亚四方型祖母绿项链		6134	台北艺流	2018-12-01
哥伦比亚祖母绿项链套装		188,160	上海联合	2018-07-01
公元前10-6世纪 金珠项链	长35.5cm；重114g	1,622,854	保利香港	2018-04-02
公元前8-7世纪 双立狮男孩镶3粒红宝石金项链	长62cm；重232g	12,410,060	保利香港	2018-04-02
公元前8-7世纪 双龙头缨金项链	长73cm；重161g	7,636,960	保利香港	2018-04-02
公元前8-7世纪 双狮头镶大玛瑙圆珠金项链	长63cm；重163g	4,582,176	保利香港	2018-04-02
共约70克拉蓝宝石钻石项链，卡地亚	长43.2cm	952,805	日内瓦佳士得	2018-05-16
共重51.98克拉钻石项链		360,136	保利香港	2018-10-02
共重60.79克拉钻石项链		744,604	保利香港	2018-04-01

拍品名称	物品尺寸	成交价RMB	拍卖公司	拍卖日期
共重约39.35克拉缅甸红宝石项链，未经加热		1,749,232	保利香港	2018-10-02
共重约67.0克拉钻石项链		1,543,440	保利香港	2018-10-02
古董钻石和珐琅项链 大约1865年		94,178	纽约佳士得	2018-04-17
古色古香的黄金和珠宝镶嵌LORGNETTE吊坠项链 大约1890年	项链长135.89cm	62,785	纽约佳士得	2018-04-17
瑰丽30.97克拉古垫形天然哥伦比亚穆索祖母绿配钻石吊坠项链，Harry Winston		10,426,080	天成国际	2018-06-03
瑰丽天然满绿翡翠蛋面配钻石项链、耳环、手链套装		747,500	北京匡时	2018-06-15
瑰丽重约90.90克拉天然斯里兰卡蓝宝石配钻石项链		2,300,000	中国嘉德	2018-11-22
瑰丽总重量150.58克拉椭圆形及古垫形天然缅甸蒙苏及抹谷无经加热处理红宝石配钻石项链，Harry Winston		22,411,200	天成国际	2018-06-03
海螺珠配珍珠及钻石项链		2,825,280	香港苏富比	2018-10-03
黑、白双层项链		218,500	大芬艺海	2018-05-13
黑、白双层项链		218500	大芬艺海	2018-05-13
黑色大溪地珍珠项链 约12.3-9.8mm		13,800	北京保利	2018-06-19
黑色大溪地珍珠项链 约16.5-13.1mm		43,700	北京保利	2018-06-19
黑色玛瑙和钻石项链/手链组合，Van Cleef&Arpels，1970年代	总长约750毫米	266,941	伦敦苏富比	2018-03-20
黑色养殖珍珠配钻石项链；及耳环套装		11,500	中国嘉德	2018-11-22
红宝石，粉红色蓝宝石和钻石项链，哈里温斯顿		2,457,735	日内瓦苏富比	2018-11-15
红宝石，蓝宝石和钻石"国旗"项链和耳环，米歇尔德拉瓦莱2009年	项链长40.5cm	134,981	日内瓦佳士得	2018-05-16
红宝石，蓝宝石和钻石项链，Angela Cummings		69,238	纽约苏富比	2018-10-17
红宝石"Mystery set"胸针/吊坠项链		421,325	佳士得	2018-11-27
红宝石和钻石项链，戒指和耳环套装	项链39.7cm	95,280	日内瓦佳士得	2018-05-16
红宝石和钻石项链、耳饰（一对）		377,169	纽约苏富比	2018-04-19
红宝石和钻石项链和耳饰（一对），Gucci	项链长63.5cm	172,869	纽约苏富比	2018-04-19
红宝石及钻石项链		172,550	佳士得	2018-05-29
红宝石及钻石项链		1,522,500	佳士得	2018-05-29
红宝石及钻石项链		13,722,800	佳士得	2018-05-29
红宝石配钻石吊坠项链		244,812	天成国际	2018-12-02
红宝石配钻石项链		510,912	天成国际	2018-12-02
红宝石配钻石项链；及吊耳环套装		380,016	天成国际	2018-06-03
红宝石项链		665,250	佳士得	2018-11-27
红宝石钻石项链		1,805,069	纽约佳士得	2018-04-17
红珊瑚项链		17,250	北京保利	2018-06-19
红珊瑚珍珠项链		57,500	北京荣宝	2018-09-14
红玉髓和玛瑙项链，阿尔Cipullo	长54cm	389,462	纽约苏富比	2018-10-17
胡文元设计 Wenyuan Hu 30颗总重约76.4克拉碧玺配钻石项链		34,500	北京保利	2018-06-19
琥珀色和金项链，梵克雅宝		117,722	纽约佳士得	2018-04-17
黄金，宝石镶嵌和钻石项链，大卫韦伯	35.6cm	103,857	纽约苏富比	2018-10-17
黄金，红宝石和钻石项链 Tiffany & Co	长33cm	33,002	纽约苏富比	2018-04-19
黄金，蓝宝石和珍珠吊坠项链，法国 1890年	长64.14cm	78,390	纽约苏富比	2018-04-18
黄金，绿宝石和珍珠项链，法国1890年	项链长50.8cm	297,880	纽约苏富比	2018-04-18
黄金，玛瑙，黑玉项链、手镯、耳夹（一对）Angela Cummings		207,713	纽约苏富比	2018-10-17
黄金，珊瑚和养珠'马拉喀什'Sautoir，Henry Dunay	长61cm	70,551	纽约苏富比	2018-04-19
黄金，月光石，玉石，黄色蓝宝石和钻石吊坠项链，亨利杜纳		138,475	纽约苏富比	2018-10-17

（成交价RMB：5000元以上）

拍品名称	物品尺寸	成交价RMB	拍卖公司	拍卖日期
黄金、种子珍珠及硬石胸针和项链（19世纪末）	项链长38.1cm	50,953	纽约苏富比	2018-04-18
黄金、钻石和石英项链，梅斯特		127,041	日内瓦佳士得	2018-05-16
黄金“阿罕布拉”项链，梵克雅宝，法国 大约1970年	长35.56cm	164,440	纽约苏富比	2018-10-17
黄金“玫瑰花瓣”项链，安吉拉·卡明斯为蒂芙尼公司	长45.72cm	190,404	纽约苏富比	2018-10-17
黄金“原子”项链和耳夹（一对），玛丽娜B	长39.37cm	86,229	纽约苏富比	2018-04-19
黄金TORC项链和手镯套，马里奥BUCCELLATI	项链38.5cm，手镯内围15.5cm	87,340	日内瓦佳士得	2018-05-16
黄金和宝石镶嵌首饰套件，Ilias Lalaounis，希腊	颈圈38.1cm	102,150	纽约苏富比	2018-04-19
黄金和多色蓝宝石项链，Angela Cummings	长41.92cm	69,238	纽约苏富比	2018-10-17
黄金和珐琅项链	长43.18cm	27,436	纽约苏富比	2018-04-18
黄金和青金石'Alhambra'项链，Van Cleef& Arpels，法国 大约1970	长81.28cm	125,723	纽约苏富比	2018-04-19
黄金和珊瑚“阿罕布拉”项链，梵克雅宝，法国 大约1975年		476,009	纽约苏富比	2018-10-17
黄金和珊瑚色项链和钻石耳夹（一对），梵克雅宝	长60.96cm	276,951	纽约苏富比	2018-10-17
黄金和珊瑚珠宝项链、戒指、手镯套件，Henry Dunay		86,547	纽约苏富比	2018-10-17
黄金和钻石项链	长37.47cm	95,202	纽约苏富比	2018-10-17
黄金和钻石项链，LaclocheFrères，法国大约1950年	长35.6cm	138,475	纽约苏富比	2018-10-17
黄金和钻石项链，Van Cleef& Arpels，法国		233,677	纽约苏富比	2018-10-17
黄金和钻石项链，梵克雅宝 大约1945年		95,202	纽约苏富比	2018-10-17
黄金和钻石项链和手镯，Boucheron，法国	内圆周35.56cm	328,879	纽约苏富比	2018-10-17
黄金镶天然红珊瑚项链		9200	北京匡时	2018-06-15
黄金镶钻石项链，20世纪欧洲		63,250	北京匡时	2018-06-15
黄金项链、手镯、耳夹套件，Henry Dunay	项链长40.64cm	112,511	纽约苏富比	2018-10-17
黄金珍珠项链、耳坠（一对），David Webb	长39cm	102,150	纽约苏富比	2018-04-19
黄金钻石项链，卡地亚		222,321	日内瓦佳士得	2018-05-16
黄金钻石项链,迈斯特	长42.0cm	67,490	日内瓦佳士得	2018-05-16
黄金钻石项链，皮亚杰 大约1994年	长40.7cm	47,640	日内瓦佳士得	2018-05-16
黄水晶配彩色宝石项链		21,437	天成国际	2018-06-03
黄湘晴设计“禅定”文莱沉水沉香项链		20,470	西泠拍卖	2018-07-08
极其珍贵 缅甸天然满绿翡翠蛋面配钻石项链	主石约为24.05×17.85×9.96mm；项链长度约为41.30cm	5,520,000	北京保利	2018-12-07
金，3.25克拉蓝宝石和钻石项链，卡地亚，巴黎	长40.64cm	117,865	纽约苏富比	2018-04-19
金，多色蓝宝石和钻石项链，宝格丽		276,951	纽约苏富比	2018-10-17
金，红宝石，绿宝石和钻石短项链		77,892	纽约苏富比	2018-10-17
金，绿松石和养珠项链，梵克雅宝	长69.85cm	173,094	纽约苏富比	2018-10-17
金，玛瑙和钻石项链，宝格丽	长39cm	47,146	纽约苏富比	2018-04-19
金、钻石项链及耳夹（一对），卡地亚 约1996年	39cm	78,390	纽约苏富比	2018-04-19
金和宝石镶嵌项链，宝格丽	长86cm	55,004	纽约苏富比	2018-04-19
金和古钱币项链，宝格丽	长86.36cm	220,015	纽约苏富比	2018-04-19
金和孔雀石项链	44cm	47,146	纽约苏富比	2018-04-19
金和玛瑙项链，Aldo Cipullo	69.85cm	302,915	纽约苏富比	2018-10-17
金和钻石短项链和耳夹(一对)	内圆周31.12cm	86,547	纽约苏富比	2018-10-17
金和钻石短项链和耳夹（一对）		64,910	纽约苏富比	2018-10-17
金和钻石项链，Van Cleef& Arpels，法国		147,130	纽约苏富比	2018-10-17
金和钻石项链和手镯，卡地亚，法国	长17.78cm	103,857	纽约苏富比	2018-10-17
金色和钻石项链	长41cm	125,423	纽约苏富比	2018-04-19
金色和钻石项链，卡地亚，巴黎	长38.1cm	129,821	纽约苏富比	2018-10-17

拍品名称	物品尺寸	成交价RMB	拍卖公司	拍卖日期
金色及白色南洋珍珠配钻石项链 约12.1mm、11.9mm		13,800	北京保利	2018-06-19
金色南洋珍珠项链 约15.20-12.00mm	珍珠直径约为12.00-15.20mm；项链长度约为49.30cm	51,750	北京保利	2018-12-07
金镶蛋面翡翠配钻石项链		690,000	西泠拍卖	2018-07-08
金镶翡翠配钻石耳坠项链套组		138,000	西泠拍卖	2018-07-08
金镶天然澳洲白珍珠配钻石颈链		287,500	西泠拍卖	2018-07-08
金项链 弗雷德	长46cm	47,146	纽约苏富比	2018-04-19
金项链(两条)	长78.74cm,长80.01cm	62,861	纽约苏富比	2018-04-19
金项链，安吉拉卡明斯	内圆周35.56cm	38,946	纽约苏富比	2018-10-17
金项链，卡地亚，法国 大约在1960年	长40.64cm	64,910	纽约苏富比	2018-10-17
金项链和手链，Henry Dunay	44cm	78,390	纽约苏富比	2018-04-19
金项链和手链，蒂芙尼公司 大约1950年	项链长39.4c，手镯长17.78cm	47,601	纽约苏富比	2018-10-17
金珠宝项链、耳环、戒指套装，法国卡地亚		78,390	纽约苏富比	2018-04-19
金钻石“星爆”项链，大卫·尤尔曼	长41.91cm	110,008	纽约苏富比	2018-04-19
堇青石，蓝宝石，钻石和黑钻项链	长约555毫米	44,490	伦敦苏富比	2018-03-20
近代 蓝宝石项链	长1.4cm	6900	北京保利	2018-01-21
靳琦设计“春意”金镶翡翠项链		48,300	西泠拍卖	2018-07-08
靳琦设计“万事如意”18K金镶翡翠项链		40,250	西泠拍卖	2018-07-08
精致的钻石项链，BY保罗·弗拉托 大约1940年		3,092,161	纽约佳士得	2018-04-17
卡地亚 Cartier LOVE系列 钻石吊坠项链及手炼套装		17,250	保利厦门	2018-01-08
卡地亚Cartier出品 钻石吊坠项链		17,250	保利厦门	2018-07-15
卡地亚设计 彩色刚玉配钻石项链		305,478	保利香港	2018-04-01
卡地亚设计 黄金项链及耳环套装		72,027	保利香港	2018-10-02
卡地亚设计彩色宝石配钻石项链		2,616,650	保利澳门	2018-11-29
卡雷拉 CARRERA Y CARRERA，黄金人鱼珍珠配钻石项链		28,750	北京匡时	2018-06-16
考古复兴金和彩色玻璃珠项链 大约1880年	长41.91cm	276,951	纽约苏富比	2018-10-17
孔雀石项链，‘Alhambra’，梵克雅宝（Van Cleef & Arpels）		174,400	香港苏富比	2018-10-03
蓝宝石，彩色蓝宝石和钻石项链、吊坠、耳环（一对）		1,805,069	纽约佳士得	2018-04-17
蓝宝石，红宝石、钻石和18k金颈链、耳环、戒指套装		141,266	纽约佳士得	2018-04-17
蓝宝石，红宝石和钻石项链 宝格丽		1,334,181	纽约佳士得	2018-04-17
蓝宝石，养珠，钻石和珐琅项链，David Webb	长46.36cm	78,390	纽约苏富比	2018-04-19
蓝宝石，祖母绿和钻石项链，吊坠胸针、耳环首饰套装，大卫·韦伯	项链长41.91cm	1,569,625	纽约佳士得	2018-04-17
蓝宝石和红宝石项链		26,694	伦敦苏富比	2018-03-20
蓝宝石和钻石套房，穆阿瓦德	项链39.5cm	1,230,706	日内瓦佳士得	2018-05-16
蓝宝石和钻石项链	长38.1cm	1,125,113	纽约苏富比	2018-10-17
蓝宝石和钻石项链 卡地亚 大约1930年	长53.34cm	432,736	纽约苏富比	2018-10-17
蓝宝石和钻石项链，耳环和戒指	项链44cm，耳环8.2cm，戒指尺寸7	714,603	日内瓦佳士得	2018-05-16
蓝宝石和钻石项链，哈里·温斯顿	长40.5cm	4,242,826	日内瓦苏富比	2018-11-15
蓝宝石和钻石项链和耳饰（一对）	长39.37cm	117,865	纽约苏富比	2018-04-19
蓝宝石及钻石项链		994,700	佳士得	2018-05-29
蓝宝石配钻石套装，Mouawad		1,112,375	香港苏富比	2018-04-03
蓝宝石配钻石项链，‘Happy Diamonds Butterfly’，肖邦（Chopard）；红宝石配钻石 戒指，海瑞温斯顿（Harry Winston）		152,600	香港苏富比	2018-10-03
蓝宝石配钻石项链及戒指，海瑞温斯顿（Harry Winston）		457,800	香港苏富比	2018-10-03
蓝宝石钻石项链，梅斯特		1,111,605	日内瓦佳士得	2018-05-16
蓝宝石钻石项链、手镯、耳环套装	项链43.4cm，手镯17.9cm，耳环4.1cm	206,441	日内瓦佳士得	2018-05-16

拍品名称	物品尺寸	成交价RMB	拍卖公司	拍卖日期
蓝宝石钻石珠项链，卡地亚 1930年	长42.0cm	238,201	日内瓦佳士得	2018-05-16
蓝孔雀石绿松石和珠宝镶嵌“权力的护符”项链，托尼·达凯特		207,713	纽约苏富比	2018-10-17
蓝色托帕石配石英石及钻石吊坠项链，Wallace Chan		70,157	天成国际	2018-06-03
老坑高色旦面套装（17粒）	套链主石 18.7 x 15.3 x 7.911.4 x 9.8 x 4.6cm; 戒指 20.6 x 14.3 x 5.2cm; 耳环 11.2 x 10 x 3.615.8 x 10.9 x 4.4cm	20700000	四川和德儒	2018-09-28
老坑种高色旦面套装（19粒）	套链主石 18.9 x 15 x 9.4cm；戒指15.4 x 13 x 7.9cm；耳环12.7 x 12 x 5.5cm	10350000	四川和德儒	2018-09-28
梨形鑽石項鏈，海瑞溫斯頓（Harry Winston）	长40.5cm	4,822,334	日内瓦苏富比	2018-11-15
两条钻石长链，蒂芙尼	长71cm	74,470	纽约苏富比	2018-04-19
玲珑雅逸 缅甸天然翡翠珠配红宝石及钻石项链		2,675,296	保利香港	2018-10-02
刘斐设计“梅”金镶翡翠钻石项链		138,000	西泠拍卖	2018-07-08
刘斐设计“泉”金镶翡翠钻石项链		368,000	西泠拍卖	2018-07-08
六股坦桑石，海蓝宝石和钻石项链	长50.8cm	55,004	纽约苏富比	2018-04-19
卢葵「金刚杵」吊坠项链		36,800	保利厦门	2018-01-08
绿松石，红宝石，养珠和钻石项链，Michele della Valle	长63cm	62,861	纽约苏富比	2018-04-19
綠松石配鑽石首飾套裝，尚美（Chaumet）	项链内圆周43cm	1,552,254	日内瓦苏富比	2018-11-15
玛瑙和石英项链,奥尔多Cipullo	长50.8cm	487,176	纽约苏富比	2018-04-19
满绿翡翠项链	长55cm	6855750	劳伦斯国际	2018-01-31
猫眼金绿宝石和钻石首饰套装，Oscar Heyman&Brothers		121,166	纽约苏富比	2018-10-17
玫瑰石榴石项链耳夹手链套装，19世纪上半叶及以后	长度约430mm，手链长172毫米	127,909	伦敦苏富比	2018-03-20
魅力项链和手链	长约1280毫米;	66,735	伦敦苏富比	2018-03-20
缅甸及斯里兰卡蓝宝石及红宝石项链两条及手镯		776,125	佳士得	2018-11-27
缅甸天然冰种翡翠珠链 约12.30mm	翡翠珠径约为12.30mm；项链长度约为60.0cm	40,250	北京保利	2018-12-07
缅甸天然翡翠蛋面配红宝石及钻石挂坠项链		16,463,360	保利香港	2018-10-02
缅甸天然翡翠蛋面配钻石项链、耳环及戒指套装		10,495,392	保利香港	2018-10-02
缅甸天然翡翠蛋面配钻石项链、耳环及戒指套装		124,101	保利香港	2018-04-01
缅甸天然翡翠挂坠项链		5145	保利香港	2018-10-02
缅甸天然翡翠配红宝石及钻石项链（一组）		10,290	保利香港	2018-10-02
缅甸天然翡翠配钻石「富贵如意」项链		38,185	保利香港	2018-04-01
缅甸天然翡翠配钻石繁花似锦项链		45,822	保利香港	2018-04-01
缅甸天然翡翠配钻石及彩色宝石挂坠及项链套装		32,927	保利香港	2018-10-02
缅甸天然翡翠配钻石项链、耳环套装		32,200	北京匡时	2018-06-16
缅甸天然翡翠配钻石项链、手链、耳环及戒指套装		92,606	保利香港	2018-10-02
缅甸天然翡翠珠链 约7.5-6.0mm		17,250	北京保利	2018-06-19
缅甸天然翡翠珠项链		436,404	万昌斯	2018-11-29
缅甸天然翡翠珠项链		40,447	万昌斯	2018-11-29
缅甸天然满绿翡翠「福豆」配钻石项链及耳环套装		20,700	北京保利	2018-06-19
缅甸天然满绿翡翠配钻石项链及耳环套装		25,300	北京保利	2018-06-19
缅甸天然阳绿翡翠配钻石项链、耳环套装		632,500	北京匡时	2018-06-16
缅甸天然紫罗兰翡翠珠链 约12.20-8.60mm	翡翠直径约为8.60-12.20mm；项链长度约为116.00cm	5750	北京保利	2018-12-07
缅甸天然紫罗兰翡翠珠链 约14.4mm		66,700	北京保利	2018-06-19
缅甸天然紫罗兰翡翠珠项链		223,524	万昌斯	2018-11-29

拍品名称	物品尺寸	成交价RMB	拍卖公司	拍卖日期
摩根石及钻石首饰套组		72,379	天成国际	2018-12-02
母珠钻石“阿罕布拉”项链，梵克雅宝	内圆周38.1cm	225,023	纽约苏富比	2018-10-17
南洋金珠配钻石花朵项链		16,100	北京匡时	2018-06-15
南洋金珠项链		8050	北京匡时	2018-06-16
浓彩2.18克拉黄钻石吊坠，项链，格拉夫	长41.91cm	207,713	纽约苏富比	2018-10-17
气管连接项链，'Tubogas'，宝格丽	内圆周约335毫米	111,225	伦敦苏富比	2018-03-20
青金石，珊瑚，钻石和黄金项链SAUTOIR，梵克雅宝 1973年	长67.31cm	1,491,144	纽约佳士得	2018-04-17
青金石“Alhambra”套装		532,200	佳士得	2018-11-27
清 孔雀石108多宝念珠		20,700	西泠拍卖	2018-07-08
燃气管连接项链	长约405mm	28,919	伦敦苏富比	2018-03-20
三个钻石项链		1,270,406	日内瓦佳士得	2018-05-16
珊瑚，橄榄石配缟玛瑙及钻石项链，'Maïa'，梵克雅宝（Van Cleef & Arpels）		657,313	香港苏富比	2018-04-03
珊瑚吊坠项链		77,613	佳士得	2018-11-27
珊瑚和钻石项链	总长248.92cm	101,906	纽约苏富比	2018-04-18
珊瑚和钻石项链戒指	内圆约420毫米	35,592	伦敦苏富比	2018-03-20
珊瑚配贝母及钻石“星期三的巴黎”吊坠项链，Van Cleef & Arpels，2009年限量出品		63,864	天成国际	2018-12-02
珊瑚配金色养殖珍珠及钻石项链		17,250	中国嘉德	2018-11-22
珊瑚首饰		77,613	佳士得	2018-11-27
珊瑚珠和钻石项链	长80.65cm	329,621	纽约佳士得	2018-04-17
上善若水 12.33克拉D色Type IIa钻石挂坠项链，净度内部无暇		7,717,200	保利香港	2018-10-02
十九世纪 蜜蜡、琥珀项链、吊坠、戒指（五十一件）	尺寸不一	13,800	中国嘉德	2018-05-19
水晶和钻石项链，Elsa Peretti为Tiffany&Co	长60cm	43,114	纽约苏富比	2018-04-19
水晶石、玛瑙、钻石吊坠和项链，宝诗龙，法国		259,641	纽约苏富比	2018-10-17
孙倩 Sun chin 戏浪天然翡翠吊坠项链（可双面配戴）		207,000	保利厦门	2018-01-08
孙倩 Sun chin 以梦为马天然戈壁玉配钻石吊坠项链		69,000	保利厦门	2018-01-08
陶瓷和紫水晶，黄水晶，蓝色托帕石，绿色碧玺和粉红碧玺镶嵌项链，Chandra，Bulgari	长约445毫米	77,858	伦敦苏富比	2018-03-20
天然“缅甸”红宝石 配 钻石 项链（红宝石共重约26.91克拉）		345,000	华艺国际	2018-11-17
天然巴洛克金色海水珍珠项链及手链套装		13,837	万昌斯	2018-11-29
天然冰种翡翠“宝宝佛”配绿松石及红宝石吊坠项链		13,800	保利厦门	2018-07-15
天然冰种翡翠“蛋面”配钻石及白色蓝宝石吊坠项链		126,500	保利厦门	2018-07-15
天然冰种翡翠“蛋面”配钻石项链		184,000	保利厦门	2018-07-15
天然冰种翡翠怀古配红宝石及钻石吊坠项链		46,771	天成国际	2018-06-03
天然冰种翡翠配翡翠“平安扣”及钻石吊坠项链		46,000	中国嘉德	2018-11-22
天然冰种翡翠配翡翠及钻石项链		1,915,920	天成国际	2018-12-02
天然冰种翡翠配翡翠及钻石项链		272,832	天成国际	2018-06-03
天然玻璃种翡翠项链及手链套装		253,000	上海匡时	2018-04-30
天然彩钻 18K白金 钻石颈链 手链 戒指套装		2235156	香港国际	2018-11-11
天然帝王绿水滴形翡翠配钻石项链		1,150,000	西泠拍卖	2018-07-08
天然翡翠 配 钻石 项链		2,472,500	华艺国际	2018-11-17
天然翡翠 配 钻石 项链、耳环及戒指（一套）		230,000	华艺国际	2018-11-17
天然翡翠「豆荚」配 钻石 项链		184,000	华艺国际	2018-05-22
天然翡翠「葫芦」配 钻石 吊坠项链		322,000	华艺国际	2018-05-22
天然翡翠「葫芦」配 钻石 项链		86,250	华艺国际	2018-05-22
天然翡翠「葫芦」配钻石项链及戒指、手链、耳钉（一套）		828,000	华艺国际	2018-05-22
天然翡翠「怀古」配 钻石 吊坠项链		172,500	华艺国际	2018-05-22

2018珠宝翡翠拍卖成交汇总

(成交价RMB：5000元以上)

拍品名称	物品尺寸	成交价RMB	拍卖公司	拍卖日期
天然翡翠蛋面吊坠项链		1,385,938	佳士得	2018-11-27
天然翡翠蛋面配钻石项链		322,000	华艺国际	2018-05-22
天然翡翠蛋面项链		3,814,100	佳士得	2018-11-27
天然翡翠蛋面项链		277,188	佳士得	2018-11-27
天然翡翠吊坠项链		665,250	佳士得	2018-11-27
天然翡翠豆荚配钻石吊坠项链		322,000	华艺国际	2018-05-22
天然翡翠及钻石套装		426,300	佳士得	2018-05-29
天然翡翠配天然紫翡翠及钻石吊坠项链		175,392	天成国际	2018-06-03
天然翡翠配钻石吊坠项链		126,500	华艺国际	2018-05-22
天然翡翠配钻石吊坠项链		116,928	天成国际	2018-06-03
天然翡翠配钻石吊坠项链		58,542	天成国际	2018-12-02
天然翡翠配钻石戒指，吊耳环及吊坠项链套装		404,472	天成国际	2018-12-02
天然翡翠配钻石项链		1,909,240	中国嘉德	2018-04-02
天然翡翠配钻石项链		690,000	华艺国际	2018-05-22
天然翡翠配钻石项链		5,651,520	天成国际	2018-06-03
天然翡翠配钻石项链		85,916	中国嘉德	2018-04-02
天然翡翠项链		709,600	佳士得	2018-11-27
天然翡翠珠链		253,000	华艺国际	2018-11-17
天然翡翠珠链		322,000	华艺国际	2018-11-17
天然翡翠珠链		287,500	华艺国际	2018-05-22
天然翡翠珠配钻石项链		404,500	香港苏富比	2018-04-03
天然翡翠珠配钻石项链		3,009,480	香港苏富比	2018-04-03
天然翡翠珠配钻石项链		1,516,875	香港苏富比	2018-04-03
天然翡翠珠配钻石项链		20775000	香港皇室贵族	2018-01-15
天然翡翠珠项链		19,780,100	佳士得	2018-11-27
天然翡翠珠项链及耳环套装		354,800	佳士得	2018-11-27
天然海缧珠配钻石项链		7,614,304	保利香港	2018-10-02
天然海螺珍珠吊坠项链		66,525	佳士得	2018-11-27
天然海水珍珠项链		55,200	西泠拍卖	2018-07-08
天然和养殖珍珠和钻石项链和养殖珍珠耳夹(一对)		24,470	伦敦苏富比	2018-03-20
天然红宝石及祖母绿配钻石项链		34,500	北京匡时	2018-06-16
天然红珊瑚珠链		28,750	北京匡时	2018-06-16
天然蓝宝石及沙弗莱古典黄金项链		74,750	北京匡时	2018-06-16
天然满绿翡翠“蛋面”配钻石项链、耳环及戒指套装		10,465,000	保利厦门	2018-07-15
天然满绿翡翠「花型」配钻石吊坠项链		10,350	保利厦门	2018-01-08
天然满绿翡翠大业有成配钻石吊坠项链		43,700	保利厦门	2018-01-08
天然满绿翡翠蛋面配钻石吊坠项链及戒指（一套）		713,000	华艺国际	2018-11-17
天然满绿翡翠配钻石吊坠项链		17,250	保利厦门	2018-01-08
天然满绿翡翠配钻石珠链		2,415,000	保利厦门	2018-07-15
天然墨翠佛头念珠		11,693	天成国际	2018-06-03
天然南洋珍珠双链项链		138,000	上海匡时	2018-04-30
天然珊瑚配珍珠贝母、钻石项链		17,250	华艺国际	2018-05-22
天然坦桑石配珍珠、钻石长项链		74,750	华艺国际	2018-05-22
天然无烧红宝石银白金镶花形小钻项链		24001	台北艺流	2018-12-01
天然珍珠，养殖珍珠和钻石项链(20世纪20年代)	长545mm	200,206	伦敦苏富比	2018-03-20
天然珍珠、海螺珍珠、珍珠及钻石项链		2,224,880	佳士得	2018-05-29
天然珍珠、人工珍珠、红宝石和钻石项链	长44.5cm	3,966,843	日内瓦佳士得	2018-05-16
天然珍珠和人工珍珠项链	长45.0cm	873,404	日内瓦佳士得	2018-05-16
天然珍珠和钻石吊坠项链	珍珠17.6×9.8毫米，项链43cm	188,584	纽约苏富比	2018-04-19
天然珍珠和钻石项链	长480mm	17,796	伦敦苏富比	2018-03-20
天然珍珠和钻石项链	45cm	117,584	纽约苏富比	2018-04-19
天然珍珠和钻石项链，19世纪末	长约375毫米	111,225	伦敦苏富比	2018-03-20
天然珍珠及钻石项链		12,748,400	佳士得	2018-05-29
天然珍珠配养殖珍珠及钻石项链	长168cm	39,306	纽约苏富比	2018-04-18
天然珍珠配钻石项链		784,995	保利澳门	2018-11-29
天然紫翡翠“福瓜”吊坠项链		83,023	天成国际	2018-12-02
天然紫翡翠配翡翠项链		34,104	天成国际	2018-06-03
天然紫黄水晶吊坠项链；及29.78克拉圆形天然猫眼发晶戒指		29,803	天成国际	2018-12-02
天然紫罗兰翡翠 配 红宝石 吊坠项链		55,200	华艺国际	2018-05-22
天然紫罗兰翡翠珠链		32,200	华艺国际	2018-11-17
天然紫罗兰翡翠珠链		322,000	华艺国际	2018-05-22
天然紫色翡翠珠配钻石项链		121,350	香港苏富比	2018-04-03
天然祖母绿 配 钻石 项链及耳环（一套）		368,000	华艺国际	2018-05-22
天然祖母绿配钻石项链		126,500	北京匡时	2018-06-16
无与伦比 39颗缅甸天然满绿翡翠珠链 14.0-12.0mm		9,200,000	北京保利	2018-06-19
希腊，伊利亚特·拉洛尼斯，金和钠达里人的颈链和袖带	颈链35.56cm	66,790	纽约苏富比	2018-04-19
下垂项链，'Carmen La Crotalos', SalvadorDal í	长约660mm	50,051	伦敦苏富比	2018-03-20
现代 翡翠蝴蝶形项链（53颗）	重5.4g	69,000	浙江佳宝	2018-07-01
项链		345,000	北京瀚古	2018-10-21
项链，Pomellato	内圆周约365mm	28,919	伦敦苏富比	2018-03-20
肖军雕刻“古象禅”翡翠项链		172,500	西泠拍卖	2018-07-08
小珍珠配红宝石及钻石吊坠项链；及手镯套装		38,318	天成国际	2018-12-02
新艺术玻璃和珐琅项链，勒内拉里克 约1906年	长41.4cm	1,191,006	日内瓦佳士得	2018-05-16
星光蓝宝石，红宝石配祖母绿及钻石项链		758,438	香港苏富比	2018-04-03
亚历山大变色石配钻石项链		763,000	香港苏富比	2018-10-03
亚历山大变石项链		14,560	上海联合	2018-07-01
艳彩黄色钻石配钻石项链		121,350	香港苏富比	2018-04-03
养殖珍珠 配 钻石 项链及耳环套装，宝格丽（Bulgari）		76,300	香港苏富比	2018-10-03
养殖珍珠，蓝宝石配缟玛瑙及钻石项链，'Acte V The Escape'，路易威登（Louis Vuitton）		222,475	香港苏富比	2018-04-03
养殖珍珠和钻石项链	长84.62cm	43,165	纽约佳士得	2018-04-17
养殖珍珠及钻石套装		162,400	佳士得	2018-05-29
养殖珍珠配粉红色刚玉及钻石“花朵”项链；及吊耳环套装		101,118	天成国际	2018-12-02
养殖珍珠配蓝宝石及钻石项链		191,592	天成国际	2018-12-02
养殖珍珠配钻石项链		68,208	天成国际	2018-06-03
养殖珍珠配钻石项链，'Trinity'，卡地亚（Cartier）		327,000	香港苏富比	2018-10-03
养殖珍珠配钻石项链，Buccellati	43cm	117,917	纽约苏富比	2018-04-18
养殖珍珠配钻石项链及耳环套装，梵克雅宝（Van Cleef & Arpels）		436,000	香港苏富比	2018-10-03
养殖珍珠项链	长约490毫米	44,490	伦敦苏富比	2018-03-20
养殖珍珠项链		210,663	佳士得	2018-11-27
养殖珍珠项链及耳环套装		310,450	佳士得	2018-11-27
养殖珍珠项链及耳环套装		66,525	佳士得	2018-11-27
养珠和钻石项链	长36cm	70,719	纽约苏富比	2018-04-19
养珠和钻石项链	长44.45cm	141,101	纽约苏富比	2018-04-19
养珠和钻石项链	长50.8cm	56,256	纽约苏富比	2018-10-17
养珠和钻石项链	长35.56cm	64,910	纽约苏富比	2018-10-17
一对蓝宝石和钻石耳环以及养珠，蓝宝石和钻石项链	项链长约395毫米	111,225	伦敦苏富比	2018-03-20
一组两件：18K玫瑰金EVER CHAÎNE D' ANCRE小码吊坠项链及18K玫瑰金及钻石ALCHIMIE戒指	长47cm	55,438	佳士得	2018-11-28
一组两条珍珠项链		32,927	保利香港	2018-10-02
有色钻石、钻石及红宝石「Happy Diamonds」吊坠项链		96,425	佳士得	2018-05-29
约4.2克拉红色碧玺配钻石项链		11,500	北京保利	2018-06-19
约8.01克拉梨形鲜彩蓝色IF（极优打磨）钻石吊坠项链		129,798,200	佳士得	2018-05-29
约8克拉天然红宝石配钻石项链		32,200	北京匡时	2018-06-16
月光石和钻石项链，Michele della Valle	长60.96cm	73,565	纽约苏富比	2018-10-17
张采澄 嬉游沈香吊坠项链		34,500	保利厦门	2018-01-08
张雪莉“永生花一芳华”珐琅配珍珠、蓝宝石及钻石吊坠项链		1,380,000	保利厦门	2018-07-15

拍品名称	物品尺寸	成交价RMB	拍卖公司	拍卖日期
珍贵天然满绿翡翠蛋面配钻石项链		195,500	北京匡时	2018-06-15
珍贵天然紫罗兰翡翠蛋面配钻石项链、戒指套装		109,250	北京匡时	2018-06-15
珍罕非凡 缅皇御宝71.31克拉缅甸蓝宝石配钻石项链，未经加热		13,364,680	保利香港	2018-04-01
珍罕天然翡翠“观音”配钻石吊坠项链		12,772,800	天成国际	2018-12-02
珍罕天然翡翠配红宝石项链		5,982,555	中国嘉德	2018-04-02
珍罕天然翡翠配钻石项链		11,176,200	天成国际	2018-12-02
珍珠和钻石长链	长173.99cm	101,906	纽约苏富比	2018-04-19
珍珠母，红宝石和钻石项链，穆阿瓦德	长35.0cm	55,580	日内瓦佳士得	2018-05-16
珍珠母“魔法阿罕布拉”长链，梵克雅宝	长124.0cm	174,681	日内瓦佳士得	2018-05-16
珍珠配钻石项链		345,000	华艺国际	2018-05-22
珍珠项链		13,800	华艺国际	2018-05-22
珍珠项链		11,500	北京荣宝	2018-09-14
珍珠项链（一组两条）		17,183	保利香港	2018-04-01
正阳绿翡翠蛋面配钻石项链		621,000	上海匡时	2018-04-30
重约5.30克拉祖母绿配钻石吊坠项链		101,200	中国嘉德	2018-11-22
主石8.53卡拉祖母綠配鑽石項鏈	长40cm	1,638,490	日内瓦苏富比	2018-11-15
庄庆芳 天然冰种翡翠「无相佛」吊坠项链		115,000	保利厦门	2018-01-08
紫气东来 缅甸天然紫罗兰翡翠珠配祖母绿项链		18,521,280	保利香港	2018-10-02
紫水晶，绿松石和钻石项链、戒指，卡地亚	项链长54.5cm	206,441	日内瓦佳士得	2018-05-16
紫水晶及绿松石“Les Delices de Goa”项链及戒指套装		49,894	佳士得	2018-11-27
紫水晶配綠松石及鑽石項鏈，卡地亞（Cartier）		1,121,072	日内瓦苏富比	2018-11-15
紫水晶项链（三条）		35,480	佳士得	2018-11-27
总重29.42克拉 天然“莫桑比克”鸽血红红宝石配钻石项链		161,000	保利厦门	2018-07-15
总重量19.80克拉天然哥伦比亚未经处理木佐矿祖母绿配钻石项链；及吊耳环套装		2,176,534	中国嘉德	2018-04-02
总重量5.13克拉榄尖形及梨形H至J色VVS2至SI1净度钻石繁花吊坠项链		126,672	天成国际	2018-06-03
总重量55.59克拉天然赞比亚祖母绿配钻石项链；耳环及戒指首饰套装		926,064	中国嘉德	2018-10-02
总重量60.75克拉水滴型天然“赞比亚”祖母绿配钻石吊坠项链		425,760	天成国际	2018-12-02
总重量68.69克拉圆形J色内部无瑕至VVS2净度Triple Excellent (极优切割，打磨及比例) 钻石吊坠项链		3,831,840	天成国际	2018-12-02
总重量约20.90克拉红宝石配钻石项链		372,302	中国嘉德	2018-04-02
总重约25.3克拉莫桑比克「鸽血红」红宝石配钻石项链 未经加热		310,500	北京保利	2018-06-19
总重约3.10克拉缅甸“鸽血红”红宝石配钻石项链 未经加热	最大主石约为6.83×7.12×2.69mm	32,200	北京保利	2018-12-07
总重约5.67克拉缅甸“鸽血红”红宝石配钻石项链 未经加热	最大主石约为8.24×6.08×3.54mm	69,000	北京保利	2018-12-07
总重约50.22克拉莫桑比克“鸽血红”红宝石配钻石项链 未经加热	最大主石约为10.21×6.02×3.07mm；项链长度约为48.00cm	368,000	北京保利	2018-12-07
祖母绿，红宝石和钻石项链	长49.5cm	254,081	日内瓦佳士得	2018-05-16
祖母绿，钻石，白金，黄金项链	项链54.0cm	794,004	日内瓦佳士得	2018-05-16
祖母绿“Panth è re”项链		49,894	佳士得	2018-11-27
祖母绿宝石项链耳环	重52g；重49g；重48g	6,855,750	国大鼎盛	2018-01-31
祖母绿宝石项链耳环	重52g；重49g；重48g	6855750	国大鼎盛	2018-01-31
祖母绿和钻石项链	长约405mm	556,127	伦敦苏富比	2018-03-20
祖母绿和钻石项链	74cm	157,154	纽约苏富比	2018-04-19
祖母绿和钻石项链、耳环、戒指套装	项链内圈约415mm	444,900	伦敦苏富比	2018-03-20

拍品名称	物品尺寸	成交价RMB	拍卖公司	拍卖日期
祖母绿及钻石吊坠项链		263,900	佳士得	2018-05-29
祖母绿配钻石“Panth è re”首饰套装，卡地亚		370,426	中国嘉德	2018-10-02
祖母绿配钻石项链，蒂芙尼（Tiffany & Co.）	36cm	5,377,020	纽约苏富比	2018-04-18
祖母绿配钻石项链，梵克雅宝，梵克雅宝（Van Cleef & Arpels）		2,825,280	香港苏富比	2018-10-03
祖母绿配钻石项链及吊耳环套装，宝格丽（Bulgari），年份1960		3,243,840	香港苏富比	2018-10-03
祖母绿项链坠（一件）	重量26ct	2223600	爱艺拍	2018-09-27
祖母绿项链坠（一件）	重量8.8CT	3228529	圣淘沙国际	2018-11-23
祖母绿钻石吊坠，项链	项链长41.91cm	133,418	纽约佳士得	2018-04-17
祖母绿钻石项链，卡地亚	长41.0cm	754,304	日内瓦佳士得	2018-05-16
祖母綠配鑽石首飾套裝 约1850年	项链长43cm	2,752,663	日内瓦苏富比	2018-11-15
祖母綠配鑽石首飾套裝, Tabbah	项链内周长31.5cm	2,835,450	日内瓦苏富比	2018-11-15
祖母綠配鑽石項鏈, Alexandre Reza	長41cm	1,293,545	日内瓦苏富比	2018-11-15
钻石配珐琅彩及祖母绿“豹”项链，‘Panth è re’，卡地亚（Cartier）		76,300	香港苏富比	2018-10-03
钻石项链；及吊耳环一对，海瑞温斯顿（Harry Winston）		381,500	香港苏富比	2018-10-03
钻石，黄金和铂金项链，斯伦贝谢 大约1955年	长34.29cm	196,203	纽约佳士得	2018-04-17
钻石，祖母绿和珐琅垂饰项链，'Panth è re'，卡地亚	长度约720毫米	122,348	伦敦苏富比	2018-03-20
钻石、黑玛瑙及珍珠眼镜		76,125	佳士得	2018-05-29
钻石“Agrafe”项链、手链及耳环套装		288,275	佳士得	2018-11-27
钻石“Bambou”项链、手镯、戒指及耳环套装		243,925	佳士得	2018-11-27
钻石“Bambou”项链、手镯及耳环套装		99,788	佳士得	2018-11-27
钻石Rivi è re项链	39cm	250,847	纽约苏富比	2018-04-19
钻石吊坠项链	内周长40.64cm	155,785	纽约苏富比	2018-10-17
钻石吊坠项链，大约1910年	长约705mm	53,388	伦敦苏富比	2018-03-20
钻石吊坠项链，卡地亚		61,174	伦敦苏富比	2018-03-20
钻石吊坠项链/胸针，'LionMosaïque'，香奈儿	内圆周约410mm	411,534	伦敦苏富比	2018-03-20
钻石吊坠项链和钻石耳夹，Aaron Basha	项链长44.45cm	147,130	纽约苏富比	2018-10-17
钻石和彩色钻石项链，卡地亚	长37.0cm	1,905,609	日内瓦佳士得	2018-05-16
钻石和红宝石首饰套件	项链36.83cm	125,423	纽约苏富比	2018-04-18
钻石和红宝石下垂项链/胸针，1910年代		111,225	伦敦苏富比	2018-03-20
钻石和红宝石项链	长39.37cm	70,551	纽约苏富比	2018-04-18
钻石和黄金项链、手镯、耳环（一对）套装，宝格丽	长42.55cm	109,874	纽约佳士得	2018-04-17
钻石和养殖珍珠项链 哈里温斯顿	长40.64cm	117,722	纽约佳士得	2018-04-17
钻石和玉髓项链、耳夹（一对）	长约475毫米	72,297	伦敦苏富比	2018-03-20
钻石和珍珠母贝项链、耳夹（一对）	长约410mm	42,266	伦敦苏富比	2018-03-20
钻石和祖母绿套索	152cm	188,135	纽约苏富比	2018-04-19
钻石黄金项链、手镯-戒指、耳环（一对）套装 卡地亚	项链长42.0cm	333,482	日内瓦佳士得	2018-05-16
钻石接气管的项链、手镯 梵克雅宝	项链长约390毫米、手镯长约175毫米	133,471	伦敦苏富比	2018-03-20
钻石戒指及项链		284,200	佳士得	2018-05-29
钻石颈链，卡地亚 1900年	长31.8cm	277,901	日内瓦佳士得	2018-05-16
钻石配宝石项链，Dior（迪奥）		1,516,875	香港苏富比	2018-04-03
钻石配红宝石项链		161,800	香港苏富比	2018-04-03
钻石配祖母绿及缟玛瑙项链，‘Maillon Panth è re’，卡地亚（Cartier）		606,750	香港苏富比	2018-04-03
钻石配蓝宝石及祖母绿项链，法国	内圆周38.1cm	157,223	纽约苏富比	2018-04-18
钻石首饰套装，宝格丽（Bulgari）	手链长度可调校，16.51-20.32cm	471,668	纽约苏富比	2018-04-18
钻石首饰套组		143,193	中国嘉德	2018-04-02
钻石套装		60,900	佳士得	2018-05-29
钻石套装		121,800	佳士得	2018-05-29

2018珠宝翡翠拍卖成交汇总

(成交价RMB：5000元以上)

拍品名称	物品尺寸	成交价RMB	拍卖公司	拍卖日期
钻石套装		2,322,320	佳士得	2018-05-29
钻石套装		1,522,500	佳士得	2018-05-29
钻石套装		81,200	佳士得	2018-05-29
钻石套装，Mouawad		1,516,875	香港苏富比	2018-04-03
钻石维多利亚风格项链		13,800	北京匡时	2018-06-16
钻石项链		243,925	佳士得	2018-11-27
钻石项链		609,500	上海匡时	2018-04-30
钻石项链		1,437,500	华艺国际	2018-05-22
钻石项链		304,500	佳士得	2018-05-29
钻石项链		223,300	佳士得	2018-05-29
钻石项链		2,809,520	佳士得	2018-05-29
钻石项链		690,200	佳士得	2018-05-29
钻石项链	长40.1cm	794,004	日内瓦佳士得	2018-05-16
钻石项链	长36.2cm	302,915	纽约苏富比	2018-10-17
钻石项链	长35.56cm	173,094	纽约苏富比	2018-10-17
钻石项链		384,275	香港苏富比	2018-04-03
钻石项链		38,185	中国嘉德	2018-04-02
钻石项链	长38cm	431,143	纽约苏富比	2018-04-19
钻石项链		327,000	香港苏富比	2018-10-03
钻石项链		92,650	香港苏富比	2018-10-03
钻石项链	重2.75ct	1824680	香港金字塔	2018-10-17
钻石项链		20,700	华艺国际	2018-11-17
钻石项链		255,456	天成国际	2018-12-02
钻石项链	80cm	392,884	纽约苏富比	2018-04-19
钻石项链	长38cm	172,457	纽约苏富比	2018-04-19
钻石项链	41cm	195,974	纽约苏富比	2018-04-19
钻石项链	84cm	250,847	纽约苏富比	2018-04-19
钻石项链 – 手镯组合，Chaumet，法国1930年	长38.74cm	705,506	纽约苏富比	2018-04-18
钻石项链，20世纪初		657,313	香港苏富比	2018-04-03
钻石项链，Black Starr & Frost		1,516,875	香港苏富比	2018-04-03
钻石项链，David Morris		4,813,440	香港苏富比	2018-10-03
钻石项链，格拉芙（Graff）		1,090,000	香港苏富比	2018-10-03
钻石项链，海瑞温斯顿（Harry Winston）		610,400	香港苏富比	2018-10-03
钻石项链，海瑞温斯顿（Harry Winston）		384,275	香港苏富比	2018-04-03
钻石项链，卡地亚（Cartier）	长41cm	943,337	纽约苏富比	2018-04-18
钻石项链，年份约1870		599,500	香港苏富比	2018-10-03
钻石项链，'Alhambra'，梵克雅宝（Van Cleef & Arpels）		174,400	香港苏富比	2018-10-03
钻石项链，'Trika'，宝格丽（Bulgari）		131,463	香港苏富比	2018-04-03
钻石项链，20世纪50年代	长度约423毫米	105,664	伦敦苏富比	2018-03-20
钻石项链，20世纪50年代	长约430mm	556,127	伦敦苏富比	2018-03-20
钻石项链，20世纪初	项链长约355mm	77,858	伦敦苏富比	2018-03-20
钻石项链，Cašmir，萧邦		61,174	伦敦苏富比	2018-03-20
钻石项链，'Trika'，宝格丽	内圆周约360毫米	105,664	伦敦苏富比	2018-03-20
钻石项链，'Trinity'，卡地亚	内圆周约730mm	244,696	伦敦苏富比	2018-03-20
钻石项链，安吉拉CUMMINGS 1984年	长38.1cm	196,203	纽约佳士得	2018-04-17
钻石项链，梵克雅宝设计 黑玛瑙耳环，及宝格丽设计 钻石戒指		39,100	保利香港	2018-10-02
钻石项链，弗格尔兄弟 20世纪30年代	长40.0cm	238,201	日内瓦佳士得	2018-05-16
钻石项链，卡地亚（Cartier）	长39cm	432,363	纽约苏富比	2018-04-18
钻石项链、耳环首饰，宝格丽		667,091	纽约佳士得	2018-04-17
钻石项链/手链		105,664	伦敦苏富比	2018-03-20
钻石项链/手链，'Zip'，梵克雅宝（Van Cleef & Arpels）		2,224,750	香港苏富比	2018-04-03
钻石项链/手链组合	长35.4cm	432,736	纽约苏富比	2018-10-17
钻石项链/胸针，20世纪40年代		35,592	伦敦苏富比	2018-03-20
钻石与蓝宝石项链、手链、耳环（一对）蒂芙尼公司	项链长39.37cm	216,368	纽约苏富比	2018-10-17
钻石长链	长53cm	117,865	纽约苏富比	2018-04-19
钻石长链项链	长133.38cm	204,051	纽约佳士得	2018-04-17
钻石长项链	234cm	251,557	纽约苏富比	2018-04-18
钻石长项链	163cm	1,179,171	纽约苏富比	2018-04-18
钻石珠宝首饰，宝格丽（Bulgari）		92,650	香港苏富比	2018-10-03
鑽石項鏈，卡地亞（Cartier）	长54cm	4,822,334	日内瓦苏富比	2018-11-15

拍品名称	物品尺寸	成交价RMB	拍卖公司	拍卖日期
"ETRUSQUE"金色袖口，梵克雅宝		333,482	日内瓦佳士得	2018-05-16
5.20和4.44克拉祖母绿袖扣（一对）及三个衬衫铆钉连衣裙套装		141,266	纽约佳士得	2018-04-17
百达翡丽，18k白金镶长方形钻石Nautilus系列袖扣		111,650	佳士得	2018-05-27
彩色钻石配钻石袖扣（一对）		36,800	北京保利	2018-06-19
珐琅，钻石和蓝宝石袖扣（一对），Tiffany & Co。		42,266	伦敦苏富比	2018-03-20
珐琅，钻石和祖母绿袖扣（一对），蒂芙尼公司		53,388	伦敦苏富比	2018-03-20
黄色钻石配钻石袖钮（一对）		74,460	中国嘉德	2018-04-02
金"阿特拉斯"袖扣，蒂芙尼	内部圆周16.51cm	47,034	纽约苏富比	2018-04-19
金和宝石套袖口手镯，Hemmerle		164,440	纽约苏富比	2018-10-17
金和宝石袖扣（一对），宝诗龙		12,982	纽约苏富比	2018-10-17
蓝宝石配钻石袖扣一对		14,902	万昌斯	2018-11-29
蓝宝石袖扣（一对），梵克雅宝		33,368	伦敦苏富比	2018-03-20
蓝宝石一对袖扣及四个衬衫铆钉连接，卡地亚		149,114	纽约佳士得	2018-04-17
猫眼石袖扣		121,800	佳士得	2018-05-29
一对红宝石袖扣，卡地亚，大约1929年		61,174	伦敦苏富比	2018-03-20
一对蓝宝石袖扣，卡地亚		42,266	伦敦苏富比	2018-03-20
一对袖扣，宝格丽		50,051	伦敦苏富比	2018-03-20
一对摇滚水晶袖扣，René Boivin，1950年代		22,245	伦敦苏富比	2018-03-20
鹰纹钻石袖扣		36,633	保利澳门	2018-11-29
祖母绿，配黑玛瑙及钻石袖扣		30,869	保利香港	2018-10-02
钻石，珐琅和珍珠母袖扣		3,970	日内瓦佳士得	2018-05-16
"Pasha De Cartier"钢笔，Cartier，年份1993		21,288	天成国际	2018-12-02
22.00卡拉蓝宝石配钻石扣		330,168	纽约苏富比	2018-04-18
7.17克拉哥伦比亚祖母绿配钻石套链		85,152	万昌斯	2018-11-29
白金镶青金石首饰（一组）	重59g	5805800	香港金字塔	2018-10-17
白玉发簪六枚		22,175	佳士得	2018-11-27
碧玺	约4.5×1.7×1.6cm	11,500	北京保利	2018-12-09
冰种拼花镶钻胸花	重39g	1409980	香港金字塔	2018-10-17
方卡东 财神到	53×26×12cm	345000	广州三和	2018-11-19
方卡东 关公夜读	48×45×18cm	460000	广州三和	2018-11-19
方卡东 姻缘天成	46×23×7cm	805000	广州三和	2018-11-19
方卡东 玉树兰花（一对）	右26×12×5cm；左25×15×5cm	345000	广州三和	2018-11-19
方文桃 方卡东 情暖人间	39×36×4cm	747500	广州三和	2018-11-19
翡翠宝宝佛		12,320	上海联合	2018-07-01
翡翠蛋面		537,600	上海联合	2018-11-25
翡翠观音	重59.5g	275540	劳伦斯国际	2018-06-25
翡翠及玳瑁发簪		26,390	佳士得	2018-05-29
翡翠帽正	重约3.25g	2,033,900	中正拍卖	2018-06-28
翡翠配钻石首饰套组		42,576	天成国际	2018-12-02
翡翠平安扣（紫翡）		16,800	上海联合	2018-07-01
翡翠如意		6720	上海联合	2018-07-01
翡翠首饰		46,568	佳士得	2018-11-27
翡翠首饰		38,806	佳士得	2018-11-27
翡翠玉石石毛料	长352cm；高180cm；宽50m；重量8832kg	190944000	香港炎黄	2018-10-22
海蓝宝石&长石&茶晶&托帕石&金云母	约10.5×13×10cm	5750	北京保利	2018-12-09
红宝石（一件）	重量35g	1569600	爱艺拍	2018-09-27
红宝石（一件）	长10.5cm；重量128g	2096879	圣淘沙国际	2018-11-23
红宝石苍龙教子花件（一件）	重量87.5g	697600	爱艺拍	2018-09-27
红宝石配钻石衣扣（两套）		113,186	中国嘉德	2018-10-02
红碧玺	约3.5×1.6×1.2cm	11,500	北京保利	2018-12-09
红碧玺	约6.3×2×1.8cm	13,800	北京保利	2018-12-09
金嵌宝凤钗（一对）		4,620,000	新加坡伯明翰	2018-05-20
金嵌宝凤钗（一对）		4620000	新加坡伯明翰	2018-05-20
老坑观音	总68.7×35.4×13cm	2875000	四川和德儒	2018-09-28

拍品名称	物品尺寸	成交价RMB	拍卖公司	拍卖日期
老坑浓色观音	总 54.5×31.7×9.1cm	2300000	四川和德儒	2018-09-28
菱锌矿	约 10.5×13×3.8cm	5750	北京保利	2018-12-09
绿色萤石&石英	约 15.5×26.5×10cm	20,700	北京保利	2018-12-09
满绿冰种翡翠首饰	重156g	11094600	圣淘沙国际	2018-11-23
满天星镶钻蓝宝石	重2.19ct	103675000	香港金字塔	2018-10-17
缅甸天然翡翠发簪（一对）		38,185	保利香港	2018-04-01
缅甸天然翡翠配钻石发簪（一对）		34,500	北京保利	2018-06-19
缅甸天然翡翠圆珠		37,254	万昌斯	2018-11-29
缅甸天然翡翠圆珠		40,447	万昌斯	2018-11-29
缅甸天然紫罗兰翡翠平安扣	主石直径约为53.85mm	23,000	北京保利	2018-12-07
民国 碧玺（三件）	尺寸不一	5750	北京保利	2018-10-27
民国 翠雕观音	高23.5cm	6900	北京保利	2018-10-27
明代 金掐丝花卉观音头饰		69,000	古天一	2018-12-08
清 帝王绿翡翠俏色把件	重156g	1,343,100	奥斯汀	2018-06-18
清 帝王绿翡翠俏色把件	重156g	1343100	奥斯汀	2018-06-18
清 翡翠雕持莲童子把件	高6.2cm	11,500	西泠拍卖	2018-07-07
清 翡翠袈裟环	径4cm	25300	四川和德儒	2018-09-28
清 翡翠降龙罗汉	高7cm	28750	四川和德儒	2018-09-28
清 翡翠灵猴献寿	高5.6cm；宽3.6cm	40250	四川和德儒	2018-09-28
清 翡翠岁岁平安把件	长6.0cm	57,500	西泠拍卖	2018-07-07
清 银鎏金嵌宝石点翠发簪（一组）		20,700	西泠拍卖	2018-07-08
清代 翡翠发簪	重量13.8g	1145664	香港炎黄	2018-10-22
清乾隆 金掐丝莲花头饰		92,000	古天一	2018-12-08
清中期 翡翠卢雁背鱼	长4cm	11,500	北京荣宝	2018-12-03
沙佛莱石（钙铝榴石）	约 2.2×1.7×1.8cm；43.5克拉	5750	北京保利	2018-12-09
双色碧玺	约9.5×1.7×1.7cm	13,800	北京保利	2018-12-09
水胆海蓝宝石	重2710g	3456000	永宝斋	2018-11-29
天然冰种澳宝宝石		48767	香港国际	2018-11-11
天然冰种澳宝宝石		50799	香港国际	2018-11-11
天然翡翠　平安如意　福禄寿五福临门小座件　五件套		60959	香港国际	2018-11-11
天然翡翠佛手把件		402,500	西泠拍卖	2018-07-08
天然福禄寿三色翡翠　百年好合　雕刻座件		37591	香港国际	2018-11-11
天然福禄寿三色翡翠　全家福雕刻座件		55879	香港国际	2018-11-11
天然福禄寿三色翡翠　如意吉祥　雕刻座件		121918	香港国际	2018-11-11
天然紫罗兰翡翠　鱼跃龙门玉玺　雕刻座件		30479	香港国际	2018-11-11
现代 18K金镶钻翡翠髮簪		92,000	北京荣宝	2018-09-14
镶宝石碧玺胸花	重16.09ct	45617000	香港金字塔	2018-10-17
洋色佛公	主石 28×36.4×6.3cm	805000	四川和德儒	2018-09-28
元代 金飞天		207,000	古天一	2018-12-08
紫罗兰翡翠花插	重2350g；高25cm	4862000	劳伦斯国际	2018-10-11
紫水晶	约6.2×7×5cm	8050	北京保利	2018-12-09
紫水晶&水晶	约8.5×8.4×6.2cm	10,350	北京保利	2018-12-09
紫萤石	约 24.5×28.5×12.5cm	5750	北京保利	2018-12-09
祖母绿　18K白金　钻石套链		86358	香港国际	2018-11-11
祖母绿　18K白金　钻石套链		203196	香港国际	2018-11-11
祖母绿拼花蜻蜓首饰	重41.8g	456170	香港金字塔	2018-10-17
钻石首饰		17,740	佳士得	2018-11-27
鑽石皇冠	内圓周約26cm	1,552,254	日内瓦苏富比	2018-11-15
1880年制 钻石、红宝石花卉套组	重量38.4g	28,750	西泠拍卖	2018-07-09
帝王绿翡翠配钻石套组		2,185,000	西泠拍卖	2018-07-08
红蓝宝石首饰（一组）	35克拉	3489915	劳伦斯国际	2018-07-14
黄金围巾		42,133	佳士得	2018-11-27
陈设件				
“山色”天然三彩翡翠摆件		920,000	西泠拍卖	2018-07-08
“祥瑞飞天”天然翡翠摆件		3,680,000	西泠拍卖	2018-07-08
“一花一世界”天然冰种翡翠摆件		115,000	西泠拍卖	2018-07-08

拍品名称	物品尺寸	成交价RMB	拍卖公司	拍卖日期
“招财进宝”天然翡翠“麒麟”摆件	主石约 74×100×48mm	10,350	保利厦门	2018-07-15
「福禄双全」天然紫罗兰翡翠摆件	主石约 95×110×74mm	6900	保利厦门	2018-07-15
JEWEllERY THEATRE 设计 银制动物造型摆件（一套）		14,319	保利香港	2018-04-01
白骑通 观沧海 翡翠摆件	9.8×3.5×2.5cm；重量210g	78,400	上海联合	2018-11-25
宝石「Astro Boy」摆件		1,421,000	佳士得	2018-05-29
冰种翡翠弥勒佛像	长5.5cm；宽3cm	9200	睿嘉四季	2018-09-09
冰种满绿翡翠白菜	高6cm;宽3.5cm;T:2cm	19800000	比斯特	2018-11-09
彩色宝石“十二生肖”摆件，Jewellery Theatre		212,880	天成国际	2018-12-02
苍生	11×6.5×8cm	565,928	保利香港	2018-10-01
崔奇铭 翡翠雕竹林七贤山子	长42.5cm	74,750	北京荣宝	2018-09-14
翠玉雕仙女立像	高34cm	42,763	纽约佳士得	2018-09-13
大清乾隆年制龙龟		4140000	比斯特	2018-08-30
带黄翡满绿翡翠雕龙摆件（一件）	重62.4g	2719158	美国联邦国际	2018-06-13
当代 冰种翡翠弥乐佛像		11500	睿嘉四季	2018-06-02
二十世纪 翠玉雕麻姑献寿摆件		17,105	纽约苏富比	2018-09-15
二十世纪 翡翠、白玉、碧玉仕女像（四件）	尺寸不一	126,500	中国嘉德	2018-05-19
法贝热FABERGE，珐琅 彩蛋马车		11,500	北京匡时	2018-06-16
法贝热FABERGE，珐琅 彩蛋骑象人		12,650	北京匡时	2018-06-16
翡翠“貔貅”摆件/吊坠		59,680	中国嘉德	2018-10-02
翡翠白菜摆件	重14.6kg	3758370	劳伦斯国际	2018-07-14
翡翠佰财	重约3.080kg	1,830,510	中正拍卖	2018-06-28
翡翠摆件		172,550	佳士得	2018-05-29
翡翠摆件		162,400	佳士得	2018-05-29
翡翠摆件		96,425	佳士得	2018-05-29
翡翠摆件		152,250	佳士得	2018-05-29
翡翠摆件		2,809,520	佳士得	2018-05-29
翡翠摆件		21200	上海均益	2018-01-16
翡翠摆件	高19cm	2042040	劳伦斯国际	2018-10-11
翡翠雕观音像	重909g	2,742,300	奥斯汀	2018-01-21
翡翠雕观音像	重909g	2742300	奥斯汀	2018-01-21
翡翠雕人物山子	高17cm	8050	北京保利	2018-04-29
翡翠雕人物像	高10cm	537,240	奥斯汀	2018-06-18
翡翠雕人物像	高10cm	537240	奥斯汀	2018-06-18
翡翠雕瑞兽摆件（一件）	重约7986g	998514	洛克菲勒	2018-11-26
翡翠雕仕女立像	高42cm	5983200	香港皇室贵族	2018-01-15
翡翠雕仙鹤摆件（一对）		3,495,660	中能国拍	2018-05-17
翡翠雕仙鹤摆件（一对）		3495660	中能国拍	2018-05-17
翡翠雕一路连科摆件	高8cm	2,420,000	中正拍卖	2018-11-30
翡翠雕鱼荷摆件		1492050	中能国拍	2018-05-17
翡翠东方朔雕像（一件）	通高7.8cm	332838	洛克菲勒	2018-11-26
翡翠观音摆件	高36cm	3,300,000	中正拍卖	2018-11-30
翡翠观音立像	高26cm	1750540	香港皇室贵族	2018-04-28
翡翠观音菩萨雕件	重量5600克	5,280,000	中正拍卖	2018-09-28
翡翠观音菩萨雕件	重量28克	2,563,000	中正拍卖	2018-09-28
翡翠路路通	直径1cm	1725000	比斯特	2018-08-30
翡翠弥勒摆件	长17cm 高12cm T:8cm	4400000	比斯特	2018-11-09
翡翠弥勒佛摆件	高18cm	2750000	新加坡伯明翰	2018-09-03
翡翠狮子	高12cm；宽15cm	1,938,420	中正拍卖	2018-01-26
翡翠十八罗汉摆件	尺寸不一	34,500	印千山	2018-01-12
翡翠十八罗汉摆件	尺寸不一	34500	印千山	2018-01-12
翡翠太平有象摆件	宽20.5cm	5750	北京保利	2018-04-30
翡翠鱼化龙玉件	高9.8cm	1067000	新加坡伯明翰	2018-09-03
给予1	蚊子7×4×3cm；佛手 26×12×12.5cm	905,485	保利香港	2018-10-01
红翡九龙戏珠摆件	高13cm	1,525,425	中正拍卖	2018-06-28
极乐	佛像 9×7×3.5cm；神兽50×35×12cm	617,376	保利香港	2018-10-01
觉者	12×10×4cm	905,485	保利香港	2018-10-01

2018珠宝翡翠拍卖成交汇总

(成交价RMB：5000元以上)

拍品名称	物品尺寸	成交价RMB	拍卖公司	拍卖日期
卡地亚设计 手工打造 银镀金编织珐琅花篮		9200	北京保利	2018-06-19
空寂	佛像 6.3×2.8×8.8cm；神兽 16×13.5×6cm	596,797	保利香港	2018-10-01
刘海 如意 翡翠摆件	18.8×2.9×2cm	112,000	上海联合	2018-07-01
罗汉	15×13.5×10cm	905,485	保利香港	2018-10-01
吕政男 菩提深根天然墨玉配翡翠摆件		43,700	保利厦门	2018-01-08
缅甸翡翠年年有余摆件（连座）	翡翠长8cm宽9cm；高20.5cm	3,050,850	中正拍卖	2018-06-28
缅甸天然翡翠“宝鸭穿莲”摆件		329,964	万昌斯	2018-11-29
缅甸天然墨翡观音摆件		8232	保利香港	2018-10-02
面具	翡翠6×4×5cm；黄金 5.5×3.5×2cm	226,371	保利香港	2018-10-01
民国 翡翠荷花水滴摆件	高25.5cm	18,400	北京保利	2018-04-30
民国 翡翠镂雕绶带鸟纹摆件	高17cm	17,250	广东崇正	2018-07-05
糯种俏色雕白菜翡翠摆件	重6087g	18661500	香港金字塔	2018-10-17
清 翠玉雕童子策马摆件	10.3cm	381,500	香港苏富比	2018-10-03
清 翡翠贝螺（一组八枚）		632,500	西泠拍卖	2018-07-08
清 翡翠雕“聚宝盆”摆件	长9cm	78,200	印千山	2018-01-12
清 翡翠雕“聚宝盆”摆件	长9cm	78200	印千山	2018-01-12
清 翡翠雕观音立像	高34cm	6,555,000	西泠拍卖	2018-07-07
清 翡翠雕葫芦花卉纹摆件	长18.4cm	63,250	西泠拍卖	2018-07-07
清 翡翠观音像	高22cm	207,000	北京匡时	2018-06-15
清 翡翠盆景	高20cm	5750	北京匡时	2018-06-15
清 翡翠瑞兽摆件	长4cm；高3.6cm；厚2.8cm	11500	四川和德儒	2018-09-28
清 翡翠释迦牟尼像	长3.5cm；高5.1cm	57,500	北京鸿盛祥	2018-06-16
清乾隆 翡翠太狮少师摆件	长5.8cm；高3cm	218,500	中贸圣佳	2018-11-25
清早期 翡翠观音童子摆件	高18.5cm	138,000	上海匡时	2018-04-30
清中期 翡翠双凤摆件	高24.7cm	138,000	中贸圣佳	2018-11-25
天然翡翠“神机妙算”摆件，连青云		72,379	天成国际	2018-12-02
天然翡翠摆件“非礼勿视、非礼勿听、非礼勿言、非礼勿动”		24,393	佳士得	2018-11-27
天然翡翠摆件“家肥屋润”		243,925	佳士得	2018-11-27
天然翡翠摆件“十全十美”		31,045	佳士得	2018-11-27
天然翡翠摆件“突飞猛进”		332,625	佳士得	2018-11-27
天然软玉“牧童与牛”摆件		37,254	天成国际	2018-12-02
天然三色翡翠如意吉祥，年年有余摆件		48,720	天成国际	2018-06-03
天然紫翡翠“佛公”摆件		51,091	天成国际	2018-12-02
天然紫翡翠“紫进不出”摆件，连青云		51,091	天成国际	2018-12-02
天然紫色翡翠“印章”摆件		112,700	中国嘉德	2018-11-22
无住	14×10×4.5cm	596,797	保利香港	2018-10-01
信仰	14×11×5cm	226,371	保利香港	2018-10-01
与蝶之语	佛像 13.5×6×2.5cm；神兽 52×16×43cm	905,485	保利香港	2018-10-01
照见	16×7×3cm	905,485	保利香港	2018-10-01
珍珠小天使摆件	23×19.5×8cm	66,700	大芬艺海	2018-05-13
珍珠小天使摆件	23×19.5×8cm	66700	大芬艺海	2018-05-13
拯救与逍遥	左翅 60×36×2cm；右翅60×36×2cm	6,996,928	保利香港	2018-10-01
自然金（金牛）	约 6×9.9×2.3cm；336克	253,000	北京保利	2018-12-09
民国 翠雕仙鹤、松石人物（两件）	长11.5cm；长8cm	6900	北京保利	2018-04-29
清晚期 翡翠仕女（一对）	高16.5cm	23,000	北京保利	2018-04-30
生活器皿				
红宝石銮	重量720g	9141000	劳伦斯国际	2018-01-31
清 翡翠雕龙纹觥	高13.5cm	46,000	北京保利	2018-10-28
清 翡翠天鸡尊	高21cm	80,500	华艺国际	2018-03-30
20世纪早期的珐琅香水瓶 1900年	高9.0cm，重68克	119,101	日内瓦佳士得	2018-05-16
翡翠雕盖瓶	高17.8cm	3613500	香港皇室贵族	2018-04-28
翡翠雕葫芦万代盖瓶	高14.5cm	1752467	新加坡星洲	2018-09-17

拍品名称	物品尺寸	成交价RMB	拍卖公司	拍卖日期
翡翠雕兽面纹双活耳瓶	高15cm	28750	四川重华	2018-06-02
翡翠饕餮纹出戟方瓶		181,603,800	中能国拍	2018-05-17
翡翠饕餮纹出戟方瓶		181603800	中能国拍	2018-05-17
民国 翡翠葫芦瓶	高14.5cm	40,250	北京保利	2018-04-30
民国 翡翠英雄瓶	高15cm	5750	华艺国际	2018-03-30
清 翠雕狮钮瓶（一对）	高15.5cm	16,100	北京保利	2018-04-29
清 翡翠「喜上眉梢」盖瓶	18.5cm	217,260	羅芙奧	2018-06-02
清 翡翠「喜上眉梢」盖瓶	18.5cm	217260	羅芙奧	2018-06-02
清 翡翠雕花卉盖瓶	高16cm	11,500	北京保利	2018-04-29
清 翡翠雕婴戏瓶	高16cm	32200	博乐德	2018-07-02
清 翡翠仿古小瓶	高9.2cm	25,300	中贸圣佳	2018-11-25
清 翡翠花鸟盖瓶	高32.5cm	10,350	北京保利	2018-04-29
清代 冰种翡翠花鸟盖瓶	长11cm；重665g	4987840	香港福羲国际	2018-09-26
清中期 翡翠兽面纹赏瓶（一对）	高17.6cm；高17.7cm	109,250	西泠拍卖	2018-07-07
紫罗兰翡翠葫芦盖瓶	高26cm	4015000	香港皇室贵族	2018-04-28
二十世纪 翡翠、碧玉三羊开泰炉各一件	长20.5cm；长18.5cm	48,300	中国嘉德	2018-05-19
方卡东 香炉鼎（一对）	10×5.5×5.5cm	69000	广州三和	2018-11-19
翡翠莲花纹双龙耳活环三足香炉		16116100	中能国拍	2018-10-10
翡翠兽钮活环耳三足炉	高18cm	4435000	圣约翰	2018-11-25
清 翡翠雕双龙耳兽面纹炉	宽16cm	69,000	北京保利	2018-01-21
清 翡翠镂雕双活环耳香熏炉	带座高14cm；高7.5cm；通径13.6cm	89,700	西泠拍卖	2018-07-07
清 翡翠狮钮双龙耳活环三足盖炉	高16cm；宽16.8cm；带座高24cm	7,590,000	中国嘉德	2018-06-18
清 翡翠双耳活环带盖香炉		322,000	中贸圣佳	2018-11-24
清 翡翠饕餮纹炉	长19.9cm；高12.7cm	218,500	北京鸿盛祥	2018-12-06
清代 翡翠双环耳香炉	长20cm；重365g	1103080	香港福羲国际	2018-09-26
清代 翡翠婴戏炉	长19.5cm；重1338g	2877600	香港福羲国际	2018-09-26
清代 清 翡翠雕饕餮纹双耳衔环三足盖炉（一件）	高20.5cm	1442298	洛克菲勒	2018-11-26
清末/二十世纪 翠玉雕兽耳四足盖炉		42,763	纽约苏富比	2018-09-15
清乾隆 翡翠铺首耳炉	直径12.5cm；高5.5cm	57,500	北京匡时	2018-06-15
清十八至十九世纪 翠玉夔龙纹狮钮双龙活环耳三足盖炉	16.3cm	586,525	香港苏富比	2018-04-03
清中期 翡翠双龙耳衔环三足香炉	长20；高15cm	1,725,000	北京荣宝	2018-12-03
「五谷丰登」天然翡翠八果盒摆件	摆件约 22.5×34.5×34.5cm	5750	保利厦门	2018-07-15
18K金镶钻石 粉盒 梵克雅宝		78,200	华艺国际	2018-11-17
宝石首饰盒		71,050	佳士得	2018-05-29
宝石首饰盒		81,200	佳士得	2018-05-29
翠玉金顶圆粉盒	高8×10cm	1,320,000	新加坡伯明翰	2018-05-20
翠玉金顶圆粉盒	高8×10cm	1320000	新加坡伯明翰	2018-05-20
二十世纪 翡翠雕寿桃形盖盒		25,658	纽约苏富比	2018-09-15
化妆粉盒 梵克雅宝，20世纪60年代		53,388	伦敦苏富比	2018-03-20
金花珐琅烟盒	9.4×6.2×2.1 cm	103,220	日内瓦佳士得	2018-05-16
民国 粉碧玺桃形小盖盒	长2.5cm	8050	北京保利	2018-07-27
嵌翡翠粉盒	高10cm；口径8cm	517,500	未来四方	2018-01-20
嵌翡翠粉盒	高10cm；口径8cm	517500	未来四方	2018-01-20
清 翡翠福寿纹盖盒	高3.6cm	103,500	广东崇正	2018-07-05
清 翡翠翎管（原装紫檀盒）	长9cm；径1.7cm	46000	四川和德儒	2018-09-28
清末 翠玉雕团寿纹盖盒		29,934	纽约苏富比	2018-09-15
清十九世纪 翡翠雕瓜形盖盒		34,210	纽约苏富比	2018-09-15
十九/二十世纪 翠玉雕缠莲团寿纹半月形盖盒		12,692	纽约苏富比	2018-03-24
天然白玉宝盒		14,902	天成国际	2018-12-02
晚清 山水人物翡翠香盒（一对）	直径6.5cm	172,500	上海匡时	2018-04-30
钻石烟盒，卡地亚，大约1951年	尺寸86×37×37毫米	55,613	伦敦苏富比	2018-03-20
方卡东 古文鼎酒杯（一对）	8.3×5×5cm	69000	广州三和	2018-11-19
翡翠葵口碗	口径14.3cm；底径9.5cm；高10.5cm	9594396	韦尔斯	2018-11-29
痕都斯坦式翡翠碗	口径8.6cm；高4.5cm	1342825	劳伦斯国际	2018-01-13

拍品名称	物品尺寸	成交价RMB	拍卖公司	拍卖日期
民国 翡翠盖碗（一对）		184,000	朵云轩	2018-06-25
清 翡翠缠枝莲纹净水碗（一对）	高5.8cm×2	149,500	西泠拍卖	2018-07-07
清 翡翠盖碗（一对）	直径7.5cm×2；带座高8.5cm×2	322,000	西泠拍卖	2018-07-07
清末 翡翠痕都斯坦式雕花耳活环长方碗		111,183	纽约苏富比	2018-09-15
清乾隆 翡翠盖碗	直径11.5cm；高8cm	1,495,000	北京荣宝	2018-12-03
清中期 薄胎翠玉碗	高5.5cm；口径10.2cm	17,250	浙江佳宝	2018-07-01
文房用品				
清代 翡翠雕狮钮章料（十件）	重515g	2685760	香港福羲国际	2018-09-26
清代翡翠龙钮、兽钮章（三件）	长7.5cm；宽1.7cm	2877600	香港福羲国际	2018-09-26
翡翠笔筒	口径9.2cm；高23.8cm	3230766	韦尔斯	2018-11-29
清 翡翠笔筒	直径9cm；高10.5cm	690,000	北京匡时	2018-06-15
其他物品				
18k金和钻石“Melone酒店”罗纹晚装包 宝格丽		196,203	纽约佳士得	2018-04-17
De Beers 钻石沙漏		87,360	上海联合	2018-07-01
K金配钻石晚装手袋		85,956	香港苏富比	2018-04-03
Lady's晚装包，粉饼和唇膏笔，JeanEt é，20世纪60年代		77,858	伦敦苏富比	2018-03-20
法贝热制 沙俄孔雀石银镶边烛台		28,750	西泠拍卖	2018-07-08
珐琅，树脂和钻石手袋，卡地亚，巴黎 编号为2390 1925年	14.6cm×17.15cm	250,847	纽约苏富比	2018-04-18
翡翠珠子算盘	长29.7cm；宽13.9cm	51,750	睿嘉四季	2018-09-09
翡翠珠子算盘	长29.7cm；宽13.9cm	51750	睿嘉四季	2018-09-09
卡地亚设计 银镀金腰带		76,370	保利香港	2018-04-01
蓝宝石及钻石手袋		406,000	佳士得	2018-05-29
两个金色晚装包，一个是乔迈特的	15.0x9.0x3.5cm和15.5x10.0x5.0cm	174,681	日内瓦佳士得	2018-05-16
缅甸红宝石钱夹，未经加热		38,185	保利香港	2018-04-01
清 翡翠雕素面烟碟	高5cm	43,700	北京华辰	2018-11-19
三彩翡翠葫芦洗	长16.2cm	2661000	圣约翰	2018-11-25
滕远胜「地藏王」天然绿松石法杖		89,700	保利厦门	2018-01-08
天然翡翠配宝石及钻石开信刀，宝诗龙（Boucheron）		283,400	香港苏富比	2018-10-03
珠宝首饰，宝诗龙（Boucheron）		119,900	香港苏富比	2018-10-03
珠宝首饰，卡地亚（Cartier）		81,750	香港苏富比	2018-10-03
装饰艺术搪瓷，水晶和钻石钟，卡地亚 20世纪20年代	8.5x1.5cm	674,903	日内瓦佳士得	2018-05-16
钻石和养珠晚礼包		121,166	纽约苏富比	2018-10-17
钻石晚装包，20世纪60年代	180×100×44毫米	77,858	伦敦苏富比	2018-03-20
钻石晚装包，20世纪60年代	143×90×44mm	155,716	伦敦苏富比	2018-03-20
“坦克美国人”手表，卡地亚	表壳宽2.6cm	23,820	日内瓦佳士得	2018-05-16
20世纪早期的珐琅和钻石吊坠手表，百达翡丽		79,400	日内瓦佳士得	2018-05-16
20世纪早期的搪瓷，蓝宝石和玛瑙台式时钟，卡地亚	10.5x7.6x7.0 cm	381,122	日内瓦佳士得	2018-05-16
JAEGER 积家 黄金镶红宝石腕表		34,500	北京匡时	2018-06-15
K黄金配钻石腕表及戒指，‘Parentesi’，宝格丽（Bulgari）		70,850	香港苏富比	2018-10-03
K金配钛金属及钻石女装腕表，Cartier		23,417	天成国际	2018-12-02
K金配钻石“Tank Basculante”女装腕表，Cartier		79,830	天成国际	2018-12-02
K金配钻石女装腕表，Piaget		93,667	天成国际	2018-12-02
K金配钻石女装腕表，Piaget		37,254	天成国际	2018-12-02
K金配钻石女装腕表，Vacheron Constantin		101,118	天成国际	2018-12-02
Lady's祖母绿腕表，Mauboussin，20世纪40年代	长度约168mm	38,929	伦敦苏富比	2018-03-20
Lady's钻石腕表，'Panache'，香奈儿		166,838	伦敦苏富比	2018-03-20
Lady's钻石腕表，UniversalGen è ve	长度约180毫米	55,613	伦敦苏富比	2018-03-20

拍品名称	物品尺寸	成交价RMB	拍卖公司	拍卖日期
Piaget钻石手表		188,135	纽约苏富比	2018-04-19
白金与钻石“艾娃”项链、腕表、耳夹，宝诗龙		147,130	纽约苏富比	2018-10-17
宝石套装和钻石手表，哈默曼兄弟和加拉德	长17.15cm	125,723	纽约苏富比	2018-04-19
粉红金，陶瓷和钻石'Serpenti Spiga'手表，宝格丽		188,584	纽约苏富比	2018-04-19
粉红色刚玉 配 钻石 女仕腕表，海瑞温斯顿（Harry Winston）		784,800	香港苏富比	2018-10-03
复古蓝宝石，钻石和金腕表，通用 1940年	长17.3cm	87,340	日内瓦佳士得	2018-05-16
复古钻石“卡登纳斯”手表，梵克雅宝 20世纪40年代	表壳宽1.2cm，	63,520	日内瓦佳士得	2018-05-16
黑色陶瓷配钻石“J12”手表，Chanel		42,576	天成国际	2018-12-02
红宝石配钻石腕表，Hamilton；及红宝石配钻石手链		119,900	香港苏富比	2018-10-03
黄金和蓝宝石'PASHA'腕表，卡地亚		59,550	日内瓦佳士得	2018-05-16
金钻石腕表，卡地亚		204,300	纽约苏富比	2018-04-19
蓝宝石，钻石 配 青金石 及 珍珠腕表		87,200	香港苏富比	2018-10-03
两个“REVERSO”腕表，卡地亚		87,340	日内瓦佳士得	2018-05-16
绿松石，玛瑙，珐琅和钻石翻领手表 20世纪30年代	长12.5cm	134,981	日内瓦佳士得	2018-05-16
摩根石配钻石腕表，‘Tortue Secr è te’，卡地亚（Cartier）		305,200	香港苏富比	2018-10-03
瑞士绿宝石和钻石手表	长16cm	133,262	纽约苏富比	2018-04-19
天然水晶，玛瑙和钻石珠宝腕表、戒指、耳环（一对）套装，Boucheron，法国		138,475	纽约苏富比	2018-10-17
天然珍珠和钻石头饰，19世纪末	最大尺寸约11.1×9.5×8.9毫米	222,451	伦敦苏富比	2018-03-20
珍珠母，红宝石和钻石“DATEJUST”手表，劳力士		254,081	日内瓦佳士得	2018-05-16
珍珠母，蓝宝石和钻石“DATEJUST”手表，劳力士	表壳宽2.7cm	301,721	日内瓦佳士得	2018-05-16
珍珠母，蓝宝石和钻石手表，蒂芙尼	表壳宽2.5cm	51,610	日内瓦佳士得	2018-05-16
珍珠母和钻石“PRIMERO”手表，真利时	表壳宽度4.0cm，内圆周16.5cm	238,201	日内瓦佳士得	2018-05-16
珍珠母和钻石“大师大备忘录”手表，积家勒古特	表壳宽度4.4cm	381,122	日内瓦佳士得	2018-05-16
珍珠母和钻石“那不勒斯勒内”腕表 宝玑	表壳宽度3.0cm，手镯18.5cm	714,603	日内瓦佳士得	2018-05-16
珍珠母配缟玛瑙女仕腕表，‘Alhambra’，梵克雅宝（Van Cleef & Arpels）		80,900	香港苏富比	2018-04-03
珍珠母钻石手表，蒂芙尼	表壳宽2.5cm，内周长17cm	150,861	日内瓦佳士得	2018-05-16
钻石，珐琅和种子珍珠吊坠手表，卡地亚，大约1910年		66735	伦敦苏富比	2018-03-20
钻石，红宝石，蓝宝石和祖母绿“BAIGNOIRE”腕表，卡地亚		460,522	日内瓦佳士得	2018-05-16
钻石“DATEJUST”手表，劳力士手表	内圆周长16.0cm	222,321	日内瓦佳士得	2018-05-16
钻石“海洋”手表 Harry Winston		125,723	纽约苏富比	2018-04-19
钻石和珐琅腕表 卡地亚 约1925年		86,329	纽约佳士得	2018-04-17
钻石女仕腕表，海瑞温斯顿（Harry Winston）		305,200	香港苏富比	2018-10-03
钻石手表 Graff		125,723	纽约苏富比	2018-04-19
钻石手表，江诗丹顿		101,906	纽约苏富比	2018-04-19
钻石手表，皮亚杰，莫布森，巴黎		172,457	纽约苏富比	2018-04-19
钻石腕表，卡地亚	表壳宽2.2cm	95,280	日内瓦佳士得	2018-05-16
钻石腕表，卡地亚	表壳宽度1.8cm，内周长16.0cm	150,861	日内瓦佳士得	2018-05-16
钻石五时区腕表，雅各布		1,429,207	日内瓦佳士得	2018-05-16
原　石				
10.24克拉蓝宝石（裸石）		1,032,205	日内瓦佳士得	2018-05-16
10.48克拉D色钻石，净度无暇		11,318,560	保利香港	2018-10-02
12.19克拉D色，内部无瑕透明钻石		9,119,521	纽约佳士得	2018-04-17

2018珠宝翡翠拍卖成交汇总

(成交价RMB：5000元以上)

拍品名称	物品尺寸	成交价RMB	拍卖公司	拍卖日期
14.30克拉圆形D/FL Type IIa（极优切割、打磨及比例）钻石		13,713,020	佳士得	2018-11-27
15.04克拉斯里兰卡无烧“皇家蓝”蓝宝石裸石		690,000	西泠拍卖	2018-07-08
22.46克拉、20.53克拉、16.10克拉和10.21克拉猫眼石		635,203	日内瓦佳士得	2018-05-16
29.41克拉变石 中度变色		1,588,008	日内瓦佳士得	2018-05-16
30.91和30.27克拉微油祖母绿裸石（一对）		690,000	西泠拍卖	2018-07-08
5.10克拉、4.72克拉、4.10克拉、3.99克拉和2.91克拉哥伦比亚祖母绿		2,594,804	日内瓦佳士得	2018-05-16
5克拉D色内部无瑕钻石	主石约为15.39×9.61×6.05mm	1,955,000	北京保利	2018-12-07
6.14克拉和6.04克拉梨形祖母绿 哥伦比亚，中等石油		254,081	日内瓦佳士得	2018-05-16
6.25及6.22克拉长方形天然无经镶嵌浓彩黄色VVS2及VS2净度钻石一对		1,915,920	天成国际	2018-12-02
8.01卡拉圆形足色全美无瑕钻石		7,475,000	华艺国际	2018-11-17
8.53及8.08克拉裸钻		874,616	保利香港	2018-10-02
冰糯满绿翡翠原石	重量1875g	4360000	爱艺拍	2018-09-27
当代 翡翠原石（一件）	重2130g	2762760	英联邦国际	2018-11-03
顶级鸽血红红宝石界面		13398000	劳伦斯国际	2018-05-24
方解石	约21×14.5×14cm	34,500	北京保利	2018-12-09
翡翠原石		12160000	罗斯柴尔德	2018-11-26
翡翠原石	重量3155克	12635590	美国联邦国际	2018-03-29
翡翠原石	22×16×11cm	2416095	劳伦斯国际	2018-07-14
翡翠原石	40×32cm；重约40公斤	6442920	劳伦斯国际	2018-07-14
翡翠原石	50×45cm；重约180公斤	13422750	劳伦斯国际	2018-07-14
翡翠原石		150,528	荣盛国际	2018-09-28
翡翠原石		150528	荣盛国际	2018-09-28
翡翠原石	重420g	8265400	劳伦斯国际	2018-10-11
翡翠原石	重2486g	9952800	香港金字塔	2018-10-17
翡翠原石	重566g	1561120	奥斯汀	2018-11-13
翡翠原石		2604800	香港皇室贵族	2018-06-27
翡翠原石（一件）	重268.4g	3720954	美国联邦国际	2018-06-13
粉红碧玺	约4.6×1.9×1.6cm	34,500	北京保利	2018-06-18
海蓝宝	约11×2.8×3.2cm	63,250	北京保利	2018-12-09
海蓝宝石&钠长石	约3.5×1.9×1.7cm	17,250	北京保利	2018-06-18
海蓝宝石&云母	约13×15×11cm	11,500	北京保利	2018-06-18
海蓝宝原石	重26kg	3695120	劳伦斯国际	2018-10-11
黑皮黄翡翠原石	重3.2kg	1916297	圣淘沙国际	2018-08-12
红宝石原石（一件）	重95.629g	90161568	美国联邦国际	2018-06-13
红宝石原石（一件）	重66g	716320	奥斯汀	2018-06-18
红宝石原石（一件）	重56g	429792	奥斯汀	2018-06-18
红碧玺原石	重1kg	4026825	劳伦斯国际	2018-07-14
金镶宝石猫眼球	重445g	731,280	奥斯汀	2018-01-21
金镶宝石猫眼球	重445g	731280	奥斯汀	2018-01-21
近当代 夜明珠（荧光石）	重量约484.2克	4295280	劳伦斯国际	2018-07-14
老坑翡翠原石	重60.9g	1377700	劳伦斯国际	2018-06-25
梨形祖母绿14.88克拉和14.70克拉 哥伦比亚，中等石油		1,588,008	日内瓦佳士得	2018-05-16
裸钻		638,400	上海联合	2018-07-01
猫眼石	约重208g	1080000	永宝斋	2018-10-23
摩根石	约6.2×6.7×4.3cm	78,200	北京保利	2018-12-09
糯冰种翡翠原石		6080000	罗斯柴尔德	2018-11-26
欧珀石	重89.1g	1718112	劳伦斯国际	2018-07-14
七彩欧泊（一件）	总重3.8g	14740701	美国联邦国际	2018-06-13
蔷薇石英&烟晶	约7.9×8.5×4.2cm	40,250	北京保利	2018-12-09
矢车菊蓝宝石裸石		260,960	上海联合	2018-11-25
坦桑萤石&水晶	约11×18.4×5.7cm	34,500	北京保利	2018-12-09
天然金绿猫眼石		3488000	香港皇室贵族	2018-09-29
天然金绿猫眼石		3488000	圣约翰	2018-09-29
天然绿色碧玺裸石（一组）		6900	北京匡时	2018-06-15
天然绿色碧玺裸石（一组）		6900	北京匡时	2018-06-15
未镶嵌64.44卡拉斯里兰卡蓝宝石		1,139,865	纽约苏富比	2018-04-18
无 红翡原石	重30kg	11467800	澳门中信	2018-01-18
星光红宝石原石（一件）	重96.1g	57245440	美国联邦国际	2018-06-13
夜明珠	直径13cm	253,000	睿嘉四季	2018-09-09
夜明珠	直径13cm	253000	睿嘉四季	2018-09-09
夜明珠		14400000	罗斯柴尔德	2018-11-26
夜明珠	重135g	2858240	劳伦斯国际	2018-05-24
夜明珠	重约40.18g	4,067,800	中正拍卖	2018-06-28
夜明珠	重210g	382360	雷纳德	2018-08-29
夜明珠	约重6kg	1620000	永宝斋	2018-10-23
夜明珠	直径8.5cm	279202	雷纳德	2018-11-20
夜明珠	重量187g	817663	雷纳德	2018-11-20
夜明珠原石（一件）	重量1969g	6440112	美国联邦国际	2018-06-13
夜明珠原石（一件）	重197g	492470	奥斯汀	2018-06-18
萤石	约6.2×14.7×8.3cm	28,750	北京保利	2018-12-09
萤石&方解石&水晶	约16×10.5×7.2cm	103,500	北京保利	2018-12-09
圆形足色全美钻石		24930000	香港皇室贵族	2018-01-15
约1.00克拉F色钻石裸石一颗		14,950	北京匡时	2018-06-15
紫罗兰飘绿翡翠原石	重量2680g	680160	爱艺拍	2018-09-27
自然金（狗头金）	约4×4×1.3cm；92.5克	74,750	北京保利	2018-12-09
祖母绿		6,886,359	纽约苏富比	2018-04-18
祖母绿		750900	罗斯柴尔德	2018-08-31
钻石（一对）		6,892,680	香港苏富比	2018-04-03